D1652552

„Liebe deinen Nächsten
wie dich selbst!"

*Die Lebensgeschichte
der Susanne Bechstein*

„LIEBE DEINEN NÄCHSTEN WIE DICH SELBST!"

Die Lebensgeschichte der Susanne Bechstein

Engelsdorfer Verlag
Leipzig
2021

Bibliografische Information durch die Deutsche Nationalbibliothek: Die Deutsche Nationalbibliothek verzeichnet diese Publikation in der Deutschen Nationalbibliografie; detaillierte bibliografische Daten sind im Internet über https://dnb.de abrufbar.

ISBN 978-3-96940-225-2

Copyright (2021) Engelsdorfer Verlag Leipzig
Alle Rechte bei der Autorin

Titelbild © Arno Funke

Hergestellt in Leipzig, Germany (EU)
www.engelsdorfer-verlag.de

29,90 Euro (DE)

Inhalt

Einführung 7
Liebe deinen Nächsten wie dich selbst! 9
Die Bestimmung 14
Meine Kindheit und Jugend in Perleberg bis 1952 27
Unsere plötzliche Flucht nach Westberlin 272
Mit viel Zuversicht in die Zukunft 412

Einführung

Es war das Jahr 2005, als ich nach meiner Pensionierung anfing, mein bewegtes und dramatisches Leben aufzuschreiben. Ich dachte, dass ich das, was ich erlebt hatte, auf diese Weise besser verarbeiten könnte. Leider war das ein Irrtum. Es wäre aber auch zu schön, wenn man alles, was einen bewegt, einem weißen Stück Papier anvertrauen könnte und damit auf einen Schlag keine schlaflosen Nächte und Albträume mehr hätte. Die Welt wäre dann wieder in Ordnung. Mit dem Aufschreiben ist das aber nicht getan. Unser menschliches Gehirn ist schließlich in der Lage, bestimmte Dinge zu speichern, die einen dann ein ganzes Leben lang verfolgen.

Im Jahr 2007 erschien der erste Teil meiner Autobiografie mit dem Titel „zeitwaise: SCHICKSAL EINER FRAU", von dem meine Mutter nichts erfuhr, weil ich über meine Erlebnisse aus der Kindheit nie mit ihr gesprochen hatte. Heute bereue ich, dass ich dachte, dafür wäre noch genügend Zeit. Doch wir haben keinen Einfluss auf bestimmte Dinge im Leben. Meine Mutter war stolz auf mich, als ich ihr meine Gedichte schenkte und behauptete, dabei handle es sich um mein erstes Werk als Autorin. Für meine Bücher wählte ich ein Pseudonym. Unter dem Namen „Susanne Bechstein" habe ich inzwischen elf Bücher veröffentlicht und muss feststellen, dass Schreiben offenbar süchtig macht. Ich habe in meinem Leben so viel erlebt, dass ich anderen Menschen auch heute noch einen Einblick gewähren möchte. Zuletzt habe ich angefangen, ein schreckliches Erlebnis aufzuschreiben, das mir vor einigen Jahrzehnten widerfahren ist. Dieser Vorfall hätte für mich auch tödlich enden können. Dabei hatte ich angenommen, das Erlebte längst aus meinem Gedächtnis gestrichen zu haben.

Liebe deinen Nächsten wie dich selbst!

Wie steht es doch in der Bibel geschrieben? Wenn du Gott liebst, dann kannst auch du deinen Nächsten lieben wie dich selbst. Wie können Menschen sich selbst lieben, die in ihrer Kindheit nur Schläge, Misshandlungen und Brutalität erfahren haben? Wie können diejenigen auch noch ihren Nächsten lieben, wenn sie nicht einmal wissen, was das Wort „Liebe" für eine Bewandtnis hat. Und was versteht jeder einzelne Mensch unter Nächstenliebe? Kann man Menschen vergeben, die ein schlimmes Verbrechen begangen haben? Überwiegen da nicht der eigene Schmerz und die Frage, was ein Mensch in einer solchen Situation durchmachen musste? Wie ist es möglich zu vergeben, wenn Menschen überall auf der Welt getötet werden oder Familien ihre Kinder verlieren, die noch nicht einmal richtig gelebt und geliebt haben? Wo ist in solchen Momenten unser Gott Vater? Warum hat er es nicht verhindert? Oder wollte er die Menschheit damit bestrafen, dass sein Sohn Jesus Christus so viel Schmerz und Leid am Kreuz ertragen musste? Wie konnte Gott seinen Sohn opfern als Beweis für seine Liebe? Für mich ist das unvorstellbar! War Gott wirklich ein Mensch? Gott hat seinen Sohn bewusst sterben lassen, obwohl er von dessen Unschuld überzeugt war. Hat Judas Jesus wirklich verraten? Er war doch einer seiner Anhänger. Dennoch hat er ihn für 30 Silberlinge an die Hohepriester verraten. Warum hielten sie Jesus für einen Hochstapler und nicht für den angekündigten Messias? Das römische Volk hat Jesus vorgeworfen, sich als „König der Juden" aufzuspielen und über das Land herrschen zu wollen. Daher verurteilte Pilatus ihn zum Tode am Kreuz. Hatte Geld im Christentum auch schon so eine große Bedeutung wie heute? Ein Menschenleben für 30 Silberlinge zu opfern, das ist meiner Meinung nach kaum vorstellbar! Wie man im Neuen Testament nachlesen kann, hat Judas seinen Verrat bereut und den Hohepriestern die Silberlinge vor die Füße geworfen. Angeblich hat sich Judas erhängt, weil er nicht voraussehen konnte, was sein Verrat für Folgen haben würde.

Jesus Christus hatte die Gabe, Wunder zu vollbringen. Durch ihn konnten blinde Menschen wieder sehen und Wasser wurde zu Wein. Vieles andere hat er durch seine Botschaften verkündet. Wird von Gott erwartet, dass er für immer und ewig seine schützende Hand über uns Menschen hält? Gott, der alle Menschen liebt, was auch immer sie tun? Oder weist er uns nur auf den rechten Weg hin, damit wir erkennen, was richtig und was falsch ist? Sollen wir am eigenen Leib erfahren, was Schmerz und Leid bedeuten? Sind wir für alles, was mit uns oder der Welt geschieht, selbst verantwortlich? Alle beten zu Gott, wenn sie in Not sind. Dazu gehören auch Menschen, die vorher gottlos waren. Ich kenne Gott nicht – nur das, was man über ihn hört und liest, und da bin ich doch sehr am Zweifeln. Soweit es in meiner Macht stand, habe ich immer versucht, Gutes zu tun. Vorurteile hatte ich nie! Den Umstand, dass ein Mensch beispielsweise als Obdachloser auf der Straße lebt, hat er sich bestimmt nicht selbst ausgesucht. Jedes Leben hat ja eine Vorgeschichte! Für mich persönlich ist Nächstenliebe von großer Bedeutung, deshalb hatte ich auch nie ein Problem damit, einen Menschen in den Arm zunehmen, der unter einer Brücke lebt und nicht so sauber aussieht wie seine Mitmenschen. Ich lasse mich gerne auf Gespräche mit solchen Menschen ein, denn aus Erfahrung weiß ich, wie dankbar sie sind, sich ihr Leid von der Seele sprechen zu können.

Leider gibt es in unserer Gesellschaft zu viele Vorurteile. Manche sagen in Bezug auf Obdachlose: „Die sind doch an ihrer Situation selbst schuld. Mir könnte so was nicht passieren!" Ich finde solche Sprüche einfach großkotzig. Ständig muss ich diese Menschen verteidigen und es ist schon so manches Mal zu lautstarken Diskussionen gekommen. Wann immer ich versuche, meinen Standpunkt zu vertreten, stoße ich auf taube Ohren. Dabei sind es ja nicht nur Menschen, die aus armen Verhältnissen stammen, die ganz plötzlich den Boden unter ihren Füßen verlieren. Manche kommen aus zerrütteten Ehen, in denen es für den einen Partner von heute auf morgen keinen Platz mehr in der gemeinsamen Wohnung gibt und die auch sonst niemanden haben, der sie auffängt. Mein Bemühen, mich um obdachlose oder alte Menschen zu kümmern, kommt zwar im Allgemeinen gut an, doch jetzt kommt das „ABER". Meine Mitmenschen waren bisher immer der Ansicht, dass es damit auch genug sein müsste. Mit so einem blöden Argument wollten sie mich zur Vernunft bringen und es hieß, ich solle mir lieber einen Freundeskreis suchen, der meiner würdig sei. Oh nein, so geht ihr nicht mir um! Meine Würde lasse ich mir von niemandem nehmen! Deshalb antworte ich diesen Menschen, die es nur gut mit mir meinen, ich hätte sehr wohl den richtigen Freundeskreis, schließlich kenne ich obdachlose Menschen, die aus der sogenannten „Oberschicht" kommen, die sogar ein Studium absolviert haben und aus welchen Gründen auch immer heute auf der Straße leben. Sie erzählen mir gerne aus ihrem früheren Leben, als sie noch in einer gehobenen Position ihr Geld verdient haben und ihr Leben so verlief, dass andere es als „normal" bezeichnen würden. In unserer hektischen Gesellschaft gibt es aber immer mehr Menschen, die ohne Tabletten den Druck im Berufsleben nicht aushalten. Da bleibt ein Burnout oftmals nicht aus. Auch wenn ich nicht so leben wollte und könnte wie diese Menschen, aber jeder Mensch muss doch für sich selbst entscheiden dürfen, was für ihn das Beste und Richtige ist. Manch einer hat darauf gar keinen Einfluss und gerät wie von selbst in eine Situation, die andere als anrüchig empfinden.

Natürlich haben meine Freundinnen ebenfalls ein gutes Herz. Auch sie sind großzügig und geben der einen oder dem anderen auf der Straße oft einen Euro oder auch etwas mehr oder kaufen diesen Menschen etwas zu essen. Für mich sind Menschen, die von vornherein ein Schwert brechen, einfach überheblich und sie wissen nicht, was Nächstenliebe tatsächlich bedeutet. Ich wünsche ihnen, dass sie nicht eines Tages selbst auf fremde Hilfe angewiesen sind, denn die Würde eines jeden Menschen ist unantastbar!

Natürlich habe auch ich über Jahrzehnte hinweg einen Prozess durchgemacht und nehme heutzutage Dinge nicht mehr so wichtig wie in meiner Jugendzeit. Auch ich war vor Jahrzehnten einmal in einer prekären Situation, die mich daran zweifeln ließ, ob meine Nächstenliebe in diesem Fall möglicherweise doch nicht angebracht war.

Im Jahr 2017 saß ich eines Abends vor meinem Fernsehgerät, um mir die Nachrichten anzuhören. Als die Ansagerin verkündete, dass in Berlin ein Mann mit einem Fahrrad unterwegs sei und Passanten im Vorbeifahren eine brennende Flüssigkeit ins Gesicht sprühe, holte mich meine Vergangenheit wieder ein, die ich doch längst aus meinem Gedächtnis gestrichen hatte – zumindest hatte ich das angenommen. Das war für mich der Auslöser, damit zu beginnen, das damals Erlebte zu Papier zu bringen. Wie gesagt, das Leben geht manchmal seltsame Wege! Du läufst und läufst, um das Ende deines Weges endlich zu erreichen, aber oftmals sind es Irrwege, die du beschreitest, weil du am Ende immer noch kein Licht für dich am Horizont entdecken konntest. Wenn du schon am Verzweifeln bist und die Absicht hast umzukehren und alles aufzugeben, was du besitzt, es dann aber doch nicht tust, wird auch für dich eines Tages am Ende des langen Tunnels ein Lichtstrahl leuchten. Dann weißt du, dass du endlich angekommen bist und es der richtige Weg war, auf dem du schon seit so langer Zeit gelaufen bist.

Die Bestimmung

Es war an einem Samstag im August, den ich mit meinen Freundinnen Katrin und Brigitte bei heißer Discomusik im Kasaleon, das sich in der Hasenheide in Berlin Neukölln befand, verbringen wollte. Wie immer war es gerammelt voll. Die Discokugel an der Decke drehte sich und verbreitete eine stimmungsvolle Atmosphäre. Auf der Tanzfläche war es sehr voll, sodass sich die vielen jungen Leute kaum bewegen konnten. Es war ein heißer Sommerabend und die Klimaanlage brachte an diesem Tag keine Erleichterung. Laut war es sowieso, sodass Schreien angesagt war, wenn man sich verständigen wollte. Alte und neue junge Leute trafen sich hier, die bester Stimmung waren. Man sagte „Hallo" und „Schön, dich zu sehen".
Meine Freundinnen hatten sehr schnell die passenden Tanzpartner gefunden und sie bewegten sich wie die Wilden bei Rock 'n' Roll, Jazz und Twist. Ich stand etwas verloren da und mein Blick fiel auf einen jungen Mann, der offenbar gern auf Tuchfühlung tanzte. Ich dachte: Genau meine Art zu tanzen! Ich liebte nämlich unter anderem Tango und Blues. Das Tanzen wurde mir bereits in die Wiege gelegt oder ich habe die entsprechenden Gene von meiner Mutter geerbt. Jedenfalls konnte ich den Blick nicht von diesem jungen Mann wenden – er hatte mich in seinen Bann gezogen. Als er kurz zu mir herübersah, lächelte er. Nachdem der Tanz zu Ende war, kam er auf mich zu und fragte mich, ob ich tanzen wolle. „Ja, gerne sogar!", antwortete ich. Er nahm mich in die

Arme und wir tanzten eng zusammen, ohne dass es mir unangenehm war. Genau wie ich hatte er blondgelockte Haare und blaue Augen. Zum damaligen Zeitpunkt stand ich zwar eher auf Männer mit dunklem Haar und braunen Augen, aber hier passte es. Nach dem Tanz lud er mich auf einen Drink an die Bar ein und fragte mich, ob wir uns duzen wollten. Ich hatte nichts dagegen und stimmte ihm zu. Er reichte mir seine Hand und sagte: „Ich heiße Rudolf." Daraufhin nannte ich ihm meinen Namen.

„Doris – was für ein schöner Name!", war Rudolfs Meinung. „Darauf müssen wir anstoßen. Was darf ich dir bestellen: Danziger Goldwasser, Escorial Grün oder lieber etwas anderes?" Er sah mich fragend an.

„Weißt du, Rudolf, eigentlich trinke ich gar keinen Alkohol."

„Ach, wirklich?" Er sah mich ungläubig an.

Ich dachte, einer könne nicht schaden, und gab mir einen Ruck, zumal ich nicht als Memme dastehen wollte. So entschied ich mich für Danziger Goldwasser – ein Gewürzlikör, in dem etwas Goldenes schwamm, was faszinierend aussah. Rudolf bestellte bei der Dame hinter der Bar zwei Gläser Danziger Goldwasser und für sich ein neues Bier. Während wir auf die Getränke warteten, rauchten wir genüsslich eine Zigarette. Wenig später stießen wir an und ich nahm einen Schluck, der in einem Hustenanfall endete. Rudolf lachte und bestellte ein Glas Wasser für mich. Wir suchten uns ein gemütliches Plätzchen abseits vom Getümmel, wo wir uns ungestört unterhalten konnten. Zuerst sprachen wir über belanglose Dinge, zum Beispiel über seine Arbeit. Er sagte, er hätte Schreiner gelernt und arbeite derzeit bei der Fischfirma

Loseid als Kraftfahrer. Aber unsere Themen wurden immer persönlicher und gingen dann doch sehr in die Tiefe. Jeder von uns hatte ja in seiner Kindheit und als Jugendlicher so einiges durchmachen müssen. Rudolf offenbarte mir, was er im Alter von sechs Jahren im Krieg erlebt hatte. Seine Mutter und zwei seiner Geschwister waren bei einem Bombenangriff ums Leben gekommen. Er erzählte es mir in etwa wie folgt: „Normalerweise sind wir immer in einen der Luftschutzbunker in Berlin gegangen, wenn es Fliegeralarm gab. Mutter sagte: ‚Heute gehen wir in den Keller, und wenn sie Bomben abfeuern, werden sie bestimmt nicht auf unser kleines Haus zielen, sondern auf die großen, die daneben stehen.' Meine Mutter, meine Schwester Gerda und zwei weitere meiner Schwestern gingen daraufhin in den Keller, in dem wir uns sicher fühlten. Als dann die Bomben vom Himmel fielen, war es, als hätten sie sich ausgerechnet unser Haus ausgesucht. Berge von Steinen und Balken stürzten über uns zusammen und es brannte lichterloh. Wir hörten unsere Geschwister schreien. Meine Mutter wurde von einem Balken aufgespießt und auch eine meiner Schwestern war tot. Wenn wir nach oben schauten, sahen wir nur ein großes Loch, durch das der Himmel zu sehen war. Meine große Schwester Gerda war am Bein verletzt worden. Gemeinsam krabbelten wir die Schuttberge hinauf und krochen durch das Loch ins Freie. Das Haus brannte lichterloh und ich rannte hinein, weil ja noch eine meiner Schwestern in den Trümmern war. Ich konnte sie mit meinen sechs Jahren Gott sei Dank retten. Aber sie machte sich von meiner Hand los und sagte: ‚Wo Mutter ist, will ich auch sein!' Also rannte sie zurück ins Haus und verbrannte. Von meiner Mutter hat man später nur noch einen Schuh gefunden. Mein großer Bruder Fredi war im Krieg und unser Vater bei der Arbeit. Die anderen Geschwister waren in Sicherheit, wahrscheinlich in einem der Bunker, die es in Berlin gab. Die Tragödie konnte nicht schlimmer sein, als mein Vater nach Hause kam und vom Tod seiner Lieben erfuhr. Für ihn und meine anderen Geschwister brach eine Welt zusammen. Mein Vater starb einige Zeit später im Krankenhaus Friedrichshain an der Ruhr. Gerda hatte ihn mit dem Handwagen dort hingebracht. Keiner aus der Familie hat ihn jemals im Krankenhaus besucht und ich wusste später auch nicht, wo man ihn begraben hatte. Die Zeit danach verbrachte ich bei Pflegeeltern, die der Familie bekannt waren. Sie lebten am Schlesischen Bahnhof, wo es zur damaligen Zeitpunkt viele Laubenkolonien gab. Das Jugendamt setzte sich mit der Familie in Verbindung. Die wiederum erklärte sich bereit, mich aufzunehmen. Mir war es recht, da ich die Familie ja kannte und auf keinen Fall in ein Heim wollte. Meinen großen Geschwister war es wohl egal, da sie alle ihr eigenes Leben führten und viel älter waren als ich. Auch für sie war es nach dem Krieg nicht so einfach, denn unsere Familie hatte ja alles verloren – wir waren sechs Mal ausgebombt worden. Sie nahmen jedenfalls an, dass ich gut bei den Pflegeeltern aufgehoben war. Aus heutiger Sicht wäre ich wohl besser in ein Kinderheim gegangen. Bei meinen Pflegeeltern durchlebte ich die Hölle. Ich wurde brutal geschlagen, mein kleiner Körper war voller blauer Flecken. Einmal musste ich mit meinem Kopf in ein Ofenloch kriechen, dann schlug mein Pflegevater meinen Hintern mit einem Ledergurt grün und blau, nur weil ich die Katze vom Tisch gescheucht hatte, die von meinem Teller fressen wollte."

Ich war von Rudolfs Schilderungen so schockiert, dass mir die Tränen über das Gesicht liefen. Er tat mir unendlich leid. Ich fragte ihn, warum seine Pflegemutter nicht eingegriffen hatte.

„Die wurde ja auch ständig von ihm geschlagen", antwortete er. „Nach der Schule musste ich sofort nach Hause kommen. Und wehe, ich verspätete mich! Bereits auf dem Heimweg fing ich an zu zittern, weil ich wusste, was mich erwartete. In der Schule hatte ich zwei Freunde, Walter und Rolf, mit denen ich so gerne gespielt hätte. Aber es sollte nicht sein. Nachdem ich meine Schularbeiten gemacht hatte, musste ich mich um die Tauben und die Ziegen kümmern. Mein Pflegevater hatte eine große Taubenzucht und Tiere bedeuteten ihm mehr als Menschen. Schon als kleiner Junge musste ich den Tauben mit einem Beil den Kopf abschlagen und er ließ sie dann auf diese Weise verstümmelt herumfliegen. Noch heute sehe ich diese grausamen Bilder vor mir. Am Sonntag gab es immer Taubenbraten und ich hätte am liebsten quer über den Tisch gekotzt. Aus Angst vor Strafe aß ich meinen Teller jedoch leer."

Ich sagte zu Rudolf: „Das ist ja grausam, was du erlebt hast!" Dann fragte ich ihn, warum er das alles nicht der Frau vom Jugendamt erzählt hatte. Sie kam doch einmal im Monat ins Haus und wollte von ihm wissen, wie es ihm in der Familie gefiel.

„Weißt du, Doris, manchmal war mein Pflegevater auch nett zu mir. Dann schenkte er mir Geld, sodass ich mit meinen Freunden ins Kino gehen konnte. Außerdem hatte ich reichlich zu essen. Und was ganz wichtig war: Ich hatte Schuhe! Das konnte so kurz nach dem Krieg nicht jeder von sich behaupten. Also habe ich zu der Frau gesagt, dass es mir bei meinen Pflegeeltern gut gefiel."

Weitere Einzelheiten möchte ich dem Leser ersparen, auch wenn heutzutage offen über solche Themen gesprochen wird. Rudolfs Erzählungen gingen aber weiter:

„Ich hatte die Schule beendet und wurde zusammen mit Walter und Rolf eingesegnet. Zu diesem Anlass bekam ich einen schönen Anzug. Wir Jungen waren an diesem Tag so glücklich. Anschließend begann ich eine Lehre als Schreiner. Mein Pflegevater vertrat die Meinung, dass es sich für mein späteres Leben auszahlen würde, wenn ich ein Handwerk erlernte. Von diesem Zeitpunkt an ließ ich mir nichts mehr von ihm gefallen. Wenn er mich schlagen wollte, drohte ich ihm damit, es dem Jugendamt zu melden. Als ich meine Lehre beendet hatte, mein eigenes Geld verdiente und mich häufig mit meinen Freunden traf, gab es immer öfter Streit, wenn ich spät heimkam. Als ich wieder einmal nicht pünktlich zum Essen nach Hause kam, erwartete er mich bereits an der Tür und schlug mir mit der Faust ins Gesicht. Jetzt war ich am Zuge. Ich stellte diesen alten Sadisten an die Wand und ließ meine ganze Wut und das Leid, das ich all die Jahre ertragen hatte, an ihm aus. Ich schlug so lange zu, bis er am Boden lag. Meine Pflegemutter – ich nenne sie mal „Frieda" – griff nicht ein. Stattdessen nickte sie nur. Anschließend packte ich meinen Koffer und fuhr zu meinem Freund Walter und dessen Familie, die mich ohne zu zögern aufnahmen. Erst jetzt konnte ich mit jemandem über das Erlebte sprechen. Walters Familie war der Meinung, dass man den Mann anzeigen müsste. Ich habe meinen sadistischen Pflegevater nie wiedergesehen." Rudolf ließ das Gesagte kurz sacken und erzählte schließlich weiter:

„Walter arbeitete bei der Bahn und Rolf hatte die Absicht, Schauspieler zu werden, wie seine Eltern es waren. Sein Vater Franz hatte in dem Spielfilm „Kahn der fröhlichen Leute" mitgespielt, der damals noch in Schwarz-Weiß gedreht wurde. Rolfs Idee zerplatzte allerdings schon bald wie eine Seifenblase. So beschlossen wir drei, gemeinsam zur Volksarmee zu gehen, um dem Volke in der DDR zu dienen. Allerdings wurde uns von nun an verboten, in den Westteil rüberzugehen. Das hielt uns jedoch nicht davon ab, wenn wir frei hatten und keine Uniform trugen, nach drüben zu gehen, wenn es einen neuen amerikanischen Spielfilm gab. Wir wurden überall eingesetzt. Beispielsweise mussten wir die Grenzen bewachen, nicht nur in Berlin, auch außerhalb im Osten. Wir unterhielten uns mit den Grenzsoldaten über die Sperrzonen, in denen die Soldaten aus dem Westen standen. Für uns junge Burschen war das alles aufregend und wir hatten viele Freunde, die bei der Armee waren. Der Westen reizte mich immer mehr, zumal es mir dort auch möglich war zu arbeiten. Immer mehr Menschen verließen den Osten, um in Westberlin ein besseres Leben zu führen. Wir mussten uns in Marienfelde im Aufnahmelager melden, um im Westen bleiben zu können." Hier unterbrach ich Rudolf und berichtete ihm, dass wir ebenfalls geflüchtet waren und Ähnliches durchgemacht hatten.

„Erzähl doch mal, wo ihr herkommt", bat er mich. „Und warum seid ihr geflüchtet?"

Ich winkte ab. „Nein, Rudolf, dafür reicht die Zeit heute nicht aus. Es wäre eine zu lange Geschichte. Ein anderes Mal spreche ich gern darüber. Erzähl du ruhig weiter!"

Inzwischen waren wir fast die Letzten und es ging schon auf den Morgen zu. Wir hatten in dieser Samstagnacht unser Umfeld völlig vergessen, es gab nur noch uns beide. Tatsächlich sprach er weiter. Nach einer Weile sagte er: „Ich weiß gar nicht, warum ich dir das alles erzähle. Eigentlich spreche ich mit niemandem über mein Leben, aber zu dir hatte ich von Anfang an Vertrauen." Er lächelte und fuhr fort: „Natürlich wurden unsere Westbesuche beobachtet, und eines Tages wurden Walter, Rolf und ich aufgefordert, in das Büro unseres Kommandanten zu kommen. Uns ging natürlich ganz schön die Muffe. Doris, du glaubst nicht, was sie uns alles vorgeworfen haben! Angeblich hatten wir unseren Eid als Soldaten gebrochen und geplant, gemeinsam in den Westen zu fliehen. Was wir zu unserer Verteidigung vorzubringen hatten, wollten sie sich gar nicht anhören. Wir mussten unsere Waffen abgeben und wurden fürs Erste mit Arrest bestraft. Was hatten sie als Nächstes mit uns vor? Uns beherrschte die Angst, dass sie uns einsperren würden. Wir waren doch nur junge Burschen von nicht einmal zwanzig Jahren, die nichts Böses im Sinn hatten. Sie setzten sich mit unseren Familien in Verbindung. Walters Vater war ein hohes Tier bei der Partei, der, wie es schien, die Sache für uns in

Ordnung brachte. Auf einmal durften wir wieder an allem teilnehmen, ohne dass man mit uns darüber sprach, was zu dieser Entscheidung geführt hatte. Und Fragen zu stellen, das kam für uns nicht infrage. Wir waren doch nur froh, dass die Sache für uns keine schlimmeren Folgen hatte. Aber der Westen reizte mich doch sehr, zumal ich keine Eltern hatte wie Walter und Rolf, die ja noch zu Hause lebten. Und weil ich wusste, wo meine noch lebenden Geschwister wohnten, war es für mich ein Leichtes, zu ihnen in den Westen zu flüchten. Ich dachte: Endlich bist du in Freiheit und kannst tun und lassen, was du willst. Ich nahm Kontakt zu meinen Geschwistern auf und Gerda bot mir an, bei ihr und ihrer Freundin Erna zu wohnen, bis ich im Aufnahmelager in Marienfelde alle Formalitäten hinter mich gebracht hatte. Nach meiner Anerkennung als Flüchtling suchte ich mir eine Stellung in meinen Beruf als Schreiner. Unseren Führerschein hatten wir drei Freunde bei der Volksarmee gemacht. Wie gesagt, ich arbeite inzwischen als Kraftfahrer, wo ich mehr Geld verdiene."

Das war unser Kennenlernen an einem Samstag im August. Mein Herz hatte sich für diesen jungen Mann weit geöffnet, der mit seinen zweiundzwanzig Jahren innerlich zerbrochen war. Auf einmal hielt ich mein eigenes Leben nicht mehr für so wichtig. Am frühen Morgen – es wurde bereits hell – begleitete mich Rudolf bis zur U-Bahn. Ich fuhr in Richtung Innsbrucker Platz, wo ich bei einem älteren Ehepaar, das ebenso wie ich mit Nachnamen „Lange" hieß, als Untermieterin wohnte. Von dem Tag an trafen wir uns, so oft es unsere Zeit erlaubte, und aus der anfänglichen Sympathie wurde

Liebe. Und natürlich hegte ich Mitgefühl für Rudolfs Lebensgeschichte. Er lebte als Untermieter in einem möblierten Zimmer, das sich in Kreuzberg SO 36 in der Wrangelstraße befand. Wenn er Feierabend hatte, ging er in seine Eckkneipe, zumal die Wirtin für ihre Gäste auch Mittagessen kochte. So manches Mal trafen wir dort zusammen. In dieser Kneipe lernte ich auch Rudolfs Bruder Fredi kennen, der nach Feierabend gelegentlich dort sein Bierchen trank. Er und seine Frau Lilo lebten, verbunden mit einer Hauswartstelle, in einer Neubauwohnung in der Waldemarstraße/Ecke Pücklerstraße. An eine Neubauwohnung zu gelangen, war zu der damaligen Zeit schwierig.

Wenn ich Rudolf besuchte, um bei ihm zu nächtigen, zog ich mir schon im Flur die Schuhe aus, damit seine Vermieterin, Frau Schulz, nichts davon mitbekam. Trotzdem knarrten die verdammten Treppenstufen! Zur damaligen Zeit war es jungen Frauen, die noch nicht einundzwanzig waren, verboten, bei einem Mann zu schlafen, der keine eigene Wohnung hatte. Frau Schulz bekam natürlich mit, was unter ihrem Dach vor sich ging. Wenn ich nachts im Haus war, sah sie garantiert am nächsten Morgen aus dem Fenster und drohte mir und Rudolf mit dem Finger. Die Sache löste Rudolf schließlich auf seine Weise. Von diesem Zeitpunkt an gab es keine Probleme mehr. Mir stand sogar die Küche zur Verfügung und Rudolf brauchte nicht mehr in die Kneipe zu gehen, denn von jetzt an kochte ich.

Wie Frauen nun mal so sind, beschäftigte ich mich im Laufe der Zeit damit, Rudolfs Zimmer umzugestalten und es mit Deckchen, Blümchen und bunten Kissen zu verschönern, damit wir uns wohlfühlen konnten. Rudolf und ich wollten unbedingt zusammenziehen. Wir würden eine Monatsmiete sparen und das ständige Hin- und Herfahren hätte ebenfalls ein Ende. Aber wie sollten wir an eine Wohnung gelangen, zumal ich nicht mit Rudolf verheiratet und zudem auch noch nicht mündig war. Daraufhin ließ Rudolfs Schwester Gerda ihre Beziehungen spielen, was nach einiger Zeit auch zum Erfolg führte. Einer ihrer Bekannten, Herr Weinrich, hatte die Absicht, auf unbestimmte Zeit in sein Gartenhaus zu ziehen, und suchte jemanden, der seine Wohnung übernahm. Für wie lange, das stand in den Sternen. Dieses Angebot wurde für uns zum Glücksfall. Natürlich kamen Schwierigkeiten auf uns zu, weil wir nicht verheiratet waren. Herr Weinrich meinte jedoch, dass es der Hauseigentümer, Herr Berthold, vorerst nicht erfahren müsse. Außerdem verlangte Herr Weinrich für seine Möbel fünfhundert Mark Abstand. Doch woher nehmen und nicht stehlen? Da Rudolf und ich noch nicht besonders gut verdienten und erst recht kein Spargeld besaßen, wussten wir uns zunächst keinen Rat. Aber auch hier gab es einen rettenden Engel. Gerdas Freundin Erna stellte uns das Geld zur Verfügung und war damit einverstanden, dass wir es ihr in Raten zurückzahlten.

Von da an hatten wir eine Einzimmerwohnung mit einer Küche, einem schmalen Flur, einem Badezimmer samt Wanne, einem Waschbecken – darüber hing ein Spiegel – und zwei kleinen Schränkchen. Die Toilette befand sich zwei Etagen tiefer und wurde von allen Hausbewohnern benutzt. Letzteres stellte für Rudolf das größte Problem dar, weil er äußerst schamhaft war. Im Zimmer befanden sich ein Klapp-

bett, ein Kleiderschrank, ein runder Tisch aus Omas Zeiten, zwei Sessel, ein Flickenläufer und an den Fenstern bunte Vorhänge zum Zuziehen, damit man vom Bahnsteig aus nicht hereinschauen konnte. Die anderen schönen Möbel hatte Herr Weinrich bestimmt mitgenommen. Rudolf und ich besaßen beide keinerlei Hausrat, nicht einmal einen Löffel oder eine Gabel, geschweige denn Teller. Freunde, die das alles bereits im Überfluss besaßen, schenkten uns eine Erstausstattung. Wir waren glücklich, dass wir jetzt jeden Tag zusammen sein konnten. An unsere neue Lebenssituation gewöhnten wir uns rasch. Das Einzige, was uns störte, war die Toilettensituation. Hatten war ein Bedürfnis, standen garantiert Mieter vor der Toilette und unterhielten sich. Oder das Örtchen war besetzt und wir mussten warten. So kam Rudolf oft unverrichteter Dinge wieder nach oben, es gab ja noch den Eimer, der im Grunde keine Lösung war.
Vom Wohnzimmer aus konnten wir direkt auf den Bahnsteig Prinzenstraße sehen und dort die Fahrgäste beobachten. Die erste Zeit konnten wir nicht schlafen, weil die einfahrenden Züge schon von Weitem zu hören waren. Daran mussten wir uns gezwungenermaßen gewöhnen, weil sich bestimmte Dinge im Leben eben nicht ändern ließen. Wir schliefen in unserem Klappbett und waren glücklich, die Nähe eines anderen Menschen zu spüren. Das war etwas, was wir in unserer Kindheit vermisst hatten. Am Morgen klappten wir das Bett hoch und zogen es mit einem bunten Vorhang zu.
Wir lebten sehr sparsam, und jede Mark, die wir erübrigen konnten, legten wir zur Seite. Als Kraftfahrer bei Loseid erhielt Rudolf, ebenso wie seine Kollegen, jede Woche ein

Kilo frischen Fisch geschenkt, was unserem Speiseplan zugutekam. Ich arbeite in der Druckerei Bettin, wo ich vom Steindruck bis hin zum Offsetdruck alles kennenlernte.
Rudolf wünschte sich eine Musiktruhe, da er nur ein Kofferradio besaß. Weil wir keine großen Sprünge machen konnten und eine solche Anschaffung nicht bar bezahlen konnten, beschlossen wir, uns diese mittels Ratenzahlung zu leisten. Da wir nicht verheiratet waren, lief der Vertrag auf Rudolfs Namen.
Unser neues Zuhause wurde mit der Zeit immer gemütlicher und wir genossen jeden Tag, den wir zusammen verbringen konnten. Zu seinen Geschwistern hatte Rudolf wieder gute Beziehungen aufgebaut. Oft besuchten wir Fredi und Lilo in deren edel eingerichteter Neubauwohnung. Fredi war 1953 aus Ost-Berlin geflüchtete, als es den ersten Aufstand gegeben hatte. Er arbeitete auf dem Bau und verdiente schönes Geld. Aufgrund der Hauswartstelle brauchten er und Lilo nur die Hälfte der Miete zu bezahlen.
Nach einem Jahr Ehe auf Probe wurde uns von Herrn Weinrich regelrecht die Pistole auf die Brust gesetzt, zumal er die Absicht hatte, seine Wohnung zu kündigen. Er plante, weiterhin auf seinem Grundstück zu leben, und brauchte die Wohnung nicht mehr. Wir mussten also entweder umgehend heiraten oder uns stand der Auszug bevor. Da ich immer noch nicht volljährig war und daher auch noch nicht mündig, um diese Entscheidung für mich zu treffen, wurde die Situation für Rudolf und mich zum Problem. Ich benötigte das Einverständnis meines gesetzlichen Vormundes, den ich nicht kannte ...

Meine Kindheit und Jugend in Perleberg bis 1952

Alles, was ich im Folgenden erzähle, habe ich während jahrzehntelanger Recherchen in Archiven, gleichzeitig aber auch aufgrund von Beobachtungen und Befragungen innerhalb meiner Familie herausgefunden. All dies machte mich zu einer starken und selbstsicheren Frau, und so spielte ich meine Rolle, wenn man es von außen betrachtete, sehr gut. Die Wirklichkeit sah jedoch anders aus, denn ich litt mein ganzes Leben lang an einem zerbrochenen Herzen.

Ich erblickte das Licht der Welt am 16. März 1939 vier Wochen zu früh in Perleberg. Diese Stadt wird auch „die Perle der Prignitz" genannt. Ab 1772 war Perleberg Garnisonsstadt und hatte 300 Jahre Militär, Pest und Krieg überstanden. Ein romantisches Städtchen in der Prignitz am großen Markt Nummer 4 – ein Haus, das bis heute eines der ältesten Gebäude in der Stadt ist und unter Denkmalschutz steht. Das sogenannte Knaggenhaus, ein architektonisches Kleinod.
Beginnen wir bei meiner Familie bei meinem Opa, Max Lange, der am 15. November 1885 im Vogtland Reichenbach zur Welt kam. Er heiratete am 25. Juli 1903 seine Cousine Martha Lange, die am 20. Dezember 1883 in Altmannsgrün/Treuen Auerbach, Vogtland das Licht der Welt erblickte. Während ihrer Ehe brachte sie drei Jungen und drei Mädchen zur Welt. Das jüngste ihrer Kinder war meine Mutter Anna Irmgart Lange, geboren am 22. November 1919 in Perleberg. Und

dann ist da noch mein Vater zu erwähnen, Alfred May, geboren am 17. April 1917 in Dortmund.

Meine Großmutter Martha verstarb am 27. Oktober 1930 in Perleberg an Kehlkopfkrebs. Sie wurde nur siebenundvierzig Jahre alt. Meine Mutter war zu der Zeit elf Jahre alt und liebte ihre Mutter abgöttisch. Der frühe Verlust belastete sie bis zu ihrem Tod im Jahre 2010. Martha war also meine richtige Oma, die ich leider nie kennengelernt habe.

Mein Opa Max war Oberschweizer (Melker) und Handelsmann von Beruf. Weil es ihm schwerfiel, seine große Familie zu ernähren, versuchte er sich in mehreren Berufen. Zum Beispiel war er eine Zeit lang Dorfpolizist, allerdings war ihm in dieser Funktion sein zu großes Herz im Wege. Eines Tages erhielt er den Befehl, zwei Diebe bei der Polizei abzuliefern. Als er sie zu dem begangenen Diebstahl befragte, behaupteten sie, sie seien hungrig gewesen und hätten etwas zu essen gestohlen. Opa ließ die Männer laufen und war damit seinen Posten los. Laut seinen Erzählungen hatte er es auch mit einem Zigarrengeschäft versucht. An dessen Eingang stand eine große Figur, ein Mohr, der mit dem Kopf nickte. Nach einigen Jahren ging Opa mit dem Geschäft pleite.

Nach dem Tod seiner Frau heiratete Opa ein zweites Mal. Hertha Palm aus Havelberg, die angeblich zwanzig Jahre jünger war als Opa, brachte ihre Tochter Gerda Palm mit in die Ehe. Diese wiederum war am 28. Februar 1925 geboren worden und somit sechs Jahre jünger als meine Mutter. Auf diese Weise kam meine Mutter zu einer Stiefmutter, mit der sie sich nicht verstand, und einer Stiefschwester, die in allen Belangen den ersten Platz einnahm.

Nach ihrem Schulabschluss arbeitete meine Mutter bei der Firma Borchert in Perleberg. Dabei handelte es sich um ein Schreibwarengeschäft. Kein Tanzboden war vor ihr sicher, was ihr bereits in jungen Jahren reichlich Ärger einbrachte. Wie ich in Erfahrung bringen konnte, kam es nicht selten vor, dass ihr Vater in den späten Abendstunden durch die Lokale streifte, um sie zu suchen. Fand er sie schließlich, prügelte er sie mit dem Teppichklopfer nach Hause.

Ab April 1935 und 1936 begann wieder der Flugbetrieb auf dem Fliegerhorst in Perleberg, der inzwischen neu angelegt worden war. Hier war mein Vater stationiert und hatte mittlerweile den Rang als Obergefreiter erreicht.
In Perleberg tobte von nun an das Leben. Laut den Erzählungen meiner Mutter lernte sie meinen Vater, den jungen Alfred May aus Dortmund, beim Tanzen im Bürgergarten im Hagen an der Stepenitz kennen. Angeblich war es Liebe auf den ersten Blick. Mein Vater war nur zwei Jahre älter als meine Mutter. Nach seinem Schulabschluss meldete er sich vor Kriegsbeginn freiwillig zum Militär, wo er zum Flugzeugmonteur und zum Fluglehrer ausgebildet wurde. Ab April 1936 war unter anderem das Kampfgeschwader III./KG 153 auf dem Fliegerhorst stationiert.
Meine Mutter war achtzehn, als sie schwanger wurde. Wie bereits erwähnt, kam ich vier Wochen zu früh zur Welt. Es war, wie damals üblich, eine Hausgeburt. Als mein Vater an dem Tag vom Dienst nach Hause kam und meine Mutter im Bett liegen sah, war er sehr erstaunt und fragte, ob sie krank sei. Das wohl nicht, antwortete sie, er solle aber mal in das

Körbchen schauen, das am Ofen stand. Daraufhin sah er Mutter mit seinen großen blauen Augen erstaunt an, und als er erkannte, was sich in dem Körbchen befand, liefen ihm Freudentränen über das Gesicht. Vorsichtig hob er sein zerbrechliches Kind heraus und setzte sich zu meiner Mutter auf die Bettkante. „Ist es ein Junge oder ein Mädchen?", wollte er wissen. „Ein Mädchen", antwortete meine Mutter. Eines, das genau solche blonden Locken und ebenso blaue Augen hatte wie er. Mittlerweile hatte sich die ganze Familie um das Bett versammelt, um meinen Vater, der schon längst zur Familie gehörte, zu beglückwünschen. Oma Hertha kochte Kaffee und die Hebamme schilderte meinem Vater, wie die Geburt verlaufen war. Leider hatte sie keine so erfreuliche Mitteilung, denn während meiner Geburt hatte sich herausgestellt, dass meine Mutter mit Zwillingen schwanger gewesen war. Der Junge, der mein Bruder geworden wäre, war als Embryo im Mutterleib abgestorben, wahrscheinlich hatte das auch die Frühgeburt ausgelöst.

Wie aus dem Geburtenregister hervorgeht, erkannte mein Vater am 16. April 1939 die Geburt seines unehelichen Kindes an. Während dieser Zeit schloss er eine Lebensversicherung über 30.000 Reichsmark ab.

Nachdem sich meine Mutter von den Strapazen der Geburt erholt hatte, wurde das Aufgebot bestellt. Die Eltern meines Vaters lebten in Dortmund und durften von meiner Existenz nichts erfahren. Er war nämlich vonseiten seiner Familie einer anderen Frau aus reichem Hause versprochen worden, deren Familie ein großes Hotel in Dortmund besaß. Sein Vater Paul May, der krank war und im Rollstuhl saß, würde es angeblich nicht überleben, dass sein Sohn eine andere Frau liebte und zudem auch noch ein uneheliches Kind hatte.

Mein Vater liebte mich sehr. Wenn er dienstfrei hatte, wickelte er mich, gab mir das Fläschchen und schob mit stolzer Miene den Kinderwagen vor sich her. Das beweisen Fotos, die ich mir auch heute noch wehmütig ansehe. Wir waren eine glückliche Familie. Allerdings war das Geld knapp. Mutter konnte nicht arbeiten und mit dem Zigarrengeschäft ihres Vaters ließ sich keine fünfköpfige Familie ernähren. Das Kindergeld und das, was meine Mutter von meinem Vater erhielt, reichte zwar, aber große Sprünge konnte sie damit nicht machen. Dabei liebte sie das Leben und legte großen Wert auf elegante Kleidung.

Um mehr Geld für die Familie zu verdienen, meldete sich mein Vater freiwillig als Pilot und flog die Ju 52, in der er Flugschüler ausbildete. Damit war es ihm möglich, seiner kleinen Familie 50 Reichsmark im Monat mehr zukommen zu lassen. Das war noch vor dem Krieg. Der wiederum begann am 1. September 1939, als Hitler den Befehl gab, Polen anzugreifen.

Meine Mutter und meine Großeltern machten sich zu der Zeit Sorgen um meinen Vater, weil er nun nicht mehr zum Bodenpersonal gehörte und sich der Gefahr aussetzte, ein so großes Flugzeug zu fliegen. Wenn er morgens zum Flughafen fuhr, klopfte er zum Gruß von draußen an die Fensterscheibe. „Junge, pass bloß auf, dass dir nichts passiert!", rief meine Oma Hertha ihm dann jedes Mal zu. Vater nahm es mit Humor, indem er sagte: „Ach Mutter, der Himmel hat doch

Balken, da kann mir nichts passieren." Mir kommen die Tränen, während ich das schreibe, und mir wird das Herz schwer.

Von den Kriegsvorbereitungen bekam die Bevölkerung Perlebergs kaum etwas mit. Nur dass jetzt tagsüber und sogar nachts der Fluglärm in der gesamten Region zu hören war. Damals, im nationalsozialistischen Reich, war die Stimmung äußerst angespannt angesichts dessen, was die Bevölkerung aus dem Radio (Goebbelsschnauze) zu hören bekam. Hinter vorbehaltender Hand wurde gemunkelt, dass Adolf Hitler seit seiner Machtergreifung im Jahr 1933 etwas im Schilde führte, was sich ja später nicht nur mit der Vernichtung der Juden als wahr herausstellen sollte. Mein Vater machte meiner und seiner eigenen Familie in Dortmund gegenüber nur Andeutungen, um niemanden zu beunruhigen. Dass es womöglich bald Krieg geben würde, war ihm allerdings wohl schon klar.

Nicht nur der Fliegerhost wurde neu gestaltet und umgebaut, auch das Lyzeum wurde umfunktioniert und diente den Soldaten als Kaserne. Auch weiterhin waren die Tanzlokale jeden Abend der Mittelpunkt des Interesses und die Stimmung unter den Frauen konnte nicht besser sein. Hier verkehrten schmucke Fliegersoldaten, die in ihren Uniformen äußerst ansprechend aussahen. Die Frauen hatten freie Wahl, wenn es darum ging, den passenden Mann oder einen geeigneten Tanzpartner zu finden. Ich war bei meinen Großeltern gut aufgehoben, wenn meine Mutter und ihre Stiefschwester Gerda zum Tanzen ausgingen, was meinem Vater so gar nicht recht war.

Es war Mitte Mai 1939. Ich war inzwischen acht Wochen alt und schlief die meiste Zeit. Ich hatte ja vier Wochen nachzuholen, die ich normalerweise in meiner sicheren „Taucherglocke" verbracht hätte. Sogar zu den Mahlzeiten musste meine Mutter mich wachmachen, wie sie mir später erzählte. Der 19. Mai – es war ein Freitag – war der schwärzeste Tag im Leben meiner Familie. Eigentlich hatte mein Vater endlich mal einen ganzen Tag frei. Diesen wollte er mit seiner kleinen Familie an der Stepenitz – ein Fluss, der durch Perleberg fließt – im Hagen verbringen. Aber wie ich schon schrieb, geht das Leben manchmal seltsame Wege, gegen die man einfach machtlos ist. Ein Fliegerkamerad und Freund meines Vaters kam am Abend des 18. Mai zu uns und bat meinen Vater, ob er dessen Dienst am nächsten Tag übernehmen könne. Er wolle sich an diesem Tag verloben und alle Vorbereitungen seien bereits getroffen. Natürlich war es unter Kameraden Ehrensache, dass der eine für den anderen da war. Also übernahm mein Vater diesen Dienst für seinen Freund. Es sollte sein letzter Flug werden, denn das Flugzeug, in dem er saß, stürzte am Nachmittag um 15:45 Uhr über dem östlichen Flugplatzhangar von Perleberg ab. Zwei seiner Kameraden waren sofort tot, während mein Vater zunächst noch lebte. Mit dem Krankenwagen sollte er in das Krankenhaus in der Bergstraße in Perleberg gebracht werden. Unterwegs – etwa auf Höhe der Bäckerstraße – murmelte er immer wieder Mutters Kosenamen: „Mulle, Mulle", bevor er noch während der Fahrt verstarb.
Eine Freundin meiner Mutter, die unmittelbar am Flughafen wohnte, hatte den Absturz beobachtet und insgeheim ge-

dacht: Hoffentlich war das nicht der Fred – so nannten ihn seine Freunde.

Mein Vater Alfred May 1938

Mutter hatte mich auf dem Arm und war im Begriff, mir das Fläschchen zu geben, als es am Abend an der Tür klopfte. Als Oma Hertha öffnete, standen zwei Herren in Uniform vor ihr und wollten Fräulein Lange sprechen. Sie ließ die Herren eintreten, woraufhin die beiden meiner Mutter die unfassbare Nachricht mitteilten. Daraufhin fiel sie in Ohnmacht! Gott sei Dank gelang es Oma Hertha, mich aufzufangen, bevor ich auf den Fußboden stürzte.

Von diesem Moment an geriet das Leben meiner Mutter völlig aus den Fugen. Sie war kaum noch ansprechbar und beweinte Tag und Nacht den Verlust ihres Liebsten, der nur sechsundzwanzig Jahre alt geworden war. Mein Vater wurde mit allen Ehren auf dem Fliegerhorst verabschiedet und schließlich nach Dortmund überführt. Damit erfuhr seine Familie auch von meiner Existenz, denn die Schwester meines Vaters, Emmi May, war von Dortmund nach Perleberg gereist, um der Überführung beizuwohnen und die nötigen Formalitäten zu erledigen. Völlig überrascht registrierte sie, dass ihr Bruder eine Familie gegründet hatte. Sie blieb einige Tage in Perleberg und wohnte im Hotel Deutscher Kaiser. Nachdem Emmi alle Formalitäten im Fliegerhorst und mit meiner Familie erledigt hatte, kehrte sie nach Dortmund zurück, wo sie bei ihren Eltern lebte und in einer Bank arbeitete.

Mit der Zeit entwickelte sich ein Briefwechsel zwischen Emmi und meiner Mutter. Von den Eltern meines Vaters war allerdings nie die Rede und sie meldeten sich auch nicht. Hin und wieder bekam meine Mutter ein Päckchen mit Babybekleidung und einmal auch eine Käte-Kruse-Puppe für mich. Ob und inwieweit meine Großeltern daran beteiligt waren, konnte meine Mutter nicht in Erfahrung bringen. Nur dass der Vater offenbar nicht tot umgefallen war, als er erfuhr, dass sein Sohn einen tödlichen Unfall gehabt hatte. Aber ein Enkelkind hätte angeblich seinen Tod bedeutet.

Von der Versicherungssumme, die der Familie meines Vaters zugesprochen worden war, bekam ich als sein Kind 3000 Reichsmark, die für mich mündelsicher angelegt wurden, damit ich später in der Schule und während der Zeit meiner Ausbildung versorgt war.

Am 23. Juli 1939 wurde ich in der St. Jacobi Kirche am Großen Markt auf den Namen Doris Martha Lange getauft. Wie in meiner Taufurkunde zu lesen ist, waren Fräulein Emmi May und Frau Hertha Lange meine Taufpaten.

Meine Mutter arbeitete wieder bei der Firma Borchert, die in der Zwischenzeit auf dem Fliegerhorst ein weiteres Schreibwarengeschäft eröffnet hatte. Ich frage mich, wie Mutter an dem Ort arbeiten konnte, an dem mein Vater zu Tode gekommen war. Sie hatte ihn doch beweint und um ihn getrauert! Ich habe später nie mit ihr über dieses Thema gesprochen. Schließlich dauerte es nicht lange, und Mutter hatte sich wieder in einen Flieger verliebt. Sie schwebte auf Wolke sieben. Sein Name war Erich Manke und er war besessen von meiner Mutter – wie alle Männer, die sie kennenlernten. Er wurde am 11. Oktober 1919 in Leipzig geboren und war Angehöriger der Einheit 1. Staffel I Kampfgeschwader 30.

Mutters Stiefschwester Gerda, war Dienstmädchen bei einem bekannten Arzt in Perleberg. Er war verheiratet und dessen Familie gehörte zu den gut betuchten Leuten. Sie waren Inhaber einer großen Fleischerei. Im Alter von sechzehn Jahren wurde Gerda schwanger. Wie sich herausstellte, war sie von ihrem Arbeitgeber vergewaltigt worden. Um einen Skandal zu vermeiden, wurde der Familie Lange eine beträchtliche Summe Schweigegeld angeboten. So einigte man sich und damit war das Problem für den Arzt und dessen Familie aus der Welt geschafft worden. Niemand erfuhr, wer der Vater von Gerdas Kind war.

Inzwischen war es September geworden und der Krieg mit Polen hatte begonnen. Jetzt starteten die Flugzeuge tagsüber und auch nachts vom Fliegerhorst und der Fluglärm war laut Schilderungen meiner Familie kaum zu ertragen. Trotzdem vergnügten sich die Frauen auf den Tanzböden, als sei die Welt noch in bester Ordnung. Sogar aus der näheren Umgebung wie zum Beispiel aus Wittenberge und aus anderen Städtchen oder Dörfern kamen Frauen, um sich mit den schmucken Fliegern zu zeigen und sich mit ihnen zu amüsieren. Natürlich waren meine Mutter und ihre Freundinnen auch dabei. Erich Manke, Mutters neue Liebe, bat sie, sich mehr um mich zu kümmern und ihr Versprechen einzuhalten, auf das Tanzengehen zu verzichten. Er sei schließlich im Krieg und kämpfe jeden Tag um sein Leben. Ein Foto meiner Mutter hatte er in der Kanzel angebracht, sodass sie ihn auf diese Weise während seiner Einsätze im Krieg begleitete. Erichs Warnung, seine Kameraden würden es ihm schon berichten, wenn meine Mutter doch tanzen ginge, hatte sie leichtfertig hingenommen. Sie nahm überhaupt das ganze Leben leicht und tat stets das, wonach ihr der Sinn stand, und dazu gehörte es, sich zu amüsieren.

Als Erich von einem seiner Einsätze zurückkehrte, trafen sich beide wie gewohnt im Hotel „Prinz Heinrich", das sich ganz in der Nähe vom Bahnhof befand. Er brachte Geschenke mit, unter anderem Nylonstrümpfe, die sich zu der Zeit kaum eine Frau leisten konnte. Dann kam es zwischen ihnen zu einer Aussprache. Erichs Kameraden hatten ihm nämlich berichtet, dass meine Mutter tatsächlich zum Tanzen ausging und sich mit anderen Männern vergnügte. Sie war im Hotel Stadt Magdeburg und nicht nur dort gesehen worden. Erichs Gedanken waren bei jedem seiner Einsätze bei ihr, und weil er oft in brenzligen Situationen ums nackte Überleben kämpfte, wünschte er sich eine Frau, auf die er sich verlassen konnte. Er erklärte meiner Mutter, sie sei deshalb nicht die Richtige für ihn. So endete wieder einmal eine ihrer Liebesgeschichten. Diese eine Nacht verbrachten die beiden noch gemeinsam im Hotel, und dann war Schluss. Davon erzählte mir meine Mutter Jahrzehnte später und sie bedauerte, damals einen großen Fehler gemacht zu haben. Im Alter von dreiundachtzig Jahren erkundigte sie sich beim Roten Kreuz nach Erich, um zu erfahren, ob er den Krieg überlebt hatte. In dem Schreiben, das ich besitze, wurde ihr mitgeteilt, dass „Herr Erich Manke geb. 11. Oktober 1919 in Leipzig-Mockau, in unseren Unterlagen als Verschollener des II. Weltkrieges verzeichnet ist. Er wird seit dem 26. Juli 1943 nach einem Feindflug gegen die Hafenanlage La Valletta/Malta vermisst. Er war zu diesem Zeitpunkt Angehöriger der Einheit 1. Staffel 1 Kampfgeschwader 30. Meldungen über den Verbleib oder Tod des sogenannten liegen nicht vor." Meine Mutter meinte daraufhin, dass Erich sich im Falle seines Überlebens bestimmt bei ihr gemeldet hätte.

Am 20. März 1940 erblickte Monika, die Tochter von meiner Mutters Stiefschwester Gerda, das Licht der Welt. Genau wie ich war sie ein ungewolltes und ungeliebtes Kind. Ich war inzwischen ein Jahr alt.

Im Jahr 1935, genau genommen am 26. Juni, wurde der Reichsarbeitsdienst erlassen. Das war eine Organisation im nationalsozialistischen Deutschen Reich, um dem Reich zu dienen. Im Jahr 1938 führten die Nazis das Pflichtjahr für Mädchen im Alter zwischen vierzehn und fünfundzwanzig Jahren ein. Damit traf dieses Gesetz jetzt auch auf die Frauen in und um Perleberg zu. Sie wurden arbeitsverpflichtet und mussten in Wittenberge in der Zellwolle, in der Ölmühle und in anderen Bereichen dem Deutschen Reiche dienen. In den Fabriken herrschten eine strenge Hierarchie und strenge Vorgaben, über die meine Mutter und ihre Stiefschwester Gerda hinwegsahen. Wenn sie in den frühen Morgenstunden vom Tanzen nach Hause kamen, hatten sie natürlich keine Lust, sich dem strengen Gesetz der Nazis zu unterwerfen, und blieben der Arbeit fern. Wie oft wurden sie von ihren Freundinnen und Vorgesetzten ermahnt, ihrer Arbeit nachzukommen. Vermutlich stieß auch das bei beiden auf taube Ohren. Die Nazis sahen sich das nicht länger an. Meine Mutter war dreiundzwanzig Jahre alt, Gerda achtzehn, als sie im August 1942 abgeholt und nach Potsdam gebracht wurden, wo man sie vorübergehend in Gewahrsam nahm. Von dort wurden die beiden einige Wochen lang tagtäglich mit dem Auto zur Arbeit nach Wittenberge gebracht, bis über sie ein Urteil gefällt wurde. Beide wurden aus politischen Gründen am 2. Dezember 1942 in das größte Frauenkonzentrationslager Ravensbrück interniert. Unterlagen, die ich während meiner Nachforschungen erhielt, belegen diesen Umstand. Ich denke, die Haftnummer und der Stern, den die beiden tragen mussten, sind nicht wichtig für meine Leser. Oma

Hertha wurde verurteilt, weil sie ihrer Aufsichtspflicht als Mutter nicht nachgekommen war, außerdem beschuldigte man sie der Kuppelei. Dafür kam sie für einige Zeit ins Gefängnis. Opa Max befand sich in Holland und erfüllte dort als Arbeitsvermittler seine Pflicht. Was er in Holland unter „Pflicht" verstand, konnte ich bis heute nicht in Erfahrung bringen. So wurde eine Familie aufgrund ihres leichtsinnigen Lebenswandels zerstört. Zu der Zeit war ich drei Jahre alt. Monika wurde nach Wittenberge in ein Heim gegeben und auch ich wurde von einem Tag auf den anderen aus meiner vertrauten Umgebung gerissen. Ich kam in das Kinderheim in Perleberg und fand mich zwischen vielen anderen Kindern und Frauen in schwarz-weißen Gewändern wieder. Auf ihren Köpfen trugen die Frauen eine Haube mit einer Schleppe. Sie waren sehr lieb zu mir und den anderen Kindern und sie trösteten uns, wenn wir weinten. Kein einziges vertrautes Gesicht war mir geblieben. Ich hatte von nun an keine Mutter und keine Großeltern mehr, stattdessen war da eine Nonne, zu der wir Kinder „Mütterchen" sagten.
Zusammen mit den anderen Kindern bewohnte ich einen großen Raum. Abends weinte ich mich in den Schlaf und hatte seltsame Träume, die ich in dem jungen Alter nicht zu deuten wusste. Ständig war ich auf der Suche nach meiner vertrauten Umgebung, nach Gesichtern, die mir vermittelten, dass ich geliebt wurde, aber ich fand nichts von alledem. Mit der Zeit gewöhnte ich mich an meine neue Umgebung, begriff aber noch lange nicht, was mit mir geschehen war.
Beim Frühstück saßen wir an einem langen Tisch und beteten jeden Morgen zu Gott, dass er seine schützende Hand

über uns halten möge. Wer bereits singen konnte, sang mit den Nonnen. An manchen Tagen gingen wir mit Mütterchen und den anderen Nonnen auf den Markt, auf dem ein großer Mann aus Stein stand, der ein Schild und ein Schwert in der Hand hielt. Im Hagen, wo die Stepenitz fließt, tobten wir auf der Wiese und pflückten Butterblumen und Gänseblümchen, um daraus mit Mütterchens Unterstützung einen Blumenkranz zu flechten, den wir dann stolz auf unseren Köpfen trugen. Oder wir spielten auf dem Hof, wo wir mit Vergnügen schaukelten.

Als Weihnachten herangekommen war, beteten wir zu Gott und aßen gemeinsam zu Abend. Anschließend wurde das Zimmer geöffnet, in dem ein bunt geschmückter Weihnachtsbaum stand. Unsere Kinderaugen leuchteten, denn so etwas hatten wir bis zu dem Tag noch nie gesehen. Schließlich überreichte uns Mütterchen Geschenke. Ich bekam unter anderem einen kleinen Kochherd und ein paar Töpfe, mit denen ich richtig kochen konnte, wenn ich eine Kerze in den Herd stellte. Es gab selbstgebackene Kekse und Süßigkeiten, wie wir sie von den Nonnen nur selten bekamen. Das war natürlich das Schönste an Heiligabend für uns Kinder.

Dann wurde ich plötzlich sehr krank und sah die folgende Szene vor mir: *Ich liege alleine in einem Zimmer. Ein Mann kommt zu mir und pikst mir mit einer Nadel in den Arm. Das tut so weh, dass ich mein ganzes Stimmenvolumen zum Einsatz bringe. Ich falle in einen tiefen Schlaf und habe wieder seltsame Träume. Viele Hände greifen nach mir; es sind dicke und dünne Männer, die mich aus meinem Bett zerren wollen.*

Ich wehre mich heftig und fange laut an zu schreien ... Dann wachte ich auf.
Als Kind vergaß ich derartige Träume rasch, doch irgendwann holten sie mich wieder ein und ich sah immer neue Szenen: *Ich stehe am Fenster und schaue nach draußen. Ich höre einen lauten Knall und sehe, wie ein Mann und sein Pferd plötzlich umfallen. Auf der Straße ist es sehr laut. Es wird geschossen und viele große Autos fahren an unserem Haus vorbei ...* Waren das alles tatsächlich nur Träume gewesen oder spiegelten diese Bilder die Realität wider? Seit meinem Einzug in das Kinderheim waren zweieinhalb Jahre vergangen und es wurde immer noch geschossen. Zahlreiche Bomben waren vom Himmel gefallen. Wir Kinder hatten große Angst, wenn Panzer durch unsere Stadt fuhren und zahlreiche Männer mit ihren Gewehren an die Häuser klopften. Menschen standen vor unserem Haus und gaben Befehle in einer Sprache, die wir nicht verstanden. Es waren böse Männer in Uniform und ihr Geschrei klang entsetzlich laut und wütend. Wir Kinder saßen im Keller und klammerten uns an Mütterchen und die anderen Nonnen. Die Frauen beruhigten uns und beteuerten, uns werde nichts passieren. Gott habe unsere Gebete erhört und die Männer seien unsere Befreier. „Der Krieg ist zu Ende", erklärte Mütterchen. Wir Kinder konnten mit dem Wort „Krieg" nichts anfangen. Nur dass es etwas Böses zu bedeuten hatte.
Der Krieg endete am 2. Mai 1945 und auf dem Kirchturm im Ort wurde durch Georg Müller die weiße Fahne gehisst. Es folgte eine kampflose Übergabe der Stadt Perleberg an die sowjetischen Truppen. Am 8. Mai 1945 wurde Rudolf Borsch

als Bürgermeister eingesetzt, und zwar in Zusammenarbeit mit dem Kriegskommandanten Major Wasiljew. Für uns war der Krieg im Grunde noch nicht vorbei, weil die Russen in Perleberg mit ihren Panzern, Lastkraftwagen und Maschinengewehren Angst und Schrecken verbreiteten. Alles, was ihnen im Weg stand, walzten sie einfach nieder. Die deutsche Abwehr oder genau genommen das, was von ihr übrig war, flog immer noch über die Region, um sich dem Einmarsch zu widersetzen. Was natürlich zwecklos war, wir hatten den Krieg ja längst verloren.

Eines Tages kam Mütterchen zu mir und sagte: „Doris, dein Opa Max ist gekommen, um dich nach Hause zu holen. Ich sagte „Guten Tag", machte einen Knicks und sah den Mann mit großen Augen an. Er erklärte, er sei mein Opa Max und wolle mich zu meiner Familie bringen, der Krieg sei vorbei. Ich kannte diesen Mann nicht und war entsprechend verunsichert. Mütterchen betonte noch einmal: „Doris, du musst mit ihm gehen, deine Familie wartet auf dich!" Was war das – eine Familie? Ich kannte so etwas nicht. Wie sollte ich mich als Fünfjährige an das erinnern, was ich zwei Jahre zuvor im Alter von drei Jahren erlebt hatte? Ich hatte keinerlei Erinnerung an meine Vergangenheit, nur vage Erscheinungsbilder, die mich während der Nacht heimsuchten. Natürlich hatte ich große Angst und fing an zu weinen. In meiner Verzweiflung klammerte ich mich an Mütterchen. Der Mann, der mein Opa sein sollte, war nett zu mir. Er strich mir mit der Hand über den Kopf und zog an meinen langen blonden Zöpfen. Dabei lachte er mich mit seinen gütigen Augen freundlich an. „Komm, Doris", sagte er, „wir müssen jetzt gehen, sie warten alle auf dich!" Ich umarmte Mütterchen zum Abschied und die anderen Nonnen küssten und herzten mich ein letztes Mal. Die übrigen Kinder winkten mir zu und riefen auf Befehl: „Doris, auf Wiedersehen!" Der fremde Mann hatte inzwischen meinen Koffer entgegengenommen und hielt meine kleine Hand ganz fest. Zögerlich lief ich neben ihm her und blickte zu ihm auf. Er war ein großer Mann!

Auf unserem kurzen Fußmarsch, der mich in mein neues Zuhause bringen sollte, sah ich mich um. Zahlreiche Häuser und Straßen waren von den Bomben zerstört worden. Ununterbrochen fuhren Lastwagen an uns vorbei, in denen Männer saßen, die lauthals sangen und lachten. Ich wollte von Opa Max wissen, wohin diese Autos mit den Männern fuhren und warum sie so fröhlich waren. Er erklärte mir, dass die Autos und die vielen Männer, die in Kolonnen marschierten, den Flugplatz besetzt hatten. Der hatte einst unseren deutschen Fliegern und Soldaten gehört und jetzt hatten die Russen ihn übernommen. Mit Opas Erläuterungen konnte ich natürlich nichts anfangen.

Wir waren vielleicht zehn Minuten gelaufen, da sagte Opa Max auf einmal, wir seien jetzt zu Hause. Wir befanden uns in einer kleinen Gasse und standen vor einem Haus, das größer war als das Kinderheim und zu dem eine große Toreinfahrt führte. Mein Zuhause befand sich also im Parterre des Hauses Nachtigallstraße 4, einem alten Gebäude mit Fensterklappen, wo ich tatsächlich bereits erwartet wurde. In den nächsten Stunden stürzte unendlich viel Neues auf mich ein. Fremde umarmten mich. Liebevolle Menschen küssten und streichelten mich. Sie sagten: „Du siehst aus wie dein Vater Fred. Er hatte ebenso blaue Augen wie du und sein Haar war genauso blond."

„Wo ist mein Vater?", wollte ich wissen.

„Doris, er ist nicht hier und er kommt auch nie wieder. Aber du bist noch zu klein, um das zu verstehen." Merkwürdig, eben war ich noch zu klein gewesen, und im nächsten Moment hieß es, ich sei groß geworden. Ich kannte diese Menschen nicht, keines ihrer Gesichter hatte ich jemals gesehen. Und alles, was sie zu mir sagten und was sie mir zu erklären versuchten, hatte für mich keine Bedeutung.

Dann sagte eine Frau zu mir: „Ich bin deine Oma Hertha, und das ist deine Tante Gerda." Ein kleines Mädchen, das mich mit großen braunen Augen ängstlich ansah, stellte sie mir als meine Cousine Monika vor. Ich ging zu der Kleinen, sagte guten Tag und nahm einfach ihre Hand. Da standen wir nun und sahen uns an: zwei Mädchen, die unterschiedlicher nicht sein konnten. Meine neue Oma zeigte mir ein Zimmer, in dem ich mit ihr und Opa Max in Zukunft das Bett teilen würde. Tante Gerda und Monika hatten ein eigenes Zimmer. Dann gab es noch ein drittes Zimmer, in dem Regale standen und Kisten mit Obst und Gemüse gelagert wurden. Ich fragte Oma Hertha, ob ich einen Apfel haben dürfe. „Natürlich darfst du dir einen Apfel nehmen!", antwortete sie. Ich nahm mir einen aus der Kiste und Oma sagte, das seien Hasenköpfe. Ich drehte meinen Apfel hin und her, betrachtete ihn von allen Seiten und fragte, warum er „Hasenkopf" heiße. „Weil er wie ein Hasenkopf aussieht", bekam ich zur Antwort. Ich hatte noch nie einen Hasen gesehen und konnte Oma Hertha deshalb nicht folgen. Mit fragendem Blick sah ich sie an. „Schau mal, Doris, dieser Apfel ist nicht rund wie die anderen Äpfel in der Kiste." Sie nahm mir meinen Apfel aus der Hand und schüttelte ihn. „Hörst du, wie es in diesem Apfel klappert?" Ich nickte und wollte wissen, warum es darin so klapperte. „Das sind die Kerne im Gehäuse. Erst wenn sie klappern, sind die Äpfel reif und wir können sie essen. Weißt du, meine Kleine, dein Opa Max hat einen sehr großen Garten. Da wachsen Gemüse, Kartoffeln und Johannisbeeren und es gibt viele Obstbäume. Aber das lernst du noch alles kennen." Sie erklärte mir, dass sie und die anderen meine richtige Familie seien. „Wir haben dich vermisst und lieben dich alle sehr." Als meine neue Oma mich ganz fest an sich drückte, schlang ich meine Arme um ihren Hals und hielt sie ebenfalls ganz fest.

In der großen Wohnküche, in der Tante Gerda das Mittagessen zubereitet hatte, befand sich auch die Toilette. Ich setzte mich brav an den großen Tisch, der bereits gedeckt war. Dann stellte Tante Gerda einen Topf auf den Tisch, in dem Grießsuppe war, dazu gab es trockenes Brot. Als alle Platz genommen hatten und die Teller bis zum Rand gefüllt waren, wünschte Opa Max uns einen guten Appetit. Ich hatte meine Hände gefaltet und wollte beten, wie ich es im Kinderheim gelernt hatte. Opa sah das und sagte: „Wir beten immer erst nach dem Essen."

Während ich still dasaß und aß, redeten die anderen ohne Unterlass. So etwas hatte man uns im Kinderheim nicht erlaubt, weil es sich angeblich nicht gehörte, mit vollem

Mund zu sprechen. Anstand und Sitte, das hatten uns die Nonnen beigebracht. Dennoch fand ich es, wie ich es in meinem neuen Zuhause erlebte, viel schöner. Ich konnte mit meiner Cousine und den Erwachsenen am Tisch sprechen und lachen, wie es mir gefiel. Ich weiß heute nicht mehr, was an meinem ersten Tag gesprochen wurde und worüber die anderen mich ausfragten. Aber eines weiß ich noch ganz genau: dass ich nämlich schon immer ein neugieriges Kind gewesen war und lange Ohren machte, wenn sich Erwachsene unterhielten.

Nach dem Essen kündigte Opa an, dass es an der Zeit sei zu beten. Ich faltete meine kleinen Hände, und alle sprachen nach, was Opa in seiner unnachahmlichen Art vorbetete: „Lieber Gott, wir danken dir, dass es uns wieder geschmackes hat. Amen!"

Ich integrierte mich rasch in meine neue Familie. Das erste Mal in meinem Leben spürte ich Liebe und Zärtlichkeit. Ich fühlte mich geborgen und es war, als ob ich schon immer im Kreise dieser Menschen gelebt hatte.

Meine Verwandtschaft wurde immer größer. Da waren noch die drei Cousinen Helma, Karin und Silvia und die drei Cousins Hermi, Hansi und Henri. Alle sechs waren die Kinder von meiner Tante Sally und ihren Mann Hermann Olbrich, der als Zauberkünstler sein Geld verdiente. Die Familie wohnte am Hohen Ende. Dort gab es eine Pferdeschwemme, in der die Bauern ihre Tiere tränkten und wuschen. Die sechs Kinder waren größer als ich und gingen alle schon zur Schule.

In der Franz-Grunik-Straße wohnten Tante Elli und mein Onkel Werner Köpp, der in einer Bank als Bücherrevisor arbeitete und sich zur Oberschicht der Gesellschaft zählte. Tante Elli war Sekretärin im größten und einzigen Schlachthof in Perleberg und der Prignitz. Den Perleberger Schlachthof gab es seit 1893. Gemeinsam mit dem Schlachthof in Wittenberge und dem in Pritzwalk hatte er die Bevölkerung der Westprignitz zu versorgen.

Schließlich gab es noch meinen Onkel Karl Gottlieb Lange, der als Drucker in einer Druckerei sein Geld verdiente und mit Grete Köpp verheiratet war.

Ich war glücklich, wenn ich zusammen mit Monika auf dem großen Hof spielen durfte. Wir spielten mit dem Ball oder „Vater, Mutter und Kind" mit unseren Puppen. Auch Hopse und Seilspringen waren beliebte Beschäftigungsmöglichkeiten.

Wenn mich Oma Hertha abends zu Bett brachte, gab es ein Problem: Ich hatte Angst und weinte, weil ich es nicht gewohnt war, allein zu schlafen. Also legte sie sich neben mich, bis ich eingeschlafen war. Damit sie bei mir blieb, fasste ich ihr ans Ohrläppchen. Wenn Oma nach einer Weile annahm, dass ich fest schlief, versuchte sie vorsichtig aufzustehen. Doch ich bemerkte es und verstärkte meinen Griff.

Ich fühlte mich besonders von meiner Tante Gerda geliebt und es ging mir richtig gut. Monika sagte zu ihr „Mutti". Warum sollte ich dann „Tante Gerda" zu ihr sagen? Dafür fand ich keine Erklärung und deshalb sagte ich ebenfalls „Mutti" zu meiner Tante – ich wollte schließlich auch eine Mutti haben. Monika protestierte, es sei ihre Mutti und nicht meine! Daraufhin versicherten mir Tante Gerda und Oma Hertha, ich hätte auch eine richtige Mutti und sie komme bald. Ich wollte wissen, warum sie nicht bei mir sei. Wie konnte sie mich so lange allein lassen, wenn ich doch ihre Tochter war? Darauf konnten oder wollten mir meine Tante und meine Oma keine plausible Antwort geben. Es sollten noch zwei Jahre vergehen, bis ich meine Mutter schließlich kennenlernte.

Ich fand mich als Kind sehr schnell mit meiner neuen Lebenssituation ab. Plötzlich hatte ich Menschen um mich, die mir Liebe schenkten. Dass Monika es nicht gut fand, dass sie die Aufmerksamkeit ihrer Mutter auf einmal mit mir teilen musste, habe ich ja schon erwähnt. Die Eifersucht hatte aber auch Gründe. Ich kann mich noch gut daran erinnern, dass Monika von ihrer Mutter Schläge bekam und sie sich daraufhin vor lauter Wut in die Ecke setzte und sich die Haare rausriss und weinte. Ich hingegen wurde ständig gelobt und mir gegenüber fiel kein böses Wort. Ich bekam auch mit, dass Tante Gerda des Öfteren „Du Aas!" zu ihrer Tochter sagte. Natürlich verstand ich nicht, was das bedeutete, Monika tat mir nicht einmal leid. Ich fand es sogar toll, wenn Kinder weinten. Ob das etwas mit meiner Vergangenheit im Kinderheim zu tun hatte? Ich wusste es nicht.

„Am schönsten war es für uns Kinder, wenn wir zusammen mit Opa Max, der den Handwagen zog, in den Garten gehen durften. Dort fühlten Monika und ich uns am wohlsten. Der Weg dorthin war beschwerlich: immer die Feldstraße geradeaus und am Tonkital vorbei bis zur Wiesenstraße. Die vielen Äpfel und die dunklen Kirschen an den Bäumen sahen sehr verlockend aus. Leider waren es Schattenmorellen und keine Süßkirschen, die uns bestimmt besser geschmeckt hätten. Wir durften Opa zur Hand gehen, wenn er die großen Kürbisse und die Gurken erntete und sie in den Handwagen legte. Es gab schöne Blumen in allen Farben, die herrlich dufteten. Die roten Erdbeeren hatten es uns besonders angetan. Während wir sie pflückten, wanderten die meisten in unsere Münder und nicht in den Korb, wie es uns Opa befohlen hatte. Opa schimpfte, als er es bemerkte, denn er hatte die Absicht, die Beeren auf dem Großen Markt zu verkaufen.

Das Essen nach dem Krieg war knapp und aus allem Möglichen wurden unsere Mahlzeiten zubereitet. Beispielsweise gab es Nährflocken, die in einer Pfanne mit Wasser zubereitet wurden. Wurden den Flocken Gewürze zugesetzt, schmeckten sie auf Brot gar nicht mal schlecht. Aus dicken Bohnen wurde ein Mus gekocht, das Oma Hertha durch ein Sieb strich und mit Fett – wenn wir denn welches hatten – und Kräutern verfeinerte. Gott sei Dank hatten wir ausreichend Gemüse und Früchte. Aus Johannisbeeren kochte Oma Hertha Marmelade, die so sauer war, dass es mich schüttelte, wenn ich davon probierte. Zucker und alle anderen Nahrungsmittel gab es nur auf Lebensmittelkarten und wurden den Familien zugeteilt. Natürlich reichte das kaum aus. Wenn wir Weißkohl geerntet hatten, saß die Familie in der Küche am Tisch und schnitt den Kohl in feine Streifen, die wiederum in einem großen Holzfass als Sauerkraut eingelegt wurden. Ein anderes Mal ernteten wir Gurken und legten sie ein. Aus Zuckerrüben wurde so ein schwarzer Honig gekocht. Auch Kartoffeln ernteten wir reichlich. Oft gab es Kartoffelpuffer, die beim Braten in der Pfanne nach irgendeinem Fett stanken – es könnte Lebertran gewesen sein. Das Apfelmus, das wir zu den Kartoffelpuffern aßen, übertünchte den ekligen Geschmack. Das Kartoffelkraut wurde auf einen großen Haufen gelegt, und wenn es trocken war, steckte Opa es an und wir warfen Kartoffeln hinein. Diese waren anschließend rabenschwarz, schmeckten aber köstlich, nachdem wir die schwarze Pelle entfernt hatten. Dank unseres Gartens waren wir zum Teil Selbstversorger und litten keinen Hunger. Ich weiß allerdings nicht, was meine Familie im Krieg durchmachen musste.

An bestimmten Tagen gab es beim Fleischer Wurstbrühe. In langen Schlangen standen die Menschen mit einer Milchkanne oder einem Topf vor der Fleischerei. Auch meine Verwandten standen stundenlang an, um in den Genuss zu kommen, aus der Brühe ein kräftiges Essen zu kochen.

Wir Kinder hatten mit unseren Befreiern, die inzwischen ganz Perleberg eingenommen hatten, keine Probleme. Die Männer in ihren Uniformen schenkten uns Bonbons oder Schokolade, wenn wir draußen rumtobten. Und auf dem Großen Markt bei Bäcker Valentin standen die Russen mit ihren großen Lastwagen, um das sogenannte Russenbrot abzuholen, das die Bäckerei für die Befreier Tag und Nacht backen musste. Sie schenkten uns Kindern dann ein warmes Brot, das wir stolz nach Hause brachten. Es schmeckte einfach besser als das aus Maismehl, das Oma Hertha backte.

Die vielen Schäden, die der Krieg angerichtet hatte, wurden beinahe zur Normalität. Ganz Perleberg war auf den Beinen, um zu retten, was von dem Hab und Gut der Bewohner übrig geblieben war. Aufgrund der Besetzung durch die Russen war es natürlich ein Problem, diese alle unterzubringen, und täglich wurden es mehr! Tagsüber ebenso wie nachts marschierten sie in Perleberg ein und ihre Panzer richteten in der Stadt erhebliche Schäden an.

Der Kommandant, „Major Wasiljew" traf die Entscheidung, dass Bewohner, die über zu viel Wohnraum verfügten, Russen aufzunehmen hatten. So traf es auch unsere Familie. Es hieß, es sei nur vorübergehend, bis genügend Unterkünfte geschaffen worden seien. Die Russen beschlagnahmten unser drittes Zimmer. Unsere Möbel, die darin standen, brachten wir in den anderen beiden Räumen unter. Opa Max zeigte den Russen die übrigen Räumlichkeiten. Da er kein Russisch sprach, zeigte er ihnen, wie die Toilette funktionierte, indem er an der Kette zog, um zu spülen. Einige der Russen liefen weg, andere schauten in das Becken hinein und konnten es nicht fassen, wo das Wasser abgeblieben war. Jetzt betätigten auch sie die Klospülung. Mein Opa meinte, die Russen würden bei sich zu Hause noch in ein Loch scheißen. In ihrem Zimmer wurde Stroh auf dem Fußboden ausgelegt, und so schliefen sie in der Nacht, während sie die Tage auf dem Flughafen verbrachten, der wieder funktionsfähig aufgebaut werden musste.

Unsere Familie lebte ziemlich beengt, seit wir uns auf zwei Zimmer beschränken mussten. Positiv war, dass die Russen eine Kuh mitgebracht hatten, die auf dem Hof stand und uns Milch einbrachte – ein Segen für uns Hausbewohner. In der ersten Etage wohnte eine Familie Kirsch mit einem Kleinkind. Sie hatten einen großen Sack Würfelzucker mitgebracht, der uns das Leben versüßte, indem wir daraus Karamellbonbons in der Pfanne machten.

Am Ende unserer Straße befand sich ein freies Gelände, auf dem ein Haus stand, das unsere Besatzer in Beschlag genommen hatten. Darin hatten sie vorübergehend die Kommandantur eingerichtet. Meine Oma Hertha wurde verpflichtet, für die Russen zu kochen. Von dem Tag an brachte sie jeden Tag Fleisch, Butter, fetten Speck und Brot mit nach Hause. Auf einmal hatten wir alles, wovon andere Menschen nur träumen konnten.

Auf dem größten Schlachthof in der Prignitz wurden jetzt täglich Schweine, Rinder und alles, was vier Beine hatte, geschlachtet. Die Bauern in den umliegenden Dörfern mussten ihr Vieh an die Russen abgeben.

Meine Mutti – Tante Gerda – versteckte sich bei meiner Tante Sally, die in der Straße Am Hohen Ende wohnte. Sie hatte Angst, von den Russen vergewaltigt zu werden. So war es vielen anderen Frauen bereits ergangen. Beim ihrem Einmarsch hatten die Russen die Erlaubnis bekommen, an drei Tagen jede Frau, die ihnen in die Finger kam, zu vergewaltigen. Danach war eine solche Tat bei Strafe verboten. In einer uns bekannten Familie, die zwei Töchter im Erwachsenenalter hatten, wurde eine der beiden von den Russen zehn Mal hintereinander vergewaltigt. Die junge Frau wurde davon irre und musste in eine Nervenheilanstalt, die sie erst zehn Jahre später wieder verlassen konnte. Während ihre Mutter nicht da war, schlief Monika mit in unserem Bett.

Opa Max eröffnete nach dem Krieg am Schuhmarkt/Ecke Wollweberstraße ein Spielzeuggeschäft. Sein Zigarrengeschäft war inzwischen pleitegegangen. Woher er die ganzen Spielsachen hatte, wusste außer ihm niemand; sie waren einfach da, als ob sie vom Himmel gefallen wären. In seinem Geschäft gab es alles, was Kinderaugen zum Strahlen brachte. So schöne Spielsachen hatten Monika und ich noch nie gesehen. Gelegentlich fuhr Opa nach Berlin auf den Schwarzmarkt und brachte immer neue Überraschungen mit, die er dann zum Verkauf anbot. Der Schwarzmarkt blühte, seit der Krieg vorbei war. Man nannte meinen Opa auch Schieber-Maxe und er war in Perleberg bekannt wie ein bunter Hund. Diesen Spitznamen riefen ihm die Kinder hinterher, um ihn zu ärgern. Mein Opa war jedoch clever und zudem ein Schelm. Wenn sich die Kinder vor Begeisterung ihre Nasen an der Fensterscheibe plattdrückten, sagte Opa scheinheilig: „Kommt doch rein und schaut euch die schönen Spielsachen an!" Natürlich trauten sie ihm nicht über den Weg, was auch besser war. Wenn er nämlich einen der Lästerer erwischte hatte, steckte er ihm Juckpulver in den Kragen, was gewiss kein Vergnügen für denjenigen war.

In Opas Geschäft gab es große Puppen, die laufen konnten, wenn man sie an die Hand nahm, bunte Brummkreisel, die wunderbar tanzten, nachdem man sie aufgezogen hatte, und nicht zuletzt Puppenstuben mit richtigen Möbeln. Das Schöne war, wir durften mit allem spielen! Wenn Opa in Berlin war oder im Garten arbeiten musste, war Oma Hertha im Laden.

Die Tanzlokale wie „Stadt Berlin", der Bürgergarten und „Stadt Magdeburg" öffneten wieder, um die Menschen nach dem Krieg auf andere Gedanken zu bringen. Einst waren es unsere deutschen Soldaten gewesen, die sich dort vergnügt hatten, die im Krieg ihr Leben für Volk und Vaterland eingesetzt und in Gefangenschaft in Russland – und nicht nur dort – vor sich hin vegetiert hatten und gestorben waren. Und jetzt vergnügten sich hier unsere Befreier, die Russen, was für uns Kinder und die Bevölkerung mit der Zeit zum Stadtbild dazugehörte. Opa Max war abends, wenn im „Stadt Berlin", getanzt wurde, dort als Toilettenmann tätig. Auf dem Weg zum Tanzlokal trug er stets einen weißen Kittel und unter dem Arm einen Schuhputzkasten. Die Wegstrecke, die er zu Fuß bewältigte, war weit. Nur wenige Menschen konnten sich zu der Zeit ein Auto leisten, und wenn sie eins besaßen, nahmen die Russen es ihnen kurzerhand weg. So verdiente sich mein Opa unterwegs mit Schuheputzen einen „Pinkelgroschen" für unseren Lebensunterhalt hinzu. Und das war nicht wenig! Wenn der Erlös am Morgen gezählt wurde, war ich dabei und steckte mir so manchen Groschen in die eigene Tasche. Bestimmt bemerkte Opa das, aber er ließ mich gewähren. Ich liebte diese Groschen und steckte sie in meine Spardose.

Inzwischen betrachteten unsere Befreier unser romantisches Städtchen als ihr Eigentum. Auf Gedeih und Verderb beanspruchten die Russen alles, was ihnen in die Finger kam. Ihr Domizil war der Flughafen. Hier fanden sie all jenes, was von den deutschen Fliegern und den Militärs zurückgelassen worden war. In der Franz-Grunik-Straße, in der meine Tante Elli und mein Onkel Werner wohnten, errichteten die Russen einen Schlagbaum mit zwei Kontrollhäusern. Die Umgebung am Bayernteich nutzten sie für ihre privaten Unterkünfte. Für unsere Besatzer wurden nicht nur neue Häuser errichtet, sie besetzten auch alles, was nach dem Krieg noch stand, sodass die Menschen hier am Ort ihre Häuser verlassen mussten.

Dank meiner Cousinen und Cousins, die Monika und mich nie fragten, wo wir so lange gewesen waren, kannte ich inzwischen fast jeden Winkel und jedes Gässchen in Perleberg. Auch Tante Salli und Onkel Hermann sprachen uns nie darauf an, wenn wir mal wieder etwas länger weg gewesen waren. Sie sagten auch nicht: „Schön, dass ihr wieder zu Hause seid!" Wahrscheinlich weil wir noch Kinder waren, die es sowieso nicht verstanden, was damals geschah.

Inzwischen war ich sechs Jahre alt. Der Schulbetrieb begann wieder am 1. Oktober 1945. Nun war es auch für mich so weit, dass ich zur Schule kam. In meinem Ranzen befand sich eine Schiefertafel, an der ein Band mit einem Schwamm befestigt war, der wiederum aus meinen Ranzen heraushing. Ob ich zu meiner Einschulung eine Schultüte bekam, kann ich heute nicht mehr sagen. Ich kann mir zumindest nicht vorstellen, dass so etwas nach dem Krieg überhaupt möglich war, wo doch die Bevölkerung Tag für Tag um das nackte Überleben kämpfte.

Der erste Tag in der Schule war die Hölle für mich. Als Erstes wurden wir Kinder geimpft. Dazu führte man uns in einen

Raum, in dem sich ein Mann und drei Frauen befanden. In ihren weißen Kitteln befahlen sie uns, den rechten Ärmel hochzukrempeln. Ich vernahm Schreie und das Wimmern einiger Kinder, was mich regelrecht in Panik versetzte. Dann war ich an der Reihe. Als ich die lange Nadel sah, wollte ich fluchtartig den Raum verlassen, doch die Frauen hielten mich fest. Ich schlug um mich und setzte sogar meine Beine ein, um mich zu wehren, aber es nützte mir nichts. Der böse Mann schrie mich an und haute mir die Nadel besonders tief in den Oberarm. Das war ein Schock für mein weiteres Leben, denn bis heute mache ich Theater, wenn ich zur Blutabnahme muss, und frage vorsichtshalber, ob es wehtun wird und ob die Arzthelferin über ausreichend Erfahrung verfügt.

In der damaligen Zeit lernten wir ja noch das ABC und hatten die Fächer Lesen, Schreiben, Rechnen, Erdkunde und Singen. Mit großem Interesse sang ich eifrig alles nach, was uns unsere Lehrerin vorsang. Meine Stimme war glockenklar. Ich sang wie eine Nachtigall und hatte mir in den Kopf gesetzt, dass ich Sängerin werden wollte. Vom Musikunterricht einmal abgesehen, fand ich die Schule doof und fragte mich, warum ich das alles lernen sollte. Viel lieber spielte ich mit Monika und den anderen Kindern auf der Straße Hopse, Verstecken, Ball und mit unseren Puppen. Ich fand, ich war ein schlaues Kind, schließlich konnte ich schon bis hundert zählen. Das Einzige, was mir neben dem Singen in der Schule gefiel, war die Pause, in der wir auf dem Schulhof herumtoben konnten. Und weil es meine Art war, den Ton anzugeben, mussten die anderen Kinder nach meiner Pfeife tanzen.

Die leckere Schulspeisung, die es jeden Tag gab, machte einiges wieder wett. Ich war ein guter Futterverwerter und aß gerne – allein schon dafür lohnte es sich, zur Schule zu gehen. Das Stillsitzen fiel mir besonders schwer und zu allem Überfluss sollte ich mich auch noch mit sämtlichen Mitschülern gut verstehen. Aber ich habe ja schon erzählt, dass ich meinen eigenen Kopf hatte, was mir so manchen Tadel einhandelte. Deshalb gehörte die Ecke im Klassenzimmer meistens mir. Meine Mitschüler hatten ihren Spaß und bewarfen mich mit Papierröllchen. Postwendend streckte ich ihnen die Zunge raus und zeigte Peter meine kleine Faust, was im Anschluss an die Schulstunde in eine Prügelei auf dem Schulhof ausartete.

Unsere Lehrerin, Frau Meier, so eine Alte mit einer dicken, schwarzen Hornbrille, teilte meinem Opa Max mit, was ich doch für ein aufsässiges Kind sei und dass ich laufend den Unterricht störe. Opa bat mich daraufhin, brav zu sein, sonst käme ich in eine Schule für schwer erziehbare Kinder. Weil mich die Vorstellung ängstigte, nahm ich mich in der Folgezeit etwas zurück.

Lust zum Lernen hatte ich nur selten, weil ich dachte, alles das, was ich von Opa Max gelernt hatte, würde völlig ausreichen. Mein Opa war schließlich mein Lieferant für die Dinge, die für mich im Leben wichtig waren. Natürlich sah die Realität anders aus.

Ich kannte dank meines Opas fast jeden Baum. Im Herbst sammelten wir Kinder bunte Blätter und legten diese in ein Heft, um sie zu pressen. Das verstärkte mein Interesse für die Natur. Zudem brachte Opa mir im Garten so allerlei bei, weil er der Meinung war, ich würde mich für das Veredeln von Bäumen interessieren. Ich fand es toll, wenn Äpfel und Birnen an ein und demselben Baum wuchsen. Nur mit dem Lesen haperte es bei mir gewaltig. Nicht dass ich nicht lesen konnte, oh nein, ich konnte nur nicht laut vorlesen wie meine Mitschüler. Stattdessen zitterte ich, wenn ich an der Reihe war, einen kleinen Absatz aus meinem Schulheft vorzulesen. Für meine Mitschüler bedeuteten diese Momente einen Heidenspaß. Irgendwann gab ich mir einen Ruck und brachte mir das Vorlesen im stillen Kämmerlein selbst bei.

Die Russen hatten unsere Wohnung nach einem Jahr wieder verlassen, denn inzwischen waren am Bayernring neue Häuser und Kasernen erbaut worden. Das Lyzeum nutzten sie auch weiterhin als Kaserne. Meine Tante Gerda hatte im Krieg einen Franzosen kennengelernt und ihn bald darauf geheiratet. Von da an hieß sie nicht mehr Gerda Palm, sondern Gerda Chevalier. Bald darauf wurde sie schwanger und brachte im Alter von vierundzwanzig Jahren Christiane zur Welt, ein süßes Baby, das ich stolz im Kinderwagen spazieren fuhr. Die Heirat sollte Tante Gerda noch sehr viel Ärger einbringen, denn ihr Mann wurde gesucht. Angeblich war er bei der Waffen-SS gewesen. Er musste Freunde gehabt haben, die ihn warnten, denn eines Nachts machte er sich aus dem Staub. Wieder ein Schock für die Familie! Damit waren wir drei Kinder, die keine Väter zum Anfassen hatten.

Es war im Sommer des Jahres 1947, als für mich als Kind von fast acht Jahren ein gravierender Lebensabschnitt begann.

Eines Morgens – wir schliefen noch alle – klopfte es draußen an unsere Fensterläden. Oma Hertha, die davon wach wurde, fragte energisch: „Wer ist da?"

Meine schöne Mutter 1947

„Ich bin es, Anna!", lautete die Antwort.
Oma weckte mich mit den Worten: „Doris, deine Mutti ist gekommen!"
Meine Mutter? Ich konnte nicht glauben, dass sie doch noch zu mir gekommen war. Meine Familie war aufgeregter als ich. Im Nachthemd stürzte Oma förmlich an die Tür und öffnete sie. Alles, was ich sah, war eine junge, hübsche und elegant gekleidete Frau. Das Kleid, das sie trug, war so schön wie die Kleider, die ich aus Märchenbüchern kannte. An ihrer Seite war ein Mann namens Gerhard Neumann. Aus dem Standesamtsregister geht hervor, dass er am 18. Juli 1920 in Schneidemühl geboren wurde. Sein Vater war Johannes Wilhelm Neumann, Architekt in Berlin, verstorben im Jahre 1936. Seine Mutter, Hedwig Neumann, geborene Kellner, wurde in Deutschkrone, Westpreußen geboren. Sie starb im Jahre 1939 in Berlin.
Die Frau kam auf mich zu und sagte, sie sei meine Mutter und hätte mich so sehr vermisst. Sie nahm mich auf den Schoß. Ich trug ein rosa Nachthemd mit Blümchen auf dem Kragen. Sie küsste und herzte mich, drückte mich an sich. „Du siehst wie Fred aus, dein Vater. Der hatte auch so schöne blaue Augen."
Ich sah sie nur groß an, denn Freude verspürte ich in diesem Moment nicht, schließlich kannte ich diese schöne, fremde Frau nicht.
Alles in mir sträubte sich gegen ihre Nähe. Ich hatte ja Tante Gerda, zu der ich mich hingezogen fühlte – sie und niemand anderes war meine Mutti!

An diesem Tag herrschte große Aufregung. Die Erwachsenen fielen sich um den Hals und weinten vor Freude. Nur in Opa Max' Gesicht sah ich keine Regung. Er war inzwischen zweiundsechzig Jahre alt und hatte in seinem Leben sehr viel Leid erlebt. Im Krieg hatte er seinen Lieblingssohn Rudolf im Alter von zweiunddreißig Jahren verloren. Dieser starb am 7. Juni 1940 in Frankreich für Deutschlands Ehre und Freiheit. Sein Nachruf lautete:

„Treu seinem Fahneneid gab im Westen für Führer und Vaterland sein Leben der Telegraphenarbeiter Rudolf Lange, Unteroffizier in einem Pionier-Bataillon. Wir verlieren in ihm einen pflichtbewußten Kameraden, dem wir ein gutes Andenken bewahren werden. TELEGRAPHENBAUAMT POTSDAM UND GEFOLGSCHAFT (Müller, Oberpostrat)"
Diese Annonce vom 7. Juni 1940 stand in der West Prignitzer Zeitung, wie einer der nachfolgend aufgeführten Zeitungsausschnitte belegt.

Opas anderer Sohn Richard hatte sich aus Liebeskummer aufgehängt, weil seine große Liebe einen anderen Mann geheiratet hatte. Da war seine Tochter Anna wohl das kleinste Übel von allen und Freudentränen sah ich bei ihm nicht.
Mutter ging zu ihm, umarmte ihn und sagte: „Da bin ich wieder."
„Es wurde auch Zeit", erwiderte Opa. „Du bist inzwischen einunddreißig Jahre alt. Wo warst du so lange?"
„Ich komme direkt aus Bad Reichenhall, Vater, eine lange Geschichte. Ich hoffe, dass du anders über mich denken wirst, wenn ich sie dir erzählt habe."
„Schau dir deine Tochter an! Wusstest du, dass sie Doris und Monika in ein Kinderheim gebracht haben, nachdem sie euch abgeholt hatten?"
„Nein, Vater, das wusste ich nicht. Woher auch?"
Ungerührt fuhr Opa fort: „Und Hertha wurde der Kuppelei bezichtigt. Außerdem hat man ihr vorgeworfen, ihre Aufsichtspflicht als Mutter verletzt zu haben. Sie wurde zu zwei Jahren Zuchthaus verurteilt. Du hast an deiner Tochter so

einiges wiedergutzumachen. Und denk mal darüber nach, was ihr uns alles angetan habt!"
Aus einiger Entfernung lauschte ich diesem Gespräch und wunderte mich, das mein Opa so böse auf diese Frau war. Meine neue Mutter erzählte, der Mann an ihrer Seite sei ihr Ehemann und sie hätten am 15. November 1945 in Bad Reichenhall geheiratet. Dort arbeite er als Oberkellner im Bad Luisenhotel, wo auch meine Mutter nach dem KZ als Küchenhilfe hatte arbeiten müssen. Gerhard Neumann sah gut aus. Er hatte schöne weiße Zähne, wirkte sehr gepflegt und roch nach Eau de Cologne. Das war also der Mann, der bei mir die Vaterstelle einnehmen sollte.
Nachdem sich die Gemüter etwas beruhigt hatten, wurden Koffer ausgepackt und es gab Geschenke im Übermaß für alle. Schöne Kleider für Monika und mich. Perlonstrümpfe, wie sie kaum eine Frau besaß. Und vor allem Schokolade, die unsere Kinderaugen zum Leuchten brachte. Zu diesem besonderen Anlass gab es richtigen Bohnenkaffee und nicht den sonst üblichen Muckefuck. Opa Max bekam teure Zigarren und die West Zigaretten gingen an diesem Tag nicht aus. Meine Mutter und ihr Mann kamen wohl aus dem Schlaraffenland angereist. Für uns alle war es unvorstellbar, was sich an diesem Tag bei uns abspielte. Die Erwachsenen führten scheinbar endlose Gespräche, deren Inhalt ich natürlich nicht verstand, obwohl ich genau zuhörte. Soviel ich mitbekam, sollte ich mein geliebtes Perleberg verlassen und zu meiner neuen Mutter und ihrem Mann nach Bad Reichenhall ziehen. Sie besaßen ein Visum für drei Monate. Ich sollte also meinen Opa, meine Oma Hertha, die immer lieb zu mir war,

und auch meine Tante Gerda, zu der ich „Mutti" sagte, verlassen. Ich sollte nicht mehr mit Christiane, die noch klein war, und Monika spielen. Meine neue Mutter malte mir den Umzug nach Bad Reichenhall in den buntesten Farben aus, als ob ich in Zukunft in einem Paradies leben sollte, in dem es hohe Berge gab. Ich wusste doch noch nicht einmal, wie Berge aussahen! Sogar ein eigenes schönes Zimmer würde ich bekommen. Ich verstand die Welt nicht mehr. Warum sollte ich mein geliebtes Perleberg verlassen, wo ich doch jetzt so glücklich war. Warum sagte Opa Max nichts dazu? Er hatte schließlich die Vormundschaft für mich übernommen, als meine Mutter 1942 ins KZ Ravensbrück interniert wurde. Jetzt hatte ich auf einmal zwei Mütter und sah mich als Kind hin und her gerissen. Ich konnte doch nicht von jetzt auf gleich wieder „Tante Gerda" statt „Mutti" sagen!

All dieses Grübeln änderte nichts an der Tatsache: Ich musste mich dem, was längst beschlossen war, fügen. Auf einmal hatte ich eine Mutter, die über mich bestimmte. Ich musste pünktlich von der Schule nach Hause kommen. Dann kontrollierte sie meine Hausaufgaben. Stundenlang saß ich in der Küche und sollte lernen. Ich heulte, weil ich nicht, wie ich es gewohnt war, mit den anderen Kindern draußen spielen durfte. Am Abend legte sie mir schon die Kleidung für die Schule raus. Ich hatte ja von ihr Kleider, Röcke und schöne Blusen bekommen – Hosen kannten wir damals noch nicht. Wir trugen ein Leibchen und Strümpfe, an denen sich ein Knopf befand, an dem das Gummiband vom Leibchen befestigt wurde. Meine Mutter wusch mich, bevor ich zur Schule ging, und sagte: „Auf deinem Hals könnte man Petersilie aussäen, so dreckig ist der!" Meine Oma hatte so etwas nie zu mir gesagt. Meine Mutter schnitt mir die Fingernägel. Aua, das tat weh! In der Schule mussten wir der Lehrerin unsere Hände zeigen und sie überprüfte, ob diese auch sauber waren. Wenn nicht, bekamen wir mit dem Deckel vom Griffelkasten einen kräftigen Schlag. Wie oft schimpfte ich sie insgeheim eine „blöde Kuh"!

Auch meine Haare kämmte meine Mutter, was höllisch ziepte, woraufhin ich Schmerzenslaute ausstieß und jedes Mal heulte. Vorher hatte ich meine Haare nur einmal in der Woche flüchtig durchgekämmt, weil ich meine Zöpfe nicht jeden Tag neu flechten wollte. Natürlich waren sie mit der Zeit verfilzt und ich erinnerte mich daran, dass Oma Hertha eines Tages gesagt hatte, die Zöpfe müssten abgeschnitten werden und es sei eine Quälerei, mit dem Kamm da durchzukommen. Ich hatte protestiert, denn ich wollte um jeden Preis meine langen Zöpfe behalten. Mal wurden diese zu Affenschaukeln gebunden, mal zu Schnecken gesteckt, was mir sehr gut gefiel. Oma Hertha hatte argumentiert, dass die meisten Kinder in der Schule Läuse hätten. Tatsächlich war auch Monika davon nicht verschont geblieben. Oma kämmte Monikas Haare jeden Tag mit einem Läusekamm aus, die auf einem weißen Stück Papier landeten, woraufhin Oma sie mit ihren Daumen totknackte. Bei diesem Anblick, daran erinnerte ich mich, hatte es gewaltig auf meinem Kopf gejuckt. Dann hatte Monika eine stinkende Flüssigkeit auf ihren Kopf bekommen und ihr Kopf war mit einem Handtuch umwickelt worden. Nach einigen Stunden war sie ihre Läuse los gewesen.

Wir wohnten während der Zeit, die Mutters Visum gültig war, zu acht in der viel zu kleinen Wohnung in Perleberg. So etwas war Mutters Ehemann Gerhard offenbar nicht gewohnt. Man muss sich mal vorstellen, wie das ist, wenn sich die Toilette in der Küche befindet und jedes Geräusch zu hören ist, egal ob gerade gefrühstückt wird oder was auch immer. Auch ein Badezimmer oder eine Dusche kannten wir nicht. Wenn wir reif für die Wanne waren, gingen wir mit Oma Hertha in die städtische Badeanstalt und mussten lange warten, bis wir endlich dran waren. Unsere Waschküche befand sich auf dem Hof, wo Oma Hertha unsere Wäsche in einem Kessel kochte, um sich anschließend die Finger auf einem Waschbrett blutig zu schrubben. Für uns gehörte das zur Normalität, da wir nichts anderes kannten. Aber so ein feiner Pinkel wie mein angehender Vater schwelgte ja in Bad Reichenhall im Wohlstand, da lag das Geld unter den Teppich versteckt. Stolz erzählte er, dass er Geschäfte mit den Juden gemacht hätte.

An den Abenden gingen meine Mutter und ihre Stiefschwester wieder ihren alten Gewohnheiten nach. Sie kannten sich ja bestens aus mit dem, womit sie sich vor dem Krieg vergnügt hatten. Nur das jetzt Mutters Mann mit von der Partie war und mehr trank, als er vertrug.

Durch den Krieg waren viele der schönen Fachwerkhäuser beschädigt worden. Das große Rathaus und die St. Jakobi Kirche hatten kaum etwas abbekommen, nur zwei der schönen bunten Kirchenfenster waren zu Bruch gegangen. Das Hotel Deutscher Kaiser mit seinem Ballsaal existierte noch. Hier hatte angeblich der deutsche Kaiser übernachtet. Seine

Büste auf einem Sockel steht vorne im Empfang. Und im Ballsaal hängt immer noch der große Lüster aus einer anderen Epoche. 1945 war das Hotel von Otto Brinker übernommen worden und nannte sich seitdem „Hotel Brinker". Auch das Hotel Stadt Magdeburg mit seiner bunten, gläsernen Tanzfläche hatte den Krieg überlebt.

Meine Mutter besaß die schönsten Kleider, die auch ihrer Stiefschwester passten. Wir Kinder sahen ihnen interessiert zu, wenn sie sich für den Tanzboden zurechtmachten. Für die Augenbrauen benutzten sie abgebrannte Streichhölzer und die Wimpern wurden mit Spucke und schwarzer Farbe getuscht. Wenn sie sich die Haare gewaschen hatten, drehten sie sich diese mit Zuckerwasser ein, da es zu der Zeit noch kein Haarspray gab. Auf diese Idee muss man erst einmal kommen!

Mutter trug Unterwäsche aus Fallschirmseide. Ihre Handtaschen und das Portemonnaie waren aus Schlangenleder. Ich fragte mich, wieso es ihr und Gerhard so gut ging. Woher hatten sie das viele Geld, wo es doch anderen Menschen so schlecht ging. Opa Max und Oma Hertha arbeiteten schwer, um uns alle zu versorgen. Wenn er nicht im Garten arbeitete, sammelte Opa im Wald Holz und Borke und ging wie jeder in Perleberg Stubben roden für unseren großen Kochherd und die Kachelöfen. Dann gab es Bratäpfel, die lecker schmeckten.

Opa kehrte von der Straße Pferdeäpfel auf, die es wegen der berittenen russischen Soldaten in der Stadt reichlich gab, und verwendete sie als Dünger. Dafür wurden wir mit dem

größten Gemüse – Kürbis, Kohl und Gurken – und dicken Kartoffeln belohnt. Wie gut, dass wir Selbstversorger waren!
Fleisch war auch nach dem Krieg noch für alle eine Rarität. Stundenlang standen wir an, wenn es hieß, dass der Schlachthof an einem bestimmten Tag in der Woche Wellfleisch verkaufte. Tante Elli arbeitete ja im Schlachthof als Sekretärin und informierte uns jedes Mal vorab, damit uns die Gelegenheit nicht entging. Für alle Lebensmittel benötigte man seit dem 28. August 1939 – das war vier Tage vor Beginn des Krieges – Lebensmittelmarken und Bezugsscheine für Benzin und Kohlen. Auf Zuckerkarten gab es Brot, Fleisch, Fett und Marmelade. Darauf war genau festgelegt, was jeder Familie zustand. Wer beim Fleisch Selbstversorger war, bekam eine geringere Menge zugeteilt.
Gerhard konnte oder wollte sich offenbar mit unserem Lebensumständen nicht abfinden. Eines Tages gab er vor, nach Bad Reichenhall zurückzumüssen, weil dort wichtige Geschäfte auf ihn warteten. Meiner Mutter schien das nichts auszumachen, da ihr Visum ja noch einige Wochen gültig war. Sie rechnete fest damit, dass Gerhard rechtzeitig zurückkam, um sie und mich abzuholen. Meine Mutter hatte sich sehr schnell an das Leben bei uns in Perleberg gewöhnt und sich einen neuen Freundeskreis gesucht, mit dem sie sich prächtig verstand. Dazu gehörte die Tochter der Familie Kirsch aus der ersten Etage. Sie war die erste Freundin meiner Mutter, die sich zum Tanzen ein Kleid von ihr auslieh. Und so wanderten die Sachen von der einen zu der anderen, denn so schicke Kleidung besaß nach dem Krieg kaum eine Frau.

Wir Kinder lebten unbeschwert, aber seitdem meine Mutter wieder in Perleberg war, verhielten sich einige ihrer Freundinnen von früher sehr eigenartig. Sie hatten sich von ihr abgewandt, denn mit einer, die im KZ gewesen war, wo Hunderttausende unschuldiger Menschen ihr Leben gelassen hatten, und die jetzt auch noch so elegant daherkam, wollten sie nichts zu tun haben. Auch ihren Bruder Karl und ihre Schwester Elli durften wir nur besuchen, wenn unser Onkel nicht zu Hause war. Aber was hatten wir Kinder mit all dem zu tun? Waren Monika und ich nicht die Leidtragenden in der ganzen Geschichte? Jahrelang hatten wir ohne Mütter auskommen müssen, was zudem auch noch unsere gesamte Verwandtschaft belastet hatte.

Unseren Cousinen Helma, Karin und Silvia und unsere Cousins Hermi, Hansi und Henri durften wir nur noch besuchen, wenn deren Vater nicht zu Hause war. Einmal hätte er uns fast erwischt, weil wir nicht bemerkt hatten, dass er bereits im Flur stand. Wir flüchteten dann durch das Fenster auf die Straße. Zum Glück war das möglich, da die Familie zu ebener Erde wohnte. So verhielt sich Onkel Hermann erst, seit meine Mutter wieder zu Hause war. „Die Langes kommen nicht mehr in unsere Wohnung!", hatte er gesagt. Monika und ich verstanden das nicht und unseren Müttern schien es nichts auszumachen. Auch Opa und Oma hatten sich mit der Situation abgefunden. Natürlich waren sie glücklich, dass ihre Tochter nach so vielen Jahren endlich wieder zu Hause war. Neugierig, wie ich war, machte ich lange Ohren, wenn sich Erwachsene unterhielten. Und es gab viel zu erfahren, was meine Mutter betraf. Das Wort „KZ" fiel immer wieder. Deshalb fragte ich Oma eines Tages, was es damit auf sich hatte. Oma erklärte es mir mit einfachen Worten: „Ein KZ ist ein Haus, in dem deine Mutter arbeiten musste." Diese Antwort stellte mich zufrieden.

Ich weiß bis heute nicht, wie lange Tante Gerda im Jugendkonzentrationslager in der Uckermark war, darüber konnte ich mit meinen Nachforschungen nichts herausfinden. Mir wurde lediglich mitgeteilt, dass die meisten Unterlagen im Krieg durch Brand vernichtet wurden. Als Monika nach dem Krieg aus dem Kinderheim nach Hause geholt wurde, hatte sie ja eine Mutter, daher war ihr Verhalten auch anders als meins. Hinzu kommt, dass sie erst zwei Jahre alt war, als sie in das Kinderheim nach Wittenberge kam.

Die Wochen vergingen und meine Mutter wurde immer unruhiger. Sie rauchte eine Zigarette nach der anderen. Mein Opa hatte darauf bestanden, dass sie sich endlich um eine Arbeitsstelle bemühte, da sie offenbar nicht die Absicht hatte, nach Bad Reichenhall zurückzugehen. Vergeblich hatte sie darauf gewartet, dass ihr Mann sie und mich abholte. Mir konnte das nur recht sein.

Mutter meldete sich als Heimkehrerin in den Osten an und erhielt dementsprechend ihre Lebensmittelkarten von der Stadt. So konnte sie etwas zu unserem gemeinsamen Leben beitragen. Mit ihr hatten Oma und Opa eine Arbeitskraft mehr, wenn es um die Ernte von Johannisbeeren und das Kirschenpflücken im Garten ging. Wenigstens tagsüber solle sie endlich ihre feine Kleidung ablegen und sich vernünftige Schuhe anziehen, nicht diese „hohen Stelzen", wie Opa zu ihren Schuhen sagte. Meiner Mutter passte es gar nicht, dass sie jetzt arbeiten sollte. Viel lieber ging sie zu ihrer Freundin Erika und ließ sich die Karten legen. Die vorausgesagte Zukunft fiel wohl zu Mutters Bedauern nicht gerade befriedigend aus. Es soll ja Menschen geben, die an Außerirdisches, Mystisches oder Spirituelles glauben. Kartenlegen war jedenfalls damals in Mode. Meine Oma Hertha verfügte ebenfalls über eine besondere Gabe, wie mir meine Mutter später erzählte. Sie hatte als Kind ein paar Warzen an ihrer Hand gehabt. Als es eines Abends dunkel geworden war, war Oma mit Mutter nach draußen gegangen, hatte ihre Hand gestreichelt und etwas Unverständliches gesagt. Nach etwa zwei Wochen waren Mutters Warzen wie von Geisterhand verschwunden. Der Mond hatte dabei angeblich eine ganz besondere Rolle gespielt.

Endlich erklärte sich Mutter bereit, sich mit ihrer Arbeitskraft einzubringen. Als Erstes entfernte sie den roten Lack von ihren Fingernägeln. Dann kaufte sie sich bequeme Schuhe, in denen sie tagsüber gut laufen konnte. Mal half sie Opa im Garten, mal löste sie Oma im Geschäft ab. Schnell war klar, dass es nicht ihre Welt war, auf diese Weise zu unserem Lebensunterhalt beizutragen. Nach etwas mehr als einem Jahr teilte sie uns mit, dass sie bei den Russen auf dem Flughafen im Casino arbeiten wolle. Ich war zu klein, um ihren Wunsch nachvollziehen zu können, wo doch mein Vater dort sein Leben gelassen hatte. Meine Mutter schien sich aber mit ihrer Entscheidung wohlzufühlen, schwärmte sie doch regelecht, was es für hübsche Russen gebe. Jeden Tag, den sie im Casino arbeitete, brachte sie für uns etwas zu essen mit, zum

Beispiel so eine komische rote Kohlsuppe, die angeblich eine Spezialität sein sollte und die sich Kapustasuppe nannte. Die schmeckte mir gar nicht mal schlecht. Mutter hatte jetzt immer Bohnenkaffee zur Verfügung. Und vor allem Zigaretten – Papirossa genannt – mit dem langen Mundstück. Das war ihre Welt, in der sie sich wohlfühlte.

Im Sommer musste sie mit ins Russenlager fahren, das sich in Zechlin befand. Das bedeutete, dass ich für drei Monate wieder keine Mutter hatte, was mich allerdings nicht störte, denn ich hatte ja Oma Hertha und Tante Gerda, die ich beide über alles liebte.

Nach dem Schulunterricht besuchten Monika und ich so manches Mal unsere liebe Oma im Laden. Oma schloss den Laden dann für eine Weile zu und ging mit uns ins Stadtcafé schräg gegenüber, wo es leckeren Kuchen gab. Meiner Mutter gefiel das nicht. Sie meinte, Oma Hertha würde uns noch pleite machen, weil der Kuchen zu viele Zuckermarken und Geld kostete.

Allmählich kehrte jetzt nach dem Krieg wieder so etwas wie Normalität ein – wenn man überhaupt von Normalität sprechen konnte. Ich fand, dass sich die Menschen notgedrungen der Situation anpassen mussten. Meine Mutter sprach nicht mehr von Bad Reichenhall und sie fühlte sich offenbar in ihrer aktuellen Lebenssituation sehr wohl – frei wie ein Vogel, der aus dem Nest gefallen war und der den tiefen Sturz – ihren Aufenthalt im KZ – gut verkraftet hatte.

Mir gelang es mal gut und mal weniger gut, mein früheres Leben aus dem Gedächtnis zu verbannen. Wenn ich an manchen Tagen Mütterchen auf der Straße sah, wie sie mit den

Kindern an der Hand spazieren ging, blieb ich stehen und schaute ihnen nach.

Seit meinem Aufenthalt im Heim waren zwei Jahre vergangen. Es war Winter geworden und es herrschte Eiseskälte. Sogar die Stepenitz war zugefroren, was uns Kindern großes Vergnügen bereitete. Monika und ich lernten Schlittschuhlaufen. Einmal brach ich ins Eis ein, weil ich mal wieder meinen eigenen Kopf durchsetzen wollte und nicht auf die Warnung meiner Cousine Helma hörte, die der Meinung war, dass die betreffende Stelle der Stepenitz noch nicht dick genug war, um darauf Schlittschuh zu laufen. Bis zu den Hüften steckte ich im eiskalten Wasser. Durchgefroren und mit vereisten Strümpfen stand ich wenig später zitternd vor meiner Familie. Das Donnerwetter kann man sich ja wohl vorstellen. Ich wurde sofort ausgezogen und trocken gerubbelt. Ein warmer Ziegelstein, der immer in der Ofenröhre lag, sollte mich im Bett wärmen. Das Zittern nahm gar kein Ende. Oma Hertha brachte mir heißen Kamillentee, den ich in kleinen Schlucken trinken musste. Natürlich hatte ich mir eine dicke Erkältung zugezogen und musste ständig zur Toilette. Oma bereitete mir kalte Wadenwickel, damit das Fieber runterging. Natürlich konnte ich für ein paar Tage die Schule nicht besuchen, was ich klasse fand.

Ansonsten lebten wir Kinder unbeschwert und genossen jede Jahreszeit. Wenn es im Sommer ordentlich regnete, falteten wir Papierboote und ließen sie im Rinnstein die Straße hinunterschwimmen. Überhaupt gehörten die Straßen in Perleberg uns Kindern. Da es kaum Autos gab, war Völkerball auf der Straße für uns eine sichere Angelegenheit. Opa Max, der

sehr erfinderisch war, zimmerte Stelzen aus Bäumen, allerdings war es gar nicht so einfach, damit zu laufen. Es gab noch vieles mehr, was uns die Zeit vertrieb. Wir waren Kinder, denen es nie langweilig wurde und die sich auf den Straßen und in den kleinen romantischen Gässchen wohlfühlten.
Das Schwimmen lernte ich in der Stepenitz. Als wäre ich eine bleierne Ente, ließ ich zur Sicherheit und weil ich Angst hatte, mich nicht über Wasser halten zu können, die ganze Zeit ein Bein auf dem Grund, zumal das Flüsschen nicht tief war. Als mich Peter einen Feigling schimpfte, weil er und die anderen Kinder schon schwimmen konnten, wollte ich das natürlich nicht auf mir sitzen lassen. Also nahm ich auch das zweite Bein hoch und stellte fest, dass ich tatsächlich schwimmen konnte. In bestimmten Dingen war ich sehr vorsichtig, auch wenn ich eine große Klappe hatte.
Oma Hertha klagte jetzt immer öfter über Rückenschmerzen. Ich fragte sie, warum sie nicht zu einem Doktor ging. Oma meinte daraufhin, er könne ihr auch nicht helfen. Stattdessen gab sie ein weißes Pulver in ein Glas Wasser und trank es leer. Wenn ich an die Zeit zurückdenke, fällt mir auf, dass ich Oma nie lachend gesehen habe. Das beweist auch das kleine Foto, das ich von ihr besitze und das ich immer bei mir trage.

Als meine Mutter schon ein Jahr bei uns in Perleberg lebte, sagte Opa Max eines Tages, er könne die Miete nicht mehr bezahlen und wir würden in eine Zweizimmerwohnung umziehen. Er hatte sich die Wohnung bereits angesehen. Sie befand sich in der Schuhstraße Nr. 2 in der Nähe vom Hagen.

Das Haus, das den Krieg überstanden hatte, war grau verputzt und an den Fenstern blätterte die weiße Farbe ab. Unsere Wohnung lag im Hochparterre und es gab nur noch eine Etage über uns. Dort wohnte eine Familie mit einem behinderten Kind, dessen Vater als Postbote arbeitete. Die Toilette befand sich auf dem Flur und wurde von allen genutzt, die in dem Haus lebten. Mein Schulweg bis zur Beguinenwiese war länger als der vorherige.

Das Schönste an unserem neuen Zuhause war, dass nebenan das Rolandkino war. Opa nannte es auch das Pantoffelkino. Der Haupteingang befand sich auf den Großen Markt, auf dem der Roland stand – ein großer Mann aus Stein, der ein Schild und ein Schwert trug. Wenn der Film zu Ende war, konnten wir den hinteren Ausgang nehmen und standen schon fast vor unserer Haustür. Neben dem Kino befand sich auch der Hinterhof der Firma Steinke, ein Geschäft für Eisenwaren und Werkzeuge.

Unsere beiden Zimmer wurden von Opa Max so aufgeteilt, dass Mutter und ich das hintere Zimmer mit Ausblick auf den Hof bekamen. Meine Großeltern bezogen das andere Zimmer, das zur Straßenseite zeigte. Es gab eine große Küche, in der wir auch essen konnten. Die Waschküche befand sich im Keller und war ausgestattet mit einem großen Kessel, in dem die Wäsche gekocht werden konnte.

Der Umzug fand innerhalb von nur wenigen Tagen statt. Jeder aus unserer großen Familie musste mit anpacken. Unsere Cousins und Cousinen halfen, die Kisten mit Inventar vollzupacken. Das Mobiliar wurde mit dem Handwagen oder einer großen Karre transportiert und in der neuen Wohnung gleich wieder aufgestellt. Wir Kinder fanden es sehr aufregend, dass wir umzogen, denn der Bäcker Valentin, der für die Russen Brot backen musste, befand sich nur ein paar Häuser von unserer neuen Wohnung entfernt. Schon nach kurzer Zeit lernte ich Christa, die Tochter vom Bäcker Valentin, kennen. Sie war genauso alt wie ich.

Meine Familie, vor allem aber meine Mutter, gestaltete unser Zimmer gemütlich mit unseren alten Möbeln. Die Zimmertür, in der sich Scheiben befanden, hängte Mutter mit buntem Stoff zu, sodass von nebenan niemand hineinsehen konnte. In jedem Zimmer stand ein Kachelofen, der im Winter viel Holz und Kohle erforderte, die es nur auf Bezugschein gab. Zur damaligen Zeit gab es nur Kachelöfen mit einer Bank davor und ich liebte es, mich im Winter an die warmen Kacheln zu lehnen. Meine Mutter und ich schliefen jetzt gemeinsam in einem Bett was ziemlich eng war. Oma und Opa hatten immerhin ihre Ehebetten. Den Rest an Möbeln, die wir nicht unterbringen konnten, erhielt Tante Gerda für ihre Einzimmerwohnung. Sie war schon einige Wochen zuvor in die Bäckerstraße umgezogen.

Opa Max baute auf dem Hof Karnickel- und Hühnerställe. Ein Freund von ihm besaß eine Zucht und verkaufte ihm einige kleine Kaninchen. Deren Ställe wurden mit Heu und Stroh ausgelegt, damit sie es schön weich hatten. Monika und ich suchten uns je eins der Kaninchen aus, das Opa uns schließlich in den Arm legte. Wir streichelten deren Fell, das sich wunderbar seidig anfühlte. Die Kleinen bewegten ihre Nasen so putzig, dass sie einfach süß aussahen. Wir halfen beim Füttern mit Gras aus dem Garten und gingen im Sommer mit in den Hagen, um Butterblumen auszustechen. Angeblich war das die Lieblingsspeise der Kaninchen. Im Winter bekamen sie Getreide und Möhren zu fressen.

Auch die zahlreichen weißen Hühner und ein bunter Hahn hatten reichlich Platz in ihrem Gehege. Die Hühner legten Eier. Oma Hertha wusste jedes Mal schon vorher, wie viele Eier wir suchen mussten. Sie hatte nämlich den Hühnern einen Finger ins Poloch gesteckt und gefühlt, ob sich ein Ei darin befand.

Eines Tages verkündete Opa, an Weihnachten gebe es Kaninchenbraten. Monika und ich bettelten, er solle unsere beiden Lieblinge nicht totmachen, die seien doch so niedlich. Ungerührt sagte er: „Die Kaninchen gehören auf den Teller!" Es gab nämlich viel zu wenig Fleisch auf den Lebensmittelkarten.

Meine Mutter und ich lebten nun räumlich noch enger zusammen. Trotzdem konnte ich keine rechte Beziehung zu ihr aufbauen. Ich kann mich nicht daran erinnern, dass ich jemals das Bedürfnis verspürte, mich an sie zu kuscheln, wie ich es mit meiner Tante Gerda und mit Oma Hertha erlebte. Meine Mutter sah das nicht gerne, denn sie sah in Oma die böse Stiefmutter.

Aus Wollresten strickte Oma für uns Pullover und Socken. Manchmal räufelte sie auch alte Pullover auf und verwendete das Garn für neue. Wie oft musste ich meine Hände hochhalten, und sie wickelte die Wolle darum, bis sich ein Knäuel gebildet hatte. Auch unsere Puppenkinder bekamen aus den Wollresten neue Kleider.

Eines Tages kam Opa mit einer großen Überraschung für Monika, Christiane und mich. Er schenkte jedem von uns einen aus Korb geflochtenen Puppenwagen. Opa hatte sie bei einem Freund bestellt, der in Perleberg eine Korbflechterei betrieb. Vor Freude fielen wir Opa um den Hals und er freute sich mit uns. Stolz fuhren wir Mädchen von nun an unsere Puppen auf der Straße spazieren. Opa überraschte uns immer wieder. Mal war es eine Zither, die er mitbrachte, und mal eine Art Akkordeon – ich glaube, dass es eine alte Quetsche war. Ach wie glücklich waren wir Kinder, so einen Opa und eine so liebe Oma zu haben! Opa konnte übrigens wunderbar Mundharmonika spielen.

Mit unserer neuen Lebenssituation in der viel zu kleinen Wohnung hatten wir uns nach einiger Zeit mehr oder weniger abgefunden. Da wir Kinder uns nach der Schule und dem Erledigen der Schularbeiten sowieso meistens im Freien aufhielten, war die beengte Wohnung zumindest für uns kein Problem. Oder wir besuchten unsere Tante Salli am Hohen Ende und verbrachten dort mit unseren Cousinen und Cousins glückliche Stunden.

In dieser Zeit lernte ich Irmgart und ihren Bruder Reinhart kennen. Sie waren einige Monate später als wir in die Schuhstraße gezogen und bewohnten das Haus, das unserem gegenüberlag. Die beiden lebten mit ihrer Oma Luise zusammen, da ihre Eltern schon früh verstorben waren. Wie Irmgart mir erzählte, war ihr Vater nicht aus dem Krieg zurückgekehrt und ihre Mutter war 1946 an einer Galleoperation gestorben. Wir wurden richtige Freundinnen und puppten zusammen im Hinterhof auf den Treppen, die zur Waschküche führten. Ich fühlte mich bei Irmgart zu Hause sehr wohl, denn es war alles so friedlich und keiner meckerte mit mir herum. Wir saßen gemeinsam am Tisch und sangen schöne, manchmal auch traurige Lieder. Reinhart, der in Karl-Marx-Stadt zur Schule ging, kam nur am Wochenende nach Hause. Wenn ich von der Schule nach Hause kam, machte ich meine Schularbeiten, soweit ich überhaupt Lust hatte, nur flüchtig. Meine Mutter bekam das nicht mit, da sie ja auf dem Flughafen arbeitete. Alles das, was ich nicht wusste, würde ich vor Beginn des Unterrichts von meiner Freundin Edelgard abschreiben. Bisher hatte das immer wunderbar geklappt. Nur einmal hatte ich offenbar den gleichen Fehler gemacht wie meine Schulfreundin. Da wusste Frau Lehrerin, dass die Uhr dreizehn geschlagen hatte. Das Donnerwetter höre ich heute noch. Als Erstes setzte uns die Lehrerin auseinander. Warum war ich bloß so besessen davon, mich mit anderen Dingen zu beschäftigen, anstatt zu lernen? Meine Cousinen und Cousins fanden die Schule wunderbar. Silvia zum Beispiel konnte sehr gut zeichnen und beabsichtigte, Modezeichnerin zu werden. Helma war im Rechnen so schlau wie Albert Einstein, und wer es nicht weiß, dem sei gesagt, dass aus ihm ein Genie wurde, obwohl er Legastheniker war. Immerhin konnte ich gut singen und zeigte großes Interesse am Kochen. Wenn Oma Hertha in der Küche stand und unser Essen zubereitete, bestand ich fast immer darauf, ihr zu helfen. Vor allem wenn es einmal in der Woche bei Fleischer Langner Lungenwurst zu kaufen gab. Dann gab es unser Traditionsessen aus der Prignitz: Quetschkartoffel Lungenwurst und süßsaure Soße. Die Soße war eher wie eine dicke Pampe mit vielen Klümpchen darin. Wenn es dieses Essen gab, bestand ich jedes Mal darauf, dass Oma für mich die Soße durch ein Sieb rührte. Ich stand daneben und passte genau auf, dass sie es auch sorgfältig machte. In dieser Hinsicht hat sich bis heute nichts geändert – ich hasse Mehlsoßen!

Die ersten Schuljahre überstand ich gerade mal so. Obwohl ich mehr schlechte als gute Noten bekam, wurde ich versetzt. Stolz zeigte ich meiner Familie mein Zeugnis. Mutter wetterte gleich los. Ihrer Meinung nach sah es für meine Zukunft schlecht aus, wenn ich auch weiterhin keine Lust zum Lernen hätte. Was wusste ich schon von der Zukunft?
In den Sommerferien fuhren wir Kinder mit Tante Gerda aufs Land, um Kartoffeln zu sammeln. Das kleine Dörfchen Düpow war nicht weit von Perleberg entfernt. Bei einem Bauern erhielten wir Unterkunft und Verpflegung für zwei Wochen. Natürlich ging es Tante Gerda vor allem um das Geld, das sie verdienen würde. Die erste Nacht war grauenhaft! Wir schliefen in alten Betten, in denen die Unterlagen aus Heu und Stroh bestanden, und über uns tanzten die Mäuse jede Nacht Samba. Aber was taten wir nicht alles, um in den Genuss zu kommen, am Morgen an einem reich gedeckten Tisch zu sitzen. Die Hitze auf dem Feld war für uns drei Kinder unerträglich. Wir tranken viel Wasser, das an einer Pumpe in große Kanister abgefüllt wurde und vom Bauern mit seinem Pferdewagen aufs Feld gefahren wurde. Das Mittagessen brachte uns die Bäuerin auf ihrem Handwagen. Wir ruhten uns unter einem großen Baum aus und wären vor Erschöpfung beinahe eingeschlafen. Meistens gab es Eintopf, den ich

normalerweise gerne aß. An Erbseneintopf mit Backpflaumen konnte ich mich allerdings nicht gewöhnen, die Pflaumen blieben mir regelrecht im Halse stecken. Dafür entschädigte mich das Abendbrot, das wir gemeinsam mit den Bauersleuten einnahmen. Die große Pfanne mit den dampfenden Bratkartoffeln stand mitten auf den Tisch und insbesondere die eingelegten Heringe hatten es mir angetan. Es gab Schinken und Wurst von selbst geschlachteten Schweinen und frisches Brot, das die Bäuerin gebacken hatte. Schon dafür hatte es sich gelohnt, bei der Kartoffelernte zu helfen, auch wenn uns der Rücken von Tag zu Tag mehr wehtat.
Auch diese Zeit ging vorbei und es war offensichtlich, dass ich einige Pfunde zugenommen hatte. Dies machte sich vor allem an meinen Brüsten bemerkbar. Der Bauer brachte uns mit seinem Pferdewagen nach Hause und hoffte auf unsere erneute Hilfe im kommenden Jahr.
Zu Hause gab mir Tante Gerda Geld, damit ich mir für den nächsten Winter ein Paar Stiefel kaufen konnte. Das Geld steckte ich vorerst in meine Spardose. Wie ich schon einmal erwähnte, fand ich es bereits als Kind wunderbar, wenn es in meiner Spardose so richtig klapperte. Dementsprechend war ich ein sparsames Mädchen.
Wir hatten immer noch Ferien und mussten Opa bei der Ernte der Johannisbeeren und beim Kirschenpflücken helfen. Seit dem Gründungsjahr der DDR, genauer gesagt seit dem 7. Oktober 1949, war jeder verpflichtet, von seinen Besitztümern, und sei es nur Obst, einen Teil an den Staat abzugeben. Begeisterung löste das Ernten bei uns nicht gerade aus. Wir Kinder wären lieber mit Mutter und unseren Freun-

dinnen nach Arendsee zum Baden gefahren. Dort hatte Karl Gustaf Nagel im Jahr 1910 ein Seegrundstück gekauft und ein Sonnen- und Brausebad in einer Holzbaracke eingerichtet. Später baute er einen Tempel am See und sandte seine Tempelbotschaften aus. Der Mann war ein sonderbarer Heiliger, ein Höhlenbewohner, Naturheiler und Vegetarier, der seine eigenwillige, unangepasste Lebensweise bitter bezahlen musste. Im Jahre 1900 entmündigte ihn die Stadt, was die Leute nicht daran hinderte, in Scharen zu seinen Vorträgen zu kommen und seinen Naturgarten zu bewundern. Von 1902 bis 1903 wanderte er nach Jerusalem und kehrte 1904 über Konstantinopel nach Arendsee zurück. Weil er nach der Machtergreifung Hitlers gegen die Judenverfolgung und gegen den Krieg predigte, wurde er 1943 verhaftet und ins Konzentrationslager nach Dachau gebracht, von dort 1944 in die Nervenheilanstalt Uchtspringe bei Stendal. Sichtlich gezeichnet wurde er 1945 aus der Anstalt entlassen, er wurde aber nach fünf Jahren dort wieder eingewiesen. Karl Gustaf Nagel, der seltsame Dichter und Heilige, starb 1952 im Alter von achtundsiebzig Jahren in der Nervenheilanstalt Uchtspringe. Die Ruinen der Tempelanlagen waren zu meiner Kindheit noch vorhanden. Mit Begeisterung durchforsteten wir das alte Gemäuer. Diese Geschichte hatte uns meine Mutter erzählt, als wir eines Tages auf den Überresten der Anlage herumgeturnt waren.

Zurück zu Opa Max, der gegenüber uns Kindern knallhart war, indem er sagte: „Essen wollt ihr doch auch!" Er könne in seinem Alter nicht mehr auf die Leiter steigen, um Kirschen zu pflücken. Wie recht er doch mit seinen neunundsechzig Jahren hatte!

Wenn die Blaubeeren im Wald reif waren, war ganz Perleberg unterwegs, doch das Pflücken war mühsam. Wir hatten eine Schnur um den Hals, an der eine Blechdose befestigt war. Da die Beeren sehr klein waren, dauerte es eine Ewigkeit, bis die Dose voll war – die meisten Beeren wanderten sowieso in unsere Münder.

Wir lebten nun schon seit etwa einem Jahr in unserer neuen Wohnung und meiner lieben Oma Hertha ging es immer schlechter. Opa brachte sie zu einem Arzt, der Oma sofort in das Krankenhaus in der Bergstraße einwies. Dort praktizierte Dr. med. Hermann Henneberg, ein vierundvierzigjähriger Chirurg, der gleichzeitig Chefarzt war. Er hatte die Kriegsgefangenschaft in der Sowjetunion überstanden und anschließend für das Gesundheitswesen in Perleberg viel getan, was ihm zahlreiche Auszeichnungen eingebracht hatte. Bei ihm und seinem Team war Oma Hertha in guten Händen. Nach einer eingehenden Untersuchung waren die Ärzte der Ansicht, Oma müsse sofort operiert werden. Einen Tag vor der Operation besuchten wir sie. Oma sah so weiß aus und ihre Augen blickten ins Leere. Tante Gerda saß bei ihr, hielt ihr die Hand und tröstete sie mit den Worten: „Alles ist gut, Mutter!" Oma Hertha erzählte uns, in der Nacht hätte eine Krähe geschrien und das sei ein schlechtes Zeichen. Die Krähe sei gekommen, um sie zu holen. Wir Kinder verstanden nicht, was Oma uns damit sagen wollte. Als wir uns an diesem Tag von ihr verabschiedeten, küssten wir sie. An der Tür drehte ich mich noch einmal zu ihr um und sie winkte mir zu. Am liebsten wäre ich zu ihr ins Bett gekrochen und hätte mich an sie gekuschelt.

Das war das letzte Mal, dass wir unsere Oma sahen. Opa erzählte uns später, die Ärzte hätten sie aufgeschnitten und gleich darauf wieder zugemacht. Oma hatte einen großen, inoperablen Tumor an der Wirbelsäule, deshalb auch ihr ständiges Klagen über Rückenschmerzen. Einfach so ging Oma mit ihren siebenundfünfzig Jahren von uns. Für die Familie war das unfassbar. Nur meine Mutter hatte damit kein Problem.

Nach Omas Tod musste Mutter ihre Stellung auf dem Flughafen aufgeben, darauf bestand ihr Vater. Es gab einen Riesenkrach zwischen den beiden, denn Mutter wollte nicht einsehen, dass sie jetzt an der Reihe war, die Verantwortung für unsere Familie zu übernehmen. Ihr blieb keine andere Wahl, als sich zu fügen, denn ansonsten, so Opas Worte, könne sie dorthin zurückgehen, woher sie hergekommen sei.

Omas Trauerfeier fand einige Wochen später in der St. Jakobi-Kirche statt. All unsere Verwandten waren gekommen. Opa Max und Tante Gerda saßen ganz vorne in der ersten Reihe. Ich saß neben meiner Mutter und weinte. Sie fragte mich: „Warum weinst du? Deine richtige Oma ist schon lange tot." Ich sah meine Mutter verständnislos an. Nie zuvor hatte mir jemand erzählt, dass Oma Hertha nicht meine richtige Oma war. Ich kannte sie ja nur als „Oma Hertha", die uns Kinder geliebt und uns Zärtlichkeiten geschenkt hatte. Der große Sarg war mit vielen schönen Blumen geschmückt worden und in der Kirche brannten unzählige Kerzen. Einige Kränze, an denen Schleifen hingen, lagen vor dem Sarg. Ich konnte nicht begreifen, dass meine liebe Oma in dieser Holzkiste lag und für immer schlief. Der Pfarrer hielt von der Kanzel aus eine lange Rede. Er sprach tröstende Worte über Gott und den Himmel, wo Oma Hertha jetzt in Ruhe wohnen würde. Monika und ich falteten die Hände, als ein Lied angestimmt wurde: „So nimm denn meine Hände und führe mich bis an mein selig Ende und ewiglich." Als die Trauerfeier zu Ende war, wurde der Sarg in ein Auto geladen, in dem Opa Max und der Pfarrer mitfahren durften. Alle anderen folgten dem Wagen zu Fuß zum Friedhof, auf dem bereits ein tiefes Loch gegraben worden war. Die Männer ließen den Sarg an dicken Seilen in das Loch hinunter. Und wieder sprach der Pfarrer und machte drei Kreuze. Am Ende bewarfen alle Trauergäste Oma mit Sand. Ich fand die ganze Zeremonie schrecklich, weil ich gedacht hatte, dass Oma in den Himmel käme und nicht in ein tiefes, schwarzes Loch. Opa weinte so sehr und erweckte damit den Eindruck, als wäre er am liebsten mit Oma zusammen beerdigt worden. Ich sagte zu meiner Mutter, der Herr Pfarrer hätte gelogen, Oma wäre ja gar nicht in den Himmel gekommen. Mutter winkte ab und meinte, das würde ich nicht verstehen.

Nach der Beerdigung gingen die Trauergäste in den Ratskeller, der sich auf dem Großen Markt befand. Opa sagte, das tue man, um „das Fell zu versaufen". Meine Tante Gerda, die den Verlust ihrer Mutter nicht begreifen konnte, wollte lieber mit Monika und Christiane allein sein und nicht wie die übrige Verwandtschaft feucht-fröhlich feiern. Meiner Mutter machte der Tod ihrer Stiefmutter nichts aus und sie nahm mich gleich mit nach Hause. Dort begann sie sofort damit, unser Zimmer umzugestalten. Sie sagte zu mir: „Von jetzt an wirst du mit deinem Opa zusammen in Omas Bett schlafen. Da hast du viel mehr Platz als auf dem engen Sofa." Mir war es zu einen egal, zum anderen würde ich dann in Zukunft nicht mehr jedes Mal wach werden, wenn Mutter in der Nacht vom Tanzen heimkam.

Opa kam an diesem Tag erst spät am Abend nach Hause. Er war ganz schön angetüddelt, und was den Alkohol betraf, war er gewiss kein Kostverächter. Opa hatte nichts dagegen, dass ich jetzt neben ihm schlief.

Ich fand es so traurig, dass unsere Oma nicht mehr da war. Oft weinte ich mich in den Schlaf, denn jetzt hatte ich nur noch Tante Gerda, die lieb zu mir war. Außerdem war Oma eine Koryphäe in der Haushaltführung gewesen, was nach dem Krieg ganz gewiss nicht einfach gewesen war.

Ab sofort war es Mutters Aufgabe, den Haushalt zu führen und dafür zu sorgen, dass das Mittagessen auf dem Tisch stand, wenn ich aus der Schule kam und wenn Opa am Abend von unserem Laden oder vom Feld zurückkehrte. Ein großes Problem war es, dass Mutter jetzt in der Waschküche stand und für saubere Wäsche zu sorgen hatte. Sie beklagte sich über das Waschbrett und meinte, unter dem ewigen Rubbeln würden ihre schönen Hände leiden. Wegen ihres mangelnden Interesses am Kochen bestand sie darauf, dass ich ihr half. Das machte mir natürlich mehr Spaß, als für die Schule zu lernen. Aber das mit dem Kochen war so eine Sache, vor allem weil es für die Bevölkerung kaum genug Fleisch zu kaufen gab. Die Russen waren die größten Konsumenten von Fleisch und Wurst und auf dem Schlachthof wurde rund um die Uhr gearbeitet, damit sie sich auf unsere Kosten die Bäuche vollstopfen konnten. Unsere Befreier brauchten keine Lebensmittelkarten wie die arme Bevölkerung in unserer Region und die vielen Menschen, die Hunger litten. Nur an zwei Tagen in der Woche wurde für die Bevölkerung geschlachtet und immer noch gingen Menschen über Land hamstern und versetzten Gegenstände, die ihnen ans Herz gewachsen waren. Mutters Schwester Elli erhielt in ihrer Eigenschaft als Sekretärin auf dem Schlachthof wöchentlich ein Extrabudget an Fleischwaren, das sie sich mit ihren Schwestern Salli und meiner Mutter teilte. Meistens handelte es sich um Schweineohren, Spitzbeine und Schweineschwänze. Tante Gerda, Monika und Christiane kamen jeden Tag zu uns, weil ihre Versorgung über die Lebensmittelmarken nicht ausreichend war. Umso besser schmeckte ihnen das Essen, das Mutter und ich auf den Tisch zauberten.

Nun war Oma Hertha schon ein Jahr tot und unser Leben pendelte sich allmählich wieder ein. Mutter hatte jetzt ein sturmfreies Zimmer, in dem sich auch ihre Freundinnen sehr wohlfühlten. Eine von ihnen, Margot, hatte furchtbar dicke Waden und zog beim Sprechen immer eine Augenbraue hoch. Wahrscheinlich übte das auf Männer eine besondere Wirkung aus. Eine andere Freundin, Anneliese, hatte kaum Busen. Wenn sie tanzen ging, stopfte sie sich vorher Watte in ihren BH. Auch Mutter hatte ein Manko zu verzeichnen. Ihr fehlte vorne ein Zahn. So war sie auch schon in Perleberg angekommen, wir hatten es nur zunächst nicht bemerkt. Immer wenn es Essen gab, hatte sich Mutter ein Taschentuch

vor den Mund gehalten und etwas darin eingewickelt. Nach dem Essen war sie aufgestanden, hatte das unbekannte Etwas wieder ausgewickelt und es sich in den Mund gesteckt. Natürlich hatte das meine Neugierde geweckt, weshalb ich sie darauf ansprach und erfuhr, dass sie vorne in ihrem Oberkiefer einen Zahn rausnehmen konnte. Ich zog an meinen Zähnen und stellte fest, dass sie sich nicht rausnehmen ließen. Meine Mutter erklärte mir, ihr fehle ein Zahn und sie hätte sich deshalb einen Ersatzzahn aus Wachs geformt. Diesen müsse sie aber beim Essen rausnehmen, um ihn nicht aus Versehen zu verschlucken. Weich werden durfte er natürlich auch nicht, indem er mit heißen Speisen in Berührung kam. Für einen neuen Zähne hatte Mutter leider kein Geld. Ich fand das spannend und fragte Mutter, wie man Zähne aus Wachs formen konnte. „Komm, wir gehen in mein Zimmer, dann zeige ich es dir!"
Als wir beide in ihrem Zimmer waren, holte sie eine kleine Schachtel aus ihrem Nachschränkchen, in dem noch einige Zähne mehr lagen. „Also, ich nehme etwas Watte und eine weiße Kerze, stecke diese an und träufle einige Tropfen Wachs darauf. Wie du sehen kannst, lasse ich das Wachs etwas fest werden, nehme alles zwischen meine Finger und forme mir daraus eine kleine Kugel. Die stecke ich mir in die Zahnlücke und modelliere den passenden Zahn. Nun brauche ich nur noch zu warten, bis der künstliche Zahn fest geworden ist." Sie sah mich abwartend an. „Und, Doris, was sagst du dazu?"
„Mutti, das ist einfach toll!", sprudelte es aus mir heraus.

Sie war der Meinung, dass wir beide jetzt ein Geheimnis hätten.

„Ja, stimmt, ich erzähle es keinem Menschen, Ehrenwort!"

Der alte Zahn kam in das kleine Schächtelchen. So hatte Mutter immer einen Ersatzzahn, wenn sie doch mal einen verschlucken sollte. Ich fand das sehr lustig.

Opa Max hatte sich nach dem Tod von Oma Hertha allmählich wieder erholt. Er fand es gut, dass Mutters Freundinnen bei uns ein und aus gingen. Er war nie ein Kostverächter in Bezug auf Frauen gewesen, und so griff er ihnen ständig an den Hintern, was Mutters Freundinnen wiederum unverschämt fanden. Irgendwann beschwerten sie sich bei Mutter, die daraufhin zu Opa ging und ihn aufforderte, so etwas in Zukunft zu unterlassen. „Die Weiber sollten sich nicht so anstellen!", antwortete er. „Was ist denn schon dabei?"

In der Schule mussten wir jetzt auch noch Russisch lernen, und das nur, weil unsere Besatzer bei uns in Perleberg lebten. Ich drückte mich vor allem, worauf ich keine Lust verspürte. Dazu zählte auch der Konfirmandenunterricht. Der Herr Pfarrer kam höchstpersönlich zu uns nach Hause, um meine Familie zu ermahnen, ich möge doch bitte am Unterricht teilnehmen, ansonsten würde Gott mich bestraffen und ich würde nicht eingesegnet werden.

Opa gefiel das gar nicht. „Doris, ab sofort bringe ich dich zum Konfirmandenunterricht", sagte er.

„Nein, Opa, ich gehe da nicht hin! Der Herr Pfarrer hat gelogen, als er sagte, dass Oma in den Himmel kommen würde. Stattdessen ist sie in ein tiefes, schwarzes Loch gekommen. Sie fehlt mir so sehr, keiner hat mich mehr lieb!"

Er tätschelte meine Wange und erwiderte: „Wir haben dich doch alle lieb, meine Kleine!"
Doch was ich nicht wollte, dazu konnte man mich nicht zwingen. Also büxte ich einfach aus und erfand die unglaublichsten Geschichten.

Im Sommer fuhren wir mit der Schule aufs Land, um Kartoffelkäfer zu sammeln. Ich fand die kleinen gestreiften Käfer niedlich und konnte nicht verstehen, dass es Schädlinge waren, die unsere Kartoffelernte vernichteten. Immerhin gab es für jeden Käfer, den wir in ein Glas hatten, einen Pfennig. Inzwischen waren in meiner Spardose drei Mark und fünfundneunzig Pfennige.
Eigentlich hatte ich, egal wie man es betrachtete, bisher eine glückliche Kindheit gehabt. Doch wenn es Abend wurde und Mutter mich allein ließ, weil sie sich lieber mit ihren Freundinnen traf, kam ich mir verlassen vor und hatte unruhige Nächte. Einmal vernahm ich seltsame Geräusche und vermutete, meine Mutter sei endlich heimgekommen. Tatsächlich hörte ich ihre Stimme. Aber sie war nicht allein. Sie unterhielt sich mit einem Mann. Das weckte meine Neugierde. Leise richtete ich mich auf und stieg aus dem Bett. Das Licht wollte ich nicht anmachen, damit Opa nicht wach wurde. Ich tastete mich bis zur Tür, um nachzusehen, wer der Mann war, mit dem Mutter sprach. Dumm war nur, dass die Zimmertür abgeschlossen und die Scheibe in der Tür zugehängt war. So blieb mir nur das Schlüsselloch. Als ich hindurchspähte, erstarrte ich. Was ich sah, erschien mir unvorstellbar. Mutter und der Mann lagen nackt auf dem Sofa. Mutter hatte

ihre Beine gespreizt und der Mann lag auf ihr drauf und machte komische Bewegungen. Beide schienen Spaß zu haben, denn ich hörte sie lachen. Als der Mann von Mutter runterging, wurden meine Augen immer größer, denn er hatte unten etwas Dickes, Langes zu hängen. Ich wusste, dass die Jungs und Opa Max in der Nacht in den Nachttopf, der unter unserem Bett stand, Pipi machten. Auch bei ihnen hatte ich unten herum schon so etwas Komisches hängen sehen. Aber was man noch damit machen konnte außer Pipi, davon hatte ich keine Ahnung. Ich war inzwischen ein Mädchen von zehn Jahren und wusste, dass das, was ich sah, nicht richtig sein konnte. Ratlos ging ich wieder zu Bett.

Als Mutter mich am Morgen weckte, war der Mann nicht mehr da. Voller Abscheu sah ich sie an. Natürlich erzählte ich ihr nicht, was ich durch das Schlüsselloch beobachtet hatte. In der Küche stand eine große Kiste aus Holz, die an diesem Morgen furchtbar stank. Ich fragte meine Mutter, was sich in der Kiste befinde. „Das sind geräucherte Bücklinge", antwortete sie. „Eine Delikatesse, die es nur im Westen gibt." „Und woher hast du die?", wollte ich wissen.
„Du weißt doch, Doris, dass die Fernfahrer, die aus dem Westen kommen und nach Hamburg fahren, durch Perleberg müssen. Sie machen auf dem Großen Markt Halt, um sich bis zum Morgen auszuruhen. Manchmal gehen sie auch tanzen und amüsieren sich." Sie verriet mir, dass einer dieser Männer ihr die Kiste geschenkt hätte. Ich schämte mich für meine Mutter und aß nichts von den Bücklingen. Umso lieber griffen Opa Max und die restliche Verwandtschaft zu, um sich an dem außergewöhnlichen Gaumenschmaus zu erfreu-

en. Ich fand, dass der Fisch bis zum Himmel stank, und stellte fest, dass ich mich nicht nur vor den Bücklingen ekelte, sondern auch vor meiner eigenen Mutter.

Dieses ungewöhnliche Erlebnis löste in mir etwas aus. Von nun an wartete ich jede Nacht, bis Mutter nach Hause kam. Meist war sie in Begleitung eines Mannes. Rasch nahm ich meinen Platz am Schlüsselloch wieder ein. In meinem Kopf und in meiner Seele fand eine Revolution statt. Ich sah Dinge, die für mich als Kind unvorstellbar waren. Das führte dazu, dass ich gegenüber meiner Mutter frech und aufmüpfig wurde. Manchmal drohte sie mir Schläge an. In diesen Momenten warf ich den Kopf in den Nacken und sagte: „Das tust du ja doch nicht!"

Wenn ich aus der Schule kam, sagte meine Mutter: „Du kannst gleich von meinem Teller essen."

„Nein", erwiderte ich, „ich möchte einen sauberen Teller haben und nicht von deinem essen."

Meine Mutter sah mich fragend an. „Was ist denn plötzlich in dich gefahren? Du hast doch bisher immer von meinem Teller gegessen."

„Aber jetzt nicht mehr!", konterte ich. Dabei blieb es auch.

Diese Ereignisse führten dazu, dass ich mein Herz verschloss. Den nächtlichen Platz am Schlüsselloch nahm ich vorerst nicht mehr ein.

Wenn Muttis Freundinnen zu Besuch waren, gab es nur ein Thema: Männer und wer sich mal wieder den schönsten von ihnen geangelt hatte. Und jetzt waren es eben die Russen in ihren braunen und grauen Uniformen. Natürlich gab sich meine Mutter nicht mit Muschkoten ab, es mussten im Rang höhergestellte Russen sein. Einmal spürte ich im Schlaf Hände, die meinen Körper streichelten und mich zu sich heranzogen, und irgendetwas Hartes wurde mir zwischen die Beine geschoben. In diesem Moment drehte ich mich um und stieß mit der Faust in die betreffende Richtung. Am nächsten Morgen hatte ich den Traum wieder vergessen.

Wie jeden Morgen weckte mich eines Tages meine Mutter, damit ich pünktlich zur Schule aufbrach. Eine Schüssel mit warmem Wasser stand auf einem Schemel vor dem Kachelofen, damit ich mich waschen konnte. Es war kalt in der Küche. Der Kachelofen war über Nacht ausgegangen, an manchen Tagen glomm morgens die Kohle noch schwach. Mutter kontrollierte natürlich meine Ohren und meinen Hals, um nachzusehen, ob ich mich richtig gewaschen hatte. Sie hatte mir meine warme Winterbekleidung schon zurechtgelegt. Mein warmes Unterhemd und das Leibchen mit Gummistrapsen für meine dicken Wollstrümpfe. Mein Kleid, das mir immer noch passte. Die Pudelmütze mit einer langen bunten Bommel und meine Fäustlinge, die Oma Hertha noch gestrickt hatte. Meinen Mantel hatte eine Freundin aus einer alten, mollig warmen Decke genäht. Wenn ich aus meinen Sachen rausgewachsen war, wurden sie von Christiane oder Monika getragen. In der Küche lag auf einem Holzbrett mein Marmeladenbrot, daneben stand mein heißer Tee, den ich im Winter trinken musste. Für die Pause hatte mir Mutter eine Stulle vorbereitet. Ein warmes Mittagessen gab es ja als Schulspeisung.

Als Opa Max am Abend nach Hause kam, ging er gleich auf den Hof, um die Kaninchen zu füttern. Ich folgte ihm und fragte, ob ich ihm dabei helfen dürfe. Er wandte mir den Rücken zu, und als er sich zu mir umdrehte und mich ansah, bekam ich einen großen Schreck. Opa hatte ein blaues Auge! Ich wollte wissen, was passiert war und ob es wehtat. Opa versicherte mir, es sei nichts Schlimmes, er hätte sich im Laden gestoßen. Seine Antwort war nachvollziehbar. Gemeinsam fütterten wir die Hasen, die inzwischen sehr groß geworden waren. Monikas und mein kleines Kaninchen waren von den anderen nicht mehr zu unterscheiden. Wir versorgten sie mit Heu und Stroh und hängten im Winter ihren Stall mit Säcken zu. Wieder einmal sagte Opa, dass er sich schon auf den Braten an Weihnachten freue.

In diesem Jahr herrschte eine Eiseskälte, die Perleberg über Nacht in eine weiße Winterlandschaft verwandelte. Wie von Geisterhand hatten sich an den Fensterscheiben Eisblumen gebildet. Sie sahen wie gemalt aus und waren wunderschön. Leider waren die Eisblumen verschwunden, wenn ich nach der Schule nach Hause kam, dafür hatten unsere warmen Kachelöfen gesorgt.

Wir Kinder erfreuten uns an Schneeballschlachten und mit unseren Schuhen aus Plastik ließ es sich besonders gut schlittern. Am Wochenende fuhren meine Freundinnen und ich zum Schlittenfahren in den Stadtpark. Was für ein Vergnügen! Wir waren außer Rand und Band und unsere Gesichter waren gut durchblutet. Wenn die Stepenitz zugefroren war, liefen wir Schlittschuh. Nicht jedes der Kinder besaß richtige Schlittschuhe. Stattdessen hatten manche von uns so komische Dinger, die man mit einem Schlüssel an den Schuhen festmachte, die aber meistens nicht an den Plastiksohlen hielten. Doch das hinderte uns nicht daran, uns zu vergnügen. Natürlich durfte der große Schneemann, den wir gemeinsam bauten, wenn es geschneit hatte, nicht fehlen. Am Abend fielen wir dann erschöpft in unsere Betten und schliefen vermutlich traumlos.

Weihnachten rückte immer näher! Opa Max hatte darauf bestanden, dass alle seine Kinder den ersten Weihnachtstag bei ihm verbrachten. So war es immer gewesen, als Oma Hertha noch lebte. Obwohl die Wohnung viel zu klein war, machte er sich keinerlei Gedanken, wo wir alle sitzen würden. Auch in diesem Jahr war Opa wieder ins Erzgebirge gefahren, um Spielsachen zu kaufen. Weil wir Kinder das mitbekommen hatten, sehnten wir den Heiligabend herbei. Da wir Weihnachtsferien hatten, tobten wir bis zum Abend auf der Straße und vergaßen darüber Gott und die Welt. Vor dem Haus von Bäcker Valentin standen die Russen mit ihren großen Lastwagen und wir erbettelten frisches Russenbrot. Meine Freundinnen und ich teilten uns im Hagen das frische Brot und stopften es in uns hinein. Die Enten, die am Ufer der zugefrorenen Stepenitz hockten, schnappten gierig nach jeder Brotkrume, die wir ihnen zuwarfen. Zwischen ihnen entfachte sich ein regelrechter Machtkampf.

Endlich stand Weihnachten kurz bevor. Opa war schon einen Tag vor Heiligabend in der Früh mit seinem Handwagen in den Wald aufgebrochen, um uns einen Tannenbaum zu holen. Er kehrte mit einer schönen Kiefer zurück, die er zurechtsägte, damit der Stamm in unseren Baumständer passte. Anschließend wollten Tante Gerda, Monika, Christiane und ich den Baum schmücken. Für gewöhnlich war in solchen Momenten die Aufregung groß, doch in diesem Jahr lag Traurigkeit auf unseren Seelen, weil Oma Hertha nicht mehr bei uns war. Die vielen Kisten mit Weihnachtsschmuck bewahrte Opa im Keller auf. Dabei handelte es sich um bunte Vögel, wunderschöne Kugeln in allen Farben, Sterne aus Stroh, geflochtene Eiszapfen aus Glas und reichlich Lametta sowie Engelshaar. Wir hatten lange zu tun und schmückten mit Begeisterung unseren Baum, was wie jedes Jahr nicht ohne Diskussionen zwischen uns Kindern ablief. Schließlich fehlte obenauf noch die schöne Spitze. Dafür benötigte Tante Gerda die große Leiter. Zuletzt drehte Opa die langen Kerzenhalter in den Baum und steckte weiße Kerzen hinein. Ein großer Eimer mit Wasser stand neben den Baum für den Fall, dass der Baum Feuer fing. Damals gab es ja nichts anderes als Wachskerzen, und die waren nicht ganz ungefährlich. Monika, Christiane und ich waren glücklich und wir freuten uns auf das, was kommen würde. Klar war, dass wir auch in diesem Jahr 1949 den schönsten geschmückten Weihnachtsbaum der Welt hatten. Nur einmal noch schlafen, dann gab es Geschenke für uns alle.

Als der Baum fertig geschmückt war, saßen wir zusammen in der Küche und aßen Erbsensuppe mit Speck – Gott sei Dank nicht mit Backpflaumen! Wie immer wurde gebetet. Anschließend half Tante Gerda meiner Mutter beim Abwaschen. Nebenbei pafften sie eine Zigarette nach der anderen. Wir Kinder spielten währenddessen am Küchentisch Käsekästchen. Opa war in sein Zimmer gegangen, um sein Mit-

tagsschläfchen zu halten. Als dann auch Tante Gerda, Monika und Christiane nach Hause gingen, fragte ich meine Mutter, ob ich zu Irmgart gehen dürfe. „Ja, aber um 18 Uhr bist du mir wieder zu Hause!" Ich zog mir meine dicke Jacke an und flitzte über die Straße. Die Haustür stand offen. Ich rannte die zwei Treppen nach oben und klingelte. Als die Tür aufging, stand Irmgarts Bruder Reinhart vor mir. Ich begrüßte ihn und er fragte mich, was ich wolle. „Ich möchte Irmgart besuchen", antwortete ich. „Ist sie nicht zu Hause?"
„Komm rein, meine Schwester ist in der Küche, sie hilft Oma beim Plätzchenbacken."
Ich zog mir die Jacke aus und setzte mich etwas schüchtern an den großen Tisch im Wohnzimmer, in dem es herrlich nach Plätzchen duftete. Als ich mich umsah, stellte ich fest, dass es hier viel sauberer war als bei uns zu Hause. Kein Wunder, denn Opa Max machte nie seine Schuhe sauber, wenn er von draußen hereinkam. Da war es verständlich, dass Mutter ihn ständig anmeckerte.
Endlich kam meine Freundin, die ein Jahr älter war als ich. Sie freute sich, mich zu sehen. Ihre Oma Luise fragte mich, was es bei uns zum Weihnachtsfest zu essen gebe, und ich erzählte von unseren armen Kaninchen, die ich bestimmt nicht essen würde. Irmgart sagte, bei ihnen gebe es eingelegtes Herz, sie würde aber viel lieber Kaninchen essen. Da kam mir eine Idee: „Soll ich Mutter fragen, ob du zu uns zum Essen kommen kannst?"
Sie schüttelte den Kopf. „Bloß nicht! Das würde meine Oma nie zulassen, und mein Bruder Reinhart schon gar nicht. Er

sagt immer, wir seien arme Leute, aber man dürfe sich das nie anmerken lassen."
Mit meinen zehn Jahren wusste ich nicht, was das alles für eine Bedeutung hatte. Ich betrachtete mich nicht als armes Kind und wahrscheinlich hatten wir mehr als andere Leute.
Irmgart und ich tranken heißen Pfefferminztee und Oma Luise stellte uns einen Teller mit Weihnachtsplätzchen auf den Tisch. Das war natürlich was für mich! Ich weiß nicht, worüber wir uns als Kinder unterhielten, aber wenn ich heute mit Irmgart telefoniere, heißt es meistens: „Weißt du noch?" Oder: „Kannst du dich noch daran erinnern?" Meine Freundin hatte als Jugendliche hochgesteckte Ziele, sie wollte unbedingt Kapitän auf einem großen Schiff werden. Natürlich kam alles ganz anders. Sie studierte in Ostberlin und wurde Lehrerin. Das erfuhr ich aber erst Jahrzehnte später.
Pünktlich um 18 Uhr war ich zum Abendbrot zu Hause. Es gab Schmalzstullen mit Harzer Käse, einen roten Winterapfel aus unserem Garten und heiße Milch. Opa Max tunkte sein Brot in die Milch, da er nicht mehr alle Zähne besaß. Nach dem Essen spielte ich noch mit meinen Puppen, während Mutter in der Küche saß, rauchte und in einem der alten Liebesromane las, die sie von ihrer Schwester Salli bekam, wenn sie diese ausgelesen hatte. Am Abend wurde ich von Mutter in der Küche gewaschen und ins Bett gebracht. Ich fragte sie, ob ich nicht mal wieder bei ihr schlafen dürfe. „Nein, das geht nicht", antwortete sie mir. „Ich muss noch mal weggehen." Opa Max saß am warmen Kachelofen und las seine Zeitung. Unter meiner Bettdecke heulte ich mich leise in den Schlaf.

Als ich am nächsten Morgen aufwachte, war das Bett neben mir leer. Opa musste bereits aufgestanden sein. Schlaftrunken ging ich hinüber in Mutters Zimmer, wo sie noch fest schlief. Ich fasste sie am Arm – keine Reaktion. Jetzt schüttelte ich sie und sagte: „Du musst aufstehen, wir haben Hunger!"
Sie rieb sich die Augen. „Was ist denn? Kann man nicht mal ausschlafen?" Allmählich kam sie zu sich. „Ach, Kind, du bist es!"
„Ja, Mutter, Opa ist längst aufgestanden, aber ich kann ihn nicht finden."
„Er wird in der Waschküche sein und ein Bad nehmen", erwiderte meine Mutter. „Geh schon mal in die Küche und stell den Schemel vor den Ofen. Ich ziehe mich schnell an und mache nur Katzenwäsche."
In der Küche trat ich ans Fenster und sah, dass die Kaninchen schon abgedeckt waren. Endlich kam Mutter, sie hatte sich ihre Kittelschürze übergezogen. „So, es kann losgehen!" Während ich mir das Nachthemd auszog, goss Mutter warmes Wasser aus dem Kessel in die Schüssel. Mit Seiflappen und Kernseife wusch sie mich von oben bis unten. Irgendwann sagte sie: „Mach deine Beine auseinander, ich muss dich dort auch waschen." Ich machte mich stocksteif, weil ich sofort wieder vor Augen hatte, was ich in Mutters Zimmer gesehen hatte. „Nun mach schon!", forderte sie mich auf. „Was ist denn in letzter Zeit mit dir los?"
Ich antwortete, ich sei schon groß und könne mich selbst waschen, wie meine Freundin Irmgart es tat. Oder ich könne in die Badeanstalt gehen wie sonst immer mit Oma Hertha.

„Oma lebt nicht mehr und du tust, was ich dir sage! Hast du mich verstanden?" Mutter machten den Eindruck, als sei sie ungeduldig.

Mit genervtem Ton antwortete ich: „Ich bin doch nicht schwerhörig."

„Sei nicht so frech, sonst bekommst du eine von mir, auch wenn wir heute Heiligabend haben." Als sie mich gewaschen hatte, legte sie den Seiflappen zur Seite und sah mich an. „Und nun zieh dich an, dann können wir frühstücken. Und geh Opa suchen!"

Opa war längst in seinem Zimmer und legte Holz im Ofen nach. „Guten Morgen, Opa", begrüßte ich ihn. „Wo warst du?"

„Guten Morgen, Doris. Ich war in der Waschküche und habe gebadet. Ist das Frühstück fertig?"

„Ja, Mutter sagte, dass wir frühstücken können." Sie hatte inzwischen den Muckefuck aufgebrüht und Marmeladenbrote geschmiert. Opa aß lieber den schwarzen Honig aus Zuckerrüben, den er selbst hergestellt hatte und der fürchterlich an den Fingern klebte, weil er schneller vom Brot lief als in den Mund.

Nach dem Frühstück kam auch schon meine Tante Gerda, um Mutter bei der Zubereitung für das Abendessen zu helfen. Opa und ich gingen währenddessen zu den Kaninchenställen. Er fütterte die Tiere und nahm zwei von ihnen aus dem Stall. Mit der einen Hand hielt er sie an ihren langen Ohren fest und mit der anderen schlug er die Kaninchen einfach tot. Ich fand es schrecklich und weinte. Opa schickte mich ins Haus. „Das musst du dir nicht ansehen", meinte er.

„Ich bleibe hier!", protestiere ich.

„Hör zu", fuhr Opa fort, „es ist kein schöner Anblick, wenn ich den Kaninchen das Fell über die Ohren ziehe. Ich lasse es gerben, denn es ist schön warm und heilt meine Rückenschmerzen."

Ich schwieg und rührte mich nicht von der Stelle. Opa wickelte Strippen um die Pfoten und schließlich jede einzelne um einen der vier Nägel, die er zuvor an die Schuppentür genagelt hatte. Mit einem scharfen Messer schnitt er den armen Kaninchen den Bauch auf. Fluchtartig stürzte ich zu Mutter in die Küche und erzählte ihr, was Opa gerade machte. Mutter sagte, sie werde sowieso keinen Kaninchenbraten essen. Dafür werde sich unsere Verwandtschaft am ersten Feiertag umso mehr auf den Braten freuen. Wieder fragte ich mich, wie es Opa gelingen würde, uns in der kleinen Wohnung alle an einen Tisch zu bekommen. Aber Mutter und Tante Gerda würden das schon irgendwie hinbekommen.

Ich ging in die Stube, setzte mich an den warmen Kachelofen und las in „Max und Moritz". Mutter verbrachte zusammen mit ihrer Stiefschwester Gerda, die mehr Erfahrung und Lust hatte, was das Kochen anging, den halben Tag in der Küche. Am heutigen Heiligabend würde es Kartoffelsalat und Pferdewürstchen geben und zum Nachtisch Mohnpielen. Den Mohn hatte Opa im Garten angebaut und Bäcker Valentin hatte ihn gemahlen. Wir Kinder aßen gerne reifen Mohn, allerdings war Opa der Meinung, zu viel Mohn mache doof. Vielleicht war das der Grund, weshalb ich in der Schule keine Leuchte war. Die Kaninchen wurden mit Speck gespickt und bis zum ersten Weihnachtstag in die Speisekammer gelegt.

Den Rotkohl, den wir auch aus unserem Garten hatten, hatte Mutter schon gestern zubereitet, sodass er zwischendurch nur noch aufgekocht werden musste. Mutter sagte, umso besser würde er schmecken. Dazu sollte es Grüne Klöße geben, wie Oma Hertha sie immer zubereitet hatte.

Opa kam mit einer Kippe in die Küche und brachte gehacktes Holz für den Kochherd. Mutter wetterte sogleich los: „Kannst du dir nicht die Schuhe sauber machen, bevor du reinkommst? Du bringst uns den ganzen Schneematsch ins Haus!". Und was tat Opa? Er schüttete die Kippe mit dem Holz mitten in der Küche aus und sagte: „Dann kannst du jetzt ja richtig sauber machen." Und weg war er. Mutter war sprachlos und ich freute mich insgeheim über Opas Reaktion.

Mutter hatte einen großen Topf mit Kartoffeln aufgesetzt, und als sie gar waren, pellten wir sie gemeinsam. Die Schalen bekamen unsere Kaninchen zu fressen. Ich durfte beim Kleinschneiden der Kartoffeln helfen und lauschte gespannt, worüber sich Mutter und Tante Gerda unterhielten. Es ging um einen Maskenball, der im „Deutschen Kaiser", stattfinden sollte und den sie und ihre Freundinnen besuchen wollten. Das Zwiebelpellen lehnte ich ab, weil ich dabei immer weinen musste und mir die Augen brannten. Das Ergebnis unserer Vorbereitungen war eine große Schüssel Salat nach Oma Herthas Rezept. Als nichts mehr zu tun war, ging Tante Gerda nach Hause. Gegen 19 Uhr wollte sie mit Monika und Christiane wiederkommen. Bis dahin waren es noch Stunden, die mir viel zu lang vorkamen. Mutter machte sauber und ich ging mit Opa in den Laden, denn seit Kurzem befanden sich in dem Terrarium, das er dort aufgestellt hatte, weiße Mäuse, die er am Schwanz fasste und auf seinen Arm setzte. Daraufhin ließ er die Biester an sich hochkrabbeln. Ich mochte keine Mäuse, und Ratten schon gar nicht. Bei uns zu Hause hatte sich einmal eine Ratte in der Toilette versteckt. Als Oma Hertha auf die Toilette gehen wollte und die Tür aufmachte, saß die Ratte auf dem Spülkasten und sprang sie an. Oma schrie so laut, dass Herr Müller von oben angerannt kam und fragte, ob etwas passiert sei. Sie erzählte ihm, was sie mit der Ratte erlebt hatte. „Frau Lange", sagte er, „als wir hier einzogen, hatte ich sogar Ratten in der Küche, die sich vom Keller bis zu uns in die Küche nach oben gefressen haben. In der Nacht hörten wir immer so komische Geräusche, und dann entdeckte ich das Loch hinter dem Kochherd. Ich habe es mit Glasscherben vollgestopft und eine Falle aufgestellt. Aber Ratten sind ja schlaue Biester, die haben den Braten wohl gerochen. Jedenfalls sind sie seitdem verschwunden." Herr Müller erzählte weiter, dass es jetzt nach dem Krieg überall Ratten gebe, meistens kämen sie aus zerbombten Häusern. Oma hatte nach ihrem Erlebnis jedes Mal Angst gehabt, wenn sie auf die Toilette musste. Sobald ich Opas weiße Mäuse sah, musste ich daran denken. Für Opa waren die Nager eine Sensation, um Kunden anzulocken. Viele Kinder kamen extra in den Laden, um sich die Mäuse aus der Nähe anzusehen. Opa nahm sie dann aus dem Terrarium und gab sie den Kindern in die Hand. Die meisten fanden sie total süß und streichelten sie. Opa führte dann gerne seine Kunststücke mit den Mäusen vor. Dazu ließ er sie in sein Hosenbein krabbeln und wenig später schauten die

Mäuse an seinem Halsausschnitt heraus. Ich fand das überhaupt nicht lustig.

Während des Weihnachtsgeschäfts hatte Opa viele Spielsachen verkauft, darunter auch die Gehpuppen mit ihren Schlafaugen, die Monika, Christiane und ich so gerne gehabt hätten. Im Laden war es die ganze Zeit über sehr kalt gewesen, da es dort keinen Ofen gab. Warm angezogen half ich Opa, die Spielsachen aus den Kisten in die Regale zu stellen. Dabei zog ich alles auf, was sich bewegen ließ. Eine Spieluhr aus Lack hatte es mir besonders angetan. Wenn ich sie mit dem Schlüssel aufzog, öffnete sich der Deckel und eine kleine Tänzerin drehte sich nach der Musik und tanzte. Ein bunter Brummkreisel flitzte über den Fußboden und ein großer Teddy brachte meine Augen zum Leuchten. „Opa, so einen Teddy hätte ich auch gerne! Den würde ich mit in mein Bett nehmen, dann wäre ich nicht mehr so alleine. Mutter kommt ja immer spät nach Hause. Es war so schön, als Oma noch lebte, und jetzt ist alles so doof."

„Ja, Doris, ich bin auch sehr traurig, dass sie nun im Himmel wohnt."

„Opa, das stimmt doch gar nicht!" Zornig stampfte ich mit dem Fuß auf. „Der Herr Pfarrer ist ein Lügner!"

Opa sah mich fragend an. „Was meinst du mit Lügner?"

„Na ja, du hast doch gesehen, dass Oma in ein tiefes Loch gekommen ist und nicht in den Himmel."

„Das stimmt natürlich, meine Kleine. Jeder Mensch hat eine Seele, und die fliegt zum Himmel, sobald man gestorben ist."

„Ach, so ist das, Opa, das konnte ich ja nicht wissen."

„Habt ihr das nicht im Konfirmandenunterricht durchgenommen?"
Ich war auf diese Frage nicht vorbereitet und stotterte, bis ich die richtigen Worte fand. „So weit sind wir noch nicht", sagte ich lässig. „Wir sind erst bei Jesus Christus, du weißt schon, der mit dem Kreuz."
Opa meinte, dann würde ich das mit den Seelen und dem Himmel auch noch lernen.
„Ja ganz bestimmt", erwiderte ich und dachte: Jetzt fange ich auch noch an zu lügen.
Opa und ich beendeten unser Gespräch und freuten uns auf das, was der Heiligabend für uns bereithielt. Es hatte wieder angefangen zu schneien. Dicke Schneeflocken schwebten vom Himmel und es sah aus, als ob sie tanzten. Der Schnee knirschte unter unseren Schuhsohlen, als ich Opas Hand suchte. Bei ihm fühlte ich mich geborgen. Wir liefen über den Schuhmarkt und konnten von dort aus direkt die Schuhstraße runterlaufen. Vorbei an Bäcker Valentin, wo auch heute die Planwagen der Russen standen. Menschen hasteten an uns vorüber und hinter den Fensterscheiben sahen wir Kerzen brennen. Ich fragte mich, ob an einem Fest wie Heiligabend alle Menschen glücklich waren. Die Kinder bestimmt, denn mit Geschenken konnte man sie glücklich machen.
Man schloss damals die Haustüren nicht ab, und so betraten wir den Flur. Wir schüttelten unsere Bekleidung aus, denn wir waren ganz schön eingeschneit. Opa ging in sein Zimmer und schloss die Tür hinter sich. Nachdem ich meinen nassen Mantel ausgezogen und ihn an der Garderobe aufgehängt

hatte, schlüpfte ich in meine warmen Pantoffeln. Dann betrat ich die Küche und sagte zu Mutter, Opa und ich seien wieder da.
„Das sehe ich", erwiderte Mutter, „und wie war es in Laden?" Ich habe Opa beim Aufräumen geholfen. Dann kamen noch Peter, Jürgen und Horst wegen der weißen Mäuse vorbei."
„Und sonst?", wollte sie wissen. „War das alles?"
„Die großen Puppen sind nicht mehr da", antwortete ich traurig.
„Die hat Opa bestimmt verkauft, viele Kinder wünschen sich zu Weihnachten so schöne Puppen. Wir müssen Geldverdienen, damit wir genug zu essen haben."
Ich hätte auch gerne so eine Puppe gehabt und war enttäuscht, weil sich mein Wunsch vermutlich nicht erfüllen würde. „Mutti, ich habe Hunger und Durst!", quengelte ich. „Opa bestimmt auch."
„Hast du dir die Hände gewaschen?" Mutter besah sich meine Hände. „Offenbar nicht. Hier ist Seife!"
Ich wusch mir die Hände über dem Becken und dachte: Immer das blöde Waschen!
Im nächsten Moment sagte Mutter: „Geh und hol Opa Max, ihr könnt den Kuchen probieren. Du kannst durch mein Zimmer gehen."
Au fein, es gab Kuchen! Ich rannte durch Mutters Zimmer, die Durchgangstür war ausnahmsweise nicht abgeschlossen. Ich klopfte und rief: „Opa, mach auf, es gibt Kaffee und Kuchen für uns!"
„Sehr schön", hörte ich ihn antworten. „Ich komme!"

„Es gab Streuselkuchen und Abgeriebenen, den Opa am liebsten aß. Auch mir lief beim Anblick das Wasser im Munde zusammen. Opa war der Meinung, dass dem Bäcker Valentin der Kuchen in diesem Jahr besonders gut gelungen war.

„Ach, Vater", entgegnete Mutter, „der Bäcker braucht doch bloß unsere Bleche in seinen Backofen zu schieben. Und das Backen ist ja nun wirklich keine Kunst. Dieses Mal hatte ich ja richtige Eier zur Verfügung und kein Eipulver, das den Teig gelb färbt. Und die Butter ist natürlich etwas ganz Besonderes dank deiner Tauschgeschäfte über Land."

Ich verschlang den Kuchen förmlich mit den Augen, weil es ihn viel zu selten gab. Als ich den ersten Bissen nahm, schmeckte es einfach traumhaft. Nach einer Weile fragte ich Mutter, ob ich noch ein Stück haben dürfe.

„Du hast schon drei Stück gegessen!", begann sie, doch dann erlaubte sie mir, ein weiteres Stück zu nehmen.

„Danke, Mutti."

Opa tunkte den Kuchen in seinen Kaffee – mittlerweile war das schon so eine Art Ritual. Ich konnte mal wieder die Klappe nicht halten und sagte zu Opa: „Den Kuchen kannst du auch ohne Zähne essen, den brauchst du nicht einzutunken. Mutter muss ihren vorderen Zahn auch immer rausnehmen."

Opa sah Mutter erstaunt an. „Wieso, Anna, fehlt dir vorne etwa ein Zahn?"

„So ein Quatsch!", protestierte sie. „Wo fehlt mir ein Zahn?" Sie zeigte ihre Zähne, es waren alle da. „Doris, deinen alten Opa so zu veräppeln, macht dir wohl Spaß!" Am liebsten hätte mich Mutter wohl mit ihren Blicken aufgefressen. Ich schämte mich, weil ich meinen Eid gebrochen hatte.

Opa setzte sich ans Fenster und rauchte genussvoll seine Pfeife. Sie war sehr lang und hatte einen bemalten Pfeifenkopf. Inzwischen legte Mutter ein weißes Damast-Tischtuch und passende Servietten auf den Küchentisch. Dann holte sie das schöne Geschirr mit dem Goldrand herauf und bat mich, ihr beim Aufdecken zu helfen. Sie zeigte mir, wie man die einzelnen Teile richtig platzierte, und ich lernte, dass die Schneide eines Messers immer nach innen gehörte. Mutter hätte all dies angeblich im „Bad Luisenhotel" in Bad Reichenhall gelernt. Als wir fertig waren, schickte sie mich in mein Zimmer. „Zieh dich schon mal aus, damit ich dich waschen kann."

„Aber Mutter, ich habe mich doch heute Morgen gründlich gewaschen!" Musste das denn schon wieder sein?

„Ich weiß, mein Kind, aber du bist doch völlig durchgeschwitzt." Um mich zu ärgern, sang Mutter wie so oft das Lied „Dorle hat ein schwarzes Ohrle", das mich jedes Mal wütend machte. Widerstand war in diesem Fall zwecklos.

Im Zimmer war es mollig warm und der Topf mit dem angewärmten Wasser stand in der Ofenröhre. Dann traute ich meinen Augen nicht. Auf dem Sofa lag nicht nur mein Leibchen und saubere Unterwäsche, dort lag auch ein neues Kleid. Erst vor Kurzem hatte ich es im Schaufenster des Kaufhauses „Magnet" bewundert. Es war rot-schwarz kariert, unten hatte es Rüschen. Ich stellte mich damit vor den großen Spiegel, drehte mich in alle Richtungen und fand mich todschick. Dann ging ich mit dem Kleid in die Küche, um-

armte meine Mutter, was ich höchst selten tat, und sagte: „Danke, ich freue mich so über das neue Kleid!"
„Dann musst du es nur noch anprobieren und schauen, ob es dir passt."
„Ganz bestimmt passt es mir, ich gebe es nicht mehr her! Glücklich drückte ich es an mich. Mutter, der meine Freude nicht verborgen blieb, schmunzelte. Ich ging zurück ins Zimmer und schnökerte überall herum. Mutter hatte dort einiges an Nippes stehen. Mein Blick fiel auf einige Fotos von meinem Vater in Fliegeruniform. Ich sah aus wie er, hatte dieselben blauen Augen und ebensolche blonden Haare. Traurig, dass er nicht bei mir war, küsste ich das Foto. Ich hätte so gerne einen Vater gehabt.
Das Waschen verlief heute ohne Probleme. Mutter war mir beim Anziehen behilflich, indem sie mir das Leibchen und das neue Kleid zuknöpfte. Es passte wie angegossen. Dann folgte die ungeliebte Prozedur, meine langen Zöpfe zu lösen und die Haare durchzukämmen. Wie ich es gewohnt war, ging Mutter nicht gerade zimperlich mit mir um. Ich heulte und schrie: „Aua, das ziept so doll!"
„Stell dich nicht so an!", erwiderte sie. „Am besten wäre es, wenn du einen Kurzhaarschnitt bekommst wie Monika und Christiane, dann kannst du dir deine Haare ebenfalls selbst kämmen.
„Ich will keinen Kurzhaarschnitt, ich will meine Zöpfe behalten!"
„Dann halt auch still und heule nicht jedes Mal."
Meine Gedanken, die ich in solchen Situationen meiner Mutter gegenüber hegte, werde ich vorerst für mich behalten.

Im Flur hörten wir Schritte und Fußtritte. Jemand befreite sich vom Schnee. Ich öffnete die Tür, sah zuerst Tante Gerda und fiel ihr um den Hals. Sie küsste mich und drückte mich an sich. Wieder einmal wurde mir bewusst, wie sehr ich das doch alles vermisste. Die nassen Sachen wurden an den warmen Kachelofen gehängt, während die Schuhe im Flur stehen blieben und gegen Pantoffeln ausgetauscht wurden. Monika ging zu meiner Mutter und umarmte sie für meinen Geschmack viel zu lange. Auf einmal verspürte ich Eifersucht. Warum war Monika zu meiner Mutter so lieb? Sie sagte: „Tante Anna, wir freuen uns so auf das leckere Essen und auf die Geschenke!"
Tante Gerda sah sich um und erkundigte sich, wo Opa Max sei. „In seinem Zimmer", antwortete ich, „er zieht sich gerade um."
Währenddessen schielte mich Monika von der Seite an. Vermutlich bewunderte sie mein neues Kleid. „Wie findest du das Kleid?", fragte ich sie und drehte mich einmal um die eigene Achse.
„Es sieht schön aus", antwortete sie. „Ich hätte auch gerne mal was Neues, aber meine Mutter sagt immer, dass sie für so was kein Geld hat. Stattdessen sollen wir erst die alten Sachen auftragen."
Endlich gesellte sich Opa zu uns. Geschniegelt und gestriegelt sah er gut aus in seinem neuen Hemd und der schicken Hose. Mutti bat uns, Platz zu nehmen, und wünschte uns einen guten Appetit. Die dicken Pferdewürstchen dampften im Kochtopf. Opa hielt ihr seinen Teller entgegen und bekam zwei Würstchen und einen ordentlichen Schlag Kartoffelsa-

lat. Uns Kindern gab Mutter nur jeweils eine Wurst, weil wir ja noch klein waren und nicht arbeiten mussten wie die Erwachsenen. Ich schielte Mutter von der Seite an, denn ich wollte nicht verpassen, dass sie sich ihren Wachszahn rausnahm. Meine Oberlippe zuckte und ich musste es mir verkneifen, laut loszulachen. Stattdessen hielt ich mir die Hand vor den Mund. Opa hatte Probleme, die harte Wurstpelle zu zerbeißen. Kurzerhand nahm er erst die eine, dann die andere Wurst in die Hand und entfernte die Pelle.
An diesem Tag war es ungewöhnlich still. Kaum ein Gespräch wurde während des Essens geführt. Ich bemerkte, dass Tante Gerda kurz davor war zu weinen. Natürlich dachte sie an ihre Mutter Hertha, genauso wie ich es tat. Ich holte tief Luft, damit ich nicht weinen musste, und mein Herz holperte für einen kurzen Moment.
„So", Opa hob sein Glas, „dann wollen wir darauf anstoßen, dass wir wieder so einen reich gedeckten Tisch haben." Die Erwachsenen ließen ihre Gläser aneinander klingen. Den Wein hatte Opa aus Kirschen aus unserem Garten in einem riesigen Glasballon selbst gemacht. Wir Kinder tranken unsere süße Limonade in einem Zug aus.
„Den Nachtisch gibt es später", sagte Mutter.
Dann war es endlich so weit und unsere Herzen schlugen vor Aufregung schneller. Gemeinsam gingen wir auf den Flur und Opa fragte uns Kinder, ob wir unser Gedicht aufsagen wollten. Alle drei riefen wir: „Ja!"
„Und wer will anfangen?"
Ich stupste Monika an. „Ich fange an", sagte sie und begann, das Gedicht „Von draußen, vom Walde komm ich her" auf-

zusagen. Als ich als Nächste an der Reihe war, begann ich zu schwitzen. Monika gab mir einen Tritt auf den Fuß und alle sahen mich gespannt an. Nach kurzem Zögern fiel mir der Anfang wieder ein. „Denkt euch, ich habe das Christkind gesehen ..." Schließlich war Christiane dran. Beim Aufsagen ihres Gedichts überschlug sie sich fast: „Lieber guter Weihnachtsmann, schau mich nicht so böse an ..." Sie machte ihre Sache am besten und strahlte wie ein Honigkuchenpferd. Alle applaudierten und im selben Moment ertönte das Glöckchen. Opa öffnete die Tür zum Wohnzimmer und das alte Grammophon spielte „Alle Jahre wieder". Die Kerzen am Weihnachtsbaum brannten und alles erstrahlte im Lichterschein. Eine im Erzgebirge gefertigte Pyramide aus Holz, die Opa Max vor dem Krieg gekauft hatte, drehte sich. Als ich mich umsah, bemerkte ich, dass der Weihnachtsmann viele süße Sachen aus Fondant an den Weihnachtsbaum gehängt hatte. Im nächsten Moment sahen wir Kinder die großen Gehpuppen. „Sieh mal, Mutter", rief ich, „Opa hat sie doch nicht verkauft!" Monika, Christiane und ich waren völlig aus dem Häuschen. Glückselig setzten wir uns unter den Baum und strahlten, weil wir so viele Geschenke bekommen hatten. Sogar ein Poesiealbum, in das unsere Freundinnen und Schulkameraden etwas hineinschreiben konnten, fanden wir unter den vielen Geschenken. Schließlich durften wir uns einige Fondantkringel vom Baum nehmen. Das war für uns etwas Besonderes, denn Süßes gab es ja nur begrenzt, weil die Zuckermarken für andere Nahrungsmittel benötigt wurden.

„Tante Anna, schau, was ich für einen schönen Rock und Pullover vom Weihnachtsmann bekommen habe!" Monika stand mit ihren neuen Sachen vor meiner Mutter und strahlte vor Glück.

„Das ist aber sehr lieb vom Weihnachtsmann!", erwiderte meine Mutter. „Ich würde die schönen Sachen gleich mal anprobieren." Im Nu hatte Monika sich ausgezogen und meine Mutti half ihr, den Pullover über den Kopf zu ziehen.

„Der gefällt mir ganz toll!", schwärmte Monika. „Darf ich den anbehalten?"

„Natürlich, mein Kind."

Es gab so viel auszupacken, dementsprechend glühten unsere Gesichter. Auch Christiane bekam warme Kleidung, doch noch mehr freute sie sich über das Schaukelpferd und die Puppe, die sie an die Hand nahm, um mit ihr umherzuspazieren. Die Erwachsenen saßen am Tisch, tauschten kleine Überraschungen aus und prosteten sich mit dem Wein zu.

„Wer möchte jetzt Mohnpielen essen?", fragte meine Mutter in die Runde.

„Wir alle!" hörte ich mein vorlautes Mundwerk sagen. Wenig später saßen wir Kinder mit unseren Puppen am Tisch und aßen die süße Nachspeise.

Die Luft im Zimmer wurde unerträglich. Opa hatte Zigarren bekommen und qualmte wie eine alte Dampflok. Die Kippen im Aschenbecher wurden immer mehr. Mutters Vorrat an Zigaretten schien auch heute nicht auszugehen. Endlich wurde das Fenster geöffnet und ich sah hinüber zum Haus meiner Freundin Irmgart. Deren Wohnzimmer war hell erleuchtet und ich fragte mich, wie sie und ihre Familie den

Heiligabend verbrachten. Am liebsten wäre ich rübergegangen und hätte ihr meine Geschenke gezeigt.
Inzwischen war es spät geworden. Lust, ins Bett zu gehen, hatten Monika, Christiane und ich nicht, dazu waren wir viel zu aufgedreht. Nun ergriff Opa das Wort: „Normalerweise gehen wir an Heiligabend immer zur Mitternachtsmesse. Ich bin der Ansicht, dass wir das in diesem Jahr aufgrund der Umstände nicht machen sollten, schließlich ist alles schon traurig genug."
„Ja, Vater", sagte Tante Gerda und nickte. „Für diese Entscheidung bin ich dir sehr dankbar." Sie wandte sich Monika und Christiane zu. „Also los, Kinder, wir gehen dann mal nach Hause. Sammelt eure Geschenke ein, das Schaukelpferd nehmen wir ein anderes Mal mit. Morgen früh sind wir ja wieder hier. Ich darf gar nicht daran denken, was das für ein Chaos geben wird." Mit Blick auf meine Mutter sagte sie: „Anna, ich frage mich, wo wir alle sitzen werden. In der großen Wohnung war das mit so vielen Leuten kein Problem, aber hier?"
Opa winkte ab. „Ach, Gerda, das werden wir schon hinbekommen. Raum ist bekanntlich in der kleinsten Hütte!"
„Also dann bis morgen", sagte Mutter. „Christiane, setz deine Pudelmütze auf und haltet draußen den Schal vor euren Mund, es weht ein eisiger Wind."
Als wir wieder unter uns waren half ich, den Tisch abzuräumen. Als ich meinte, einen günstigen Moment erwischt zu haben, fragte ich vorsichtig: „Mutti, darf ich heute Nacht bei dir schlafen?"

„Meinetwegen, weil Weihnachten ist. Ich brauchte an diesem Tag nur meine Zähne zu putzen und die Hände zu waschen. Nachdem ich mir mein Nachthemd übergestreift hatte, ging ich zu Opa, der ebenfalls im Begriff war, schlafen zu gehen, wünschte ihm eine gute Nacht und erzählte ihm, dass ich bei Mutter schlafen dürfe. Bevor ich in Mutters Zimmer hinüberging, küsste ich ihn.
Wenig später kuschelte ich mich in die warme Decke und schlief wohl sofort ein. Ich bemerkte nicht einmal mehr, dass sich Mutter zu mir legte.
Ich wurde erst wach, als der Wecker zu rappeln begann. „Doris, du kannst erst mal liegen bleiben", sagte Mutter zu mir. „Es ist noch sehr früh. Ich hole dich, wenn es in der Küche warm ist." Nebenan polterte bereits Opa Max. Offenbar kratzte er mit dem Feuerhaken die Asche durch den Rost und legte Holz in den Kachelofen, um das Zimmer zu heizen. Als ich nach einer Weile aufgestanden war, war alles wie gewohnt. Mutter und ich warteten auf Opa, der auf dem Hof war und die Kaninchen fütterte. Es schneite immer noch. Gemeinsam aßen wir unser Brot, das heute, am ersten Feiertag, etwas üppiger ausfiel als an den anderen Tagen. Es gab Harzer Käse und Schmalz, das Mutter aus fettem Speck zubereitet hatte. Zu Opas Freude gab es Zuckerrübenhonig. Er und Mutter tranken Muckefuck und für mich gab es heiße Milch, die ich literweise trinken konnte.
In etwa einer Stunde würde bei uns in der Küche die Hölle los sein. Ich freute mich auf Monika und Christiane und nahm an, dass wir, bevor die übrige Verwandtschaft eintraf, bestimmt noch in den Hagen gehen würden, um Schlitten zu

fahren. Mutter schob die beiden von Opa geschlachteten Kaninchen, die mit Speck gespickt in der großen Schmorpfanne lagen, in den Bratofen. Mir war auf einmal ganz komisch zumute. Ich sah die kleinen süßen Kaninchen vor mir, wie sie putzmunter im Stall herumhoppelten. Und jetzt sollten wir sie zum Mittag essen? Nein, das konnte ich nicht! Ich hatte Mutter angeboten, ihr zu helfen, doch sie hatte mit der Begründung, ich könne noch keine Kartoffeln schälen, abgelehnt. „Setz dich aber gern an den Küchentisch", schlug sie vor. „Vielleicht kannst du ja etwas von mir lernen." Sie saß vor einem großen Korb Kartoffeln, den sie für die grünen Klöße schälen wollte, die Opa so gerne aß.
„Mutti", begann ich, „darf ich, wenn Monika und Christiane da sind, mit ihnen in den Hagen gehen? Wir könnten unsere Schlitten mitnehmen."
Mutter zögerte mit der Antwort. „Ich weiß nicht, ob das so eine gute Idee ist."
„Aber warum denn nicht?", wollte ich wissen.
„Ganz einfach: Zuerst müsstest du dir deine warmen Sachen anziehen, und wenn du von draußen reinkommst, geht die Sache umgekehrt. Verstehst du, was ich meine?" Ich nickte, obwohl ich gar nichts begriff. „Ihr könnt euch stattdessen im Zimmer mit deinen Spielsachen beschäftigen, du hast doch gestern so viel Schönes bekommen."
Das war nicht das, was ich hören wollte. Ich war mal wieder sauer auf meine Mutter. Enttäuscht ging ich zu Opa ins Zimmer, setzte mich ans Fenster, hauchte die Fensterscheiben an und malte mit meinem Finger Fantasiebilder. Opa legte eine Platte auf und zog mit der Kurbel das Grammo-

phon auf. Wenn es zu leiern begann, musste man es erneut aufziehen. Das Grammophon gehörte uns nicht, es war eine Leihgabe für die Feiertage. Ich inspizierte den Tannenbaum und mopste mir einen braunen Fondantkringel, den ich mir heimlich in den Mund steckte. Die Zeit wollte einfach nicht vergehen! Gelangweilt nahm ich meine Strickliesel und den Häkelhaken und fing an, ein langes Strickband zu häkeln, das Mutter in meine Zöpfe einflechten konnte. In der Schule hatte ich im Handarbeitsunterricht Stricken und Häkeln gelernt. Voller Ungeduld wartete ich auf meine Cousinen. Die große Standuhr im Wohnzimmer schlug schon das zehnte Mal. Jetzt wurde es mir zu bunt. Ich holte mir meine Jacke, schlüpfte in die Stiefel, hängte mir den Muff um und sagte zu Opa: „Ich geh mal vor die Tür, um zu schauen, wo Tante Gerda bleibt. Sag Mutter Bescheid, falls sie nach mir fragt."
Ich eilte nach draußen und lief bis zur Gänseburg. Auf einmal sah ich Tante Gerda, Monika und Christiane um die Ecke biegen. Freudig winkte ich ihnen zu und lief schneller. Weil es sehr glatt war, rutschte ich auf dem unebenen Kopfsteinpflaster aus und fiel der Länge nach hin. Da lag ich nun im hohen Schnee und rappelte mich allmählich wieder auf.
Monika war als Erste bei mir! „Hast du dir wehgetan?", fragte sie mit besorgter Stimme.
Zum Glück war der Schnee weich und ich hatte nur eine Bauchlandung hingelegt. Jetzt waren auch Tante Gerda und Christiane bei mir.
„Doris, mein Kind, was machst du hier?", wollte Tante Gerda wissen.

„Ich wollte nachsehen, wo ihr so lange bleibt. Außerdem war mir langweilig."

Zehn Minuten später waren wir zu Hause und es roch bereits im Flur nach dem Braten.

Nachdem sich Tante Gerda und Opa Max begrüßt hatten, drückte Christiane Opa einen Kuss auf die Wange. Wir gingen zu Mutter in die Küche.

„Mutti, du schälst ja immer noch Kartoffeln!", stellte ich fest.

Sie lächelte. „Wir sind ja heute auch viele Leute."

„Guten Morgen, Anna", sagte Tante Gerda. „Hier riecht es herrlich nach Kaninchenbraten."

Das Lächeln meiner Mutter wurde noch eine Spur breiter. „Schau dir den Braten an, und wenn du schon dabei bist, schmecke bitte die Soße ab, falls noch etwas daran fehlt."

„Einen Moment, ich wasche mir nur rasch die Hände, dann kann es losgehen." Tante Gerda sah sich suchend um. „Wo ist denn meine Kittelschürze?"

„Am Haken in der Speisekammer, wo du sie zuletzt hingehängt hast."

Ich lauschte dem Gespräch zwischen meiner Mutter und Tante Gerda:

„Die Soße schmeckt schon sehr gut", sagte meine Tante. „Ich denke, eine Prise Salz und etwas Pfeffer könnten nicht schaden. Allerdings ist es viel zu wenig für uns alle."

„Gerda, Wasser kommt aus dem Hahn. Das ist das Einzige, das wir nicht bezahlen müssen."

„Ach, darauf wäre ich gar nicht gekommen. Und das Fleisch ist wirklich sehr zart. Es schmeckt ... ich weiß gar nicht, wo-

mit sich der Geschmack vergleichen lässt. Hast du es schon probiert, Anna?"
„Wie sollte ich? Auf keinen Fall esse ich Kaninchen!"
„Du spinnst doch! Und das, obwohl es auf unseren Karten nur sechshundert Gramm Fleisch im Monat zu kaufen gibt. Und in dem HO-Laden, der am 10. Februar 1949 in der Bäckerstraße eröffnet wurde und in dem wir ohne Karten einkaufen können, aber wer kann schon für ein Pfund Butter achtzehn Mark auf den Tisch legen? Mir läuft schon beim bloßen Anblick das Wasser im Munde zusammen. Aber wenn du nicht willst, freut sich der Rest der Familie umso mehr über den Braten.
„Bestimmt, Gerda." Meine Mutter nahm die letzte Kartoffel aus dem Korb und begann sie zu schälen.
Jetzt traute ich mich, eine Frage zu stellen. „Mutti, dürfen wir nicht doch noch rausgehen?"
„Meinetwegen, du gibst ja ansonsten keine Ruhe. Aber um 13 Uhr seid ihr wieder zu Hause, ihr hört ja die Uhr vom Kirchturm schlagen."
Monika, Christiane und ich stürmten aus der Küche, holten unsere Schlitten aus dem Schuppen und liefen zum Bahnhof, in dessen unmittelbarer Umgebung sich der Berg befand, von dem wir zu Ostern immer Eier herunterrollen ließen. Viele unserer Schulfreundinnen und auch ein paar Jungs waren gerade dabei, den Berg zunächst zu erklimmen, um ihn gleich darauf im schnellen Tempo wieder herunterzufahren.
Jemand rief meinen Namen. „Hallo Doris! Schön, dass ihr auch gekommen seid!"

„Hallo Brigitte, hallo Peter!" Ich erzählte den beiden, dass ich ziemlich lange hatte betteln müssen, damit wir vor dem Essen noch nach draußen gehen durften. Eigentlich hatte ich meiner Mutter gesagt, wir würden in den Hagen gehen, aber hier machte es viel mehr Spaß.
„Wollen wir zusammen runterfahren?", fragte mich Brigitte.
„Na klar! Mal sehen, wer schneller ist. Monika, machst du mit?"
„Ja, schon, aber was ist mit Christiane?"
„Die nehme ich auf meinem Schlitten mit." Christiane sah mich mit großen Augen an und sagte, sie hätte Angst. Ich versuchte sie zu beruhigen. „Das brauchst du nicht! Du setzt dich vor den Schlitten und hältst dich vorne an den Holzgriffen fest. Ich setze mich hinter dich und passe auf, dass du nicht runterfällst. Wollen wir das so machen?" Sie nickte zögerlich. „Gut, dann setz dich schon mal auf den Schlitten."
Brigitte und Monika waren inzwischen bereit und warteten auf das Startzeichen. Ich umklammerte meine kleine Cousine, während Peter, ein Junge aus meiner Klasse, fragte, ob er uns einen Schubs geben solle.
„Klar", sagte ich, „einen richtig dollen!"
Peter ließ sich das nicht zweimal sagen und zog unseren Schlitten zuerst ein ganzes Stück zurück. Dann nahm er Anlauf, stieß den Schlitten nach vorn, und schon sausten wir in rasantem Tempo den Berg hinunter. Ich fand es wunderbar und Christiane juchzte vor Begeisterung, sodass wir kein Ende fanden. Nach jeder Abfahrt kraxelten wir mit unserem Schlitten den Berg wieder hinauf. Weil wir schwitzten und schon bald völlig außer Atem waren, befreiten wir uns von

unseren Pudelmützen und den Schals. Darüber vergaßen wir die Zeit und hörten auch nicht die Kirchturmuhr. Irgendwann sagte ich zu Monika: „Nimm deinen Schlitten, wir gehen nach Hause."
Monika sah mich fragend an. Warum denn jetzt schon?
„Ich habe die Uhr nicht schlagen hören. Vielleicht ist es inzwischen sogar später als 13 Uhr. In dem Fall bekommen wir Ärger."
„Frag doch die Frau da hinten", schlug Monika vor. „Die hat bestimmt eine Uhr."
Ich ging hinüber zu der Frau, auf die Monika zeigte, entschuldigte mich für die Störung und fragte nach der Zeit.
„Warte, ich schaue nach", sagte sie. Einen Moment später nannte sie mir die Zeit. „Wir haben genau 12:30 Uhr. Ihr müsst wohl nach Hause, oder?" Sie sah erst Monika und Christiane und dann mich an.
„Ja, das stimmt!", antwortete ich. „Wir schaffen es noch rechtzeitig, danke." An meine beiden Cousinen gewandt fuhr ich fort: „Los, wir müssen gehen, sonst kommen wir zu spät zum Essen." Als wir uns von Brigitte verabschieden wollten, sagte sie: „Wartet, ich begleite euch ein Stück."
Wir zogen unsere Schlitten die Lindenstraße entlang immer geradeaus bis zum Schuhmarkt, wo sich unser Laden befand. Vor der Fensterscheibe blieben wir stehen, um uns die weißen Mäuse anzusehen, die wie verrückt in ihrem Käfig hin und her liefen und offenbar nach Futter suchten.
„Die haben ja gar nichts zu fressen", stellte Brigitte fest.
Oje, das musste ich Opa sagen. Er hatte wohl vergessen, die Mäuse zu füttern. Ich fragte Brigitte, was ihr der Weih-

nachtsmann gebracht hatte. Sie machte eine lässige Handbewegung. „Ein paar neue Sachen zum Anziehen, einen bunten Ball und ganz viel Schokolade und Bonbons aus Westberlin. Da wohnt nämlich meine Tante, und die schickt uns öfter mal ein Paket. Ich bekomme übrigens bald Schuhe mit einer Kreppsohle!"
Was wussten wir Kinder denn schon, was eine Kreppsohle war? Um auch etwas Tolles berichten zu können, sagte ich: „Das klingt ja alles sehr schön. Bei uns am Weihnachtsbaum hängen Kringel aus Fondant. Die schmecken besonders lecker!" Schokolade hatten wir natürlich nicht bekommen.
„So, ich bin zu Hause", sagte Brigitte. „Wir können uns ja nach Weihnachten auf dem Großen Mark treffen und Ball spielen."
„Mal sehen", entgegnete ich, „ich weiß nicht, was Mutter so vorhat."
Vier Häuser weiter waren auch wir zu Hause. Als Erstes brachten wir die Schlitten in den Schuppen. Im Flur angekommen, fanden wir für unsere Mäntel keinen Platz, denn die Garderobe war vollgehängt und auf der Ablage lagen die Hüte unserer Onkel. Also nahmen wir unsere Mäntel mit in die Küche. „Wir sind wieder da!" rief ich. „Mutter, wo sollen wir unsere Sachen aufhängen? Die Garderobe ist voll."
„Legt die Sachen auf mein Sofa zu der anderen Garderobe. Schuhe ausziehen und Hände waschen! Und zieh dir das neue Kleid an, Doris, es hängt im Schrank."
Wir waren völlig durchgeschwitzt und unsere Gesichter glühten. Wie meine Mutter gesagt hatte, legten wir unsere Mäntel einfach auf die anderen, egal wie nass und schmutzig

sie waren. Dann nahm ich das Kleid vom Bügel und zog es mir an. Ich schwitzte immer noch.

„Monika, machst du mir die Knöpfe zu?", bat ich meine Cousine.

„Ja klar, dreh dich um!" Sie sagte, sie und Christiane hätten keine Sachen zum Wechseln mitgebracht.

„Ach, ist doch egal", winkte ich ab. „Ich hätte mich auch nicht umgezogen, aber du kennst ja meine Mutter."

„Ja, richtig." Monika lächelte und beteuerte, sie habe meine Mutter sehr lieb.

Christiane nickte. „Das stimmt, Tante Anna ist immer lieb zu uns."

Wir gingen zurück in die Küche und begrüßten Tante Salli und Tante Elli, die gerade den Kaninchenbraten auf großen Platten anrichteten.

„Na, wie war euer Schlittenfahren?", erkundigte sich Tante Salli.

„Ganz toll", sagte ich. „Wir waren im Stadtpark und sind immer wieder den Berg runtergefahren. Es waren viele Kinder aus unserer Schule da." Unschlüssig standen Monika, Christiane und ich in der Küche herum.

„Geht schon mal zu Opa ins Zimmer und wünscht euren Verwandten schöne Weihnachten." Offenbar konnte uns meine Mutter in der Küche nicht gebrauchen.

„Wir haben aber Durst!", protestierte ich.

„Jetzt nervt uns nicht! Ihr seht doch, dass wir alle Hände voll zu tun haben. Hier sind Gläser, das Wasser könnt ihr euch selbst nehmen."

Nachdem wir ein Glas Wasser getrunken hatten, gingen Monika, Christiane und ich ins Wohnzimmer und begrüßten unsere Cousinen und Cousins sowie deren Väter. Sie alle saßen bereits um den großen Tisch herum und schienen bester Stimmung zu sein. Unsere Verwandten herzten uns und nahmen uns in den Arm.

„Du hast ein sehr schönes Kleid an", sagte meine Cousine Helma. Sie sah mich bewundernd an. „So eins könnte mir auch gefallen."

Karin war inzwischen fünfzehn Jahre alt und hatte eine Lehrstelle bei einem Fotografen begonnen. Silvia, die ein Jahr älter war, lernte Modezeichnerin. Helma ging noch zur Schule. Sie hatte viele Ideen, was sie einmal werden wollte.

Obwohl unsere Wohnung für so viele Gäste zu klein war, waren unsere Verwandten bester Stimmung. Die Erwachsenen tranken Bier, Schnaps und Wein, pafften Zigaretten und Zigarren und verwandelten das Wohnzimmer in eine stinkende und qualmende Hölle. Wir Kinder zählten im Geiste die Gedecke auf dem Tisch und stellten fest, dass sie nicht für alle reichten. Monika fragte mich, wo wir Kinder sitzen würden. Das interessierte mich auch. Ich lief in die Küche und fragte meine Mutter: „Sag mal, wo werden wir Kinder eigentlich essen?"

Statt mir zu antworten, fing sie an, sich zu verteidigen. „Hör zu, Doris: Niemand kann etwas dafür, dass wir so wenig Platz haben. Dein Opa hat diese Wohnung gemietet und wir müssen es nehmen, wie es ist, ganz gleich, ob es uns gefällt. Fangt bloß nicht an rumzumaulen, wenn ich euch jetzt sage, dass ihr in der Küche essen werdet."

Na toll! Das gefiel mir überhaupt nicht. Ich wollte auch im Wohnzimmer sitzen. Mal wieder war ich sauer auf Gott und die Welt, weil ich an diesem Weihnachtsfest nicht mithören konnte, worüber sich die Erwachsenen unterhielten. Genervt ging ich zurück zu unseren Gästen, die sich angeregt über den Krieg und über Politik unterhielten und von uns Kindern kaum Notiz nahmen. Monika und Christiane saßen unter dem Tannenbaum und beschäftigten sich mit ihren Anziehpuppen aus Papier. Helma, Karin und Silvia bestaunten unsere großen Gehpuppen mit ihren Schlafaugen.

Nach einer gefühlten Ewigkeit wurde endlich das Essen serviert. Das Erste, was ich sah, war die riesige Menge an Grünen Klößen. Wer sollte denn die alle essen? Tante Elli brachte den Rotkohl herein und Mutter den Kaninchenbraten und die Soße. Alle machten „Oh" und „Ah" und Onkel Herrmann sagte: „Anna, der Braten ist dir wirklich gut gelungen! Wenn der so gut schmeckt, wie er riecht, dann wird das heute ein Festessen!"

Onkel Werner war der Ansicht, dass es sich auch um einen Dachhase handeln konnte.

„Mutti, was ist denn ein Dachhase?", fragte ich und erntete allgemeines Gelächter.

„Na, Kinder, ihr wisst nicht, was ein Dachhase ist?" Onkel Werner sah uns der Reihe nach an.

Wir schüttelten den Kopf und fragten uns, welche Erklärung wir bekommen würden. Wenig später waren wir schlauer: Ein „Dachhase" war eine scherzhafte Umschreibung für eine Hauskatze. Ich sah mir den Braten genauer an. Eine Katze? Es schüttelte mich, als ich daran dachte, wie ich die vom

Körper abgetrennten Köpfe der beiden Kaninchen gesehen hatte. Das hatte mir den Rest gegeben. Der Gedanke, eine Katze essen zu müssen, war mindestens genauso schlimm.
Wir Kinder standen um den Tisch herum und beobachteten die Erwachsenen, die auf einmal Arme wie ein Krake hatten.
„Los, los, Kinder, ab in die Küche!", scheuchte uns meine Mutter. „Bringt eure Teller für das Fleisch, alles andere steht auf dem Küchentisch."
Monika und Christiane stürmten in die Küche und kamen mit ihren Tellern zurück. Währenddessen vernahm ich ein gieriges Geschmatze und das Klappern von Besteck. Im Handumdrehen war auch schon die erste Schüssel mit Klößen leer.
„Was stehst du hier rum?", fragte mich Mutter. „Geh deinen Teller holen!"
„Ich esse keine Kaninchen!", stieß ich hervor. Wie ich sehen konnte, hatte auch Opa Max keinen Braten auf seinen Teller geladen. „Opa, warum isst du denn heute kein Fleisch?"
Opa hielt sich die Hand auf den Bauch und sagte: „Ich habe es mit dem Magen. Mir geht es nicht so gut, deshalb esse ich lieber Klöße und Rotkohl. Wahrscheinlich bekommt mir das besser."
„Ach so", war alles, was ich herausbrachte. Auf einmal fielen mir wieder die Mäuse im Laden ein und ich zog Opa am Ärmel. „Du, Opa, die Mäuse haben Hunger! Wir haben vorhin gesehen, dass sie in ihrem Käfig hin und her rennen und nach Futter suchen."
Opa beteuerte, das hätte bis morgen Zeit, die kleinen Nager würden schon nicht verhungern.

Onkel Karl runzelte die Stirn. „Musst du von Mäusen anfangen, wo wir gerade beim Essen sind?"
Auch Mutter sah nicht gerade fröhlich aus. Ihr Griff an meinen Arm tat mir weh. „Geh endlich zu deinen Cousinen in die Küche und fang an zu essen!"
Ich schmiss meinen Kopf in den Nacken, was ich übrigens immer tat, wenn mir etwas nicht passte, und stieß ein genervtes „Puh!" aus.
In der Küche sah es aus wie auf einem Schlachtfeld, und inmitten dieses Chaos mussten wir essen. Christiane und Monika leckten sich die Finger ab, so gut schmeckte es ihnen.
„Willst du nichts essen?", fragten sie. „Wo ist dein Fleisch?"
„Ich esse unsere Kaninchen nicht", gab ich zur Antwort. „Opa übrigens auch nicht, der hat es heute mit dem Magen."
Monika schwärmte. „Also mir schmeckt es so lecker, dass ich am liebsten jeden Sonntag einen solchen Braten essen würde."
Das fehlte mir noch: Jeden Sonntag ein Kaninchen totschlagen? Bloß nicht! Ich riskierte einen Blick in die Töpfe. Da noch reichlich Klöße vorhanden waren, lud ich mir zwei auf meinen Teller und nahm dazu reichlich Rotkohl. Dann hielt ich inne und überlegte, ob ich mir Soße nehmen sollte. Nein, auch die Soße konnte ich nicht essen.
Monika wollte nicht glauben, dass ich auf so etwas Leckeres verzichtete. „Sag mal, spinnst du?", fragte sie.
„Warum spinne ich?" Ich erwiderte ihren fragenden Blick.
„Sonst isst du doch auch alles."

Langsam nervte es. „Heute esse ich eben nur Rotkohl und Klöße", sagte ich patzig.
In diesem Moment kam Tante Gerda in die Küche und wollte wissen, wie es uns schmeckte. Meine beiden Cousinen lobten das Essen in den höchsten Tönen. So etwas Leckeres hätten sie noch nie gegessen. „Und du, Doris?"
„Ich esse lieber Lungenhaschee süßsauer mit Quetschkartoffeln."
„Der Braten ist Anna wirklich gelungen", sagte Tante Gerda, ohne auf meinen Einwand einzugehen. Sie fischte die letzten Klöße aus dem Topf und erklärte, aus dem Kloßwasser werde eine Reibselsuppe gekocht. Die aß unser Opa Max gerne mit Kümmel und vielen Zwiebeln. Ich fand die Suppe eklig, ebenso wie Klütersuppe. Wenn ich nur daran dachte, bekam ich eine Gänsehaut.
Tante Gerda trug die Schüssel mit den Klößen zu der verfressenen Meute. Mutter und Tante Salli brachten wenig später die leeren Teller in die Küche und stellten alles in die Abwaschschüssel. „So, Kinder, räumt euer Geschirr ab, es gibt noch Nachtisch!" Gespannt verfolgen wir, wie Tante Gerda drei große Schüsseln Kirschen in Sago und eine gelbe Soße aus der Speisekammer holte und alles auf den Küchentisch stellte. Wir sollten die Ersten sein, die davon kosteten. Tante Gerda füllte jedem von uns eine kleine Schüssel bis zum Rand. Und schon waren wir wieder allein.
Der Nachtisch entschädigte mich für den wenig geliebten Hauptgang. Und schon überlegte ich, was wir heute noch Schönes anstellen konnten. „Monika, sag mal, was machen wir denn heute noch?"

Sie zuckte mit den Schultern. „Ich weiß das auch nicht, aber vielleicht dürfen wir ja nach draußen gehen. Hier ist heute alles so blöd. Als Oma noch lebte und wir alle zusammen in der großen Wohnung in der Nachtigallstraße wohnten, fand ich es viel schöner. Wir haben damals so schöne Weihnachtslieder gesungen und ich vermisse Oma."
„Sei nicht traurig", sagte ich in dem Versuch, Monika zu trösten. Auch ich vermisse unsere Oma. Ich könnte nur weinen, wenn ich an sie denke. Komm, wir gehen zu den anderen. Mal sehen, was die machen."
Als Monika, Christiane und ich das Zimmer betraten, war Onkel Herrmann gerade damit beschäftigt, einige seiner Zaubereien vorzuführen, mit denen er auch sein Geld verdiente. Aus ungläubigen Kinderaugen sahen wir ihm bei einigen raffinierten Kartentricks zu. Und wir lachten, als er wenig später Geld aus Onkel Werners Nase zog. Dann brauchte er ein Medium für eine weitere Aufführung. Er bat uns, während seiner Abwesenheit etwas im Zimmer zu verstecken. Das Medium würde ihn dann, ohne es zu wollen, zu der besagten Stelle führen. Die Erwachsenen meinten, das sei alles Hokuspokus. Sie glaubten nicht daran, dass so etwas möglich war. „Lasst euch einfach überraschen", sagte Onkel Herrmann. „Ich gehe für einen Moment aus dem Zimmer und ihr könnt euch beraten."
Gesagt, getan. Also was sollten wir machen? Wo konnten wir etwas verstecken, und vor allem was? Wie in der Schule hob ich den Finger und sagte: „Eine Glasmurmel in einen Blumentopf." Alle fanden die Idee gut. Also holte ich mein Säckchen mit den Murmeln und ließ die anderen hineinsehen.

„Den großen Bucker nehmen wir!", beschloss Onkel Werner. Mit einem Löffel vergrub er die Murmel in der Erde in einer unserer Zimmerpflanzen.
„So, Onkel Herrmann, du kannst wieder reinkommen!"
Als er den Raum betrat, fragte er: „Wer stellt sich als Medium zur Verfügung?" Ich sah gespannt in die Runde. Schließlich war es Onkel Karl, der sich bereit erklärte. „Also gut, Karl", fuhr Onkel Herrmann fort, „dann reiche mir jetzt bitte deinen linken Arm." Er legte seine Finger um Onkel Karls Handgelenk. „Ich werde dich jetzt ohne deine aktive Hilfe zu dem Ort des Versteckes führen." Onkel Herrmanns Finger immer noch um Onkel Karls Handgelenk, liefen die beiden im Zimmer umher – zunächst in alle Richtungen, dann um den Tisch herum und als Nächstes zum Fenster, bis Onkel Herrmann „Halt!" rief. „Hier", sagte er und zeigte auf den Blumentopf. „In diesem Topf habt ihr etwas versteckt." Wir waren sprachlos. Er wühlte in der Erde, bis er die bunte Glasmurmel in der Hand hielt. Wir klatschten Beifall und wollten wissen, wie so etwas möglich war. „Eigentlich ist das ein Geheimnis", erklärte er. „Aber weil ihr es seid, mache ich heute eine Ausnahme. Also passt genau auf: Karl hat mir seinen Arm gereicht und ich fasste an sein Handgelenk. Auf diese Weise konnte ich seinen Puls fühlen, während ich mit ihm durch das Zimmer lief. Sein Puls schlug immer schneller, je näher wir dem Versteck kamen, und so hat er mich direkt zu diesem Blumentopf geführt." Wir applaudierten erneut und die Familie war einer Meinung, dass wir es bei Onkel Herrmann mit einem ganz Großen zu tun hatten!

Im Handumdrehen wurde der Tisch abgeräumt und die Männer fingen an, Skat zu spielen. Silvia und Karin waren mit ihren Freundinnen verabredet. Hansi, unser ältester Cousin, hatte ebenfalls etwas Besseres vor, als hier rumzusitzen. Henri hatte die Absicht, ins UT-Kino zu gehen, das sich in der Lindenstraße an der Schleuse befand. Das bedeutete, dass endlich genügend Platz am Tisch war und wir Kinder nicht mehr in der Küche sitzen mussten. Monika und ich beschlossen, „Mensch ärgere dich nicht" zu spielen. Wir fragten Helma, ob sie mitspielen wolle.

„Keine Lust", antwortete sie, „ich gehe heute Nachmittag mit meiner Freundin Ruth ins Roland-Kino. Sie zeigen den Film ‚Das kalte Herz'. Das ist ein Märchenfilm, der in Farbe gedreht wurde." Das klang interessant! Ich fragte Helma, ob sie Monika, Christiane und mich mitnehmen würde. „Von mir aus könnt ihr mitkommen", antwortete sie.

„Kannst du bitte meine Mutter fragen, ob sie uns mitgehen lässt?"

„Warum fragst du sie nicht selber?"

„Ach, nur so. Bei dir sagt sie vielleicht ja."

Helma hatte eine Idee. „Ich frage einfach Tante Anna, wenn du Angst vor deiner Mutter hast."

Ich zuckte nur mit den Schultern.

„Also gut, ich bin gleich wieder da." Helma ging in die Küche, wo sich die vier Frauen eine regerechte Küchenschlacht lieferten, jede mit einer bunten Latzschürze vor dem Bauch. Berge von Geschirr waren zu bewältigen. „Dürfen Monika, Christiane und Doris mit mir und meiner Freundin Ruth ins Kino gehen?", fragte sie in die Runde. „Die Männer spielen

Skat und wollen nicht gestört werden." Tante Anna erkundigte sich bei Helma, in welches Kino sie gehen wolle. „In das Roland-Kino. Sie zeigen das erste Mal einen Farbfilm. ‚Das kalte Herz' soll ein Märchenfilm sein."
„Dann seid ihr zum Kaffee nicht zu Hause?"
„So ist es, Tante Anna."
Meine Mutter nickte. „Meinetwegen könnt ihr alle zusammen losgehen. Warte, ich gebe dir noch Geld für die Karten."
Helma kam jubelnd ins Wohnzimmer gestürmt. „Ihr dürft mit ins Kino!"
Hermi, der genauso alt war wie ich und der gespannt das Skatspiel verfolgte, horchte auf und sagte, er wolle ebenfalls mitkommen. Helma fragte ihn, ob er denn Geld habe. Er verneinte. „Dann musst du Papa fragen." Hermi trug seinem Vater die Bitte vor. Der wiederum gab ihm von seinem gewonnenen Geld, das vor ihm auf dem Tisch lag, einige Groschen, ohne den Blick von seinen Karten abzuwenden.
Kurze Zeit später fanden wir uns im Schneegestöber auf dem Großen Markt wieder. Vor dem Kino stand bereits eine lange Schlange Menschen an der Kasse an. Helmas Freundin, die sich weiter vorn in der Schlange befand, winkte uns zu und wir drängelten uns zu ihr vor, woraufhin einige der Wartenden lautstark protestierten. „Vordrängeln gibt es nicht, stellt euch gefälligst hinten an!" Wir kannten uns alle, es waren Kinder aus unserer Schule mit ihren Familien. Was blieb uns also anderes übrig, als uns ans Ende der Schlange zu stellen. Unsere Füße waren inzwischen so kalt, dass sie sich beinahe taub anfühlten.

Dann war es endlich so weit: Wir hatten es bis an die Kasse geschafft und erhielten unsere Kinokarten. Die Platzanweiserin führte uns zu unseren Plätzen. Wir nahmen in bequemen Klappsesseln Platz, die mit weinrotem Samt bezogen waren, und schauten mit Spannung auf die große Leinwand, auf der zunächst der Vorspann startete. Von einem Moment auf den anderen war es mucksmäuschenstill. Endlich begann der Film, den ich aufmerksam verfolgte. Zu Beginn fand ich die Geschichte ganz schön, doch dann machte der Film mir Angst. Ich fand ihn gruselig, und dachte als zehnjähriges Mädchen: Wie kann man nur sein Herz verkaufen? Als schließlich auch noch der Holländer Michel mit seinem furchterregenden Gesicht erschien und die vielen Herzen aus Stein an der Wand schlugen, lief ich vor lauter Angst aus dem Kino. Geistesgegenwärtig nutzte ich den hinteren Ausgang zur Schuhstraße, sodass ich ohne Umweg in unser Haus gelangte, das sich ja gleich nebenan befand. Im Flur zog ich Mantel und Schuhe aus und ließ die nassen Sachen auf den Fußboden liegen. Aufgeregt platzte ich ins Wohnzimmer, in dem noch immer Skat gespielt wurde. Meine Verwandten sahen mich verwundert an, bis Opa Max mich fragte: „Doris, was ist los? Ist der Film schon aus?"

„Nein", antwortete ich, „ich bin einfach rausgerannt, als der böse Holländer Michel kam. Der hat mir Angst gemacht." Als ich ins Detail gehen wollte, schnitt mir Onkel Karl das Wort ab: „Störe uns nicht beim Spielen! Außerdem ist das doch nur ein Märchenfilm. Setz mal deinen Verstand ein, oder kennst du jemanden, der ein Herz aus Stein hat?"

Kleinlaut schüttelte ich den Kopf und verließ das Zimmer. In der Küche fand inzwischen ein gemütlicher Kaffeeklatsch statt. Mutter sah mich verwundert an. „Du bist ja schon wieder zu Hause! Wo sind denn die anderen?" Mit wenigen Worten hatte ich mein vorzeitiges Erscheinen erklärt und alle lachten über meine Naivität. In dem Moment war ich mir hundertprozentig sicher, dass ich mir diesen Film kein zweites Mal ansehen würde. „So wasch dir deine Hände, dann kannst du dich zu uns setzen und Kuchen essen." Das ließ ich mir nicht zweimal sagen. Ruck, zuck wusch ich mir die Hände, und schon saß ich am Tisch und gierte nach den herrlichen Streuseln und dem Zuckerkuchen. Selbstbedienung war bei meiner Mutter unmöglich. Sie servierte mir einen Becher Muckefuck und zwei Stück Kuchen, die ich mit Heißhunger verdrückte. Noch immer nicht satt, wünschte ich mir zwei weitere Stücke, es lagen ja noch genügend auf dem großen Teller. „Mutti, ich möchte noch Kuchen haben, der schmeckt so lecker!"

Meine Mutter sah mich skeptisch an. „Deine Cousinen möchten bestimmt auch Kuchen essen, wenn sie nach Hause kommen."

„Aber es ist doch noch genug da!" Ich zeigte auf den vollen Teller.

„Anna, nun gib ihr doch noch ein Stück!" Tante Gerda bedachte mich mit einem liebevollen Blick, den ich dankend erwiderte. Meiner Mutter entging nicht, dass ich ihre Schwester liebte und nicht sie. Deshalb sah sie mich mit ihren braunen Rehaugen strafend an und ich hütete mich, erneut zu fragen.

Stattdessen lauschte ich den Gesprächen meiner Verwandten. Sie sprachen gerade über Mutters Ehemann Gerhard. Das Thema war mir dann doch zu blöd, denn von mir aus brauchte dieser Mann nie mehr zurückzukommen. Mir war langweilig und ich fragte Mutter, ob ich zu Irmgart gehen dürfe. Wieder dieser skeptische Blick. „Ich weiß nicht, ob das so eine gute Idee ist, Doris. Es ist Weihnachten und die Familie ist bestimmt lieber unter sich. Vielleicht haben sie auch Besuch."
„Ich könnte es doch wenigstens versuchen!", beharrte ich.
„Also gut, du gibst ja sonst keine Ruhe."
Ich überlegte, dass es keine gute Idee war, an Weihnachten ohne ein Geschenk zu Irmgart und ihrer Oma rüberzugehen. Für Irmgart fiel mir sofort etwas ein. Gewiss liebte sie wie alle anderen Kinder diese schönen bunten Stampfer, mit denen wir in jeder freien Minute ein spannendes Spiel spielten. Dafür benutzten wir ein Heft und falteten die Seiten nach innen ein. In jeder Seite versteckten wir ein schönes Bild, das wir „Stampfer" nannten, oder auch nicht. Der andere nahm sein eigenes Bild und steckte es in eine der Seiten in der Hoffnung, dass er Glück hatte und sich darin ein Stampfer befand. Wenn dem so war, durfte er es behalten. Wenn nicht, musste er sein eigenes schönes Bild in der leeren Seite liegen lassen. Sogar in der Schule spielten wir dieses Spiel heimlich unter unseren Pulten. Wie oft wurden wir von unserer Lehrerin dabei erwischt, die daraufhin alles kurz und klein riss. Außerdem mussten wir nachsitzen, und als ob das nicht genug wäre, mussten wir auch noch einige Seiten schreiben. Zum Beispiel, dass die Schule kein Spielplatz sei,

sondern ein Ort, um zu lernen. Also gut, ich suchte einige schöne Stampfer aus meiner Sammlung und dachte, dass sie Irmgart bestimmt gefallen würden. Und was schenkte ich Oma Luise? Ich fragte die Frauen in der Küche, ob sie eine Idee hatten. Tante Salli sagte: „Nimm doch die neuen Topflappen, die ich deiner Mutter geschenkt habe. Oder, Anna?"
Meine Mutter nickte. „Ja klar, du kannst mir ja neue häkeln."
„Wo sind die Topflappen?", wollte ich wissen.
„Geh in mein Zimmer, das rote Päckchen auf dem Tisch."
Ich bedankte mich, holte das Päckchen und rannte voller Erwartung aus dem Haus. Unterwegs hielt ich inne und kehrte noch einmal zurück, weil ich mein Poesiealbum vergessen hatte. Irmgart sollte die Erste sein, die etwas reinschrieb. Mit meinen Stiefeln stapfte ich durch den hohen Schnee, der unter meinen Sohlen knirschte. Zaghaft drückte ich auf die Klingel, doch es tat sich nichts. Ich legte meinen Kopf an die Tür und hörte, dass gesungen wurde. Also betätigte ich die Klingel ein zweites Mal, diesmal etwas energischer. Jetzt hörte ich Schritte auf dem Flur und jemand schloss die Tür auf. Es war Reinhart und ich wusste nicht, was ich sagen sollte. Auf einmal verunsicherte mich der Gedanke, Irmgart ausgerechnet an einem der Weihnachtstage zu besuchen.
„Hallo Doris", begrüßte mich Reinhart, „komm doch rein! Es ist schön, dass du zu uns gekommen bist. Ich wünsche dir frohe Weihnachten!"
„Ich dir auch, Reinhart." Zaghaft gab ich ihm die Hand. Ich zog meinen Mantel und die Stiefel aus und bemerkte, dass es hier im Haus schön warm war.

„Deine Stiefel kannst du auf den Wischlappen stellen", sagte Reinhart. Als ich seiner Aufforderung nachgekommen war, gingen wir gemeinsam ins Wohnzimmer. „Schaut mal, wer uns an diesem schönen Tag besucht!", sagte er.

Meine Freundin stand vom Tisch auf, wir umarmten uns, wie es Freundinnen taten, und wünschten uns gegenseitig schöne Weihnachten. Dann ging ich zu Oma Luise, überreichte ihr das Päckchen und stotterte, dass es ein kleines Geschenk für sie zu Weihnachten sei.

Sie lächelte. „Doris, es ist sehr nett von dir, dass du uns besuchst. Und du bringst sogar ein Geschenk mit. Wie schön!"

„Ja, es sind Topflappen, die meine Tante Salli gehäkelt hat."

„Topflappen kann ich immer gebrauchen", sagte Oma Luise. „Dann werde ich sie mir gleich mal ansehen. Das Band wurde aufgeknüpft, das Papier glatt gestrichen und zusammengelegt. Es wurde nicht entsorgt wie heutzutage in unserer Wohlstandsgesellschaft. „Die Topflappen hat deine Tante sehr schön gehäkelt", lobte Oma Luise. „Die kommen gleich über unseren Kochherd."

„Hier, Irmgart, und das ist für dich!", sagte ich. „Oder spielst du nicht das Steckspiel mit den Stampfern? Ich überreichte ihr die schönen bunten Bildchen und hoffte, dass sie sich darüber freute.

„Danke, Doris, das sind sehr schöne Bildchen. Ich liebe Engel, aber ich habe im Moment gar keine Zeit, mich mit so etwas zu beschäftigen, denn ich muss sehr viel lernen."

„Das ist aber schade", bemerkte ich. „Uns macht es sehr viel Spaß."

Wahrscheinlich sah Doris mir die Enttäuschung an, denn sie sprach ein paar tröstende Worte: „Sei nicht traurig, Doris. Ich werde sie als Andenken behalten. Komm, setz dich zu uns, wir trinken gerade Kaffee, oder hast du schon Kuchen gegessen?"

„Ja, zwei Stück, aber ich würde gerne diesen Kuchen probieren." Ich zeigte auf einen der mit leckeren Gebäckstücken beladenen Teller.

In diesem Moment kam Oma Luise aus der Küche und sagte: „Die Topflappen sehen sehr schön aus über dem Herd." Sie stellte mir eine Tasse und einen Teller hin. „So, nun kannst du dir von allem etwas nehmen. Die Plätzchen habe ich selbst gebacken! Irmgart war Bucheckern sammeln. Die habe ich kleingemörsert und in Teig getan, so schmecken die Kekse nach Mandeln."

„Ich esse auch gerne Bucheckern, wir Kinder sind ganz verrückt danach. Leider ist es sehr mühsam, die Schale zu entfernen." Das fand Oma Luise auch.

Ich langte ordentlich zu. Der Mohnkuchen war der Hammer, und was an Keksen übrig war, hätte ich mir an liebsten eingesteckt. Oma Luise fragte mich, wie ich den Heiligen Abend verbracht hatte. Ich erzählte, dass wir sehr traurig gewesen seien, das erste Mal ohne unsere liebe Oma Hertha zu feiern. „Nur meiner Mutter machte das nichts aus", fuhr ich fort. „Sie hat mir einmal erzählt, dass Oma zu ihr als Kind sehr böse war. Sie musste zusehen, wenn ihre Stiefschwester Gerda und ihre Stiefmutter Kuchen aßen, während sie selbst nichts abbekam. Das konnte ich nicht verstehen, zu mir war Oma immer lieb."

„Das ist ja eine sehr traurige Geschichte", meinte Oma Luise. „Aber du musst wissen, dass nicht alle Stiefmütter böse sind.
Ich bestätigte das, indem ich nickte, und sprach weiter: „Für Monika, Christiane und mich gab es viele Geschenke, sogar Puppen, die richtig laufen können. Bei uns im Laden kann man alles kaufen."
Reinhart gab zu bedenken, dass man für das, was man bei uns kaufen könne, auch das nötige Geld übrig haben müsse.
„Na ja", entgegnete ich, „mein Opa Max ist doch immer noch Toilettenmann im Hotel Stadt Berlin. Dadurch bringt er viele Pinkelgroschen zusätzlich nach Hause. Außerdem fährt er manchmal nach Berlin auf den Schwarzmarkt, um dort Tauschgeschäfte abzuwickeln." Ich war eifrig am Erzählen. „Wir haben auch wieder einen großen Weihnachtsbaum, den Opa aus dem Wald geholt hat."
Irmgart senkte den Kopf. „Wir haben dieses Jahr wieder keinen Tannenbaum. Wer hätte uns den auch aus dem Wald holen sollen? Mein Bruder ist gestern erst aus Karl-Marx-Stadt gekommen."
Weil ich ein deutliches Bedauern in Irmgarts Stimme hörte, versicherte ich ihr: „Die Tannenzweige in der Vase und euer Weihnachtsschmuck sehen sehr schön aus, da braucht man keinen Tannenbaum. Und die Kerzen hier auf dem Tisch finde ich auch sehr schön. Es strahlt Gemütlichkeit und Ruhe aus. Du müsstest mal sehen, was bei uns los ist. Dort ist es laut und es stinkt nach Zigarettenqualm."
Ich bewunderte Irmgarts bunten Pullover und fragte sie, ob er neu sei.

„Ja, den hat meine Oma für mich aus alten Wollresten gestrickt."

„Der könnte mir auch gefallen, weil er so schön bunt ist. Als unsere Oma noch lebte, hat sie oft gestrickt. Meine Mutter würde das nie tun. Ich glaube sogar, dass sie gar nicht stricken und häkeln kann. Bei uns ist alles so anders geworden. Ich muss jetzt mit bei Opa im Bett schlafen, dort, wo sonst immer Oma Hertha geschlafen hat. Mutter will das Zimmer für sich alleine haben, damit sie in der Nacht Männer mit nach Hause bringen kann." Ich war ein beredsames Kind und am liebsten hätte ich erzählt, was ich durch das Schlüsselloch gesehen hatte. Dann dachte ich aber, dass ich das lieber für mich behalten sollte, denn ich schämte mich für meine Mutter.

Oma Luise nutzte mein kurzes Schweigen, um mich zu fragen, wie mir der Kaninchenbraten geschmeckt hatte und wie der heutige Tag verlaufen war.

Eifrig sprach ich weiter: „Wir waren zu Mittag mehr als zehn Personen in der kleinen Wohnung. Die Schwestern meiner Mutter haben das Essen gekocht, und alles hat auf den Braten gewartet. Irmgart, es schüttelt mich, wenn ich nur daran denke!"

„Wieso?", fragte Oma Luise.

„Weil ich die Kaninchen in ihren Käfigen so süß finde, so richtig zum Kuscheln. Mein Opa Max hat die einfach mit der Hand totgeschlagen. Er sagte, dass sie auf den Teller gehören, wo es doch so wenig Fleisch auf den Lebensmittelkarten gibt. Mutter, Opa und ich haben nichts von dem Braten gegessen, aber alle anderen haben sich die Finger geleckt, so

gut hat es ihnen geschmeckt. Monika war der Meinung, dass es Kaninchenbraten jeden Sonntag geben müsste."
„Wir hätten den Braten auch gerne gegessen! Oder, Oma?" Irmgart sah ihre Oma fragend an.
„Auf alle Fälle hätte ich ihn wenigstens mal probiert", bekam sie zur Antwort.
Reinhart, der am Fenster saß und in einem Buch las, rief dazwischen, er hätte die armen Tiere auch nicht gegessen. Ich schickte ihm ein dankbares Lächeln.
„Und was gab es bei euch heute zum Mittag?", erkundigte ich mich und blickte in die Runde.
„Oma hat beim Fleischer Lange Herz gekauft und es sauer eingelegt."
„Du meine Güte, Irmgart", rief ich. „Ich darf gar nicht an Herz denken!"
„Wieso? Warum? Was ist mit dem Herz?"
Nun erzählte ich die Geschichte von unserem Kinobesuch, vom Holländer Michel und davon, dass ich einfach mitten im Film weggerannt war. Reinhart lachte unverschämt und meinte, ich sei dumm, so etwas zu glauben. Vor Verlegenheit wurde ich ganz rot. Um von mir abzulenken, fragte ich Irmgart: „Wollen wir nicht mal wieder zusammen ins Kino gehen, wenn sie einen Musikfilm aus dem Westen zeigen?" Ich sah meine Freundin, erwartungsvoll an. Sie fand die Idee gut und ich hätte am liebsten gesagt, dass ich die Kinokarten bezahlen würde, zumal sich ja genügend Pinkelgroschen in meiner Spardose befanden. Ich ließ es dann aber bleiben, weil ich nicht als Angeberin dastehen wollte. Blitzartig kam mir ein Gedanke. Oh je, ich hatte ja etwas vergessen, denn im

Flur lag noch mein Poesiealbum! Ich stand vom Tisch auf, ging in den Flur und überreichte meiner Freundin freudestrahlend das Album mit der Bitte, sie möge für mich etwas Schönes hineinschreiben.

„War das auch ein Geschenk vom Weihnachtsmann?", wollte Irmgart wissen.

„Ja, und Monika hat auch eines bekommen."

Irmgart fand das Buch sehr schön, sagte aber, sie müsse sich erst überlegen, was sie reinschreiben wolle. Also ließ ich es erst einmal bei ihr und versicherte ihr, sie könne es mir irgendwann zurückgeben.

Auf einmal stimmte Oma Luise das Weihnachtslied „Süßer die Glocken nie klingen" an. Irmgart, Reinhart und ich stimmten mit ein und ich genoss es. Das war für mich Weihnachten!

„Du liebe Zeit!", murmelte ich. Ich musste rasch nach Hause, damit Mutter nicht mit mir schimpfte. Draußen war es bereits dunkel. Ich stand vom Tisch auf und sagte, ich müsse jetzt gehen. Brav bedankte ich mich für den Kuchen und versicherte den dreien, dass es hier wie immer sehr schön gewesen sei.

„Komm einfach wieder vorbei, wenn du magst", sagte Oma Luise. „Wir freuen uns jedes Mal, dich zu sehen." Spontan drückte ich sie und bedankte mich.

Irmgart ging mit mir in den Flur und wartete, bis ich meinen Mantel und meine Schuhe angezogen hatte. Dann umarmten wir uns kurz und ich rannte die zwei Etagen runter, als wäre der Teufel hinter mir her. Ich überquerte die Straße, schaute hinauf zum Himmel, wo Millionen Sterne zu sehen waren,

und auch die Gaslaternen brannten schon. Schließlich betrat ich das Haus, öffnete die Flurtür und wunderte mich, dass an der Garderobe keine Sachen mehr hingen. Außerdem war eine erholsame Stille eingetreten. Ich drückte die Klinke herunter und öffnete die Zimmertür. Opa Max saß in seinem Lieblingssessel am Kachelofen und rauchte genüsslich seine Pfeife. Christiane vergnügte sich auf ihrem Schaukelpferd.
„Wo sind sie alle hingegangen?" Ich sah Opa fragend an.
„Was für eine Frage, Doris! Die sind nach Hause gegangen, was denkst du denn? Weißt du eigentlich, wie spät es ist?"
„Nein, Opa. Ich weiß nur, dass es draußen schon dunkel ist, und am Himmel sieht man Millionen von Sternen leuchten. Dann muss es wohl schon spät sein."
„Da hast du allerdings recht, mein Kind."
Ich fragte ihn, wo Mutter sei.
„Die ist mit Tante Gerda und Monika in der Küche."
Ich ging hinüber und war auf ein Donnerwetter vonseiten meiner Mutter gefasst. Stattdessen fragte sie mich, wie es bei Irmgart gewesen sei. Ich schwärmte von dem leckeren Mohnkuchen und den Plätzchen und erzählte, dass sich Oma Luise über die Topflappen gefreut hatte.
„Topflappen kann man immer gebrauchen", war Mutters Kommentar. Genau das Gleiche hatte Oma Luise auch gesagt.
„So, Anna, es ist spät geworden. Wir werden dann auch gehen." Tante Gerda erhob sich vom Tisch. „Ich bin einfach nur müde und muss die ganze Zeit an meine Mutter denken und wie sie das all die Jahre trotz ihrer Schmerzen bewältigt hat. Nicht ein einziges Mal hat sie geklagt."

„Das stimmt", erwiderte Mutter knapp. „Sie hat es nicht leicht gehabt."
Tante Gerda schickte Monika ins Wohnzimmer, um Christiane zu holen. Die beiden Mädchen sollten sich schon mal ihre Mäntel anziehen.
Meine Mutter wirkte ebenfalls müde. „Gott sei Dank ist morgen nicht viel zu tun", sagte sie zu Tante Gerda. „Das Essen ist vorbereitet. Unser Vater isst seine Reibselsuppe und für uns ist die Graupensuppe mit Schweineohren und Spitzbeinen. Das Fleisch hat Elli vom Schlachthof mitgebracht. Ihr kommt doch zum Essen?"
„Ja, Anna, aber zuerst möchte ich ausschlafen. Die viele Arbeit heute hier in eurer kleinen Wohnung war doch sehr anstrengend."
Mutter schlug vor, die übrigen Verwandten ab dem nächsten Jahr nur noch zum Kaffee einzuladen, wenn überhaupt. „Ich werde das mit Vater besprechen, er wird das sicher verstehen! Und wer weiß, was in einem Jahr alles passieren kann. Jetzt steht erst einmal Silvester vor der Tür, da werden wir es so richtig krachen lassen. Ich freue mich schon, wenn wir mal wieder tanzen können."

Am zweiten Feiertag frühstückten wir gemütlich in der Küche. Anschließend versorgte Opa unsere Kaninchen und ging in den Laden, um die Mäuse zu füttern. Mit Mutters Laune stand es nicht zum Besten, als sie mich nach draußen schickte. Fluchend sagte sie: „Ich muss die Wohnung wischen, in Opas Zimmer sieht es aus wie in einem Schweinestall. Der Fußboden ist völlig verdreckt, keiner hat sich gestern die

Schuhe ausgezogen. Ich bin hier doch nur noch die Putzfrau. Das muss sich unbedingt ändern! Warum bin ich bloß in Perleberg geblieben und nicht nach Bad Reichenhall zurückgegangen? Dort hatten wir so ein schönes Leben!" Was sollte ich dazu sagen? Ich kannte ihr vorheriges Leben nicht, meine Heimat war Perleberg.

Ich zog mich an und verließ das Haus. Auf der Straße war so früh am zweiten Weihnachtstag keiner meiner Freunde zu sehen. Also trottete ich zu unserem Laden und begrüßte Opa.

„Na, Doris, du hast wohl Langeweile!", sagte er und sah mich forschend an.

„Ja, Opa, das stimmt wohl. Ich weiß nicht, was ich machen soll."

„Du kannst mir Gesellschaft leisten und dich mit all den schönen Spielsachen beschäftigen. Schau dir dieses hübsche Puppenhaus an. Oder den Kaufmannsladen mit den vielen kleinen Schubkästen für Zucker, Mehl und viele andere Lebensmittel. Schau mal, es gibt sogar eine richtige Kasse, in der Geld ist!"

„Ach, Opa", entgegnete ich missmutig, „hier ist doch niemand, dem ich etwas verkaufen könnte, und alleine macht es mir keinen Spaß."

Opa schüttelte ratlos den Kopf. „Du bist schon ein seltsames Kind, Doris. Andere Kinder wären glücklich, wenn sie die vielen Autos aufziehen oder mit den Puppen spielen dürften."

Mir schoss eine Frage in den Kopf: „Opa, wie lange bin ich denn noch ein Kind?"

„Tja, das ist so eine Sache mit dem Erwachsenwerden. Ich würde sagen, du bist so lange ein Kind, bis du die Schule abgeschlossen hast."

„So lange noch?" Ich sah ihn mit großen Augen an. „Das sind ja noch ein paar Jahre, ich bin doch erst in der fünften Klasse!"

„Du wirst sehen, wie schnell die Zeit vergeht. Im Nu bist du dreizehn, dann ist dein Opa schon ein alter Tattergreis."

Das Wort kannte ich nicht. „Was ist denn ein Tattergreis, Opa?"

„Na, ein alter Mann wie ich, dem die Hände zittern."

„Ach so!"

Zur Mittagszeit waren wir wieder zu Hause. Nach dem Essen besuchte ich meine Tante Salli am Hohen Ende, wo immer was los war, und spielte mit meinen Cousinen und Cousins „Mensch ärgere dich nicht". Wieder einmal wünschte ich mir, ich hätte eine Schwester oder einen Bruder, dann wäre ich nicht so alleine.

Die nachfolgenden Tage bis Silvester verbrachten wir Kinder überwiegend auf der Straße, nur zum Essen gingen wir nach Hause. Ich fragte mich, was Monika, Christiane und ich Silvester machen würden, wenn Mutter und Tante Gerda im Hotel Stadt Berlin feierten und tanzten und Opa Max sich dort als Toilettenmann ein paar Pinkelgroschen verdiente. Auf Nachfrage erfuhr ich von meine Mutter, dass wir drei Mädchen den Silvesterabend bei Tante Salli verbringen sollten. „Deine Cousinen und Cousins freuen sich schon auf euch", sagte sie.

„Und wo werden wir schlafen?"

„Auch bei Tante Salli. Helma wird euch abholen."
Verwundert erwiderte ich: „Wir können auch alleine bis zum Hohen Ende laufen!"
„Nein, Doris, das kommt auf gar keinen Fall in Frage! Ich möchte nicht, dass ihr im Dunkeln ohne Begleitung unterwegs seid. Die Straßen sind nicht mehr so sicher wie vor dem Krieg."

Am Silvesterabend erschien Tante Gerda, die sich in Schale geschmissen hatte. Der Mantel und das Kleid, das sie trug, gehörten eigentlich meiner Mutter. Sie hatte beides aus Bad Reichenhall mitgebracht. Monika und Christiane waren dick eingemummelt, trotzdem klagte Monika, ihr sei kalt.
Dafür hatte Mutter eine Lösung parat. „Zieht euch Mantel und Schuhe aus und setzt euch an den warmen Kachelofen. Ich mache euch heiße Milch, dann geht es euch gleich viel besser." An Tante Gerda gewandt fuhr sie fort: „Hast du den Kindern schon gesagt, dass sie heute bei Salli sein werden?"
„Ja, das habe ich ihnen gesagt. Natürlich hat Monika mal wieder rumgemault, weil wir tanzen gehen."
Monika sah meine Mutter mit ihren braunen Rehaugen verängstigt an. Die wiederum hatte inzwischen heiße Milch und ein paar Stullen mit Leberwurst zubereitet und stellte beides auf den Küchentisch. „Hier, das ist für euch. Bei Salli wird es bestimmt noch etwas Warmes zu essen geben."
„Danke, Tante Anna, du bist immer so lieb zu uns!" Monika fing an zu weinen.
„Was ist denn los, warum weinst du?" Mutter setzte sich zu Monika auf die Bank und legte einen Arm um sie. Natürlich

antwortete Monika nicht. „Gerda, was war schon wieder los bei euch?", setzte meine Mutter nach.

„Was los war? Frech war das Jöhr zu mir, da habe ich ihr ein paar Backpfeifen verabreicht, das musste mal wieder sein."

„Mensch, Gerda, das finde ich aber gar nicht in Ordnung! Weshalb schlägst du deine Tochter?"

„Das wüsste ich auch gern." Monika schluchzte. Mit Blick auf meine Mutter sagte sie: „Christiane, ihre Goldtochter, bekommt nie Schläge von ihr, nur immer ich."

Meine Mutter streichelte Monika und nahm sie in den Arm. Was konnte das Mädchen dafür, dass ihre Mutter als Jugendliche vergewaltigt worden war und sie die Wut an ihr ausließ. Leider waren in einer solchen Situation oft die Kinder die Leidtragenden.

Für mich als Kind war Tante Gerdas Verhalten normal und ich brüstete mich damit, dass meine Mutter mich noch nie geschlagen hätte. Sie erwiderte daraufhin: „Verdient hättest du es aber, wenn ich an dein loses Mundwerk denke." Zu ihrer Stiefschwester sagte meine Mutter: Ich habe als Kind nie Schläge bekommen und werde es nicht zulassen, dass mein Kind jemals geschlagen wird." Die Konversation bezüglich dieses Themas hatte sich damit erledigt.

Wenig später waren Tante Gerda und meine Mutter bereit zum Aufbruch. „So, Kinder", sagte Mutter, „wir wollen heute fröhlich das Jahr 1950 verabschieden, und ordentlich feiern. In zwei Tagen weht wieder ein anderer Wind, da geht es in der Schule weiter. Helma wird euch in einer Stunde abholen."

Wir Kinder freuten uns, dass wir bei Mutters Lieblingsschwester sein würden. Mutter hatte einmal erzählt, dass ihre Schwester Salli die Einzige war, die ihr ein Päckchen ins KZ geschickt hatte. Tante Salli hatte ein Herz aus Gold. Sie hatte sechs Kinder zu versorgen und gab von dem wenigen, was sie für ihre Familie zum Leben hatte, stets etwas ab. Alle Verwandten fühlten sich bei ihr zu Hause. Außerdem war sie eine fantastische Köchin! Wenn es bei ihr Erbseneintopf gab, hätte ich mich daran am liebsten überfressen.
Draußen wurde an die Tür geklopft. Ich sprang auf und ließ Helma eintreten. Sie begrüßte meine Mutter und Tante Gerda mit den Worten: „Es hat wieder angefangen zu schneien. Hallo, meine liebe Helma, wie geht es dir?", erkundigte sich Mutter. „Und was machen die anderen?"
„Mutti kocht gerade das Essen und Papa ist heute in Wittenberge, wo er als Zauberkünstler auftritt."
„Na, dann bestell deiner Mutter und deinen Geschwistern liebe Grüße und kommt gut in das Jahr 1951."
„Danke, Tante Anna, das mache ich. Und euch beiden", sie sah von meiner Mutter zu Tante Gerda, „viel Spaß beim Tanzen im Hotel Stadt Berlin."
„Danke, Helma, bestimmt werden wir uns prächtig amüsieren." Meine Mutter räumte die leeren Tassen vom Tisch und wandte sich an uns Kinder: „Zieht euch an und seid brav bei Tante Salli! Morgen holen wir euch wieder ab."
Dick eingemummelt, mit Pudelmütze, Muff und Fäustlingen, die wir mit einer Schnur um den Hals trugen, damit uns die Sachen nicht verloren gingen, stapften wir durch den Schnee, der unter unseren Füßen knirschte. Wir liefen über den

Großen Markt, auf dem die Gaslaternen brannten. Viele Menschen hielten sich dort auf und waren fröhlich. Seit die Russen in Perleberg waren, tobte hier das Leben. Dann liefen wir am riesengroßen Postgebäude vorbei und erreichten das Hohe Ende. Die Begrüßung war wie immer herzlich. Tante Salli und die Kinder freuten sich, Monika, Christiane und mich bei sich zu haben. Vor allem unsere Mütter brauchten kein schlechtes Gewissen zu haben, wussten sie uns doch bei ihrer Schwester Salli in sicheren und guten Händen. So verbrachten wir den Silvesterabend und den Neujahrstag mit unseren Verwandten und beschäftigten uns mit Spielen. Ob wir Raketen oder Feuerwerk zur Verfügung hatten, daran kann ich mich nicht erinnern. Ich weiß nur aus Erzählungen meiner Cousinen, dass es an diesem Tag ein Problem mit dem Schlafen gab. Matratzen wurden auf den Fußboden gelegt, auf denen Monika, Christiane und ich die Nacht verbrachten. Das Waschen am nächsten Morgen konnte nur in Etappen stattfinden. Da Helma, Karin und Silvia bereits erwachsen waren, wuschen sie sich getrennt von ihren großen Brüdern in der Waschküche. Wir drei Kinder bekamen eine Waschgelegenheit vor dem Kachelofen im Wohnzimmer. Für uns gab es an diesem Tag nur eine Katzenwäsche. Da war es gut, dass Mutter nicht die Aufsicht führen konnte. Vermutlich hätten ihr die Haare zu Berge gestanden.
Nach dem Frühstück machten wir Kinder uns auf den Weg in den Hagen, um auf der Eisbahn zu schlittern. Bis es Mittagessen gab, hatten wir genügend Zeit, uns draußen die Zeit zu vertreiben. Überall lagen leere Flaschen, bunte Papierschlangen und Reste vom Feuerwerk herum. Neugierig, wie wir

waren, sammelten wir alles auf, was uns gefiel. Unser Cousin Hermi mahnte uns, keine Feuerwerkskörper aufzuheben, weil es sein konnte, dass etwas mit dem Zünder nicht in Ordnung war. Wenn der nämlich losginge, hätten wir keine Finger mehr. Na ja, einen krummen Finger hatte ich ja schon an meiner rechten Hand, ein Andenken, das mir Monika beschert hatte, als wir uns vor Jahren regelrecht gekloppt hatten. Damals war ich zu einem Arzt gebracht worden, damit er meinen Finger wieder geradebog, doch das war nicht möglich gewesen, und so lebe ich heute noch mit diesem kleinen Makel.

Nach Stunden an der frischen Luft trafen wir zwar durchgeschwitzt, aber pünktlich zum Mittagessen ein. Unsere Cousinen halfen Tante Salli bei den Vorbereitungen. Gerade wurde für uns hungrige Mäuler der Tisch gedeckt. Es gab Lungenwurst, Quetschkartoffeln und süßsaure Soße. Das war unser Lieblingsessen, denn da konnten wir die Lungenwurst und den Kartoffelbrei genüsslich zusammenmanschen. Appetitlich sah das natürlich nicht aus, aber Opa Max schmeckte das so auch am besten. Als Nachtisch gab es süßsauer eingelegten Kürbis, von dem wir ja im Garten reichlich hatten. Den Geschmack fand ich schon als Kind widerlich.

Unsere arme Tante Salli! Als sie sich endlich zu uns an den Tisch setzte, lief ihr der Schweiß über das Gesicht. Kein Wunder, denn die Herdplatten glühten immer noch. Angenehm gesättigt sagten wir kurze Zeit später Danke für das gute Essen. Ich faltete die Hände und wartete darauf, dass wir gemeinsam beten würden, doch Tante Salli stand auf, um den Tisch abzuräumen. Ich fragte sie, ob wir nicht beten

würden, und sie antwortete: „Nein, Doris, bei uns wird nicht gebetet. Denkst du, der da oben hat uns das Essen vom Himmel geschickt?" Als ich sie fragend ansah, fuhr sie fort: „Ihr könnt natürlich nicht verstehen, wie schwer es in der heutigen Zeit ist, mit den Lebensmittelkarten auszukommen."
Was sollten wir Kinder dazu sagen?"
„Tante Salli, Opa Max bedankt sich immer nach dem Essen beim lieben Gott."
„Na ja, wenn es ihm Spaß macht, kann er das ja gern machen, für uns hat das allerdings keine Bedeutung."

Eines Abends klopfte jemand an unsere Tür. Mutter sagte zu ihrer Freundin, die gerade zu Besuch war: „Margot, mach doch mal bitte auf!"
Margot kam mit der Nachricht zurück, draußen stehe ein toller Mann mit einem großen Blumenstrauß. Es war Gerhard Neumann, Mutters Ehemann. Wie sehr sie sich freute, als er ihr die Blumen überreichte! Der Schlaumeier hatte den Strauß sogar noch mit Schornsteinfegern bestücken lassen, die sollten ja angeblich Glück bringen.
So verlief unser Leben vorerst wieder normal, die Zeiten waren aber immer noch schlecht. Mein Stiefvater ging über Land hamstern. Am Abend war sein Rucksack meistens gut gefüllt. Das war natürlich nicht Gerhards Erfüllung, weshalb er später auf dem Perleberger Schlachthof arbeitete. Den Schlachthof gab es schon seit 1893. Zusammen mit den Schlachthöfen in Wittenberge und Pritzwalk versorgten diese die Bevölkerung der Westprignitz. Im Krieg verfügte der

Schlachthof über einen eigenen Laden, in dem, wie bereits erwähnt, Tante Elli an der Kasse arbeitete und in dem es nur an bestimmten Tagen für die Bevölkerung Wellfleisch gab. Um in den Genuss zu kommen, nahmen die Menschen lange Warteschlangen in Kauf. Ab 1947 gehörte der Schlachthof als Dienstleistungsbetrieb zu den Stätischen Betrieben. Am 1. Januar 1953 wurde er schließlich zum Volkseigenen Betrieb – VEB – erklärt. Nach 1945 wurde an zwei Tagen in der Woche geschlachtet, nur für die Versorgung der Roten Armee, für die bei uns stationierten Russen. Wenn die Schweinehälften tierärztlich untersucht wurden, mussten diese auf der Schulter ins Kühlhaus getragen werden.

In der Mittagspause kam Gerhard so manches Mal nach Hause, weil er sein Diebesgut, das er auf dem Schlachthof geklaut hatte, schnellstens loswerden wollte. Er hatte sich dann jedes Mal Seitenfleisch und Speck um den Bauch gewickelt. Uns ging es in dieser Zeit richtig gut, auch wenn man nicht stehlen durfte, wie Opa Max immer sagte.

Seit Gerhard wieder bei uns war, nahmen Mutter und Tante Gerda ihn mit zum Tanzen. Allerdings hatte er ein Problem, denn er konnte die Finger nicht vom Alkohol lassen. Schlimmer war, dass Gerhard allmählich zu einem Problem für uns alle wurde. Nachdem er seinen Lohn bekommen hatte, ging er geradewegs in die Kneipe und versoff das Kostgeld. Oft suchte Mutter nach ihm, wenn er mal wieder allein auf Tour war, und wenn sie ihn endlich gefunden hatte und ihm sagte, er solle mit nach Hause kommen, behauptete er frech, er kenne sie gar nicht. So ging es eine Zeit lang, bis eines Tages Gerhard mit dem Geld aus meinem Glas verschwunden war und auch nicht wiederkam. Also war meine Mutter wieder frei und die Freundinnen fanden sich wie früher bei ihr ein, damit die Jagd auf die Männerwelt ihre Fortsetzung finden konnte.

Ich beschwere mich bei Opa Max wegen meiner abhandengekommenen Pinkelgroschen und des Geldes, das ich mir mühsam beim Kartoffelkäfersammeln verdient hatte. Opa schenkte mir daraufhin fünf Mark.

Für meine Mutter begann sich das Leben wieder einmal neu zu ordnen. Sie war ein wahres Stehaufmännchen, denn im anderen Fall hätte sie die vielen Stolpersteine, die ihr in den Weg gelegt wurden und für die sie zum Teil selbst verantwortlich war, nicht beiseite räumen können. So begann sie erneut im Casino auf dem Flughafen zu arbeiten. Das bedeutete, dass Opa und ich alleine waren, wenn ich nach Schulschluss nach Hause kam. Gott sei Dank gab es ja noch meine liebe Tante Gerda, die sich nicht nur um ihre eigene, sondern auch um unsere Haushaltsführung kümmerte. Sie kochte, machte sauber und wusch unsere Wäsche. Daraus folgte, dass ich meine Freizeit überwiegend mit Monika und Christiane verbrachte. Da sich nun niemand mehr um meine Schularbeiten kümmerte, schrieb ich meistens vor dem Unterricht von meinen Mitschülern ab.

Seit Mutter wieder im Casino arbeitete, lebte sie völlig neu auf. Jeden Tag brachte sie Geschenke mit nach Hause, vor allem Schokolade und Bohnenkaffee. Opa bekam wieder seine dicken Zigarren und stangenweise Papirossi, in deren Genuss auch Tante Salli kam. Auf einmal waren wir ein offenes Haus, denn die Russen gingen bei uns neuerdings ein und aus. So fanden im Hinterzimmer bei meiner Mutter die ausgefallensten Feiern statt. Auch Mutters Freundinnen Anneliese, Gisela und Margot fühlten sich bei uns erneut wieder wie zu Hause. Wodka wurde gleich aus Wassergläsern getrunken, dazu gab es fetten Speck und Russenbrot. Zu uns Kindern waren die Russen sehr nett. Sie schenkten uns jedes Mal Geld, das sie zerknüllt aus ihren Hosentaschen holten. Das Geld nahm Mutter mir ab, um mir davon schöne Sachen zum Anziehen zu kaufen.

Allmählich nahmen die Besuche bei uns zu Hause nicht nur am Wochenende überhand. Auch an den Wochentagen und in den Nächten grölten und sangen die Russen unter unserem Fenster, sodass an Schlafen nicht zu denken war. Opa Max regte sich deshalb fürchterlich auf. Kurzerhand öffnete er eines Nachts das Fenster, nahm den vollen Nachttopf und schüttete den Russen den Inhalt auf den Kopf. In ihrem betrunkenen Zustand fanden sie das sogar noch lustig.

Meine Mutter lebte ungeniert. Jetzt kannte sie keine Hemmungen mehr und ließ stattdessen ihre Liebhaber bei sich übernachten. Wenn ihre Freundin Margot am Nachmittag kam, lag Mutter immer noch im Bett und vergnügte sich. Sie gab Margot Geld, sodass wir ins Rolandkino gehen konnten. Mittlerweile kannte ich sehr viele Filme, die mich von meinen bösen Gedanken ablenkten, und sammelte die schönen Filmhefte.

Inzwischen war es stadtbekannt, welche Frauen angeblich Russenhuren waren, denn es wurde offen darüber gesprochen. Näher möchte ich nicht darauf eingehen, doch die ganze Situation machte mich wütend und gleichzeitig traurig. Bei uns in Perleberg gab es zum Beispiel einen aus Westdeutschland stammenden Fotografen, zu dem ich einfach hingehen konnte und der schöne Fotos von mir machte, ohne dass ich ihm dafür Geld geben musste. Als zwölfjähriges Mädchen fand ich das klasse. Wenn er am Abend aus dem Fenster schaute, wussten die Frauen, dass er an diesem Tag bereit war, seine Orgien zu feiern. Wie sich herumsprach, ging es dabei wohl hoch her. Sein Fotoatelier war offenbar eine Art Geheimadresse. Eines Tages war der Fotograf in den Westen verschwunden und die Polizei durchsuchte sein Fotoatelier. Sie stellten alles Material sicher, darunter Sexfilme, die er heimlich während seiner Orgien aufgenommen hatte. Dieser Skandal war in Perleberg Stadtgespräch und die betreffenden Damen wurden zum Verhör auf das Polizeirevier bestellt. Auch meine Familie erhielt eine Aufforderung, zu den Vorgängen Stellung zu nehmen. Vielleicht war das ja auch bloß ein Vorwand, um zu erfahren, ob jemand von uns von der beabsichtigen Flucht in den Westen etwas mitbekommen hatte. Das ist nur eine Vermutung, denn bei uns zu Hause wurde über dieses Thema nicht gesprochen. Allerdings sorgten andere dafür, dass wir Kinder von all dem erfuhren.

Ich wurde allmählich erwachsen und musste nachts immer noch den Nachttopf benutzen, denn wie ja bekannt ist, befand sich die Toilette draußen auf dem dunklen Flur. Eines Nachts bekam ich fürchterliche Bauchschmerzen und musste aufs Töpfchen. Ich schaute in den Nachttopf, sah Blut und fing an zu weinen. Ich dachte, ich wäre krank und käme ins

Krankenhaus. Ängstlich ging ich zu meiner Mutter und weckte sie. Sie wusste erst gar nicht, was los war. Ich heulte und sagte, ich hätte Bauchschmerzen und würde bluten. Für eine Mutter war das die normalste Sache der Welt. Für uns Mädchen, die in der damaligen Zeit nicht aufgeklärt wurden, war es eine schlimme Situation. Mutter stand auf, wusch mich, steckte mir Watte zwischen die Beine und zog mir einen neuen Schlüpfer an. Sie sagte, ich solle wieder ins Bett gehen und dürfe morgen nicht zur Schule gehen. Dann erzählte sie mir noch, dass sich das alle vier Wochen wiederholen würde. Ich hätte angeblich viel zu früh meine Tage bekommen, ich war ja erst zwölf Jahre alt. Sie verbot mir, in der Schule darüber zu sprechen, und machte mir eine Wärmflasche, die ich mir auf den Bauch legte. Die Schmerzen waren unerträglich.

Als Opa Max am Morgen wach wurde, wollte er von mir wissen, warum ich noch im Bett lag und nicht zur Schule gegangen war. Ich sagte, ich sei sehr krank und bei mir komme unten Blut raus. Daraufhin ging er in die Küche, wo Mutter ihn wohl über meinen Zustand aufklärte.

Am Vormittag kam Tante Gerda, die mich liebevoll und medizinisch versorgte. Recht schnell war für mich klar, dass ich keine Frau werden wollte, wenn das Frausein dazu führte, dass ich alle vier Wochen so leiden musste. Sobald meine Wärmflasche kalt wurde, bekam ich eine neue gegen die Schmerzen und musste den Kümmeltee trinken, der zwar entsetzlich schmeckte, mir aber half. Trotz allem genoss ich es, dass Tante Gerda mich rund um die Uhr im Bett mit Essen versorgte.

Nachdem ich eine Woche im Bett verbracht und die Situation gemeistert hatte, ging ich mit einem von meiner Mutter verfassten Entschuldigungsschreiben wieder in die Schule und überreichte meiner Lehrerin Frau Keller den Briefumschlag. Sie sagte allerdings nichts dazu. Natürlich wollten meine Klassenkameraden von mir wissen, weshalb ich die Schule geschwänzt hatte. Ich tat mich damit hervor, dass ich sagte, ich sei krank gewesen und würde nun eine Frau werden. Die anderen zeigten mir einen Vogel und behaupteten, ich würde mal wieder spinnen. Meine Mutter hatte mir verboten, über die Sache zu sprechen, weshalb ich neunmalklug behauptete: „Ihr wisst ja gar nichts!" Dazu machte ich eine lässige Handbewegung. Endlich konnte ich auch wieder am Sportunterricht teilnehmen, der am Nachmittag stattfand und in dem wir uns auf dem Sportplatz oder in der Turnhalle am Reck, an den Ringen oder beim Bockspringen so richtig austoben konnten.

Wenn meine Mutter an den Wochenenden zu Hause war, musste sie wie alle anderen aus der Familie Opa im Sommer beim Pflücken der Johannisbeeren und bei der Kirschenernte helfen. Da von den Bürgern verlangt wurde, sich an der Versorgung der Menschen zu beteiligen, hatte jeder, der etwas beitragen konnte, sein Soll an den Staat abzuliefern. Dafür gab es nur wenig Geld, umso teurer wurden das Obst und Gemüse verkauft.

Eines Tages erhielt meine Mutter Post. Der Brief war aus Berlin und er war von Gerhard, der aus dem Gefängnis geschrieben hatte. Zwei Tage später machte sich Mutter auf den Weg, um ihren Ehemann dort zu besuchen. Einige unserer Verwandten behaupteten, Gerhard sei schon immer ein Verbrecher gewesen und säße nicht das erste Mal im Knast. Wir Kinder wussten nicht, was ein Gefängnis war, und so fragten wir unseren Opa, der ja in unseren Augen alles wusste und uns deshalb bestimmt auch sagen konnte, warum Mutters Mann im Gefängnis saß. Opa sagte, in ein Gefängnis kämen nur böse Menschen, woraufhin Monika fragte: „Opa, was sind böse Menschen?"

Opa zog dreimal kräftig an seiner langen Pfeife und überlegte ein Weilchen, bevor er uns eine plausible Antwort gab. „Ihr kennt doch die zehn Gebote, oder? Ich kannte sie nicht und Monika behauptete, sie hätte sie vergessen. „Also das siebte Gebot heißt. Du sollst nicht stehlen!"

„Ja, richtig, Opa, jetzt fällt es mir wieder ein", sagte Monika.

„Und weil Mutters Mann dieses Gebot wohl gebrochen hat, hat die Polizei ihn wahrscheinlich eingesperrt." Jetzt wurde Opa ganz gemein: „Wenn man einen Dieb beim Stehlen erwischt, kann es sein, dass man ihm mit einem Beil die Hand abhackt."

„Auweia!", sagte ich und betrachtete meine rechte Hand. Da fiel mir ein dass ich schon mal im Schreibwarengeschäft einen bunten Bleistift gestohlen hatte, und ich schwor mir, so etwas nie wieder zu tun. Nach ein paar Tagen kam Mutter von ihrer Reise nach Hause. Von dem, was sie in Berlin gemacht hatte, erzählte sie nichts. Allerdings wirkte sie sehr nervös und rauchte mehr als üblich.

Unser Leben ging weiter. Mutter hatte ja ihre Arbeit bei den Russen wieder aufgenommen, allerdings fuhr sie jetzt häufi-

ger an bestimmten Tagen nach Berlin. Für Monika, Christiane und mich war das eben so. Opa wusste wahrscheinlich darüber Bescheid, was Mutter so trieb. Wenn in unserer Familie vom Westen gesprochen wurde und Freunde und Bekannte von dort Pakete mit Schokolade, Bohnenkaffee, Perlonstrümpfen und vielem mehr bekamen – Dinge, die es bei uns nicht gab oder die teuer bezahlt werden mussten –, wurde überlegt, den Osten zu verlassen. Natürlich geschah das im Verborgenen, denn inzwischen agierten viele Menschen als Spitzel für die Stasi. Nicht einmal in seiner eigenen Familie konnte man sich vor ihnen sicher sein. Als dann ganz plötzlich meine Cousinen Silvia und Karin und ihre Brüder Henri und Hansi in den Westen geflüchtet waren, wurde auch ich, inzwischen dreizehn Jahre alt, neugierig und fragte meine Mutter, weshalb unsere Verwandten Perleberg verlassen hatten. Inzwischen war auch ihr Bruder Karl Gottlieb mit seiner Frau Grete in den Westteil gegangen. Wie sollte Mutter mir das erklären? Es fand sich immer eine ganz einfache Erklärung, um meine Neugierde zu stillen. Angeblich verdiente man im Westen mehr Geld als bei uns im Osten. Außerdem wäre eine Großstadt viel schöner als Perleberg. Wie sollte ich Vergleiche anstellen? Ich kannte ja nur meine Heimat Perleberg und wollte nirgendwo anders wohnen.
Jetzt waren nur noch Helma und Hermi bei ihrer Mutter, die sich inzwischen von ihrem Ehemann hatte scheiden lassen. Wie es hieß, hatte er Tante Salli mit einer anderen Frau betrogen. Wir bekamen das nur am Rande mit, denn es wurde hinter vorgehaltener Hand darüber gesprochen.

Unser Onkel Werner und seine Frau Elli hatten bestimmt keine Ambitionen, Perleberg zu verlassen. Sie wohnten am Bayernring, wo sich der Schlagbaum der Russen befand.
Opa Max hingegen war mit seinem Leben unzufrieden. Mit seinen sechsundsechzig Jahren arbeitete er viel zu viel im Laden. Hinzu kamen die vielen Handgriffe im Garten, insbesondere im Sommer und im Herbst, und dann waren da ja noch seine vielen Kaninchen, die er mit Grünfutter versorgen musste. Inzwischen hatte er eine richtige Karnickelzucht und andere Züchter kamen mit ihren Weibchen zu Opa, um diese von einem Rammler begatten zulassen. Das brachte ihm so manche Mark ein und an den Wochenenden gab es viel zu häufig Kaninchenbraten, den ich immer noch nicht aß. Toilettenmann war Opa auch weiterhin und manchmal musste er an der Garderobe aushelfen. Eines Tages offenbarte uns Opa, dass er eine Haushaltshilfe suche, die – vornehm ausgedrückt – auch bei ihm wohnen müsse. Kurzerhand wurde eine Annonce in der Prignitzer Zeitung aufgegeben. Es dauerte nicht lange, da erhielt Opa von den ersten Bewerberinnen Post. Sämtliche Briefe legte er ungelesen in eine Kiste, denn wählerisch war er in seinem Alter immer noch und er wollte abwarten, um aus einer größeren Zahl Bewerberinnen wählen zu können. Unser Postbote, der über uns wohnte, brachte jeden Tag neue Post für Opa Max, wenn er Feierabend hatte. Opa hatte die Ruhe weg und wir warteten mit Spannung darauf, wann er endlich damit beginnen würde, die Briefe zu öffnen. Eines Abends war es dann endlich so weit. Opa führte sich wie ein Kind auf. Er stellte die Kiste auf den Tisch und wir mussten ihm die Augen verbinden. Dann

fischte er gerade mal drei Briefe heraus. Tante Gerda las ihm den jeweiligen Inhalt vor und entschied sich für eine der Frauen, ich nenne sie einfach mal Frieda. Meine Mutter setzte für Opa einen Brief auf, in dem wir Frieda versicherten, dass sich unser Vater freue, und in dem wir ihr mitteilten, wann wir sie vom Bahnhof abholen würden. Ein Telefon war für uns in der damaligen Zeit etwas Utopisches, und so blieb uns nur der Briefwechsel.

Nach ein paar Tagen holten wir die neue Haushälterin vom Bahnhof in Perleberg ab. Frieda war eine nette Frau, die gut gekleidet war und so gar nicht zu unserem alten Opa passte. Zu Hause angekommen, war sie doch sehr schockiert, als sie unsere Wohnung sah und erkannte, wie ärmlich wir wohnten und dass es kein Zimmer für sie gab. Am Abend fragte sie Opa, wo sie denn schlafen solle. Opa antwortete: „Natürlich bei mir im Ehebett!" Daraufhin kam Frieda heulend zu meiner Mutter und klagte, dass sie nicht mit einem so alten Mann zusammen in einem Bett schlafen könne. Mutter redete ihr gut zu und bat sie, es eine Nacht lang zu versuchen. Am anderen Tag könne sie ja wieder nach Hause fahren, wenn es ihr unangenehm sei.

Frieda blieb bei uns und Opa lebte von Tag zu Tag mehr auf. Endlich hatte er wieder eine Frau, die ihn liebevoll umhegte und die sich in unseren Haushalt voll integrierte. Mutter und ich und auch seine Kinder, die noch in Perleberg lebten, freuten sich, dass Opa Max eine neue Partnerin an seiner Seite hatte. Ich schlief von nun an wieder bei meiner Mutter im Zimmer. Das stellte ihr bisheriges freies Leben gehörig auf den Kopf.

Gott sei Dank hatte für mich die Schule ein halbes Jahr später ein Ende. Ich hatte mir bisher keine Gedanken gemacht, welchen Beruf ich erlernen wollte. Als ich mit meinem Zeugnis nach Hause kam und es meiner Mutter zeigte, fragte sie mich, wie ich es mir vorstelle, mit diesem schlechten Zeugnis einen Beruf zu erlernen. Da ich von mir überzeugt war, erwiderte ich, ich wolle Sängerin werden. Mutter bekam einen Lachanfall und sagte: „Das kannst du vergessen mit all den schlechten Noten!" Ich heulte mal wieder und warf ihr vor, dass sie nie für mich da gewesen sei wie andere Eltern, die regelmäßig mit ihren Kindern lernten. „Mein Kind, nun werde mal nicht frech!", erwiderte sie. „Ich musste schließlich Geld für unseren Lebensunterhalt verdienen, und einen Vater haben wir nicht. Außerdem steht hier, dass du am Konfirmandenunterricht nicht teilgenommen hast. Stimmt das, und wenn ja, warum nicht?"
„Ganz einfach weil ich keine Lust hatte", entgegnete ich bockig.
„Na ja, auch gut", lenkte Mutter ein, „so sparen wir das Geld für deine Einsegnung. Nimm dir ein Beispiel an deiner Cousine Helma, die eine Lehrstelle als Putzmacherin begonnen hat. Und dein Cousin Hermi macht eine Lehre als Schlosser in Wittenberge. Nur du hast Hirngespinste im Kopf und möchtest ausgerechnet Sängerin werden. Dafür muss man studieren, und das setzt gute Noten voraus." Sie überlegte: „Irgendetwas musst du auf alle Fälle lernen. Ich werde dir eine Lehrstelle als Köchin besorgen. Wir beide gehen morgen Vormittag zum Hotel Vaterland, vielleicht bekommst du dort eine Lehrstelle. Danach sehen wir weiter. Am Abend zeigte

ich Opa Max mein Zeugnis und stellte fest, dass er ganz anderer Meinung war als meine Mutter. Ich solle mir keine Sorgen machen, sagte er, Arbeit gebe es in Hülle und Fülle. Der Kommentar unserer Haushälterin Frieda war, dass sie auch nichts gelernt und schon immer im Haushalt gearbeitet habe. Nee, Putzfrau wollte ich auf keinen Fall werden, dann schon lieber Köchin lernen.

Mutter nahm sich für den nächsten Tag frei. Ich musste meine gute Kleidung anziehen und meine langen Zöpfe wurden neu geflochten, was wie immer nicht ohne Diskussionen ablief. Auch Mutter machte sich besonders schick, wahrscheinlich um Eindruck zu schinden. Das Hotel Vaterland, das sich auf dem Großen Markt befand, war nur einen Katzensprung von unserer Wohnung entfernt. Nachdem wir das Hotel betreten hatten, machte Mutter einen auf „Dame von Welt". Wir wurden höflich von einem Herrn begrüßt, der am Empfang beschäftigt war. Er sprach meine Mutter mit „Frau Lange" an und griente unverschämt, vielleicht kannten sich die beiden ja. Mutter trug ihr Anliegen vor, indem sie den Hotelchef, Herrn Kaulich, verlangte. „Einen Moment bitte, ich muss erst telefonieren." Der Mann machte eine einladende Handbewegung. „Nehmen Sie doch in unserer Clubecke Platz." Das Hotel war gut besucht, Gäste kamen und gingen, Kofferträger trugen deren Gepäck nach oben oder schleppten es die Treppen herunter. Einen Fahrstuhl gab es nicht. Mutter wirkte nervös und steckte sich eine Zigarette an. Dann winkte sie die Bedienung heran und bestellte einen Kaffee für sich und ein Glas Limonade für mich.

Nach etwa einer halben Stunde kam ein gutaussehender Mann auf uns zu, lächelte freundlich und reichte uns die Hand zur Begrüßung. Zu meiner Mutter sagte er: „Wir kennen uns ja schon." Mit einem Blick auf mich erkundigte er sich: „Ist das Ihre Tochter?"
„Ja, das ist meine Tochter Doris."
„Das möchte man nicht glauben", sagte der Mann. „Sie sieht Ihnen überhaupt nicht ähnlich."
„Meine Tochter kommt nach ihrem verstorbenen Vater", erklärte Mutter.
„Frau Lange, mir wurde gesagt, dass Sie mich sprechen möchten."
„Ja, es geht um Doris. Sie sucht eine Lehrstelle als Köchin und ich dachte, dass sie vielleicht bei Ihnen eine Chance hätte."
Herr Kaulich nickte. „Ich denke, wir sollten in mein Büro gehen, hier ist zurzeit viel Trubel." In seinem Büro angekommen, bot er uns einen Platz an. Mutter und ich plumpsten in die viel zu großen Sessel, sodass ich kaum zu sehen war. Herr Kaulich setzte sich hinter seinen Schreibtisch, bot Mutter eine Zigarette an und bei einem Likörchen brachte sie ihr Anliegen vor. Sie überreichte dem Hotelchef mein Zeugnis, das ich nun doch mehr als peinlich empfand. Er sah mich kurz an und sagte, es tue ihm leid, denn ich sei erst dreizehn Jahre alt. Sobald ich vierzehn Jahre alt sei, könne ich bei ihm eine Lehrstelle als Köchin bekommen.
Das klang aus meiner Sicht nicht schlecht, und auch Mutter schien zufrieden zu sein. „Sehr schön, Herr Kaulich", sagte sie, „das freut mich sehr." Überschwänglich bedankte sie sich

beim Hotelchef, der sich daraufhin mit den folgenden Worten an mich wandte: „Wir beide sehen uns in einem Jahr wieder." Ich sagte Danke, einen Knicks machte ich nicht mehr. Herr Kaulich begleitete uns zur Tür und wünschte uns alles Gute.

„Na siehste, mein Kind", begann meine Mutter, als wir das Hotel verlassen hatten, „so einfach war das. Ich hoffe, du freust dich."

„Ja, Mutti", versicherte ich ihr. „Und was werde ich bis dahin machen? Außer Monika und Christiane, die noch zur Schule gehen, ist ja keiner mehr da, mit dem ich spielen könnte."

„Doris, ich höre von dir immer nur ‚spielen', mit dreizehn Jahren spielt man nicht mehr! Wir werden für dich eine Beschäftigung finden, damit du etwas Geld verdienst und keine Langeweile hast."

„Und was soll ich deiner Meinung nach machen?"

„Das wird sich finden, deinem Opa fällt bestimmt etwas ein."

Als Opa Max am Abend aus unserem Laden kam, hatte Frieda den Tisch bereits für das Abendessen gedeckt. Es roch herrlich nach Buletten, die sie aus Pferdefleisch zubereitet hatte. Dazu gab es Himmel und Erde und eingelegte Rote Beete, die einfach ekelhaft schmeckten, wie ich fand. Offenbar hatte ich einen ausgefallenen Geschmackssinn. Deshalb freute ich mich insgeheim darauf, einmal eine gute Köchin zu werden. Nun wurde der Familienclan informiert, dass ich in einem Jahr im Hotel Vaterland eine Lehre als Köchin beginnen würde. Tante Gerda war begeistert, Monika und Christiane hingegen fanden den Beruf doof.

„Warum findet ihr den Beruf doof?", wollte Opa wissen.
„Monika, kannst du kochen?"
„Nein, Opa."
„Und schmeckt euch das Essen, das Frieda gekocht hat?"
„Ja, das schmeckt sehr lecker!"
„Da siehst du mal, mein Kind, das macht eine gute Köchin aus, wenn sie in der Lage ist, etwas Schmackhaftes auf den Tisch zu bringen." Damit war das Thema Kochen erledigt.
Nach dem Essen wurde wie immer gebetet und wir räumten den Tisch ab. Mutter, Tante Gerda und Frieda erledigten den Abwasch und Opa steckte sich seine Pipe an und gönnte sich dazu ein Bierchen. Anschließend wurde beraten, was ich in diesem einen Jahr machen könnte. Opa wusste sofort das Richtige für mich. Er war der Meinung, ich sei auf dem Lande gut aufgehoben und könne bei der Getreideernte helfen. Er versprach, sich mit seinem Freund Paul in Düpow in Verbindung zu setzen. „Da wart ihr ja schon einmal zur Kartoffelernte", sagte er. „Und ich erinnere mich daran, dass es euch dort gut gefallen hat. Was sagst du dazu, Doris?"
„Ich weiß nicht", antwortete ich. „Da wäre ich ja ganz alleine. Wie lange müsste ich da denn bleiben?"
„Alleine wärst du in Düpow garantiert nicht. Viele Leute helfen bei der Ernte, und Geld bekommst du auch dafür."
Ich hätte heulen können, weil ich mein Zuhause verlassen sollte, und sei es nur für eine kurze Zeit. Mir machte das Angst.
Am anderen Tag ging Mutter schon früh aus dem Haus und ließ mich schlafen. Seit Frieda bei uns lebte, war sie das Mädchen für alles. Frieda umsorgte sie nicht nur Opa Max,

auch ich war ihr ans Herz gewachsen. Sie machte mir heißes Wasser, damit ich mich abseifen konnte. Frieda wusch mir den Rücken und schnitt mir Fuß- und Fingernägel, was sie übrigens auch bei Opa Max tat. Sie entfernte sogar die Haare, die Opa in seinen Ohren hatte. Frieda machte einfach alles, was meiner Mutter sehr gefiel. Auf diese Weise hatte sie nämlich viel Zeit für sich und meistens kam sie sehr spät vom Flughafen nach Hause.

Wir hatten Sommerferien und gingen zur Bullenwiese, wo sich unsere Badeanstalt befand. Dort gab es Bretterbuden, in denen wir uns umziehen konnten, und ein drei Meter hohes Sprungbrett, von dem die Jungs mit einem Köpper ins Wasser sprangen. Die Mädchen machten meistens eine Arschbombe und fanden es einfach toll. Nur mir fehlte der Mut, ins Wasser zu springen. So konnte ich meinen Freischwimmer nicht machen, denn dazu gehörte auch der Sprung vom Dreimeterbrett. An der Eisbude war jedes Mal viel los. Bei dieser Hitze lechzte jeder nach einem Waffeleis mit Schokoladen- oder Vanillegeschmack. Das war meine Welt. Ich liebte es, sorglos und frei zu leben, frisch zubereitetes Essen vorzufinden, wenn ich nach Hause kam, und niemand meckerte mit mir herum. Konnte es nicht immer so sein?
Inzwischen waren einige Wochen vergangen, seit wir zusammengesessen hatten, um darüber zu beraten, was ich bis zu meinem vierzehnten Geburtstag tun konnte. Opa Max hatte mich seitdem nicht wieder auf das Thema angesprochen, und ich würde mich hüten zu fragen, wann ich bei seinem Freund in Düpow mit der Arbeit beginnen sollte.

Große Lust verspürte ich sowieso nicht, beim Dreschen zu helfen.
Anfang September waren die Ferien für die Schulkinder vorbei und ich langweilte mich. Als wir eines Abends zusammensaßen, verkündete Opa: „Doris, ich werde dich morgen nach Düpow begleiten. Paul freut sich, dass du bei der Getreideernte dabei bist."
So ein Mist! Zum Glück hörte niemand meinen Fluch, der nur in meinen Gedanken existierte. „Opa, ich dachte, du hättest es dir anders überlegt, weil du so lange nicht mehr darüber gesprochen hast."
Opa lächelte. „Ich wollte, dass du die Schulferien mit deinen Freunden verbringst. Aber jetzt wird es Zeit, dass du unter Menschen kommst und eine Beschäftigung hast. Auf diese Weise lernst du, was Arbeit bedeutet."
Mir blieb regelrecht die Sprache weg und ich sah alles über mir zusammenstürzen. Kleinlaut fragte ich: „Wie lange muss ich denn dableiben?"
„Bis die Getreideernte vorbei ist. Das wird einige Wochen dauern, aber an den Wochenenden kommst du nach Hause."
Nachdem ich mich von dem Schreck erholt hatte, fragte ich: „Und was sagt Mutter dazu?"
„Deine Mutter hat über dich nicht zu bestimmen. Sie war in Bad Reichenhall, und seitdem bin ich dein Vormund. Das gilt, bis du einundzwanzig Jahre alt wirst. Außerdem weiß deine Mutter Bescheid und ist der gleichen Meinung wie ich. Wenn sie heute nach Hause kommt, wird sie für dich den kleinen Koffer packen."
„Opa, was ist denn ein Vormund?", fragte ich irritiert.

„Das ist jemand, der dir zeigt, wo es im Leben langgeht."
Es lag in meiner Natur, immer alles besser zu wissen, deshalb erwiderte ich: „Ich weiß doch, wo ich langgehen muss, Opa!"
„Schluss jetzt, Fräulein Naseweis!", schalt er mich. „Du gehst am besten früh zu Bett, die Bahn fährt nämlich schon um 8 Uhr."
Ich hätte sie alle in diesem Moment umbringen können. Frieda versuchte mich zu trösten, indem sie sagte: Sei nicht traurig. Sollst mal sehen, wie viele Menschen bei der Ernte helfen, und Geld verdienst du auch noch, das ist doch schön! Und danach fängst du ja bald deine Lehrstelle als Köchin an."
Ach, das dauert doch noch Monate, bis ich Geburtstag habe!", erwiderte ich mutlos. Ich verstand die Welt nicht mehr, weil ich mein Zuhause verlassen sollte.
Frieda hatte mir inzwischen die Waschschüssel mit heißem Wasser auf den Hocker gestellt, sodass ich mich waschen konnte. Anschließend zog ich mir mein Nachthemd an und umarmte Frieda. Sie drückte mich und sagte: „Schlaf gut, morgen wirst du alles mit anderen Augen sehen."
„Meinst du wirklich?"
„Ja sicher, Doris, ganz bestimmt!"
Ein klein wenig trösteten mich ihre Worte, aber aus Gemeinheit sagte ich Opa Max nicht gute Nacht. Jetzt am Abend war es im Zimmer immer noch unerträglich warm, obwohl die Fenster weit geöffnet waren. Statt unter die Decke legte ich mich obenauf und nahm mir vor, auf Mutter zu warten. Vielleicht konnte sie Opa ja noch umstimmen und dafür sorgen, dass ich zu Hause bleiben durfte. Ich würde ihm dann auch in unserem Garten helfen, und wenn ich den

ganzen Tag Unkraut jäten müsste! Der Tag an der frischen Luft und das Schwimmen hatten mich müde gemacht, weshalb ich rasch einschlief und nicht einmal bemerkte, dass sich Mutter irgendwann zu mir legte.

Am Morgen war das Bett neben mir bereits leer und aus der Küche hörte ich die vertrauten Geräusche. So zum Beispiel den Feuerhaken, den man brauchte, um die Eisenringe vom Herd zu nehmen, damit man Holz in das Ofenloch legen konnte. Heute war also für mich, der Tag gekommen, an dem sich mein Leben ein weiteres Mal verändern würde. Ich ging barfuß in die Küche, wo Mutti und Frieda unser Frühstück vorbereiteten. Schlecht gelaunt wünschte ich beiden einen guten Morgen und merkte an, dass ich noch müde sei.

„Guten Morgen, Dorle", sagte meine Mutter und sie ergänzte: „Meine große Tochter!"

„Warum sagst du wieder ‚Dorle' zu mir? Du weißt genau, dass du mich damit ärgerst."

„Das war doch nur Spaß, um dich ein bisschen aufzumuntern."

„Mich braucht keiner aufzumuntern, denn das schafft ihr sowieso nicht, weil ich keine Lust habe, bei der Hitze den ganzen Tag auf dem Feld zu arbeiten."

„Das hat dein Opa beschlossen, nicht ich", erklärte mir Mutter.

„Aber du warst damit einverstanden, zumindest hat Opa das gesagt. Stimmt doch, Frieda, oder?"

„Ja, Doris, das hat Max gesagt."

„Schluss jetzt damit, wer was gesagt hat!", brauste Mutter auf. „Nun wasch dich und beeile dich. Opa kommt nämlich gleich, er füttert nur noch schnell die Kaninchen."
Frieda hatte inzwischen den Tisch gedeckt und Mutter legte mir die Sachen raus, die ich heute anziehen sollte. Wir warteten auf Opa Max, der sich immer noch mit den Kaninchen beschäftigte.
„So, wir fangen schon mal an." Mutter wünschte mir und Frieda einen guten Appetit.
Ich trank meine Milch und ließ mir meine Stullen mit selbstgemachter Marmelade schmecken. Welche Verhaltensmaßregeln Mutter mir mit auf den Weg gab, könnte ich heute nicht mehr sagen. Ich hörte sowieso nur mit halbem Ohr zu und stellte die andere Hälfte auf Durchzug. Auf einmal polterte Opa in die Küche und sagte, dass einige Kaninchen schon wieder Junge bekämen. Er müsse die Rammler vorerst in andere Käfige sperren. „Die rammeln ja die Weiber noch zu Tode!" Auf seine Bemerkung hin lachten alle blöd. Opa Max bekam wie immer einen großen Pott Muckefuck, in den er sein Brot tunkte, das er anschließend in die Zuckerdose eintauchte. Mutter aß mal wieder nichts, dafür rauchte sie eine Zigarette nach der anderen.
Urplötzlich stand sie vom Tisch auf und sagte, sie müsse los und werde gleich mit dem Auto abgeholt. „Also, Doris, denk daran, was ich dir gesagt habe." Es folgte eine kurze Umarmung, die darauf schließen ließ, dass sie mich wohl trösten wollte. Schließlich versprach sie, am Wochenende mit mir ins Kino zu gehen. Wer's glaubt, wird selig, dachte ich, denn

für gewöhnlich ging Mutter an den Wochenenden mit ihren Freundinnen zum Tanzen.

„So, es kann losgehen", sagte Opa kurze Zeit später. „Der Zug wartet nicht."

Ich umarmte Frieda, die mir gut zuredete. Opa stand schon mit meinem Koffer an der Tür. Wir gingen zum Bahnhof, wo schon viele Fahrgäste warteten, die wahrscheinlich auch zur Arbeit fuhren. Opa wurde von mehreren mit „Hallo Maxe" begrüßt, aber das war auch kein Wunder, denn in Perleberg war er bekannt wie ein bunter Hund. Er hatte es sich auf einer Holzbank gemütlich gemacht, rauchte genüsslich seine Pfeife und unterhielt sich angeregt mit einigen Bekannten.

Der Schaffner in seiner schwarzen Uniform hatte alle Hände voll zu tun und verkaufte Fahrkarten. Als er Opa sah, sagte er zu ihm: „Na, Maxe, wo willst du denn um diese Zeit schon hin?"

„Ich bringe mein Enkelkind zu meinem Freund Paul nach Düpow. Doris wird dort bei der Getreideernte gebraucht." Er bat den Schaffner um zwei Billetts und meinte: „Lohnt sich eigentlich nicht für die ene Station, Franz."

„Maxe, Vorschrift bleibt Vorschrift. Schwarzfahren kann ich nicht verantworten."

„Is ja jut, hier haste die paar Groschen."

Der Schaffner nahm das Geld entgegen und machte Anstalten, sich zu verabschieden: „Also, Maxe, eine gute Fahrt! Wann kommt ihr denn zurück?"

„Ich komme sofort wieder zurück, muss doch meinen Laden aufmachen. Mein Enkelkind bleibt erst mal eine Woche und kommt am Samstag nach Hause."

„Bist du noch Toilettenmann im Hotel Stadt Berlin?"
„Und ob, mein Lieber! Die Pinkelgroschen machen off meinem Teller so herrliche Geräusche, und beim Zählen jucken mir immer die Hände. Vor allem wenn ick Westgroschen bekomme."
„Alles klar, Maxe, wir sehen uns auf dem Tanzboden." Der Schaffner winkte zum Abschied und kümmerte sich um den nächsten Fahrgast.
„Is jut, Franz!", rief Opa ihm hinterher.
Das Pfeifen des Zuges war schon von Weitem zu hören, und nach kurzer Zeit fuhr er in den Bahnhof ein. Die Dampflok nebelte uns und die anderen Fahrgäste so richtig ein. Als der Zug stand, ging das Suchen nach einem Sitzplatz los. Schließlich pfiff der Schaffner auf seiner Trillerpfeife und der Zug setzte sich in Bewegung. Ich stellte mich ans Fenster, bewunderte die Natur und ließ mir den Fahrtwind um die Nase wehen. Auf den Wiesen und Äckern sah ich bereits viele Menschen bei der Ernte.
Nach nicht mal zehn Minuten hielt der Zug in Düpow. Mit uns stiegen zahlreiche andere Fahrgäste aus. Wir hatten noch ein ganzes Stück zu laufen, bis wir den großen Bauernhof erreichten. Auch hier war bereits die Hölle los. Große Wagen standen auf dem Hof und einige Männer schleppten Säcke mit Getreide in einen Speicher, in dem es zu Mehl gemahlen wurde, damit die Menschen Brot backen konnten. Ein großer Bernhardiner lag friedlich in seiner Hundehütte und beobachtete alles, was sich auf dem Hof abspielte. Ich kannte mich hier ja bestens aus. Von überall her war das Gackern der Hühner zu vernehmen und der Hahn machte

sich lautstark mit seinem „Kikeriki" bemerkbar. Ich war gespannt, was meine Aufgabe sein würde zwischen all den kräftigen Männern.

Wir gingen in Richtung Haus, da kam auch schon der Bauer auf uns zu. „Hallo Maxe! Schön, dass ihr da seid. Ich muss gleich wieder raus aufs Feld." Er wandte sich an mich: „Na, Doris, geht's dir gut, jetzt, wo für dich die Schule ein Ende hat?"

„Ich weiß nicht", antwortete ich. „Es dauert ja noch so lange, bis ich meine Lehre beginne."

„Sollst mal sehen, wie schnell die Zeit bis dahin vergeht."

Opa, der sich auf dem Hof umgesehen hatte, rief: „Mensch, Paule, bei dir ist ja schon am frühen Morgen der Teufel los!"

„Ja, wir müssen das schöne Wetter ausnutzen. Der Regen kommt früh genug."

Opa schaute zum Himmel und war der Meinung, dass es keinen Regen geben würde.

„Bist wohl von Beruf Hellseher, was?"

„Ne, Paule, ich spüre es in meinen Knochen."

Ich war stolz auf meinen Opa, der einfach alles wusste.

„Kommt doch rein und nehmt am Küchentisch Platz."

Die Küche war riesengroß und das Gemäuer war alt. An den Wänden hingen Töpfe, Pfannen und andere Utensilien, die man fürs Kochen benötigte. Bauer Paul in seinen Gummistiefeln war bester Stimmung. Er klopfte Opa auf die Schulter. „Na, Maxe, wie wäre es mit einem kühlen Bierchen und einem kurzen Klaren?"

„Wenn du einen mittrinkst, sage ich nicht nein."

„Sicher doch! Den Schnaps habe ich selbst gebrannt, eine klare Sache, der steigt nicht gleich in die Birne." Im Nu standen eine Flasche Schnaps und zwei Gläser auf dem Tisch.
„Doris, was ist mit dir? Möchtest du auch etwas trinken?"
„Ja, gern. Ich habe großen Durst."
Ich bekam ein Glas Apfelsaft mit der Bemerkung, dass die darin verarbeiteten Äpfel ebenfalls aus eigener Ernte seien. Ich bedankte mich, wie es sich gehörte.
„Also prost, Maxe!"
„Prost, Paule! Und pass gut auf mein Enkelkind auf!"
„Das ist doch Ehrensache, mein Lieber."

Als die Gläser leer waren, fragte mich der Bauer, ob ich schon aufgeregt sei. „Kannst du dir vorstellen, was deine Arbeit sein wird?"
Ich verneinte und beteuerte, ich sei gespannt, was ich auf dem Feld unter so vielen Männern machen solle.
„Ich habe dir eine leichte Arbeit zugedacht", verriet er mir. „Wir fahren auch gleich los, nachdem du deinen Koffer ausgepackt hast." Er rief nach seiner Frau: „Martha, kannst du mal kommen?"
„Was gibt's denn?" Martha kam in ihren Holzpantinen in die Küche gerannt. „Hallo Max", sagte sie, „schön, dass ihr da seid. Natürlich müsst ihr am Morgen schon einen saufen, und das bei dieser Hitze!"
„Weiber ...", murmelte Paul.
„Hallo Doris", begrüßte mich die Bäuerin. „Ich freue mich, dich wiederzusehen. Du wirst ja immer hübscher!"

„Guten Tag, Frau Dittrichs, ich freue mich auch", erwiderte ich und dachte: Lügen haben kurze Beine.
„Martha, bring Doris nach oben", sagte Paul. „Und packt auch gleich ihren Koffer aus. Dann gib ihr Arbeitskleidung. Ich muss wieder raus aufs Feld und nehme Doris gleich mit."
Wir gingen eine Stiege nach oben und Martha zeigte mir mein Zimmer. Ich war überrascht und hakte nach, ob das wirklich mein Zimmer sei.
„Aber selbstverständlich! Du wirst bei uns im Haus wohnen."
Ich war selig, so ein schönes Zimmer zu haben, wenn es auch unter dem Dach war. Damit hatte ich ein eigenes Bett, das ich mit niemandem teilen musste.
„Deine Sachen hänge ich in den Schrank. Die Unterwäsche und alles andere kommt in die Schublade."
„Danke, Frau Dittrichs."
„Hier ist deine Arbeitskleidung, die musst du bei der Getreideernte tragen."
„Was? Die soll ich anziehen?" Ich war entsetzt. Noch nie hatte ich Holzpantinen getragen. Ich war mir sicher, damit bestimmt nicht laufen zu können.
„Schau her", sagte die Bäuerin, „ich trage sie auch, das Laufen klappt damit wunderbar."
„Und wofür ist dieses Kopftuch?"
„Na du kannst Fragen stellen! Das trägst du als Schutz gegen die Sonne. Du willst doch bestimmt keinen Sonnenstich bekommen, und außerdem staubt es bei der Ernte gewaltig. Und nun beeile dich! Mein Mann wartet bestimmt schon auf dich."

Ich zog mir die olle lange Hose an, die mir viel zu groß war. Dazu ein kurzärmeliges Hemd und eine blaue Jacke. Schließlich dicke Socken, die man in den Holzpantinen trug. Das Kopftuch steckte ich vorerst in die Jackentasche. Ich fragte mich, wie ich in diese entsetzliche Situation hineingeraten war, und verfluchte einmal mehr Opa Max, der am Fuße der Stiege stand, die ich in diesem Moment heruntergepoltert kam. Mir war das Lachen längst vergangen, aber Opa fand meinen Aufzug eher lustig. Auch sein Freund Paul lachte sich scheckig, als er mich sah. Ich schämte mich und hätte schon wieder heulen können, doch dann beschloss ich, ihnen zu beweisen, dass ich keine Memme war.

„So, Doris, die Pferde warten schon auf uns. Und du, Maxe, machts gut und komm gut nach Hause!"

„Und du, Paule, pass gut auf mein Enkelkind auf!"

„Maxe, du wiederholst dich!"

Den beiden Männern zuzuhören war kurios. „Tschüss, Opa", sagte ich, „grüß meine Familie von mir. Am Samstag komme ich nach Hause." Rasch drückte ich Opa einen Kuss auf die Wange und rannte zum Pferdewagen, wo Bauer Paul schon auf dem Kutschbock saß. Ich konnte mit diesen verdammten Holzpantinen nicht laufen, die waren mir einfach zu groß. Prompt verlor ich einen, als ich den Kutschbock erklimmen wollte. Also noch mal runter, Holzschuh aufheben und wieder raufklettern.

Der Bauer grinste. „Ist wohl alles nicht so einfach, wenn man meint, erwachsen zu sein, und arbeiten muss."

Ich nickte. „Das stimmt. Wenn ich vierzehn Jahre alt bin, beginne ich eine Lehre als Köchin.

„Sehr schön, und in welchem Hotel machst du deine Lehre?"
„Im Hotel Vaterland auf dem Großen Markt."
„Und jetzt möchtest du dir etwas Taschengeld verdienen, indem du uns bei der Getreideernte hilfst." Was sollte ich ihm antworten? Ich hatte mir diese Arbeit bestimmt nicht ausgesucht. Der Bauer sah mich kurz an, als erwartete er eine Antwort, doch ich blickte nur stumm geradeaus.
Der Pferdewagen holperte an Äckern und Wiesen vorbei und ich musste mich wegen der vielen Steine und Schlaglöcher, die sich im Sandboden befanden, gut festhalten. Wohin ich auch blickte, sah ich Menschen bei der Arbeit, und das bei dieser Hitze. Endlich hatten wir das große Getreidefeld erreicht. Ich sprang vom Sockel und schlüpfte in meine Holzpantinen, in denen ich mit meinen kleinen Füßen einfach keinen festen Halt fand. Verwundert sah ich mich um. „Herr Dittrich, ich sehe gar keine Menschen auf diesem Feld!"
„Sag einfach Paul zu mir", bot mir der Bauer an.
„Wenn ich darf, sehr gerne."
„Du wirst dich wundern, wie viele Menschen hier arbeiten. Hier steht noch der Weizen, wie du sehen kannst. Aber bei einigen Hektar Land, mit denen wir es zu tun haben, dauert die Ernte einige Wochen. Wir laufen den Feldweg immer geradeaus, dann wirst du eine Überraschung erleben."
Ich war nun wirklich gespannt, was mich erwarten würde. Zwischendurch streifte Paul einige Weizenähren ab und zeigte sie mir. „So muss das Korn aussehen, wenn es reif ist."
Er nahm meine Hand und sagte: „Streife einmal selbst einige Ähren ab, damit du ein Gefühl dafür bekommst, wie gut sich das anfühlt." Ich kam seiner Aufforderung nach, hatte aber

keine Möglichkeit, diese Ähren mit weniger reifen zu vergleichen.

In der Ferne hörte ich Motorengeräusche, die immer lauter wurden, je näher wir ihnen kamen. „Na, habe ich dir zu viel versprochen?", fragte mich Paul.

Ich schüttelte den Kopf und ließ meinen Blick über ein riesiges Ährenfeld schweifen. Viele Menschen arbeiteten hier an diesem Morgen. Paul bemerkte meine Verwunderung und erklärte: „Ja, die Arbeit ist sehr anstrengend und vor allem mühsam, da muss man schon früh am Morgen anfangen, wenn die Zeit reichen soll. Das Korn muss geschnitten, mit einem Rechen zusammengeharkt und zu Garben zusammengebunden werden."

„Und was soll ich auf dem Feld machen?" Ich konnte mir nicht vorstellen, was sich der Bauer für mich ausgedacht hatte.

„Dir habe ich eine ganz besondere Aufgabe zugedacht, die wird dir bestimmt Spaß machen." Da war ich mir nicht so sicher. Unter Spaß verstand ich etwas anderes.

Wir liefen über das Stoppelfeld, und erst jetzt verstand ich, weshalb ich Holzpantinen tragen musste. Die Männer trugen übrigens Gummistiefel. In dem bereits abgemähten Teil des Ährenfeldes ragten zehn Zentimeter lange Stoppeln aus dem Erdreich.

An der großen Hütte angekommen, in deren Nähe ein gewaltiger Baum stand, saßen Menschen auf Decken oder auf dem Rasen und legten eine Pause ein.

„Guten Morgen, Leute, das ist Doris", stellte mich Paul vor. „Sie wird uns bei der Getreideernte helfen. Doris hat Zeit, bis sie ihre Lehre als Köchin anfängt."
„Hallo Doris!", rief mir eine Frau zu. „Komm und setz dich neben mich. Ich heiße Brunhilde."
Etwas eingeschüchtert grüßte ich zurück.
Paul sprach einen der Männer an. „Hugo, kümmere du dich um Doris, sie wird auf dem Dreschwagen arbeiten."
„Alles klar, Chef."
Ich war dankbar, nicht die einzige weibliche Arbeitskraft hier auf dem Feld zu sein. Brunhilde fragte mich, ob ich etwas trinken wolle. Sie bot mir auch etwas zu essen an. Aus dem Korb, den sie mir hinstellte, nahm ich mir eine dick mit Wurst belegte Klappstulle. Dann reichte mir ein Mann eine Flasche mit Wasser. So hätte es den ganzen Tag über bleiben können.
„Wo kommst du denn her?", wurde ich gefragt.
„Aus Perleberg. Dort wohnen meine Mutter und ich bei meinen Großeltern."
„Das ist ja nicht weit von hier, da könnte man sogar hinlaufen", sagte Brunhilde. „Ich komme aus Pritzwalk, das ist viel weiter entfernt. Deshalb bleibe ich während der gesamten Zeit der Ernte auf dem Bauernhof und schlafe im Gesindehaus mit den anderen Arbeitern, die auch eine weite Anreise hatten."
Ich erzählte ihr, dass ich dort auch schon mal geschlafen hatte, als meine Tante, meine Cousinen und ich bei der Kartoffelernte halfen. „Und dieses Mal schlafe ich im Haus bei den Bauersleuten." Ich war neugierig und fragte Brunhilde,

wie viele Stunden wir hier täglich auf dem Feld arbeiten mussten.

„Bis zum Abend", antwortete sie. „Dann kommt Paul und holt uns mit dem Pferdewagen ab."

„Und dann?"

„Dann sitzen wir alle gemeinsam in der großen Küche und genießen das tolle Abendbrot."

Abrupt wurde unsere Unterhaltung von Hugo unterbrochen. „So, Leute auf geht's, die Pause ist vorbei! Und du, Doris, kommst mit mir." Wir liefen über das Feld zu einem großen Wagen, der einen fürchterlichen Krach machte. Hugo bat Franz, mir auf dem Wagen meine Aufgabe zu erklären. Spätestens jetzt hatte ich die Hosen voll vor Angst.

Franz reichte mir die Hand, um mir auf den Wagen zu helfen. Ich war völlig eingeschüchtert, als er mich nach meinem Kopftuch fragte. „Du siehst doch, wie es hier staubt!" Ich holte mein Tuch aus der Tasche und band es mir um. Bestimmt sah ich jetzt genauso bescheuert aus wie die anderen Frauen. „Also hör mir gut zu", sagte Franz. „Der Pferdewagen bringt uns die gebundenen Garben, die ich mit einer Harke einzeln auf den Dreschwagen raufhole. Du wirst das Band mit einer scharfen Klinge durchschneiden, wenn ich die Ballen in diese lange Rinne gelegt habe. Dann fallen die Ballen in die Vorrichtung und jedes einzelne Korn wird aus den Ähren gedroschen. Die Körner fallen anschließend in Säcke. Die Arbeiter unten nehmen die vollen Säcke ab, binden sie fest zusammen und laden sie auf den Pferdewagen". Er sah mich fragend an. „Hast du alles verstanden?"

„Ja, ich denke schon."

„Gut. Dann gib mir bitte deinen rechten Arm, damit ich dir die Manschette umbinden kann." Wenig später hatte ich an meinem rechten Handgelenk ein festes Lederband, an dem eine scharfe, gebogene Klinge befestigt war. Die erste Garbe wurde von unten nach oben gereicht. Franz hievte sie auf den Dreschwagen und legte sie in die Vorrichtung. Dann stellte er sich neben mich, nahm mein Handgelenk und war nicht gerade rücksichtsvoll, als er mit der scharfen Klinge das dicke Band durchschnitt. Und schon fiel der Getreideballen in die dafür vorgesehene Vorrichtung. Das Getreide wurde von der Maschine regelrecht verschlungen. Es staubte und die Hacheln flogen überall hin. „Traust du dir das zu?", fragte Paul.
Ich nickte. „Ich glaube schon, dass ich das schaffen werde."
„Sehr schön. Denk aber daran, dass keine unnötigen Pausen entstehen, damit die Maschine keinen Leerlauf hat."
Einem Getreideballen nach dem anderen schnitt ich die Schnur durch und schwitzte. Stundenlang arbeiteten wir durch. Mein Arm und das Handgelenk taten mir höllisch weh. Mir war heiß und der Schweiß lief mir in Strömen über das Gesicht, das ich mir mit dem linken Arm abwischte. Plötzlich hörte das Motorengeräusch auf und Franz sagte, es sei Mittagspause.
„Na, Doris, gefällt dir die Arbeit?"
Ich log mal wieder, indem ich sagte: „War doch ganz einfach! Es hat mir viel Spaß gemacht."
Franz half mir vom Wagen und wir gingen zu den anderen, die auf dem Boden saßen oder sich hingelegt hatten. Auf einem Pferdewagen wurde uns das Essen gebracht und ich

war gespannt, was es bei dieser Hitze geben würde. Ich dachte: Hoffentlich keine Erbsen mit Backpflaumen wie damals bei der Kartoffelernte! Durstig griff ich nach einer Flasche Wasser und trank, als hätte ich tagelang nichts getrunken. Große Töpfe und ein riesiger Brotkorb mit selbst gebackenem Brot wurden vom Wagen gehoben und vor uns aufgestellt. Hugo fragte, was es Schönes zu essen gebe. „Kirschsuppe mit Grießklößen", war die Antwort. Das sei bei dieser Wärme das Beste. Davon waren nicht alle überzeugt, weshalb einige Arbeiter dumme Sprüche von sich gaben. Uns wurden gut gefüllte, tiefe Teller gereicht und ich genoss es, etwas Kaltes zu essen. Der Brotkorb wanderte von einem zum anderen und ich aß mit gutem Appetit. Nachdem ich meinen Teller leer gegessen hatte, ließ ich mich nach hinten fallen und hätte auf der Stelle einschlafen können, so erschöpft war ich.

Nach einer Stunde Mittagspause sagte Hugo: „Leute, es geht weiter!" Alle reckten und streckten sich und einige Arbeiter bedauerten, dass die Pause vorbei war. Ich nahm mir eine volle Flasche Wasser und Franz einen ganzen Kanister, um die Pferde zu tränken. Wir liefen über das Stoppelfeld bis zum Wagen, der schon auf unseren Einsatz wartete. Franz hatte die Ruhe weg und versorgte zunächst die beiden Pferde, indem er ihnen einen Eimer mit Futter hinhielt, von dem sie gierig fraßen. Ich stand daneben und streichelte zum ersten Mal in meinem Leben ein Pferd. Schließlich gab Franz ihnen noch reichlich Wasser und wir nahmen unsere Arbeit wieder auf.

Ich wusste nicht, wie viele Stunden inzwischen vergangen waren, da ich keine Armbanduhr besaß. Ein Blick zum Himmel verriet, dass sich die Sonne schon fast von uns verabschiedet hatte. Die Maschine lief ununterbrochen und ich hatte noch nicht einmal die Möglichkeit, meine Flasche Wasser leer zu trinken. Und Franz scherte sich die Bohne um mich. Wen interessierte es schon, ob ich Durst hatte?
Abrupt hörte die Maschine auf zu arbeiten und Franz verkündete: „So, für heute ist Feierabend!" Ich fiel regelrecht auf einen Getreideballen, riss mir das Tuch vom Kopf und wäre am liebsten gestorben. Zwei Mal setzte ich meine Flasche an und trank das Wasser in gierigen Zügen leer. Franz lobte mich: „Du warst heute ein fleißiges Mädchen. Das hätten nicht viele in deinem Alter durchgehalten."
„Danke, Franz, es war wirklich ganz schön anstrengend. Jetzt möchte ich nur noch schlafen."
„Komm, ich helfe dir vom Wagen. Lass dich einfach in meine Arme fallen, ich fange dich auf."
„Ja, ist gut, Franz." Als Erstes landeten meine Holzpantinen auf dem Boden. Anschließend ließ ich mich einfach von der oberen Stufe fallen. Geschickt fing Franz mich auf. Wir gingen hinüber zum Pferdewagen, wo die anderen Arbeiter schon auf uns warteten. Die Pferde kannten den Weg und brachten uns zum Bauernhof. Ich hatte neben Brunhilde Platz genommen, die freundschaftlich ihren Arm um mich legte. „Na, Kleine, hat dir die Arbeit Spaß gemacht?"
Ich schüttelte den Kopf. „Nein, denn mir tut der Arm weh. Schau hier, wo ich die Manschette umhatte."

„Doris, ich kann mich gut in dich hineinversetzen, wenn ich deine dünnen Ärmchen sehe, und überhaupt bei dieser Arbeit. Du solltest Paul fragen, ob er für dich eine leichtere Arbeit hat. Aber was ist schon leicht auf dem Felde! Du siehst, wie erschöpft wir alle von der Arbeit sind. Sollst mal sehen, wie gut du schlafen wirst, nachdem du dich geduscht hast und wir gemeinsam zu Abend gegessen haben. Und morgen fällt dir dann alles leichter."
„Danke, Brunhilde, du bist lieb zu mir."
Endlich erreichten wir das Gehöft und alle sprangen vom Wagen, denn jeder wollte der Erste unter der Pumpe sein, die auf dem Hof stand. Die Männer machten ihre Oberkörper frei. Einer von ihnen bediente die Pumpe und einer nach dem anderen erfrischte seinen verschwitzten Oberkörper. Ich ging in die Küche und fragte Martha, wo ich mich duschen könne.
„Du gehst am besten erst mal auf dein Zimmer und ziehst deine Arbeitsklamotten aus. Ich habe dir ein großes Badelaken aufs Bett gelegt, das du dir um deinen Körper wickeln kannst. Auf dem Hof steht der Holzverschlag mit der Dusche, das kennst du ja noch."
„Danke, Frau Dittrichs."
Ich zog mir die Holzschuhe aus und erklomm auf Socken die steile Stiege nach oben. Dort befreite ich mich von der entsetzlichen Arbeitskleidung, nahm das Badelaken vom Bett, wickelte es mir um den Körper und ging hinunter auf den Hof. Außer mir waren hier nur ein paar Gänse, Enten und Hühner, die um die Wette gackerten und schnatterten. Abends durften sie ihre Käfige verlassen, damit sie Auslauf

hatten. Auch der Bernhardiner an seiner Kette – sein Name war Bello – war in heller Aufregung, zu gerne hätte er einen der Krachmacher erwischt. Ich war wirklich die Letzte, die sich ihren Körperschweiß mit Kernseife unter kaltem Wasser abwusch. Ein Vergnügen war das natürlich nicht und ich fluchte vor mich hin und hielt die Luft an, wenn das kalte Wasser auf meinen Körper traf. Anschließend rubbelte ich mich warm und rannte in Holzpantinen über den Hof, der voller Kacke war – das Federvieh hatte ganze Arbeit geleistet. Aus der Küche hörte ich Gelächter, während ich die Stiege erneut hinaufkletterte. In meinem Zimmer angekommen, zog ich mir saubere Unterwäsche, meinen Blümchenrock und die rosa Bluse an. Mutter hatte mir die Kleidung zusammengestellt. Als Nächstes folgten Sandalen. Mein Spiegelbild verriet mir, dass meine Haare gekämmt werden mussten. Jemand rief meinen Namen. „Doris, wo bleibst du? Wir warten mit dem Essen auf dich!"

„Ich komm ja schon!" Kurzerhand verzichtete ich aufs Haarekämmen und strich mir nur einige Strähnen aus dem Gesicht. Als ich die Küche betrat, war von der anstrengenden Tagesarbeit nichts mehr zu spüren. Der Tisch war so reichlich gedeckt, dass man annehmen konnte, wir befänden uns im Schlaraffenland. Ich setzte mich auf die Holzbank neben Franz. Paul, der ja unser Arbeitgeber war, saß am Kopfende des Tisches, wo er alles im Blickfeld hatte. Mit einem Löffel klopfte er an sein Weinglas und sagte: „Lasst uns gemeinsam auf den heutigen Tag anstoßen. Ihr seid eine tolle Truppe, ich danke euch."

Die Männer und Frauen stießen mit Rotwein an, während ich mein Glas Apfelsaft zur Hand nahm und den anderen zuprostete.

„So, nun lasst es euch schmecken, guten Appetit!"

Eine große Platte mit Fleisch wurde herumgereicht und Franz sagte zu mir: „Nimm dir eine große Scheibe runter, du kannst es gebrauchen."

Also bediente ich mich und nahm mir eine mittelgroße Scheibe. Es roch köstlich und mir lief schon beim bloßen Anblick das Wasser im Munde zusammen. Kartoffeln, Soße und Rotkohl nahm ich mir reichlich und quetschte alles zusammen, wie ich es auch zu Hause am liebsten tat. Ich hörte das Klappern vom Besteck und das Schmatzen einiger Leute am Tisch. Zwischendurch wurde immer wieder mit Wein angestoßen, bis die Stimmung fröhlich und ausgelassen war. Dann gab es noch köstlichen Nachtisch, Grießpudding mit Kirschen. Das gute und reichhaltige Essen bescherte mir nicht nur einen vollen Bauch, sondern auch ein Wohlgefühl.

Als Paul sich später vom Tisch erhob, beendete er das Mahl, denn es ging auf 22 Uhr zu. Am nächstem Morgen hieß es wieder früh aufstehen. Martha und die Magd begannen sogleich mit dem Aufräumen. Die meisten der Männer und einige Frauen gingen nach draußen auf den Hof, um zu rauchen, bevor auch sie ihre Unterkünfte aufsuchten. Ich rief ein „Gute Nacht" in die Runde, das kaum Beachtung fand. In diesem Moment fühlte ich mich alleine gelassen, sodass ich am liebsten im Dunkeln nach Hause gelaufen wäre. Ich kraxelte die Stiege hinauf und bemerkte, wie sehr mich meine

Beine schmerzten. In meinem Zimmer zog ich mich aus und schlüpfte in mein Nachthemd. Martha hatte mir eine Kanne mit frischem Wasser auf meinen Waschtisch gestellt, damit ich mir die Zähne putzen konnte. Ich spuckte danach alles in den dafür vorgesehenen Eimer. Schließlich löste ich das Band aus meinem Haar und bürstete es durch. Nachdem ich das Licht gelöscht hatte, schlüpfte ich in das bequeme Bett und freute mich, dass die Unterlage nicht, wie gewohnt, aus Stroh war, sondern dass ich auf einer Matratze lag. Ich deckte mich mit der leichten Decke zu und lag mit offenen Augen da. Meine Gedanken wanderten zu meiner Familie, die mich wieder einmal weggegeben hatte. Da lag ich nun in meinem Bett, hatte reichlich zu essen und zu trinken und kam mir so verlassen vor. Tagsüber hatte ich das vor lauter Arbeit völlig vergessen. Da ich nah am Wasser gebaut war und Herzschmerz hatte, liefen mir Tränen über das Gesicht. Sogar mein kleines Herz holperte plötzlich angesichts meiner Traurigkeit.
Irgendwann fand ich den ersehnten Schlaf, der mich in ein unbekanntes Universum entführte. Im Unterbewusstsein bemerkte ich, dass ich mich von der einen Seite auf die andere rollte und wirres Zeugs träumte. Jemand hielt meinen Arm fest und eine Stimme sagte: „Doris, du musst aufstehen!"
„Aber warum? Ich bin doch noch so müde!"
„Weil es um 7 Uhr in der Küche Frühstück gibt."
Erst jetzt registrierte ich, wo ich mich befand. Ich setzte mich auf und starte Martha an. „Guten Morgen, Frau Dittrich, ich stehe sofort auf."

„Doris, hier in der weißen Kanne ist warmes Wasser zum Waschen. Das Wasser kommt anschließend in den Eimer. Lass alles stehen, wenn du fertig bist. Und beeile dich ein bisschen."

„Ja, ich werde mich beeilen." Ich wusch mir heute sowieso nur das, was Mutter mir erklärt hatte. Anschließend zog ich mir die Arbeitssachen von gestern wieder an und krempelte mir die Hosenbeine hoch. Mit den Holzpantinen in der Hand versuchte ich, die Stiege herunterzugehen. Allerdings war das nicht so einfach, denn ich hatte höllischen Muskelkater in den Beinen. Als ich die Küche betrat, waren hier schon alle in bester Stimmung. Ich sagte guten Morgen und sah mich nach einem freien Platz um.

Brunhilde winkte mich zu sich. „Komm, setz dich zwischen uns Frauen!"

Ich ging zu ihr und flüsterte ihr ins Ohr, dass ich auf die Toilette müsse, ich würde mich auch beeilen. Gott sei Dank brauchte ich hier nicht aufs Plumpsklo zu gehen, denn im Haus gab es eine Spültoilette für die Familie, die ich ebenfalls benutzen durfte. Die Arbeiter mussten auf das berühmte Plumpsklo gehen. Allerdings gab es für Männer und Frauen getrennte stille Örtchen und sie waren mit einem Herzchen in der Tür versehen. Zurück am Tisch, wusste ich gar nicht, was ich als Erstes essen sollte, weil es von allem im Übermaß gab.

„Hast du gut geschlafen?", erkundigte sich Brunhilde. Ich nickte. „Na, dann iss mal ordentlich. Du weißt ja, die Arbeit wird nicht leichter für uns. Was meinst du, soll ich dir dein Frühstück machen?"

„Ja, das wäre nett von dir."
„Wie viele Stullen möchtest du essen?"
„Drei, und zwar mit Speck, Wurst und Sülze. Ach ja, und zwei Eier und ganz viel Milch."
Brunhilde lächelte. „Meinst du denn, dass das alles in deinen kleinen Magen reingeht?"
„Und ob, Brunhilde", brüstete ich mich. „Ich kann Berge verdrücken! Meine Mutter sagt immer zu mir, dass ich nicht so viel essen soll, sonst werde ich zu dick."
„Ach, mach dir nichts draus. Das ist alles nur Babyspeck. Der geht später, wenn du älter bist, von alleine weg." Ich war dankbar für die aufmunternden Worte und ließ mir das reichhaltige Frühstück schmecken, vor allem den fetten Speck von den hauseigenen Schweinen.
Nach dem Frühstück, für das wir etwa eine Stunde zusammengesessen hatten, drängte Paul zum Aufbruch. Die Pferde waren bereits angespannt und warteten ungeduldig darauf, sich endlich in Bewegung setzen zu können. Ich fand, sie waren heute besonders unruhig, denn sie trampelten mit den Beinen und schlugen mit den Hufen auf die Steine. Ich lief mit meinen Holzpantinen zu dem Wagen, auf dem zehn Arbeiter auf langen Bänken saßen. Franz reichte mir die Hand, um mir hinaufzuhelfen. Paul hatte auf dem Pferdewagen Platz genommen und hielt die Zügel in der Hand. Mit der Peitsche versuchte er, die Pferde in Schach zu halten. Ich hatte immer Mitleid mit den armen Tieren. Sie standen den ganzen Tag auf ihren Beinen und sahen so traurig aus. Kein Wunder, wenn sie immer mit der Peitsche geschlagen wurden. Zuletzt wurden Kanister mit Trinkwasser und Kisten

voller Flaschen in den Wagen gereicht. Schließlich setzten sich die Pferde in Bewegung und trabten los in Richtung Getreidefeld. Dort angekommen, sprangen wir vom Wagen und liefen zum Schuppen, wo sich jeder von uns sein Arbeitsgerät nahm. Vor allem nahmen wir uns etwas zu trinken mit, denn es war schon am frühen Morgen sehr warm. Paul unterhielt sich noch mit den Vorarbeitern Franz und Hugo, und da ich nicht warten wollte, nahm ich mir eine Flasche Wasser aus der Kiste und lief schon mal vor zum Dreschwagen, dessen Motor bereits heiß lief. Weil ich schwitzte, zog ich mir die blaue Jacke aus, nahm einen ordentlichen Schluck aus der Flasche, setzte mich auf ein Getreidebündel und wartete auf Franz, der mir die Manschette mit dem Messer umlegen sollte. Die Maschine hörte plötzlich auf, Krach zu machen. Im selben Moment öffnete sich die Wagentür. Kurt, der die Maschine bediente, sprang von seinem hohen Sitz und fragte mich, wo Franz blieb. Was sollte ich dazu sagen? Mir konnte es nur recht sein, dass er sich Zeit ließ, bevor die Schufterei wieder losging. Dann sah ich, dass Franz mit schnellen Schritten über das Stoppelfeld zu uns gelaufen kam. Kurt empfing ihn nicht gerade freundlich: „Mensch, Alter, hast wohl heute keine Lust zum Arbeiten, was? Die Maschine musste ich ausmachen, die schluckt zu viel Sprit im Leerlauf."

„Reg dich ab, Kurt. Ich musste ganz plötzlich offs Plumpsklo, hab Dünnschiss bekommen." Ich schüttelte mich. Wie konnte man bloß so sprechen? „Jetzt kann's losgehen!" Franz befestigte die Manschette an meinem Handgelenk, ich band

mir mein Kopftuch um und dann setzte das laute Motorengeräusch wieder ein.
All dies wiederholte sich jeden Tag und die Arbeit nahm kein Ende. Ich freute mich schon auf den bevorstehenden Samstag, wenn ich endlich nach Hause konnte. Mir war bereits jetzt klar, dass ich nicht zurückkehren würde. Die eine Woche war für mich als dreizehnjähriges Mädchen die Hölle. Nur das gute Essen hat bei mir einiges wieder wettgemacht. Aber darauf konnte ich auch verzichten, denn zu Hause ging es uns ebenfalls nicht schlecht. Am Freitagabend packte ich meinen Koffer und freute mich: Nur noch einmal schlafen, und ich konnte wieder nach Hause!
Am Samstag saßen wir alle gemeinsam beim Frühstück, das wieder einmal nicht zu übertreffen war. Ich beschmierte einige Stullen dick mit Butter und belegte sie mit Mettwurst aus eigener Herstellung. Mit vollem Munde fragte ich Brunhilde, ob sie für das Wochenende auch zu ihrer Familie fuhr oder ob sie wie die meisten der Landarbeiter hierblieb. Auch am Samstag wurde übrigens hier gearbeitet.
„Ich fahre ebenfalls nach Hause", erzählte sie mir. „Wir haben einen kleinen Bauernhof und während meiner Abwesenheit kümmert sich meine alte Mutter um das Viehzeug. Meine drei Jungs sind schon aus dem Haus. Markus und Michael studieren in Berlin und Günther, der Jüngste, in Dresden."
Da ich schon immer alles wissen musste, fragte ich ganz ungeniert: „Hast du eigentlich auch einen Mann?"
Brunhilde zögerte mit einer Antwort. „Das ist ein heikles Thema", sagte sie schließlich. „Dafür bist du noch zu jung."

Ich wusste nicht, was ich darauf erwidern sollte, und sagte deshalb nur: „Na ja, auch gut."
Plötzlich ertönte Pauls Stimme: „Doris, bist du fertig mit Frühstücken?" Ich nickte. „Prima", sagte er, „dann können wir ja losfahren."
Prompt erhob ich mich, sagte auf Wiedersehen und umarmte Brunhilde. Als ich den anderen zuwinkte, riefen sie: „Am Montag sehen wir uns wieder!" Denkste, dachte ich. Paul nahm meinen Koffer und wir liefen zum Pferdewagen. Ich setzte mich neben Paul, der die Pferde mit der Peitsche in Bewegung setzte. Unser Weg führte uns die Landstraße entlang, bis wir den Bahnhof von Perleberg erreicht hatten. Dann weiter die Lindenstraße entlang immer geradeaus bis zum Schuhmarkt und schließlich nach rechts. Ich sah bereits unsere Kirche, und nachdem wir das Rathaus passiert hatten, hielt Paul Ausschau nach einem freien Platz, wo er den Wagen anhalten konnte. Das war nicht so einfach, weil hier um diese Zeit die großen Lastwagen rasteten, bevor sie in Richtung Hamburg weiterfuhren. Ich atmete tief durch und genoss den Gedanken, gleich zu Hause zu sein.
Paul hatte inzwischen einen Platz gefunden und brachte den Wagen zum Stehen. Er sprang vom Sitz und half mir herunter. Dann gab er mir meinen kleinen Koffer in die Hand mit dem Hinweis, dass wir uns ja am Montag wiedersehen. „Grüß Maxe von mir!"
„Das werde ich tun", erwiderte ich.
Schließlich griff er in seine Jackentasche. „Das hätte ich fast vergessen, du bekommst ja noch deinen Lohn. Er drückte mir einen Schein in die Hand. Ich bedankte mich und wartete,

bis Paul mit dem Pferdewagen den Großen Markt verlassen hatte. Erst jetzt öffnete ich die Hand und sah, dass Paul mir zwanzig Mark gegeben hatte. Ich wusste nicht, ob meine Arbeit damit gut bezahlt war, und steckte das Geld ein. Dann lief ich um die nächste Ecke und bog in die Schuhstraße ein, glücklich, nach einer Woche Schwerstarbeit endlich wieder zu Hause zu sein. Ich war mir hundertprozentig sicher, dass ich nie wieder auf dem Feld arbeiten wollte. Wie meine Familie darauf reagieren würde, stand in den Sternen.
Ich öffnete die Haustür und lauschte. Auf dem Flur war kein Laut zu hören. Ein Blick auf den Hof verriet mir, dass Opa Max auch nicht bei seinen Kaninchen war. Unsanft stieß ich die Küchentür auf, woraufhin Frieda vor Schreck laut zu schreien begann, als wollte jemand sie umbringen. Ich stürzte auf sie zu und rief: „Frieda, ich bin es doch bloß!" Vor Freude fiel ich ihr um den Hals.
„Mensch, Doris, hast du mir einen Schrecken eingejagt! Fühl mal mein Herz, wie es rast. Mit dir hatte ich nun wirklich nicht gerechnet. Soviel ich weiß, wollte dich dein Opa abholen. Wieso bist du um diese Zeit schon hier?" Ich erklärte ihr, dass mich Bauer Paul mit seinem Pferdewagen nach Hause gebracht hatte. „Lass dich anschauen!", sagte Frieda. „Du siehst gut genährt aus und hast sogar Farbe bekommen."
„Aber nur im Gesicht und an den Armen", entgegnete ich. „Alles andere war ja bedeckt." Ich lenkte sie von mir ab und fragte sie, wo Opa sei.
„Der ist mit seinem Handwagen unterwegs und kehrt Pferdeäpfel für den Garten auf."
„Wann kommt er zurück?"

„Ich sagte doch schon, dass er dich heute abholen wollte. Vermutlich wird er bald hier sein."
„Und wer ist im Laden?", wollte ich wissen.
„Deine Tante Gerda."
„Und Mutter ist bestimmt bei der Arbeit, oder?"
„Ja, natürlich, wo sollte sie auch sonst sein?"
Nun erzählte ich Frieda doch, wie unglücklich ich ohne meine Familie gewesen war. Ich berichtete von der schweren Arbeit und sagte, dass ich nie wieder dorthin zurückkehren würde. Natürlich sprach ich auch über die positiven Seiten meiner Woche auf dem Hof. Immerhin hatte ich ein eigenes Zimmer im Haus der Bauersleute gehabt und hatte nicht aufs Plumpsklo gehen müssen wie die anderen Arbeiter.
„Na, da bin ich sehr gespannt, was Opa zu deinem Entschluss sagen wird", gab Frieda zu bedenken.
„Das ist mir egal. Lieber jäte ich den ganzen Tag in unserem Garten Unkraut, als noch ein einziges Mal auf dem Feld zu arbeiten."
Frieda versprach mir, gleich mit Opa zu sprechen, wenn er zurück war. „Und nun bringe deinen Koffer ins Zimmer und warte dort, bis ich dir Bescheid sage."
„Danke, Frieda, du bist sehr lieb." Ich wusch mir noch schnell die Hände, betrat unser Zimmer und fühlte mich hier zu Hause sehr wohl, auch wenn ich mir wieder das Zimmer mit Mutter teilen musste. Ich packte meinen kleinen Koffer aus und legte die Schmutzwäsche in den Wäschekorb. Nach einer Weile hörte ich ein Poltern auf dem Flur. Das konnte nur Opa sein. Ich warf einen Blick aus dem Fenster und sah, wie er einen Eimer mit Pferdeäpfeln in den Schuppen stellte.

Als er die Küche betrat, verhielt ich mich ganz still. Unbemerkt lauschte ich an der Tür und hörte, wie Frieda zu Opa sagte: „Max, wann wolltest du eigentlich Doris abholen?"
Daraus entwickelte sich folgendes Gespräch:
„Ich mach mich gleich auf den Weg zum Bahnhof. Vorher werde ich noch Gerda Bescheid geben, dass sie den Laden über Mittag zumachen kann."
„Nun setz dich erst einmal hin. Möchtest du etwas trinken?"
„Gern. Ein Pott Kaffee wäre nicht schlecht."
„Also, Max, ich habe eine Überraschung für dich!"
„Da bin ich aber gespannt. Ich hoffe, es ist eine schöne Überraschung."
„Ich denke schon."
Auf einmal ging die Tür auf. Frieda stand vor mir und sagte: „Du kannst rauskommen!"
„Hallo Opa, ich bin schon zu Hause."
„Oh verflixt, wieso denn das?"
„Dein Freund Paul hat mich heute Morgen mit dem Pferdewagen nach Hause gefahren."
„Sehr schön, so spare ich mir einen Weg. Komm, gib deinem alten Opa einen Kuss."
Ich umarmte ihn und drückte ihm einen Schmatzer auf die Wange.
„Setz dich zu mir und erzähle mir, wie es dir gefallen hat."
Ich druckste herum und sah Frieda hilfesuchend an. Sie reagierte sogleich. „Max, ich muss dir was erzählen und hoffe, dass du die Ruhe bewahren wirst."
„Noch eine Überraschung?", fragte Opa erstaunt. „Nun mach es doch nicht so spannend, raus mit der Sprache!"

„Dein Enkelkind hatte große Probleme bei der Arbeit und ich finde, dass sie damit völlig recht hat."
„Womit hat Doris recht? Frieda, nun komm schon endlich auf den Punkt. Worum geht es eigentlich?"
„Für Doris war die Arbeit auf dem Feld einfach zu schwer, das ist alles."
Opa sah mich mit seinen listigen Augen fragend an. Jetzt musste ich mir genau überlegen, was ich zu meiner Verteidigung vorbringen konnte. So erzählte ich ihm, was ich auf dem Feld hatte tun müssen. Als Beweis für die Härte der Arbeit hielt ich ihm meinen rechten Arm hin. „Sieh selbst, Opa. das ist von der Manschette!" Ich mimte die Leidende. „Ganz gewiss werde ich da nicht mehr arbeiten. Lieber jäte ich Unkraut im Garten."
„Weiß mein Freund Paul Bescheid?"
„Nein", gab ich kleinlaut zu. „Ich hatte keinen Mut, ihm das zu sagen, denn er hat es ja gut mit mir gemeint. Aber den ganzen Tag auf dem Dreschwagen, das halte ich nicht länger durch. Ich soll dir übrigens Grüße von ihm ausrichten."
„Danke", knurrte Opa. „Und was hat er dir für die eine Woche an Lohn gezahlt?"
„Er hat mir zwanzig Mark in die Hand gedrückt."
„Das ist ja en Ding! Zwanzig Piepen für ene Woche? Nee, nee, mein Kind, dafür brauchst du diese Knochenarbeit nicht zu machen." Er überlegte. „Also gut, irgendetwas solltest du auf alle Fälle tun. Ich werde dich für einige Monate in der Baumschule unterbringen, du kannst hier nicht die ganze Zeit rumlungern."

„Ach, Opa, muss das wirklich sein?" Ich fürchtete, dass mir in der Baumschule Ähnliches blühen würde wie bei Paul auf dem Feld.
„Ja, das muss sein", sagte Opa mit fester Stimme. „Und fang bloß nicht wieder an zu heulen, damit erreichst du bei mir nichts."
„Ist ja schon gut", maulte ich. Da ich Hunger hatte, fragte ich Frieda, was es heute zu essen gab. Ich erfuhr, dass sie Lungenhaschee, Stampfkartoffeln und süßsaure Soße vorbereitet hatte. Hm, lecker! Als Nachtisch sollte es süßsauer eingelegten Kürbis geben. Darauf konnte ich allerdings verzichten.
„Frieda, darf ich ein Glas Milch haben?"
Sie nickte und ich bediente mich in der Speisekammer.
Opa ging zu seinen Kaninchen und ich sah Frieda beim Kochen zu. Es brodelte in den Töpfen und roch herrlich nach Lungenhaschee.
Pünktlich um 12 Uhr trafen meine liebe Tante Gerda und meine Cousinen zum Mittagessen ein.
„So, Kinder, Hände waschen und Platz nehmen!", ordnete Frieda an. „Gerda könntest du Max Bescheid sagen? Er ist auf dem Hof bei seinen Kaninchen."
Gerda öffnete das Fenster und rief: „Vater, das Essen ist fertig!"
Christiane riskierte einen Blick in die Töpfe. „Lungenhaschee! Oh, mein Lieblingsessen!"
Monika machte ein süßsaures Gesicht. „Das esse ich wohl lieber nicht. Die Lunge sieht so wabbelig und grau aus."
„Mein Fräulein, es wird gegessen, was auf den Tisch kommt", mahnte Tante Gerda.

In diesen Moment betrat Opa die Küche und er wünschte uns allen einen guten Appetit. Wir reichten Frieda unsere Teller, damit sie uns eine Portion auffüllte. Mir lief das Wasser im Mund zusammen, so gerne aß ich Lungenhaschee. Die Erwachsenen unterhielten sich über unsere Besatzer. Die Russen hatten am Bayernring Hochhäuser gebaut, damit sie ihre Familien aus der Heimat nachholen konnten. Mich interessierte das alles nicht, lieber widmete ich mich dem Essen. „Frieda, darf ich noch einen Nachschlag haben?"
„Natürlich, Doris, es ist noch reichlich da. Noch jemand? Max, du vielleicht?"
Opa verneinte, nur Christiane wollte noch eine Portion haben.
Als wir unsere Teller leer gegessen hatten, stellte Frieda die große Schüssel mit dem Kürbis auf dem Tisch und Opa bediente sich reichlich. Nachdem wir gebetet hatten, räumten Frieda und Tante Gerda den Tisch ab und spülten das Geschirr. Opa wollte sein Mittagsschläfchen halten und ich fragte Monika, ob sie Lust hatte, zusammen mit mir Tante Salli zu besuchen. Da mischte sich Opa ein: „Ihr werdet in den Hagen gehen und Butterblumen für die Kaninchen ausstechen."
„Ach, Opa", maulte ich, „warum müssen wir schon wieder Butterblumen ausstechen?"
„Ganz einfach, weil es die Lieblingsspeise unserer Kaninchen ist."
„Wir wissen das, aber wir haben darauf heute keine Lust."

„So weit kommt das noch, dass sich jeder die Arbeit aussuchen kann, die er gerne macht", schimpfte Opa. „Aber Kaninchenbraten wollt ihr alle essen!"

„Ich esse die Kaninchen nicht, die du immer totschlägst", warf ich ein.

„Aber das Kaninchenfell nimmst du gerne, weil du es zur Sammelstelle bringen kannst und dafür Zuckermarken bekommst. Und die tauschst du gleich darauf im Tante-Emma-Laden gegen Bonbons. So sieht's nämlich aus. Und jetzt holt ihr euch jeder einen Korb aus dem Schuppen und bringt ihn mir gut gefüllt zurück."

Was blieb Monika, Christiane und mir anderes übrig, als Opas Aufforderung zu folgen. Wir gingen in den Schuppen, nahmen uns jeder einen Korb und sahen uns die süßen kleinen Kaninchen an, die noch die Nähe der Mutter suchten. Wir machten uns auf den Weg in den Hagen, der keine hundert Meter von unserer Wohnung entfernt war. An der Gänseburg vorbei, dann über die Brücke, und schon befanden wir uns in einem blühenden Paradies. Selbst jetzt im September verwöhnten uns die Wiesen noch mit ihrer vollen Blütenpracht und ich erkannte vor allem Butterblumen und Gänseblümchen. Das waren die Blumen, aus denen wir uns als Kinder Haarkränze geflochten hatten. Ich musste plötzlich an Mütterchen denken, wie sie mit uns Kindern an der Hand in den Hagen gegangen war.

Monika riss mich aus meiner Traumwelt, indem sie fragte: „Doris, wann fangen wir an?"

„Ihr könnt anfangen", erwiderte ich. „Ich setze mich inzwischen auf die Bank und sehe euch zu."

„Das kennen wir ja schon von dir!", kommentierte Monika genervt. „Weil du denkst, dass du etwas Besonderes bist, lässt du uns die Butterblumen ausstechen. Dieses Mal kannst du deinen Korb alleine voll machen!"
„Ach, Moni, sei doch nicht so! Du bekommst auch wieder zwei Mark von mir." Ich dachte: Mit Speck fängt man Mäuse. Meine beiden Cousinen liefen mit ihren Körben über die Wiese, während ich die vielen Radfahrer und die Kinder auf dem Spielplatz beobachtete. Ich setzte mich an die Stepenitz und sah den Enten dabei zu, wie sie untertauchten, um etwas Essbares zu finden. Jedes Mal, wenn sie ihren Kopf ins Wasser steckten, hielt ich die Luft an, bis sie wieder auftauchten. Meistens ging mir die Luft eher aus als den Enten.
Nach einer Weile stellte ich zufrieden fest, dass Monika und Christiane ihre Körbe voller Butterblumen hatten. Monika kam auf mich zu und sagte: „So, nun gib mir deinen Korb. Das ist das letzte Mal, dass wir deine Arbeit machen, sonst petzen wir bei Opa, wie faul du bist."
Die Kirchturmuhr schlug drei Mal, als wir uns auf den Weg nach Hause machten. Unsere Körbe waren bis zum Rand gefüllt. Unterwegs gab ich Monika zwei Mark, die ich mir zu Hause in meine Rocktasche gesteckt hatte.
Fragend sah sie mich an. „Sag mal, woher hast du bloß immer so viel Geld?"
„Das sind Pinkelgroschen von Opa, die er mitbringt, wenn er am Wochenende aus dem Hotel Stadt Berlin kommt. Wir zählen dann gemeinsam, was er eingenommen hat, und natürlich stecke ich mir jedes Mal heimlich ein paar Groschen ein. Außerdem geben mir die Russen Geld, die gehen

ja bei uns ein und aus. Mutter kauft mir davon schöne Sachen zum Anziehen." Ich war schon als Kind und als Jugendliche von mir überzeugt.

Zu Hause angekommen, gingen wir direkt auf den Hof und fütterten die Kaninchen mit ihrer Lieblingsspeise, die sie sich gierig schmecken ließen. Die Körbe stellten wir in den Schuppen, in dem es entsetzlich nach Pferdeäpfeln stank. Das war merkwürdig, denn der Eimer stand nicht mehr im Schuppen, wo Opa ihn gestern hingestellt hatte.

Frieda rief aus dem Küchenfenster: „Kinder, wollt ihr auf dem Hof übernachten?"

„Nein, wir kommen schon!" Als wir die Küche betraten, fragte ich Frieda: „Wo ist Opa?"

„Der ist mit seinem Handwagen in den Garten gegangen und hat den Eimer mit den Pferdeäpfeln mitgenommen, um das Gemüse zu düngen. Und Gerda ist wieder im Laden." Frieda bot uns etwas zu trinken an und wir entschieden uns für Wasser mit Essig und Zucker.

Wir Mädchen überlegten, wie wir den Rest des Nachmittags gestalten sollten. Wir konnten Hopse spielen oder mit unseren Murmeln. Aber irgendwie fand ich mich dafür schon zu groß. „Wollen wir nun doch noch Tante Salli am Hohen Ende besuchen?", schlug ich vor.

„Ja", sagte Monika, „warum nicht, da ist immer was los."

Christiane schüttelte den Kopf. „Ich komme nicht mit. Dann gehe ich lieber zu Mutti in den Laden."

Frieda ermahnte mich, nicht so spät nach Hause zu kommen. „Deine Mutter wird sich bestimmt freuen, dass du nach einer

Woche wieder zu Hause bist. Alles andere werde ich ihr erzählen."

Ich war gespannt, wie Mutter auf meine Entscheidung, nicht wieder auf dem Feld zu arbeiten, reagieren würde. Außerdem hatte sie versprochen, am Sonntag mit mir ins Kino zu gehen. Ich würde sehen, ob sie ihr Versprechen hielt. „Komm, Moni", sagte ich, „wir gehen zuerst auf den Großen Markt und gucken, welchen Film sie zeigen. Vielleicht nimmt Mutter dich und Christiane ja auch mit. Hoffentlich geht sie nicht stattdessen mit ihren Freundinnen zum Tanzen."

Nachdem wir uns von Frieda verabschiedet hatten, fassten Monika und ich uns an den Händen und gingen hinüber zum Roland-Kino. Das Filmplakat, das im Schaukasten aushing, löste bei uns beiden Begeisterung aus. Sie zeigten einen Revuefilm mit Johannes Heesters und Dora Komar: „Immer nur Du". Das Lied von Johannes Heesters, „Man müsste Klavier spielen können", gab dem Film eine besondere Note. „Oh Monika, ist das nicht schön?", schwärmte ich. „Ich werde mir wieder ein Filmheft kaufen. Ich habe schon ganz viele gesammelt, die ich mir immer wieder ansehe. Schauspielerin und Sängerin würde ich viel lieber werden als Köchin. Mutter sagt, dass ich spinne. Sie begründet das damit, dass meine Noten so schlecht sind, und in Perleberg kann man diese Berufe ihrer Meinung nach sowieso nicht erlernen." Nach einer Weile fragte ich Monika: „Wie sind eigentlich deine Noten in der Schule?"

„Die sind gut. Ich hatte keine Fünf auf meinem Zeugnis."

„Und was willst du einmal werden?"

„Das weiß ich nicht. Vielleicht heirate ich einen reichen Mann, dann brauche ich nicht zu arbeiten."
Ich staunte. „Wie kommst du denn auf so was?"
„Mutti sagt immer, dass ich nur einen Mann heiraten soll, der reich ist."
„Ich will überhaupt nicht heiraten, und Kinder will ich auch nicht haben!"
„Und warum nicht?"
„Weil Mutti zu mir sagt: ‚Schaff dir bloß keine Kinder an!'. Moni, verstehst du das?"
„Nein, das verstehe ich auch nicht."
Wir schlenderten durch den Hagen, bis wir an der Pferdeschwemme rauskamen. Nicht nur die Bauern wuschen und badeten hier ihre Pferde, jetzt taten es auch die Russen.
„Ganz früher", begann ich zu erzählen, „noch bevor ich geboren wurde, hat das Militär, das bei uns stationiert war, auch schon seine Pferde hier getränkt und sie konnten sich im Wasser erfrischen. Davon hat Opa mal gesprochen. Noch viel früher haben hier viele Fische, vor allem aber Aale gelebt. Die Männer haben Pferdeköpfe ins Wasser geworfen, in denen sich die Aale verstecken konnten. Angler haben dann die Köpfe mit den Aalen rausgeholt und sie zu Hause gebraten."
„Die Köpfe, Doris?"
„Ach Quatsch, nein, nur die Aale!"
„Das glaube ich dir nicht!", protestierte Monika. „Du weißt doch, dass Opa uns gerne veräppelt."
„Und wenn schon, so etwas kann man sich nicht einfach ausdenken."
„Unser Opa Max schon", meinte Monika.

Inzwischen hatten wir unser Ziel erreicht. Als Erstes klopften wir an die Fenster, und als niemand öffnete, klingelten wir Sturm, bis Helma in der Haustür stand und in Jubel ausbrach, als sie mich sah. „Oh Doris, schön dass du wieder zu Hause bist!" Sie fiel mir vor Freude um den Hals. „Kommt rein, wir sind alle in der Küche und spielen ‚Mensch ärgere dich nicht'."

Wir betraten die Küche und begrüßten Tante Salli. Auch sie freute sich, dass ich wieder zu Hause war. „Setzt euch doch an den Tisch. Wollt ihr was trinken?"

„Ja, gern Limonade."

Wir nahmen Platz und begrüßten Hermi und Hansi, die eifrig am Trudeln waren und von uns kaum Notiz nahmen. Interessiert forderte Tante Salli mich auf zu erzählen, was ich alles erlebt hatte und wie das Essen auf dem Lande gewesen war. Eigentlich hatte ich gar keine Lust, schon wieder darüber zu sprechen, und so übernahm es Monika, unserer Tante die Nachricht zu verkünden, dass ich nicht mehr auf dem Feld arbeiten würde. Als Tante Salli mich zweifelnd ansah, blieb mir nichts anderes übrig, als ihre Neugier zu stillen. Nachdem ich meine Geschichte erzählt hatte und nebenbei bemerkte, dass ich nur zwanzig Piepen bekommen hatte, gab sie mir sogar recht.

Nun präsentierte uns Helma stolz, was sie im ersten Lehrjahr als Putzmacherin schon alles gelernt hatte. Beispielsweise hatte sie Anstecknadeln aus Filz hergestellt. Später würde sie lernen, wie man Hüte anfertigte. Meine und Monikas Welt war das nicht.

In der Küche ging es inzwischen hoch her, da Hansi ständig eine Sechs würfelte und dauernd seinen Bruder rausschmiss, sodass er der Gewinner war und die eingesetzten zwanzig Pfennige bekam. Als Hansi Monika und mich zum Mitspielen aufforderte, bedauerten wir, kein Geld dabeizuhaben. „Das macht doch nichts!", versicherte uns unser Cousin. „Wenn ich gewinne, könnt ihr mir das Geld ein anderes Mal geben."
„Angeber!" rief ich. „Vielleicht gewinnst du ja gar nicht!"
Dann konnte die Partie losgehen. Helma schaute uns beim Spielen zu. Ich würfelte zweimal hintereinander eine Sechs und rückte dementsprechend vor. Die Jungs würfelten mit ihren Bechern, wobei keine Sechs zustande kam. Jetzt war Monika am Zug, die mit Leichtigkeit eine Sechs würfelte und laut die Felder abzählte, bis sie ihre Spielfigur platzierte.
„So eine Scheiße!", fluchte Hermi, dem es wohl gar nicht gefiel, dass wir Mädchen schon weiter waren als er und sein Bruder.
Tante Salli, die am offenen Fenster saß und rauchte, reagierte prompt: „Du bekommst gleich eine geschmiert, so etwas sagt man nicht!"
„Doofe Mutter Olbrich", brabbelte Hermi vor sich hin.
Ich war inzwischen ziemlich weit vorgerückt und landete genau auf Hansis rotem Feld. Helma fragte mich, warum ich keine andere Spielfigur genommen hatte, schließlich bestand die Gefahr, dass Hansi mich mit einer Sechs rausschmiss.
„Ja, hätte, hätte Käsekuchen" äffte ich.
Prompt haute mich Hansi raus und die Schadenfreude war ihm anzusehen.
Ich sagte: „Na und, du Angeber?"

Jetzt war Hermi an der Reihe. Und tatsächlich zog er an uns allen vorbei und schmiss einen nach dem anderen raus. Zwei seiner Spielfiguren hatte er nach kürzester Zeit sicher zu Hause. Dann würfelte Monika und warf mich, kurz bevor ich mit meiner ersten Figur zu Hause war, leise lachend raus. Die Übrigen klatschten und kicherten.
„Ihr seid ja alle so gemein zu mir!", schimpfte ich. „Ich spiele nicht mehr mit. Jetzt kann ich wieder ganz von vorn anfangen."
„Los, Doris, mach schon!", feuerte mich Hansi an. „Immerhin darfst du jetzt dreimal hintereinander würfeln." Er und Hermi lachten sich ins Fäustchen.
„Ich habe nein gesagt, und dabei bleibe ich!" Mein Entschluss stand fest.
„Helma, springst du für Doris ein?" Hansi sah seine Schwester erwartungsvoll an.
„Also gut, aber nur die eine Runde, dann gehe ich nach draußen."
„Wo ist eigentlich Henri?", fragte ich in die Runde. Ich erfuhr, dass er mal wieder eine neue Freundin hatte, mit der er heute verabredet war."
Ich setzte mich zu meiner Tante Salli, die für den bevorstehenden Winter einen bunten Schal aus Wollresten strickte. „Doris, wenn du Lust hast, kannst du mir helfen, den Wollpullover aufzuräufeln."
„Ja, das mache ich gerne. Ich kann übrigens auch stricken und häkeln. Wir hatten ja in der Schule Handarbeitsunterricht bei Frau Keller, die hatte so eine dicke runde Brille auf der Nase. Wir Kinder nannten sie heimlich ‚Brillenschlange'."

Tante Salli hielt kurz inne und kommentierte das Gesagte. „Das war ganz schön gemein von euch."
„Ja, kann schon sein", murmelte ich.
Am Tisch brach lautstarker Jubel aus. Hansi hatte mal wieder gewonnen und bezeichnete die anderen Mitspieler als Memmen. „Ich kriege von Monika zwanzig Pfennige!", rief er mir zu.
„Morgen vielleicht", antwortete ich.
„Warum sagst du ‚vielleicht'? Das Geld gehört mir!"
Helma und Hermi beglichen ihre Spielschulden und Hansi steckte sich das Geld in die Hosentasche. Offenbar konnte der Gewinner nicht genug bekommen, denn er schlug vor, eine weitere Runde zu spielen. Wir Mädels verneinten und Tante Salli bat uns, den Tisch abzuräumen, denn es sei Zeit für Kaffee und Kuchen. Im Nu stand ein großer Teller mit Streuselkuchen auf dem Tisch, den Tante Salli selbst gebacken hatte. Dazu tranken wir Milchkaffee, in den ich den Kuchen eintunkte. Hermi fragte mich, warum ich so ein Gemansche veranstaltete. „Weil mir der Kuchen eben so viel besser schmeckt. Und Opa Max macht das auch so."
„Der ist ja auch schon alt und hat keine Zähne mehr!", mischte sich Hermi ein.
Ich setzte noch einen obendrauf: „Genauso wie meine Mutter, der fehlt vorne auch ein Zahn."
„Das stimmt nicht!", erwiderte Helma. „Tante Anna hat noch all ihre Zähne, sonst würde sie ja wie eine Hexe aussehen, mit einer Zahnlücke. Tante Anna ist so eine schöne Frau!"
„Ja, Helma, das sollte auch nur ein Spaß sein. Ich wollte mich mal wieder wichtigtun." Ich war froh, das Thema auf diese

Weise beenden zu können, hatte ich doch meiner Mutter versprochen, niemandem ihr Geheimnis zu verraten.
Der Kuchenteller war im Handumdrehen leer gegessen und wir versicherten Tante Salli, sie sei die beste Bäckersfrau. Ich bedankte mich für den Kuchen und sagte, dass ich jetzt nach Hause müsse. „Mutti kommt heute bestimmt eher von der Arbeit zurück, denn sie weiß ja, dass ich wieder zu Hause bin. „Also, Tante Salli, Monika und ich gehen dann mal los."
Sie nickte. „Grüßt eure Mütter von mir!"
„Das machen wir." Ich wandte mich an Helma und fragte sie, ob sie uns noch ein Stück begleiten wolle.
„Ja, sicher doch, aber nur bis zum Roland. Ich treffe mich gleich mit Renate, vielleicht gehen wir noch zur Neuen Mühle."
Nach wie vor tobte in Perleberg das Leben. Auch am Tag marschierten die Truppen durch unsere schöne Stadt und sangen Lieder. Im Hagen hatten sie an der Stepenitz mitten auf dem Rasen eine große Fläche mit Steinplatten gepflastert. Hier musizierte an den Sonntagen eine Russenkapelle und die Frauen tanzten dazu.
Der Weg nach Hause war ja nicht weit, und im Nu waren wir auf dem Großen Markt angekommen, auf dem der Roland mit seinem Schild und dem Schwert stand. „Helma, schau mal in den Kasten vom Rolandkino! Hast du nicht Lust mitzukommen? Wir gehen morgen mit meiner Mutter ins Kino. Sie zeigen wieder einen Revuefilm aus dem Westen." Mit meinen Worten hatte ich Helmas Neugierde geweckt. Wir sahen uns den Aushang an, auf dem auch die Anfangszeiten abgebildet waren.

„Um welche Zeit wollt ihr denn ins Kino gehen?", fragte sie.
„Das weiß ich nicht. Ich denke, meine Mutter bestimmt die Zeit. Uns ist es sowieso egal, Hauptsache, wir können den Film überhaupt sehen, notfalls auch ohne meine Mutter."
„Ich überlege es mir", versprach Helma und verabschiedete sich von Monika und mir.
Als ich wieder mit Monika allein war, kam mir ein Gedanke. „Moni, wir gehen gleich beim Bäcker Valentin über den Hof, da kommen wir direkt in der Schuhstraße raus. Vielleicht stehen dort noch die Russen und laden Brot auf, und vielleicht geben sie uns eines." Monika nickte. „Also los, mach die Tür vorsichtig auf, die müssen uns ja nicht sehen."
Als wir die Tür öffneten, stand ein grüner Planwagen vor dem hinteren Ausgang. Wir stellten uns unmittelbar davor und beobachteten die Russen, die gerade Brot in Körbe einluden. Die Russen unterhielten sich und sahen zwischendurch immer mal wieder in unsere Richtung. Ich hatte den Eindruck, dass sie zu uns sprachen. Auch wenn wir Russisch in der Schule hatten, verstanden wir in diesem Moment nur Bahnhof. Einer der Russen hielt uns zwei Brote hin, die wir dankend entgegennahmen.
Monika und ich waren glücklich und flitzten mit unserer Beute nach Hause. „Moni, nimm du die Brote", sagte ich, „ich muss ganz dringend auf die Toilette."
Nachdem ich mein Geschäft erledigt hatte, betrat ich die Küche, in der kaum noch ein Stuhl frei war. Mutter war bereits zu Hause. Sie saß mit den anderen zusammen und rauchte. Als sie mich sah, schloss sie mich in die Arme, küsste mich und sagte: „Schön, mein Kind, dass du wieder da bist!

Alles andere habe ich schon von Frieda erfahren. Das mit dem Brot habt ihr sehr gut gemacht!"
Christiane war der Meinung, eines der Brote gehörte ihrer Familie, womit sie natürlich recht hatte.
„Mutti, Tante Salli lässt dich grüßen."
„Ich weiß, Monika hat es mir schon ausgerichtet. In der kommenden Woche werde ich meine Schwester nach langer Zeit endlich mal wieder besuchen."
Ich sah mich suchend um. „Wo ist Opa Max?"
„Der ist im Garten. Im Moment gibt es dort viel zu tun. Die Kartoffeln müssen ausgebuddelt werden und anschließend harkt Opa das Kraut zusammen."
Ich versicherte meiner Mutter, Opa in der kommenden Woche im Garten zu helfen. Wenn ich ganz viel Glück hatte, brauchte ich dann nicht in der Baumschule zu arbeiten.
„Mutti, gehen wir nun morgen ins Kino, wie du es mir versprochen hast?" Aufgeregt erzählte ich ihr, welcher Film gespielt wurde. Ich sah sie erwartungsvoll an.
„Natürlich halte ich mein Versprechen! Monika hat uns schon von dem Film erzählt."
„Um welche Uhrzeit gehen wir?", wollte ich wissen.
„Zur Nachmittagsvorstellung", antwortete meine Mutter. „Dann haben wir noch genügend Zeit, uns für den Tanzabend zurechtzumachen."
Ich freute mich wie Bolle, denn auch meine Cousinen durften mit.
Mutter stand auf und wandte sich an meine Tante. „Komm, Gerda, wir gehen in mein Zimmer, da kannst du dir ein Kleid für morgen aussuchen."

Monika, Christiane und ich gingen auf den Hof und spielten mit unseren Hula-Hoop-Reifen. Begeisterung löste das allerdings nicht aus. Zur Abwechslung steckten wir Möhren durch das Gitter des Kaninchenstalles und beobachteten, wie die kleinen Fellbündel diese gierig verspeisten. Es sah so süß aus, wenn sie daran knabberten. Da morgen Sonntag war, war mir bereits klar, dass es wieder Kaninchenbraten geben würde. Zu Monika sagte ich: „Ich bin gespannt, welches Kaninchen Opa als Nächstes totschlagen wird."
Monika verdrehte genervt die Augen. „Nun hör bloß auf, ständig darüber zu sprechen! Mir vergeht sonst auch die Lust auf einen Kaninchenbraten."
Wir beschlossen, wieder reinzugehen, denn es war kalt geworden. In der Küche war es mollig warm und die Eisenringe glühten. Kein Wunder, denn in der Pfanne brutzelten Kartoffelpuffer, die ich nicht aß, weil sie in Öl gebraten wurden.
„Frieda, wann kommt Opa nach Hause?", fragte ich gelangweilt. Es wurde allmählich dunkel und die Gaslaternen brannten bereits.
„Geht ihm doch einfach entgegen, er wird schon unterwegs sein."
„Moni, kommst du mit?"
„Ja, ich sage nur schnell meiner Mutter Bescheid."
Wir gingen in Mutters Zimmer, wo Tante Gerda ein Kleid nach dem anderen anprobierte.
„Na, Kinder, ihr habt wohl Langeweile!", sagte sie.
„So ungefähr", erwiderte ich. „Wir gehen Opa entgegen. Frieda macht sich schon Sorgen, wo er bleibt."

„Ist gut, ihr beiden. Dann beeilt euch, er ist bestimmt schon unterwegs." Das hatte Frieda auch gesagt.
Wir rannten mehr, als dass wir gingen, und waren völlig außer Atem, als wir in die Nähe des Bahnhofs kamen. Da bog Opa auch schon mit seinem Handwagen in die Lindenstraße ein. „Hallo Opa, wir kommen!", riefen wir.
Er blieb stehen und lächelte. „Schön, dass ihr mir helfen wollt, den Wagen zu ziehen." Dieser war mit Kartoffeln, Kürbissen, Gurken und Weißkohl voll beladen.
Wir nahmen Opa, der altersbedingt schon sehr gebückt lief, die Deichsel ab. Uns Mädchen machte es Spaß, den Wagen zu ziehen, und es bedeutete auch für uns einen großen Krafteinsatz, den wir uns aber nicht anmerken ließen. Nach wenigen Minuten passierten wir die Schleuse. Von dort war es nicht mehr weit bis zu unserem Laden, dann ging es quer über den Schuhmarkt. Von da an fuhr der Wagen fast von allein, weil die Straße etwas abschüssig war. Endlich zu Hause angekommen, bugsierten wir den Handwagen auf den Hof und halfen Opa beim Ausladen.
Ich nutzte die Gelegenheit, ihm meine Idee zu unterbreiten. „Opa, ich habe ja ab Montag viel Zeit, da kann ich dir bei der Arbeit im Garten helfen." Insgeheim hoffte ich, auf diese Weise um die Arbeit in der Baumschule herumzukommen.
„Das ist keine schlechte Idee", meinte Opa. „Es gibt viel zu tun da draußen."
Monika und ich gingen ins Haus, während Opa seine Kaninchen fütterte. Frieda war immer noch am Brutzeln und hielt die bereits fertigen Kartoffelpuffer in der Backröhre warm. Mutter und Tante Gerda hatten den Tisch gedeckt und ne-

belten die Küche mit ihren Zigaretten so richtig ein. Seit Mutter wieder bei den Russen arbeitete, rauchte sie die vornehmen Papirossi mit dem langen Mundstück.
Als Opa die Küche betrat, brachte er einen Korb voller Brennholz mit. „So, Kinder, euer Vater hat einen Bärenhunger!", sagte er. „Und Durst auf ein großes Bier."
Als alle Platz genommen hatten, holte Frieda den ersten großen Teller mit Kartoffelpuffern aus der Backröhre und stellte ihn mitten auf den Tisch. Dazu gab es reichlich Apfelmus. Ich saß da und hoffte auf ein Wunder. Als keins kam, fragte ich Mutter: „Und was bekomme ich zu essen?"
„Doris, was soll die Frage?", entgegnete sie ungehalten. „Du denkst doch nicht im Ernst, dass für dich jedes Mal eine Extrawurst gebraten wird. Nach dem Krieg gibt es so viel Elend auf der Welt – Menschen, die nichts zu essen haben und die sich über Kartoffelpuffer freuen würden. Entweder du isst das Gleiche wie wir, oder du gehst hungrig zu Bett. Du bist nicht mehr auf dem Bauernhof, wo du offenbar sehr verwöhnt wurdest."
Auf der Suche nach einem Ausweg bettelte ich: „Mutti, kann ich nicht eine Stulle bekommen? Die esse ich auch mit Apfelmus."
„Meinetwegen", lenkte sie ein. „Frieda, sei so nett und gib ihr zwei Stullen."
Frieda stand auf, schnitt vom Brot zwei Scheiben ab und gab sie mir. Ich bedankte mich und langte mit meinem großen Löffel in die Schüssel. Ich gab so viel Apfelmus auf mein Brot, dass es an den Rändern runterlief. Opa verdrückte bestimmt zehn Kartoffelpuffer, weil er sie so schön knusprig fand.

Mutter aß ungeniert mit ihrer Zahnlücke, die ja inzwischen in unserer Familie kein Geheimnis mehr war. Gut gesättigt, steckten sie und Tante Gerda sich eine Zigarette an, bevor sie Frieda halfen, die Küche aufzuräumen.

Opa sagte, dass er heute früh zu Bett gehen werde und morgen wieder in den Garten müsse. Abends sei er dann wieder als Toilettenmann gefragt. „Da ihr ja morgen alle nichts zu tun habt", begann er mit einem Blick auf uns Kinder, „werdet ihr mir helfen, die Kirschen zu pflücken. In meinem Alter steige ich nicht mehr auf eine Leiter. Anna, du hast doch morgen sicher auch frei und kommst mit in den Garten?"

Mutter fiel fast die Zigarette aus dem Mund und ihr war anzusehen, dass sie sich fragte, wie ihr Vater so etwas von ihr verlangen konnte.

„Mutti, wir wollten doch morgen ins Kino gehen", warf ich ein. „Das hast du mir versprochen!"

„Das machen wir ja auch", beruhigte sie mich. „Wir werden ja wohl nicht den ganzen Tag im Garten verbringen." Sie warf Opa einen skeptischen Blick zu und ich war fürs Erste beruhigt und freute mich auf die Kinovorstellung.

Opa erhob sich vom Tisch und sagte: „Also, meine Lieben, dann bis morgen, ich gehe jetzt schlafen. Frieda, sei so nett und stelle mir eine Schüssel mit heißem Wasser ins Zimmer, damit ich mich waschen kann." Dann wünschte er uns allen eine gute Nacht.

Im Nu hatten die drei flinken Frauen die Küche wieder aufgeräumt. Auch Tante Gerda verabschiedete sich schon bald mit den Worten: „Wir sehen uns morgen nach dem Frühstück."

Frieda kümmerte sich um Opa und Mutti und ich gingen in unser Zimmer. Wir setzten uns aufs Sofa und sie fragte mich, ob ich überhaupt auf dem Bauernhof gebadet hätte. Ich erzählte ihr von der Holzkabine und dem kalten Wasser nach getaner Arbeit. „Morgens bekam ich warmes Wasser und eine Schüssel in mein Zimmer und konnte mich an meinem Toilettentisch waschen", erzählte ich weiter.

„Dann bist du auf alle Fälle reif für die Wanne", stellte Mutter fest. „Ich werde Frieda Bescheid sagen, dass sie für dich am Montag in der Waschküche ein Bad herrichten soll. Auch dein Haar muss gewaschen werden, es klebt dir ja schon vor Dreck am Kopf. Morgen, am Sonntag, wird das nichts. Wenn wir vom Garten kommen und dann auch noch ins Kino gehen wollen, reicht die Zeit nicht. Außerdem bin ich in der kommenden Woche ständig unterwegs, ich werde nämlich meine Schwestern Elli und Salli und meinen Bruder Karl besuchen. Weil ich außerdem so lange arbeiten muss, komme ich zu nichts mehr. Wenn ich Zeit hätte, würde ich mit dir in die städtische Badeanstalt gehen."

Ich unterbrach Mutters Redeschwall: „Mutti, das könnte ich doch auch alleine machen, ich bin doch schon groß!"

„Nein, mein Kind, da bin ich doch lieber dabei. Wer weiß, was sich dort alles rumtreibt. Zieh dich schon mal aus, ich bringe dir die Schüssel zum Waschen."

Nachdem ich mich gewaschen hatte, zog ich mir ein sauberes Nachthemd an, legte mich ins Bett und Mutti deckte mich zu. „Schlaf gut, mein großes Kind", sagte sie und streichelte mein Gesicht. Komisch, dachte ich, so hat sie sich noch nie verhalten. „Ich bleibe noch ein bisschen auf und höre Musik.

Muss noch meinen Nagellack entfernen, der ist morgen im Garten sowieso hinüber."
Ein Weilchen lag ich noch wach und dachte an morgen. Da aus dem Radio Tanzmusik zu hören war, stellte ich mir vor, wie gut mir der Kinofilm gefallen würde. Voller Vorfreude sank ich in einen erholsamen Schlaf.
Am nächsten Morgen war ich als Erste wach, weil ich mal musste. Ich stellte fest, dass Mutti die Nacht auf dem Sofa verbracht hatte. Da ich nicht auf den Nachttopf gehen wollte, schlich ich mich in die Küche, öffnete die Tür und stand im dunklen Flur, denn Licht gab es hier kaum, nur ein kleines Klappfenster, das sich über der Tür zum Hof befand. Als ich zurückkam und in die Küche ging, war Frieda schon dabei, die Asche aus dem Ofenloch zu nehmen. „Guten Morgen, Frieda", sagte ich und sie zuckte zusammen.
„Wo kommst du denn um diese Zeit her?", wollte sie wissen.
„Ich musste mal."
„Ach so." Sie schickte mich wieder ins Bett, weil sie erst für uns alle heißes Wasser machen wollte. Der Herd war über Nacht ausgegangen.
„Frieda, ich habe Durst und mir knurrt der Magen."
„Nimm dir einen Schluck Milch."
In einem Zug leerte ich ein ganzes Glas Milch und ging wieder in unser Zimmer. Mutter schlummerte noch friedlich vor sich hin. Ich flüsterte ihr ins Ohr: „Mutti, du musst aufstehen, Frieda ist schon in der Küche."
Sie sah mich ungläubig an und fragte nach der Uhrzeit.
„Der Wecker zeigt 8 Uhr an."
„Kind, warum hast du mich nicht eher geweckt?"

„Weil ich auch nur wach geworden bin, weil ich zur Toilette musste."

„Dann leg dich wieder hin. Ich rufe dich, wenn das Wasser zum Waschen heiß ist. Ich gehe in die Waschküche und wasche mich dort."

Da lag ich nun und schaute zum Fenster hinaus. Die Sonne stand schon ziemlich hoch am Himmel. Ich hatte richtig Lust, Opa nachher im Garten zu helfen. Ich wusch mich im Zimmer und goss das gebrauchte Wasser in den bereitstehenden Eimer. Mutter hatte mir alte Kleidung rausgelegt, mit der ich auf den Bäumen herumklettern und die Schattenmorellen pflücken konnte. In der Küche pfiff der Tut-Kessel für unseren Muckefuck; für Mutti und Frieda wurde Bohnenkaffee aufgebrüht. Dann kam Opa Max in seiner alten Kordhose, an der Hosenträger befestigt waren. Ich setzte mich schon mal an den Tisch und überlegte, was ich heute alles essen würde. Mir war richtig schlecht vor Hunger. Ruck, zuck war der Tisch gedeckt, alle Übrigen nahmen Platz und Opa wünschte uns einen guten Appetit.

Frieda schnitt mit der Brotmaschine Stullen ab und schien gar nicht damit aufhören zu wollen. Ich fragte sie, wer das alles essen sollte. „Ihr natürlich! Und zwar weil das Mittagessen heute im Garten stattfindet und ich mal nicht kochen muss und deshalb einen freien Tag habe!"

Ich verdrückte bestimmt fünf Stullen – viel zu viel, wie mir mein Bauch bestätigte. Mutti und Frieda schmierten jede Menge Stullen, die wir mitnehmen wollten. Tassen, Teller, belegte Brote und ausreichend Getränke wanderten in einen großen Korb. Dann konnte es losgehen, wir warteten nur noch auf Tante Gerda und meine Cousinen.

„Komm, wir füttern noch schnell die Kaninchen", sagte Opa zu mir. Ich folgte ihm auf den Hof und Opa öffnete die Stalltüren. Er legte frisches Heu und Gras in die Ställe und ich sah dabei zu, wie sich die Kaninchen darauf stürzten. Auch Möhren und Äpfel fraßen sie gerne. Was war ich froh, dass es heute keinen Braten geben würde!

Als es losgehen sollte, trugen wir Kinder den Korb zum Handwagen und liefen wie eine Hammelherde hinter dem Gefährt her, das von Mutti und Tante Gerda gezogen wurde. Es war wie immer ein langer Weg zum Garten. Dort angekommen, wurde alles, was wir mitgebracht hatten, in den Schuppen gestellt. Opa holte die Leitern, stellte sie an die Kirschbäume und überprüfte, ob sie fest standen. Dann drückte er uns Körbe in die Hand, die wir mit einem Haken an unserer jeweiligen Leiter befestigten. Wir großen Mädchen kletterten nun auf die Leitern und pflückten die dunkelroten Kirschen, die uns schon immer zu sauer gewesen waren. Über unsere Ohren hängten wir uns Kirschen als Ohrringe. Natürlich reichten die Leitern nicht überall hin, deshalb kletterten Monika und ich auf den Ästen herum. Ständig hörten wir Mutter rufen: „Kinder, passt bloß auf, dass ihr nicht runterfallt!"

Wir hatten zwanzig Kirschbäume im Garten. Das war mühsam und viel zu viel für uns zwei. Es dauerte ewig, bis wir den ersten Korb gefüllt hatten, und Opa scherte es offenbar einen Dreck, wie anstrengend das für uns war. Er und Christiane hackten Unkraut und kehrten mit einem Rechen das

Kartoffelkraut zusammen, woraufhin ein großer Berg entstand, in den wir zur Mittagszeit Kartoffeln hineinwarfen, die wir schließlich verkohlt wider herausholten, um sie uns schmecken zu lassen. So mancher Baum war bereits leer gepflückt und Mutti stellte die vollen Körbe in den Schuppen. Opa war des Lobes voll für seine fleißigen Enkelkinder, was ihn jedoch nicht daran hinderte, unsere Leitern an weitere Bäume zu stellen, die voller Kirschen hingen. Monika und ich schwitzten und uns taten die Fußsohlen weh, weil die Leitersprossen so stark drückten.

Nach einer Weile rief Opa: „Kinder, wir machen eine Pause!" Dankbar kletterten Monika und ich vom Baum auf die Leiter und hängten die Körbe an die Haken. Mutter war uns behilflich, als wir die Leiter runterkletterten. Hungrig und durstig breiteten wir unsere Decke vor dem Schuppen aus und setzten uns darauf. Wir bekamen jeder eine Stulle in die Hand gedrückt und Wasser zum Trinken. Opa Max freute sich sichtlich über die vollen Körbe und sah sich die Kirschen schon auf dem Markt verkaufen. Das würde ihm einige Piepen einbringen.

Ich buffte Monika an und flüsterte ihr ins Ohr: „Wollen wir beim Nachbarn Äpfel klauen? Der ist nämlich heute nicht im Garten."

Monika sah mich mit großen Augen an. „Aber Doris, wir dürfen doch nicht stehlen!"

„Mensch, das sind doch bloß Äpfel, die schmecken viel besser als unsere Hasenköpfe."

„Und wie stellen wir das an?"

„Lass mich mal überlegen." Ich ließ mir einige Möglichkeiten durch den Kopf gehen. „Wir sagen einfach, dass wir mal müssen, und tun so, als ob wir auf unser Plumpsklo gehen. Ich krieche durch den Zaun, und du stehst Schmiere."
„Und wann machen wir das?", wollte Monika wissen.
„Jetzt sofort, wann denn sonst?" Ich stand auf und wandte mich an Mutter. „Monika und ich müssten mal aufs Klo!"
„Na sag mal, warum erzählst du mir das? Geht doch einfach!"
Christiane wollte sich uns anschließen.
„Also gut", meinte ich, „wir gehen zusammen."
„Und wenn sie petzt?", flüsterte Monika mir ins Ohr.
„Dann drohe ich ihr mit einer Backpfeife, wenn wir alleine sind."
„Du bist ganz schön gemein, Doris!"
Ich zuckte ungerührt mit den Achseln.
Wir gingen bis zum Ende unseres Gartens, wo das Plumpsklo stand, und ich bot Christiane an, als Erste zu gehen. Gesagt, getan. Ich wusste, was als Nächstes folgen musste, damit Christiane nicht mitbekam, was ihre Schwester und ich vorhatten. „Monika, mach einfach den Riegel vor, und wenn sie rauswill, sagst du, dass der klemmt. Ich krieche durch den Zaun und sammle Äpfel auf, die auf dem Boden liegen. Bis gleich!"
Der Maschendrahtzaun, der unsere Grundstücke voneinander trennte, war an einer Stelle kaputt und ich brauchte ihn nur anzuheben und hindurchzuschlüpfen. Mann, lagen hier viele Äpfel herum! Rasch stopfte ich mir die Hosentasche voll, dann kroch ich wieder unter dem Zaun durch und

schlenderte zurück zu unserem Plumpsklo, neben dem Christiane stand. „Wo warst du?", fragte sie.
„Ich ... äh ... ich musste ganz dringend, da hab ich mich einfach hinter einen Johannisbeerstrauch gesetzt."
„Ach so."
Ich rief: „Moni, ich bin wieder da!"
„Ja, ist gut. Ich bin gleich fertig!", kam es von ihr zurück.
Ich schickte Christiane zurück zu den Erwachsenen und sagte, ich käme gleich mit ihrer Schwester nach. Folgsam trottete Christiane von dannen. Um zu erfahren, ob alles gut gegangen war, öffnete ich die Tür zur Toilette und sah, wie Monika sich gerade ihren Schlüpfer hochzog. Sie erzählte mir, Christiane hätte gedroht, laut um Hilfe zu schreien, wenn nicht sofort jemand den Riegel zurückschob. Monika lachte. „Ich habe einfach behauptet, der Riegel würde klemmen." Sie sah mich forschend an. „Nun sag schon, Doris, wo sind die Äpfel?"
„Hier haste einen, mehr als vier Stück konnte ich nicht in meine Hosentasche stecken."
Bis wir unseren Schuppen erreicht hatten, vor dem noch immer unsere Familie saß, hatten wir jeder einen Apfel gegessen. Das war natürlich nicht das erste Mal, dass wir irgendetwas Unerlaubtes im Garten anstellten, zumindest was mich betraf. Mit der Gemütlichkeit war es allerdings sogleich vorbei, denn Opa erklärte die Pause für beendet. „Anna und Gerda", sagte er, „ihr könnt mir helfen, Johannisbeeren zu pflücken."
„Aber Vater, die Kinder können doch nicht ohne Aufsicht von Ast zu Ast klettern!" Mutter war eher skeptisch.

„Das schaffen sie schon, so gelenkig, wie sie sind. Oder wollt ihr Frauen das machen?"
Mutter und Tante Gerda sahen sich Rat suchend an und schüttelten dann gleichzeitig den Kopf.
Opa stellte diesmal nur eine Leiter an den Baum und fragte: „Wer geht als Erste nach oben?"
Wie in der Schule hob ich den Finger. „Ich, Opa. Dann passt Monika unten auf, dass die Leiter nicht umkippt."
„Und wenn der Korb voll ist, wechselt ihr euch ab."
„Ja, genauso machen wir das."
Ich kletterte auf die Leiter, was für mich eine Leichtigkeit war. Von oben konnte ich, wie ich feststellte, bis auf die Feldstraße sehen. Ich traute meinen Augen nicht, als ich sah, wer uns besuchen kam. „Ich glaube, dass Helma und Hermi kommen!", rief ich Monika zu.
„Bist du dir sicher?"
„Na klar, das sind sie!" Etwas leiser sagte ich: „Moni, wir sagen erst mal gar nichts. Na, das wird eine schöne Überraschung! Ich hangelte mich von Ast zu Ast, schaffte es aber leider nicht bis zur Baumkrone. So blieb für die Vögel auch noch was übrig. Mein Korb wurde leider nicht ganz voll. Ich bat Monika, ihn mir abzunehmen, und kündigte an, runterzukommen.
„Sei bloß vorsichtig!"
„Ich passe schon auf", versprach ich. „Komm, Moni, wir gehen zu Opa!" Den Korb nahmen wir mit. Bis wir das andere Ende des Grundstücks erreicht hatten, aßen wir eine nach der anderen von den dunkelroten Schattenmorellen. Je mehr

wir davon probierten, desto süßer kamen uns die Kirschen vor.

Inzwischen waren Helma und Hermi im Garten eingetroffen. Nicht nur Opa Max freute sich, nein wir alle waren glücklich über ihre zupackenden Hände. Sie sagten, Frieda hätte ihnen erzählt, dass wir im Garten seien.

Opa, der mal wieder das Kommando führte, beschloss: „Es ist Mittagszeit, eine Pause können wir alle gebrauchen."

Mutter murmelte, sie hätte die Nase gestrichen voll, und betrachtete ihre Hände, die ziemlich ramponiert aussahen. Am Schuppen angekommen, lechzten wir regelrecht nach Wasser. Um unseren Durst zu stillen, hatten wir etliche Flaschen voll mitgenommen. Hier im Garten gab es auch eine Pumpe. Opa hatte, als er noch jung gewesen war, ein großes Loch ausgehoben, bis er das Grundwasser sehen konnte. Und so war unsere Pumpe entstanden, die unser Gemüse mit Wasser versorgte. Wir durften das Wasser aus der Pumpe nicht trinken, weil es angeblich krank machte, aber unsere Füße steckten wir gern in die große Zinkwanne, sodass wir uns im Sommer Abkühlung verschafften.

Bis auf Opa, der auf einem Stuhl saß, hatten wir es uns alle auf der Decke bequem gemacht. Für einen kurzen Moment fühlte ich mich zurückversetzt in die Zeit, als wir noch um einiges jünger gewesen waren. Damals hatte uns unsere große Verwandtschaft nicht nur im Garten besucht, alle hatten auch mitgeholfen, ihn zu bearbeiten. Bei einer Größe von einem Morgen Land war viel zu tun. Nun wurde der große Korb ausgepackt und unsere Hände griffen gierig nach den Klappstullen, die uns an der frischen Luft besonders gut

schmeckten. Wir Kinder unterhielten uns über alles Mögliche, vor allem stand der bevorstehende Film an erster Stelle. Helma kündigte an, sie wolle mitkommen. Aber wann würden wir hier endlich fertig sein? Wie lange beabsichtigte Opa, im Garten zu arbeiten? Wenn ich mich umsah, musste ich feststellen, dass noch viele Bäume und Sträucher voller Früchte hingen und vorerst kein Ende abzusehen war. Weil Helma gefragt hatte, wann wir ins Kino gehen würden, sah ich hinüber zu Opa, um ihn zu fragen, wie lange er uns hier noch brauchte. Opa saß auf seinem Stuhl und kaute auf seinem Priem. Er hatte die Augen geschlossen, als schliefe er. Da Tante Gerda neben mir saß, fragte ich sie, wann wir nach Hause gehen würden. „Allzu lange werden wir nicht mehr bleiben", antwortete sie. „Dein Opa geht heute noch ins Hotel Stadt Berlin und er muss sich vorher noch etwas hinlegen. Nicht dass er eines Tages zusammenbricht!" Sie hielt kurz inne und ergänzte schließlich: „Als ob er die Pinkelgroschen nötig hätte ..." Ich warf ein, dass wir doch geplant hatten, alle zusammen ins Kino zu gehen, und sah sie erwartungsvoll an. „Mein Kind, das werden wir auch tun. Und ich hoffe sehr, dass wir es zur ersten Vorstellung schaffen."
„Und wenn nicht?"
„Dann gehen wir vielleicht zur 20-Uhr-Vorstellung. Der Film geht bis circa 22 Uhr. Eigentlich passt mir das gar nicht, denn Monika geht morgen zur Schule und Christiane in den Kindergarten. Ich muss ja nach der Vorstellung noch mit ihnen nach Hause gehen und beide bettfertig machen. Dann muss ich mich waschen, umziehen und schminken, um anschließend ins Hotel Stadt Magdeburg zu gehen. Es könnte spät

werden und ich finde, das ist für einen Tag auch alles ein bisschen zu viel."
Weil sie recht hatte, beschloss ich, nun doch Opa zu fragen, wann er vorhabe, hier Feierabend zu machen. Ich rappelte mich auf, ging zu ihm und mimte das liebe Enkelkind, indem ich fragte: „Opi, schläfst du?"
„Nein, mein Kind", erwiderte er, „nur meine Augen sind müde. Was hast du auf dem Herzen?"
„Ach, Opi, wir wollten nur wissen, wie lange wir noch im Garten bleiben. Du musst doch auch heute Abend arbeiten."
Er sah mich mit seinen lustigen Augen an, zog seine Taschenuhr aus der Hosentasche, klappte sie auf und warf einen Blick darauf. „Ich sage mal, wir arbeiten von nun an noch drei Stunden."
„Ja, ist gut. Und wieviel Uhr ist es dann?"
In seinen Blick schlich sich ein Grinsen. „Schau selbst auf die Uhr, Doris, dann hast du die genaue Zeit." Er gab mir die Taschenuhr, die an einer Kette befestigt war. „Na", sagte er abwartend, „das dauert aber ziemlich lange!"
Mit meinem Finger zählte ich die Zahlen ab und murmelte: „Wenn es jetzt 14 Uhr ist und wir noch drei Stunden hierbleiben, haben wir es 17 Uhr."
Opa schüttelte seufzend den Kopf. „Nun sag mal, meine Kleine, habt ihr in der Schule nicht als Erstes die Uhrzeit gelernt?"
Ich nickte. „Das haben wir, Opa, wir hatten ja auch eine Uhr in der Schule. Jetzt haben wir nur die Kirchturmuhr. Bei der muss ich immer warten, bis sie schlägt, und dann zähle ich

jedes Mal mit und weiß, ob ich nach Hause gehen muss oder ob ich noch Zeit habe."

Opa lachte herzlich! „Jetzt weiß ich auch, warum du einmal sitzen geblieben bist."

Ich machte eine lässige Handbewegung. „Opi, das ist doch schon so lange her!"

„Stimmt mein Kind." Opa erhob sich von seinem Stuhl. „Und jetzt machen wir weiter. Umso schneller können wir nachher Schluss machen. Anna, Gerda, macht eure Zigaretten aus, es geht weiter! Hermi und Helma, ihr nehmt euch gemeinsam einen der Bäume vor. Das ist ja kein Neuland für euch. Monika und Christiane, ihr macht dort weiter, wo ihr vor der Pause aufgehört habt. Ich stelle euch noch die Leitern an die Bäume."

„Das mache ich, Opa Max", bot Hermi an. „Ich bin sehr stark!" Opa bedankte sich und machte sich an seine eigene Arbeit.

Auf einmal machte uns das Kirschenpflücken viel mehr Spaß. Wir lachten, bewarfen uns mit Kirschen und kletterten von einem Ast zum anderen. Nach einer Weile rief Hermi mir zu: „Doris, mein Korb ist fast voll!"

„Das glaubst du doch selbst nicht!", erwiderte ich und riskierte einen Blick in seine Richtung.

Helma, die unten bei ihrem Bruder an der Leiter stand, bestätigte seine Behauptung.

„Na und? Umso besser für mich!", ließ ich verlauten. „Dann kannst du ja gleich mit dem nächsten Baum anfangen, Hermi." Ich wandte mich Monika zu und rief: „Komm doch einfach zu mir rauf. Die Aussicht von hier oben ist klasse und

man kann alle Gärten überblicken." Monika konnte sich nicht entschließen, ihren Platz unten am Fuß der Leiter zu verlassen. Davon ließ ich mich nicht beirren und fuhr stattdessen fort: „Weißt du eigentlich, wie viele Johannisbeersträucher und Kirschbäume hier im Garten stehen?"
„Sie sah mich mit fragendem Blick an. „Nein, woher auch? Muss ich das denn wissen?"
„Du musst gar nichts", sagte ich. „Aber ich weiß es, weil ich alle gezählt habe."
„Du weißt ja immer alles, du Angeberin!"
„Ich zähle eben gerne. Vor allem Opas Pinkelgroschen."
„Und du schummelst beim Zählen!", behauptete Monika.
„Das geht dich gar nichts an!", gab ich zurück. „Auf jeden Fall haben wir dreißig Kirschbäume und fast hundert Johannisbeersträucher. Von den Johannisbeeren sind aber nur die Hälfte rot, die anderen sind weiß." Ich sah sie auffordernd an. „Kommst du nun zu mir rauf?"
„Nein, lieber nicht, nachher kippt die Leiter noch um."
„Mann, bist du ein Angsthase!", schimpfte ich und wandte mich wieder den Kirschen zu.
Wir alle arbeiteten an diesem Sonntag, als ob es kein Morgen gäbe. Immer mehr mit Früchten gefüllte Körbe fanden ihren Weg in den Schuppen. Opa und Christiane schleppten Säcke mit Gras und die restlichen Kartoffeln, die sie noch aus dem Sand geklaubt hatten, und stellten sie zu den vollen Körben. Das Gras war für unsere Kaninchen, die immer größer und fetter wurden. Ich lauschte währenddessen der Kirchturmuhr, die in ganz Perleberg und darüber hinaus zu hören war, und zählte mit, wie oft sie schlug.

Auf einmal kam Bewegung in die Sache. Mutter und Tante Gerda trugen je zwei Körbe mit Beeren und brachten sie zum Schuppen. Sie verkündeten, für heute sei Schluss. „Kommt runter von der Leiter!", rief Mutter hinauf.
Hermi, der Angeber, erwiderte: „Ich könnte noch ein paar Stunden weitermachen, hier oben gefällt es mir."
„Dann bleib doch im Garten", schlug ich ihm vor und legte Spott in meine Stimme. „Kannst auch hier im Schuppen übernachten."
„Du spinnst wohl!", regte er sich auf. „Ich muss morgen zur Arbeit und habe es nicht so gut wie du."
Wir alle sackten regelrecht auf die Decke. Weil mir die Füße wehtaten, zog ich mir Schuhe und Socken aus und steckte meine Füße in die Wassertonne, was sehr wohltuend war. Auch Mutter klagte, ihre Beine seien geschwollen und gewiss werde sie heute Abend ihre hochhackigen Tanzschuhe nicht anbekommen. Mein Mitleid hielt sich in Grenzen, zumal ich mir auch nicht vorstellen konnte, wie man mit solchen Absätzen überhaupt laufen konnte, vor allem auf Kopfsteinpflaster.
Opa trieb uns jetzt zur Eile an. „Trinkt aus und hört auf zu qualmen, wir wollen mit dem Beladen des Handwagens beginnen. Anna und Gerda, die Säcke kommen nach unten, die Körbe obendrauf. Was wir nicht raufbekommen, wird getragen." Die Ladung stapelte sich, denn keiner von uns hatte Lust, auch nur irgendetwas zu tragen. „So geht das nicht!", schimpfte Opa. „Da rutscht uns beim Ziehen die Hälfte runter." Er nahm vier Körbe vom Wagen, drückte Mutter und

Tante Gerda je zwei in die Hand und verschnürte den Rest. „Und jetzt ab nach Hause!", verkündete er.

Der Handwagen holperte den Sandweg entlang. Hermi und Opa hatten Mühe, Balance zu halten, damit die Fuhre nicht umkippte. Als wir auf der Feldstraße über das Kopfsteinpflaster ruckelten, rutschte auf einmal die gesamte Ladung zu einer Seite. Wir Kinder stemmten uns dagegen und schwitzten vor Aufregung. Mutti und Tante Gerda konnten uns nicht helfen, sie trugen ja jeder zwei Körbe mit Beeren. In der Lindenstraße angekommen, hatten wir alles wieder im Griff. Opa hielt den Wagen an. „So, Doris und Helma, ihr könnt uns ablösen." Er und Hermi überließen es uns, den Wagen nach Hause zu ziehen.

Mutter fragte: „Vater, warum tust du dir das in deinem Alter noch an? Weshalb verkaufst du den Garten nicht einfach? Du bist schließlich schon achtundsechzig Jahre alt, hast noch den Laden und arbeitest zudem als Toilettenmann."

„Ihr könnt klugscheißern", erwiderte er. „Wer soll denn dann alles bezahlen? Von den paar Piepen, die mir die Rente einbringt, kann ich gerade mal unsere Miete bezahlen. Außerdem hänge ich an dem Garten. Der hat uns nämlich im Krieg über Wasser gehalten. Wir brauchten im Gegensatz zu vielen anderen nicht zu hungern. Du, meine liebe Anna, warst ja nicht zu Hause und hast, wie du uns erzählt hast, in Bad Reichenhall in Saus und Braus gelebt. Mal abgesehen von der anderen Sache, ihr zwei Weiber."

Mutter und Tante Gerda waren regelrecht geschockt über die Reaktion ihres Vaters. Ich fand es toll, dass Opa seine Meinung kundgetan hatte. Ich konnte mir gut vorstellen, dass meiner Mutter das Leben in Perleberg nicht sonderlich gefiel. Wir hatten ja nicht einmal ein Badezimmer, wie sie es kannte. Worum es in Opas Anschuldigung tatsächlich ging, das wussten Monika und ich nicht.

Auch heute, am Sonntag, waren auf den Straßen von Perleberg viele Menschen unterwegs. Wie ich es schon kannte, wurde Opa von allen Seiten begrüßt: „Hallo Maxe, wie geht es dir?" Oder: „Wir sehen uns ja heute Abend." Bei Mutter sah die Sache anders aus. Sie war ebenfalls bestens bekannt, allerdings bei den Russen, schließlich arbeitete sie für unsere Befreier. So wie sie im Augenblick nach stundenlanger Gartenarbeit aussah, war mit ihr kein Staat zu machen. Etliche Russen begrüßten sie in ihrer Landessprache, und wie es schien, war es Mutter unangenehm.

Verdreckt und durchgeschwitzt, wie wir waren, kamen wir wenig später zu Hause an und entluden den Handwagen. Die vielen Körbe wurden erst mal in den Schuppen gestellt, bevor der größte Teil morgen auf dem Markt verkauft werden sollte. „Na endlich!", rief Frieda aus dem Küchenfenster. „Ich dachte schon, ihr wollt im Garten übernachten."

„Wir nicht, Frieda", sagte Mutter, „aber du kennst doch unseren Vater!"

Frieda nickte zum Zeichen, dass sie verstand. „Kommt in die Küche", schlug sie vor. „Ihr habt doch bestimmt Hunger auf was Festes."

„Vater, kommst du mit?", fragte Mutter.

„Nein, ich muss noch die Kaninchen füttern."

Gerda schüttelte den Kopf. „Mann, ist das ein sturer Hund!"

Wir gingen hinein und setzten uns an den bereits gedeckten Tisch. Das Gedränge am Wasserhahn war groß, denn ohne uns die Hände gewaschen zu haben, bekamen wir nichts zu essen. „Wollen wir auf unseren Vater warten?", fragte Tante Gerda in die Runde.
„Nein", entschied Mutter. „Wer weiß, wann der kommt."
Wir reichten Frieda unsere Teller. „Es gibt Pferdewürstchen von Fleischer Langner", erklärte sie. „Von dort schmecken die mir am besten."
Ich sah Mutter an, da ihr Herr Langner ja bestens bekannt war, sie verzog jedoch keine Miene bei der Erwähnung seines Namens.
Wir waren eine gemütliche Familienrunde, die beim Essen schmatzte und die dicken, mit Senf bestrichenen Würste und dazu reichlich Brot in sich hineinstopfte. Dazu gab es selbst gemachte Brause. Inzwischen duftete es auch nach Bohnenkaffee, den Frieda frisch aufgebrüht hatte.
Opa betrat die Küche und sagte: „Da ihr Kinder heute so fleißig wart, bekommt ihr jeder fünfzig Pfennige geschenkt. Er griff in seine Hosentasche und drückte jedem von uns eine Münze in die Hand.
„Danke, Opa", sagten wir brav.
„So, Frieda, was gibt es Schönes zu essen?"
„Pferdewürstchen von Fleischer Langner."
„Sehr jut, dann mal her mit den Dingern, euer Vater hat Hunger!"
Wir anderen waren inzwischen gut gesättigt und sahen Opa beim Essen zu. Wie er seine Wurst auslutschte, war allerdings kein appetitlicher Anblick. Mutter, die das nicht länger

mit ansehen konnte, fragte: „Vater, warum ziehst du nicht einfach die Pelle von der Wurst ab? Gib mir bitte deinen Teller!" An Frieda gewandt fuhr sie fort: „Und ein Besteck, bitte!"
Sie zog von Opas Wurst die Pelle ab und schnitt die Wurst in Scheiben, die er nun ohne Zähne gut kauen konnte. „Wie ihr seht, schmeckt es eurem Vater", kommentierte Mutter.
„Frieda, bitte noch ein Bier!", forderte Opa.
„Sofort, Max."
„Herrlich, so eine Molle nach der Arbeit! Die habe ich mir redlich verdient." Opa nahm einen großen Schluck.
Nach einer Weile erhob sich Tante Gerda. „Es ist spät geworden", sagte sie.
Mutter stand ebenfalls auf, um ihre Schwester, Monika und Christiane zur Tür zu begleiten. „Helma, ihr geht am besten auch nach Hause", sagte sie. „Das mit dem Film um 18 Uhr wird ja nun nichts mehr."
Entsetzt sprang ich auf. „Aber Mutti, du hattest uns versprochen, dass wir uns heute zusammen den Film ansehen!"
„Ich kann doch nichts dafür", erwiderte sie. „Und nun fang bloß nicht wieder an zu weinen." Sie überlegte. „Also gut, ihr geht um 20 Uhr, aber alleine! Gerda bringt euch zum Kino und wartet, bis ihr drin seid. Das kennst du doch: Vorne rein und später hinten wieder raus, dann ein Schritt nach rechts, und schon fällst du hier in die Tür."
Helma beschloss, so spät nicht mehr mitzugehen, denn sie und Hermi mussten am nächsten Morgen pünktlich in ihrer Lehrfirma sein.

„Helma, ich verstehe dich", sagte Mutter. „Grüßt zu Hause und kündigt schon mal meinen Besuch in der nächsten Woche an."
„Wir richten es unserer Mutter aus", sagte Hermi. „Opa, viel Spaß im Hotel Stadt Berlin!"
Opa lachte schallend und sagte. „Na, ob das Spaß macht, wenn alle gleichzeitig pinkeln wollen?" Er bat Hermi und Helma, auf den Hof zu gehen und die beiden bereitgestellten Körbe mit Obst mit nach Hause zu nehmen. „Salli wird sich bestimmt darüber freuen. Aus den Beeren kann sie Marmelade kochen und die Kirschen lassen sich prima einwecken."
„Danke, Opa Max", sagten die beiden und verabschiedeten sich.
„So, Kinder, euer Vater macht sich jetzt noch einige Stündchen lang, bevor es für mich zur Arbeit geht." Opa gähnte demonstrativ. „Frieda, kommst du mit?"
Frieda nickte und folgte Opa.
Jetzt ergriff Tante Gerda das Wort. „Anna, was du gerade zum Besten gegeben hast, das geht gar nicht!"
„Was denn?", wollte Mutter wissen.
„Na das mit dem Kino."
„Wieso? Was meinst du überhaupt?"
Tante Gerda fing an, ihre Vorstellung von dem heutigen Abend zu Gehör zu bringen: „Ich gehe jetzt mit den Kindern nach Hause und bringe die beiden später wieder hierher, damit sie sich um 20 Uhr den Film ansehen können. Anschließend gehe ich wieder zurück und mache mich ausgehfertig. Wir treffen uns um 22 Uhr im Hotel Stadt Magdeburg, richtig?"

„Ich weiß, was du mir sagen willst", lenkte Mutter ein. „Aber überleg doch mal: Keiner von uns wäre da, der die Kinder abholt und nach Hause bringt."
„Anna, so sieht's aus." Tante Gerda seufzte, weil ihr Plan nicht aufging.
Jetzt ergriff Mutter wieder das Wort: „Und hier können sie nicht schlafen, denn das gäbe ein schönes Durcheinander. Also lautet das Fazit: Der Film fällt aus."
Bislang hatte ich stumm zugehört, doch nun platzte mir der Kragen. Versprochen war versprochen! „Mutti, das gilt aber nicht für mich!", polterte ich mit Wut in der Stimme. „Nur damit das klar ist: Ich gehe mit Frieda ins Kino!"
„Du weißt doch gar nicht, ob Frieda Lust hat", gab Mutter zu bedenken.
„Das werden wir ja sehen!", erwiderte ich. „Ich frage sie nachher einfach."
„Schlaues Kind, deine Tochter!" Tante Gerda grinste. „Sie weiß immer, was sie will." Zu Monika und Christiane sagte sie: „Kommt, Kinder, wir gehen nach Hause."
Monika sah mich aus ihren schönen braunen Rehaugen traurig an. Sie hatte ganz lange Wimpern, wie Schmetterlinge. Wenn wir zusammen waren, sagte ich oft zu ihr: „Gib mir mal ein Schmetterlingsküsschen." Ich hielt ihr daraufhin mein Gesicht hin und sie näherte sich mir mit ihrem, bis ihre Wimpern meine Wange kitzelten. Dies gehört zu den schönen Kindheitserinnerungen, die mir gerade jetzt, wo ich über besagten Sonntag schreibe, wieder einfallen. Monika und ich waren aber gelegentlich auch regelrechte Kampfhähne. Dann

schlugen wir uns. Von dem steifen Ringfinger, den ich ihr zu verdanken habe, habe ich ja schon weiter oben erzählt.
Nun waren Mutti und ich alleine im Zimmer. Sie klagte über geschwollene Beine und kündigte an, sich auch etwas hinlegen zu wollen. „Doris, du kannst dir die Schüssel aus der Küche holen und dich waschen! Heißes Wasser steht auf dem Herd. So wärst du für heute Abend schon fertig. Und morgen wird in der Waschküche gebadet, das werde ich noch mit Frieda besprechen."
Ich folgte ihren Worten und bereitete alles vor.
Mutter war sofort eingeschlafen, sodass ich mich ungeniert waschen konnte. Meine Haare sparte ich aus, obwohl sie es nötig hatten.
Da saß ich nun eine Weile später in Hemd und Schlüpfer und wusste nicht, was ich ins Kino anziehen sollte. Ich lauschte an der Tür in der Erwartung, von nebenan irgendein Geräusch zu hören, aber bei Opa und Frieda war es mucksmäuschenstill. Ich ging in die Küche, nahm mir einen Apfel, setzte mich damit ans Fenster und sah hinaus auf die Karnickelställe. Mit meinen Gedanken war ich bei der kommenden Woche. Hoffentlich brauchte ich nicht in der Baumschule zu arbeiten, darauf hatte ich nun wirklich keine Lust. Ich werde versuchen, brav zu sein, überlegte ich, und es allen recht zu machen, ohne auch nur einmal zu maulen. Der Montag war schon gebongt: Da hieß es, Opa auf dem Markt beim Verkauf unserer heutigen Ernte zu helfen. Ich wusste, dass das nie lange dauerte, und auch diesmal würden im Nu die Körbe leer sein. Nicht jeder hatte einen Garten, und wenn doch, dann keinen so großen wie wir.

Inzwischen hörte ich, dass sich auf dem Flur etwas tat – jemand ging aufs Klo. Ich flitzte in unser Zimmer und sah, dass Mutter bereits aufgestanden war. „Na, mein Kind", begrüßte sie mich, „warum läufst du halbnackt im Haus herum?"
„Weil ich nicht weiß, was ich für den Besuch im Kino anziehen soll."
„Dein rotkariertes Kleid und deine Strickjacke", sagte Mutter. Dieses schöne Kleid hatte sie mir von dem Geld gekauft, das mir ihr Russenfreund Tolla geschenkt hatte, als er bei uns zu Besuch gewesen war. „Und jetzt zieh dich an", forderte Mutter mich auf. „Opa und Frieda werden auch jeden Moment aufstehen. Ich werde dir dein Haar durchkämmen, du siehst ja aus wie Struwwelpeter." Das hatte mir gerade noch gefehlt. Mutter ging nicht gerade zimperlich mit mir um. Aua, wie das ziepte! „So jetzt siehst du manierlich aus", bemerkte sie. „Ich werde mir jetzt die Haare waschen und sie dann einrollen. So, wie ich im Moment aussehe, kann ich mich heute Abend nicht sehen lassen."
Ich hatte mich inzwischen angezogen und hoffte so sehr, dass Frieda mit mir ins Kino gehen würde. Voller Erwartung setzte ich mich in den Sessel und sah Mutter dabei zu, wie sie sich die Haare wusch, die ich ihr anschließend mit warmem Wasser aus der Kanne ausspülen musste. Mit einem Frotteehandtuch, das sie sich um den Kopf wickelte, setzte sie sich vor den Spiegel und rollte geschickt ihre Haare auf. Für mich war es immer aufregend zu sehen, wie sie mit Puder, Rouge und Wimperntusche hantierte. Schließlich drehte sie sich zu

mir um und fragte, völlig von sich überzeugt: „Sieht deine Mutter nicht schön aus?"
Ich nickte, und diese Geste war ehrlich gemeint. Ja, vor mir saß eine schöne und interessante Frau. Allerdings hätte ich lieber eine Mutter gehabt, die mich liebte, und keine, die einfach nur schön war und niemanden mehr liebte als sich selbst.
Jemand klopfte an unsere Zimmertür. Dann hörte ich Friedas Stimme, die fragte, ob sie reinkommen dürfe. „Du brauchst doch nicht anzuklopfen", sagte Mutter. „Wir haben keine Geheimnisse vor dir." Als Frieda lächelte, fuhr Mutter fort: „Ist mein Vater auch schon aufgestanden?"
„Ja, er wäscht sich in der Waschküche und zieht sich auch gleich um."
„Sehr schön, Frieda. Ich hätte da übrigens eine Frage an dich: Falls du Lust hast, würdest du heute ausnahmsweise mit Doris ins Kino gehen? Wie du weißt, hat es mit der 18-Uhr-Vorstellung nicht geklappt. Ich hatte es Doris aber versprochen."
Frieda schien sich über die Frage zu freuen. „Gern gehe ich mit Doris ins Kino. Ich hätte mir den Film, den sie gerade zeigen, sowieso in den nächsten Tagen angesehen." Wie glücklich sie mich damit machte! Einem gemütlichen Filmabend stand nichts mehr im Wege.

Die nächsten Stunden verliefen wie geplant. Opa kam geschniegelt und gestriegelt in die Küche und wir aßen gemeinsam zu Abend. Dabei besprachen die Erwachsenen noch so einiges, was mich nicht interessierte. Als Erstes verließen

Frieda und ich das Haus. Auf dem Großen Markt angekommen, traute ich meinen Augen nicht. So viele Menschen standen an der Kasse, um eine Kinokarte zu kaufen. Ich fürchtete, dass wir keine Karten mehr abbekamen, denn so groß war das Kino nicht. „Notfalls nehmen wir einen Stehplatz", meinte Frieda. Weil mir dieser Gedanke kaum mehr behagte, als unverrichteter Dinge wieder nach Hause zu gehen, versuchte ich es mit Vordrängeln. Natürlich gelang mir das nicht. Stattdessen handelte ich mir so einige Schimpfwörter ein. Mit Schubsen und einigen Remplern ging es schließlich voran in Richtung Kasse. Die Kirchturmuhr schlug bereits acht Mal, was ich als klares Zeichen wertete, dass uns nicht mehr viel Zeit blieb, unsere Plätze einzunehmen, ohne den Anfang zu verpassen. Als Frieda endlich zwei Kinokarten ergattert hatte und mir ein Filmheft überreichte, war es längst dunkel im Saal. Die Platzanweiserin führte uns mit ihrer Taschenlampe zu der Reihe, in der unsere Plätze waren. Wir quetschten uns an etlichen Besuchern vorbei, bis wir unsere Plätze erreichten. Natürlich ging das nicht ohne blöde Sprüche vonstatten. Eilig klappten wir die weinroten und mit Samt bezogenen Sitze herunter und ließen uns darauf plumpsen. Wie immer war das Kino bis auf den letzten Platz gefüllt. Ich dachte an Monika und Christiane, die bestimmt traurig zu Hause saßen oder unglücklich im Bett lagen, weil sie viel lieber mitgekommen wären.

Währenddessen konnte ich zufrieden sein, dass ich meinen Willen durchgesetzt hatte, ohne meinen Wasserhahn aufgedreht zu haben. Es lief immer noch der Vorspann und ansonsten war es mucksmäuschenstill. Alle sahen auf die Leinwand und warteten auf den Revuefilm mit Johannes Heesters und Dora Komar.

Endlich war es so weit. Frieda und ich tauchten ein in eine Welt, in der getanzt, gesungen und gesteppt wurde. Meine Füße bewegten sich mit, wenn Johannes Heesters zu steppen begann, und das auch noch auf einem Klavier! Leise, um die anderen nicht zu stören, sang ich die schönen Lieder mit und dachte daran, dass ich in der Schule im Singen eine Eins bekommen hatte – bedauerlicherweise die einzige auf meinem Zeugnis. Als ich bemerkte, dass Frieda meinen Arm streichelte, sah ich sie glücklich an und sprach ihr ins Ohr: „Ist das nicht schön?"

„Ja, da hast du recht. Was für ein wundervoller Film!"

Von mir aus brauchte dieser Abend niemals zu enden. Leider sah die Realität anders aus, denn als plötzlich im Saal das Licht anging, war es vorbei mit der Träumerei und wir wurden abrupt in die Wirklichkeit zurückgeholt. Alle Zuschauer drängten zum Ausgang auf den Großen Markt. Nur wenige benutzten den hinteren Ausgang, dessen Tür ebenfalls geöffnet war. Wir brauchten nur den weinroten Samtvorhang beiseitezuschieben, und schon waren wir draußen. Inzwischen war es dunkel und die Gaslaternen brannten. Zwei Meter weiter waren wir auch schon zu Hause und mein Mund stand während der nächsten Minuten nicht still. Ich schwärmte von den schönen Kleidern und den ebenso schönen Frauen, die diese Kleider trugen. Und ich tanzte! Mein Versuch zu steppen gelang mir allerdings nicht, woraufhin Frieda mir erklärte, dass es dafür Schuhe gebe, an deren Sohlen Eisenbeschläge befestigt seien. Aber eigentlich war

mir das auch egal, denn das Singen war mir viel wichtiger. An diesem Abend trällerte ich wie Johannes Heesters: „Man müsste Klavier spielen können. Wer Klavier spielt, hat Glück bei den Frau'n. Weil die Herr'n, die Musik machen können, schnell erobern der Damen Vertrau'n." Ich schaltete das Radio ein, suchte Tanzmusik und wirbelte Frieda ausgelassen im Kreis herum. Die wiederum war der Meinung, es sei Zeit für mich, zu Bett zu gehen. Dabei war ich gar nicht müde. Ich fügte mich aber und wünschte Frieda eine gute Nacht.
Ich zog mich aus, hängte meine Sachen ordentlich in den Kleiderschrank und wusch mir nur die Hände. Dann streifte ich mir ein Nachthemd über und kuschelte mich in die leichte Decke. Weil ich noch viel zu aufgedreht war und sowieso nicht schlafen konnte, sah ich mir zu leiser Radiomusik das Filmheft an und las mir die Liedtexte durch. Schließlich legte ich das Heft zu den anderen gesammelten Filmwerken und schaltete das Radio aus. Ich zog an der Kordel der kleinen Tischlampe und es wurde Nacht in meinem Zimmer.
Mein Schlaf war sehr unruhig. Ständig drehte ich mich von der einen Seite auf die andere. Ich träumte von Johannes Heesters und spielte an seiner Seite die weibliche Hauptrolle.

Als ich am nächsten Morgen wach wurde, war Mutter schon aufgestanden und ich hörte Geräusche aus der Küche. Da ich dringend meine Blase entleeren musste, blieb mir nichts anderes übrig, als aufzustehen. Im Nachthemd taperte ich auf den Flur und drückte die Klinke der Toilettentür herunter! Von drinnen rief eine Stimme: „Besetzt!" Es war der Nachbar aus der Wohnung über uns. Also kehrte ich in unse-

re Wohnung zurück und ging in die Küche. „Guten Morgen", sagte ich und trat von einem Bein auf das andere.
„Guten Morgen", erwiderte meine Mutter. „Was ist denn los mit dir?"
„Ich muss dringend aufs Klo!"
„Und warum gehst du dann nicht?"
„Da sitz der Alte von oben drauf."
„Für dich immer noch ‚Herr Meier'", korrigierte mich meine Mutter. „Geh auf den Nachttopf, sonst machst du dir noch in die Hose."
„Nein, Mutti, ich will das nicht mehr! Warum haben wir keine eigene Toilette wie in der anderen Wohnung?"
Mutter verdrehte die Augen. „Denkst du, mein Fräulein, dass uns das gefällt? Habe ich nicht recht, Frieda?"
Frieda nickte.
„So, Doris, beweg dich!", forderte mich Mutter auf. „Und wasch dir anschließend die Hände! Ich habe mit Frieda besprochen, dass sie dir nachher beim Baden helfen wird. Sie wird dir auch die Haare waschen."
Ich startete einen erneuten Versuch, aber das Klo war immer noch besetzt. Also fügte ich mich und kramte den Nachttopf unter dem Bett hervor. In meinem Alter war es gar nicht mehr so einfach, mich darauf zu setzen, denn meine Beine waren mittlerweile viel zu lang. Später würde ich den Topf in den dafür vorgesehenen Eimer entleeren, der im Schuppen stand.
In der Küche setzte ich mich im Nachthemd an den Tisch, auf dem schon heiße Milch für mich bereitstand. Sofort fing ich wieder an zu schwärmen, wie schön der Film gestern

Abend gewesen war, und führte in Hausschuhen einige Steppschritte vor, was Mutter und Frieda sehr lustig fanden.
„Mutti, den Film werde ich mir mit Monika und Christiane noch einmal ansehen. Vielleicht kommst du dann ja auch mit."
Sie antwortete, sie kenne den Film schon, denn er sei bereits vor ein paar Jahren gedreht worden.
„Und wo hast du ihn gesehen?", wollte ich wissen.
„In Bad Reichenhall."
„Ach so", sagte ich und nickte bedächtig.
Gut gelaunt betrat Opa in diesem Moment die Küche. „Guten Morgen, meine Lieben!", sagte er und rieb sich die Hände. „Habt ihr auch so gut geschlafen wie ich?"
Mutter sah ihn verwundert an. „Na du bist ja heute gut drauf! Was ist passiert?"
„Man mag es ja nicht glauben", antwortete er, „aber der gestrige Abend war ein richtiger Glücksfall für mich." Wir sahen ihn gespannt an.
Frieda lächelte vielsagend, als wüsste sie bereits mehr. „Max, nun iss doch erst mal und trink etwas, sonst wird der Kaffee kalt."
Opa tunkte sein Brot wie immer zunächst in seinen Pott Kaffee und schließlich in Zucker. Wir waren mittlerweile satt und warteten auf die Fortsetzung der begonnenen Erzählung. „Also, meine Lieben, gestern kam am späten Abend so ein feiner Pinkel in die Toilette. Der roch schon nach Geld. Ich sagte: ‚Bitte, mein Herr', öffnete die Toilettentür und ließ ihn eintreten. Dann setzte ich mich wieder auf meinen Platz und dachte: Vielleicht lässt der sich ja noch seine Schuhe von

mir putzen. Als sich der feine Herr nach seinem Gang zur Toilette die Hände wusch und sich mit Parfüm besprühte, fragte ich ihn, ob ich ihm die Schuhe überputzen solle. Er sah sich seine Schuhe an und nickte. ‚Wenn Sie so nett wären', sagte er und stellte auch gleich einen Fuß auf die Putzbank. Mit meinem Tuch schniegelte ich ihm erst den einen und dann den anderen Schuh mit Schuhwichse blitzeblank. Der war so watt von begeistert und war der Meinung, noch nie so glänzende Schuhe gehabt zu haben. Da klärte ich den Herrn erst mal über die Schuhwichse auf und erzählte ihm, dass der Perleberger Bürger Carl Ludwig Beutel, geboren 1835, der Erfinder der Schuhwichse war. ‚Das ist ja sehr interessant, mein Herr', sagte der Mann. Mensch, der hat mich als ‚Herr' bezeichnet! Nun war ick jespannt wie en Flitzebogen, wie viele Groschen off meen Teller klappern würden." Wir starrten auf Opas Mund und konnten es kaum abwarten zu hören, wie seine Geschichte weiterging.
„Ja und, Vater? Nun sag schon, wie viele Groschen es waren!"
Er griff in seine Hosentasche, sagte „Hokuspokus" und wedelte mit einem Geldschein. „Kinder, das sind fünfzig Mäuse aus dem Westen!" Vor lauter Freude schlug sich Opa auf den Oberschenkel.
Wir waren sprachlos und sahen uns den Geldschein genau an. Mutter sagte: „Das war bestimmt ein Millionär aus dem Westen." Dann wollte sie wissen, was er mit dem Geld machen würde.
„Das lege ich mir auf die Seite. Für schlechte Zeiten, denn man weiß schließlich nie, was noch auf uns zukommt." Das Geld verschwand wieder in Opas Hosentasche. Schade, dach-

te ich. Zu gern hätte ich wie früher seine Pinkelgroschen gezählt, doch inzwischen hatte Frieda diese Aufgabe übernommen.

Opa wechselte das Thema und sprach Mutter an: „Ich nehme Doris heute mit zum Markt, das Kind hat sonst Langeweile. Wenn wir unsere Früchte verkauft haben, gehen wir in den Garten, um weitere Johannisbeeren zu pflücken. Gerda ist im Laden."

„Ich weiß, Vater. Frieda hilft Doris gleich noch in der Waschküche. Mein Mädchen ist wirklich reif für die Wanne. Ich habe heute einen freien Tag und einige Termine bei Gericht."

„Dann wollen wir keine Zeit vergeuden!", sagte Opa. „Ich füttere inzwischen die Kaninchen und belade den Handwagen."

Mutter drückte mir die Sachen in die Hand, die ich heute anziehen sollte, und brach dann auf. Frieda und ich gingen in die Waschküche, in der die Zinkwanne stand. Diese füllte Frieda mit einigen Kannen heißen Wassers und gab kaltes Wasser hinzu. Ich steckte meinen Finger rein, um zu fühlen, ob die Temperatur in Ordnung war. Endlich saß ich in der Wanne und fand es herrlich, als mir Frieda den Rücken mit Kernseife und einer Bürste abschrubbte. Den Rest erledigte ich selbst. Zuletzt nahm Frieda Seife zur Hand und wusch mir die langen Haare, die sie mir anschließend trocken rubbelte. Ich zog mich an und Frieda nutzte das Badewasser, um darin Schmutzwäsche einzuweichen. Bei uns wurde nichts weggeworfen oder weggegossen, was noch von Nutzen war.

Dann war Tempo angesagt. Ich ging hinaus zu Opa, der mittlerweile seinen Tisch, den Stuhl, die Waage und die meisten Körbe mit Obst auf den Handwagen geladen hatte. Er grinste mich an. „Na, Doris, es ist ja auf einmal so hell geworden!"

„Wieso, Opa? Was meinst du?"

„Na ja, seit der ganze Dreck von dir abgewaschen wurde, ist es längst nicht mehr so dunkel."

„Stimmt, Opi, das Wasser war ganz schön dreckig, Frieda hat dann noch Schmutzwäsche darin eingeweicht."

Mit dem Handwagen begaben wir uns zum Großen Markt, wo bereits zahlreiche Bauern ihr Obst und Gemüse auf Tischen präsentierten oder es gleich vom Pferdewagen aus verkauften. Viele Menschen waren unterwegs, um möglichst preiswert einzukaufen. Opa stellte Tisch, Stuhl und Waage auf und informierte mich, dass ein Pfund Kirschen zwei Mark kosten sollte.

„Und wie viel nimmst du für die Beeren?", wollte ich wissen.

„Warte, ich geh kurz rüber zu meinen Kumpels. Mal sehen, was die heute für Preise haben."

Er war gerade losgegangen, da wurde unser kleiner Stand auch schon belagert. Ich rief nach Opa, weil sich die Menschen einfach selbst bedienten und sich Kirschen in den Mund steckten.

„Na, Leute, was soll es denn sein?", fragte Opa, der inzwischen herbeigeeilt war.

„Maxe, zwei Pfund Kirschen und einen Korb rote Johannisbeeren."

„Watt, Paule, glech enen janzen Korb?"

„Ja klar, meine Frau kocht daraus Marmelade."

Opa bat mich, zwei Pfund Kirschen abzuwiegen. Das tat ich gerne. Auf die eine Seite der Waage stellte ich zwei Gewichte von je tausend Gramm. Dann befüllte ich die Schüssel auf der anderen Seite mit Kirschen, bis beide Seiten der Waage auf gleicher Höhe waren. Ach, war das wieder aufregend!
„So, Paule", sagte Opa, „zehn Piepen bekomme ich von dir."
„Das ist nicht gerade billig!", entgegnete Paul.
„Was ist heute noch billig?", konterte Opa „Alles Handarbeit, und die ist teuer." Er wandte sich an die Menge und schrie: „Der Nächste, bitte! Kommse rann, hier werden Se genauso beschissen wie nebenan!" Alle lachten.
Nach einer Weile steckte mir Opa eine Mark zu. „Kauf dir an der Bude ein Eis."
„Danke, Opa! Soll ich dir auch eins mitbringen?"
„Nein, mein Kind, dein Opa trinkt lieber sein Bier."
Ich stellte mich an der Eisbude an und beobachtete das Treiben auf dem Großen Markt. Die Menschen gingen mit ihren Einkaufskörben von einem Stand zum anderen. Es gab ja nicht nur Obst, sondern auch Gemüse, und wenn man Glück hatte, gab es auch Eier zu kaufen.
„Hallo, junges Fräulein", hörte ich den Eisverkäufer sagen, „was für ein Eis möchtest du haben?"
Jemand stupste mich an: „Du bist gemeint!"
Ich zeigte erst auf das Erdbeer- und dann auf das Vanilleeis. Für eine Mark erhielt ich ein großes Eis in einer Waffel, die wie eine Muschel aussah. Ich bedankte mich und lief zu unserem Stand, an dem Opa auf seinem Klappstuhl saß und sich mit einigen Bekannten unterhielt. Seine Pfeife qualmte

und er zog genüsslich daran. Zwischendurch nahm er einen kräftigen Schluck aus einer Bierpulle.
So verging Stunde um Stunde und die Verkäufer – Opa eingeschlossen – machten einen zufriedenen Eindruck. Als alle unsere Früchte verkauft waren, beluden wir den Handwagen mit dem Tisch, dem Stuhl, der Waage und den leeren Körben. Die meisten anderen spannten ihre Pferde an und machten sich auf den Heimweg. Wie es typisch für Opa war, der stets nach Nützlichem Ausschau hielt, lief er über den Markt und sammelte mit bloßen Händen Pferdeäpfel für unseren Garten ein. Davon gab es immer reichlich am Ende eines Markttages und sie gaben einen guten Dünger ab. Die stinkenden Haufen legte Opa in die leeren Körbe. Ich schämte mich und drückte mich davor, ihm zu helfen.
Der Weg nach Hause dauerte keine zehn Minuten. Ich öffnete die Toreinfahrt und Opa zog den Handwagen auf den großen Hof. Den Tisch, den Stuhl und die Waage stellte er zurück in den Schuppen. Igittigitt! Es schüttelte mich förmlich, wenn ich sah, wie Opa die Pferdeäpfel in die Tonne kippte, in der sich schon unser Pipi befand. Gut gelaunt sagte er: „Die nehmen wir nachher mit in den Garten." Am liebsten hätte ich erwidert, dass ich keine Lust hatte, ihn zu begleiten. Aber dann fiel mir ein, dass ich mir nicht ohne Hintergedanken vorgenommen hatte, alles zu tun, worum mich Opa bat.
Als wir die Küche betraten, war die Mittagszeit längst vorbei. Unsere tiefen Teller standen noch auf dem Tisch, und auf dem Herd wurde unsere Kartoffelsuppe warmgehalten.

„Doris, schau mal nach, wo Frieda ist", sagte Opa. „Ich muss mir die Hände bürsten, die stinken nach Pferdescheiße! Willst du mal riechen?" Er hielt mir die Hände entgegen.
Ich rannte aus der Küche und klopfte an die Zimmertür, doch es kam keine Reaktion. Behutsam drückte ich die Klinke herunter, öffnete die Tür einen Spaltbreit und sah, dass Frieda im Bett lag und schlief. Ich trat zu ihr, pustete ihr ins Ohr und musste mir das Lachen verkneifen, weil sie mit einer Hand über ihr Ohr wischte in der Annahme, dass es eine Fliege sei, die die störte. Also wiederholte ich das Spielchen und musste nun doch lachen. Frieda wurde wach und bemerkte: „Ich hätte mir eigentlich denken können, dass du nur Flausen im Kopf hast. Schön, dass ihr wieder da seid."
Ich erzählte ihr, dass wir alles verkauft hatten. „Und jetzt haben wir einen Bärenhunger! Opa stinkt übrigens wie ein alter Ackergaul."
„Wieso?" Frieda setzte sich auf.
„Der hat Pferdeäpfel mit seinen Händen aufgesammelt und sie in unsere Körbe gelegt. Die musste ich dann tragen. Einfach widerlich!
Frieda schmunzelte. „Weil Max das Gemüse so gut mit Dünger versorgt, haben wir die größten Kürbisse und Gurken im Garten."
So gesehen hatte Frieda recht. Ich ging wieder in die Küche und traf dort auf Opa, der sich bereits selbst bedient hatte. Genüsslich löffelte er Kartoffelsuppe und aß Brot dazu.
Auch ich füllte meinen Teller randvoll mit Suppe und löffelte so schnell, als säße jemand neben mir, der mir meine Mahl-

zeit wegnehmen wollte. Inzwischen hatte Opa seinen Teller leer gegessen und bat mich, ihm Nachschlag zu servieren.

Im selben Moment betrat Frieda die Küche. „Lass mal", sagte sie, „ich mach das schon." Nachdem sie den Teller wieder gefüllt und ihn Opa hingestellt hatte, öffnete sie die Tür zur Speisekammer und verkündete: „Ich war heute fleißig und habe Marmelade gekocht. Schaut her!" Das obere Regal war voller Gläser.

„Opa nickte anerkennend. „Du bist wirklich eine fleißige Frau! Da habe ich wohl Glück gehabt, als ich dich unter den vielen Bewerberinnen rausgefischt habe."

Frieda verzog das Gesicht zu einer Fratze und ich hätte gerne gewusst, was sie in diesem Moment dachte. Gott sei Dank konnte man keine Gedanken lesen. Opa vergaß auch nicht, die Suppe zu loben.

„Danke, Max." Frieda lächelte. „Und jetzt habe ich für euch noch einen Nachtisch."

„Prima, dann mal her damit!"

Der Nachtisch bestand aus einer mit Sago gekochten Kirschsuppe und war ganz nach unserem Geschmack.

„Und wie geht es jetzt weiter mit euch beiden?", erkundigte sich Frieda.

Opa kraulte sich das Kinn. „Tja", sagte er, „wir werden gleich in den Garten gehen, denn wie es aussieht, wird es morgen regnen."

„Ach, du immer mit deinen Prognosen!"

„Frieda, meine Knochen haben mich noch nie im Stich gelassen, und heute tun sie mir verdammt weh. Das kann nur eines bedeuten."

„Dann marschiert mal los, ihr zwei."
„Komm, Doris, auf geht's!", sagte Opa.
Der Handwagen war fast fertig beladen. Wir stellten nur noch den Kanister mit dem „Dünger" obenauf. Dessen Inhalt konnte man sogar durch den Verschluss riechen. Wieder schüttelte es mich vor Ekel. Dann ging es los. Opa zog den Wagen, während ich aufpasste, dass der Kanister bei dem Geholper auf dem Kopfsteinpflaster nicht umkippte. An unserem Spielwarengeschäft machten wir kurz Halt und begrüßten Tante Gerda, die in der Tür stand und rauchte.
„Hallo, meine Lieben!", sagte sie zur Begrüßung. „Wie ich sehen kann, seid ihr auf dem Weg in den Garten."
„Ja, Gerda", erwiderte Opa. „Ich hatte heute schon Unterstützung von Doris, die auf dem Markt sehr fleißig war. Was könnte sie auch sonst tun, wenn sie nicht auf dumme Gedanken kommen soll." Er erkundigte sich, wie der Laden lief.
„Einigermaßen", antwortete Tante Gerda. „Ein paar Kleinigkeiten habe ich schon verkauft."
„Na ja, kann nur besser werden. Dafür lief es auf dem Markt nicht schlecht, stimmt's, Doris?"
„Ja, Opa."
Mit einem Kuss verabschiedete ich mich von meiner Tante und wir zogen weiter. Der Weg bis zur Feldstraße wollte kein Ende nehmen. Endlich angekommen, wurden wir von einigen anderen Gartenbesitzern begrüßt.
„Hallo Maxe, hast du verschlafen! Musst ja eine tolle Nacht gehabt haben."
„Nee, Fritze, so jut wie du hatte ick es nicht. Icke muss immer Mäuse verdienen, deshalb war ick heute Morjen och

schon offen Markt mit meen Enkelkind. So, jenuch gequatscht, wir müssen watt tun."

Auch unser Nachbar, bei dem ich gelegentlich Äpfel klaute, war in seinem Garten und mähte den Rasen mit einer Sense. So alt, wie Opa auch war, in Erteilen von Befehlen war er nicht zu bremsen, und davon konnte ich mal wieder ein Lied singen. „Doris, du erntest zuerst die Gurken. Dann pflückst du Johannisbeeren, und wenn du damit fertig bist, schneidest du Grünfutter für die Kaninchen. Am nächsten Sonntag müssen zwei von ihnen dran glauben."

„Ach, Opa", maulte ich, „muss das sein? Und dann gleich zwei?"

Bei seinen Karnickeln kannte Opa keine Gnade. „Ein Kaninchen habe ich der Familie versprochen, die über uns wohnt. Denen geht es auch nicht so gut. Die paar Piepen, die er als Postbote verdient, reichen hinten und vorne nicht. Mein Kind, Fleisch braucht der Mensch, sonst wird er krank."

„Ich esse lieber Lungenhaschee oder Herz oder Wellfleisch."

„Du mit deinem ‚oder'! Na ja, Mutti isst das Fleisch ja auch nicht. Und nun hör auf zu diskutieren und halte die Wanne fest!" Opa goss den Inhalt des mitgebrachten Kanisters in eine Wanne und rührte die trübe Brühe um. Sie stank bis zum Himmel nach Pferdescheiße. Schließlich füllte er die Brühe in eine Gießkanne und düngte damit unser Gemüse.

Nachdem ich alle Aufgaben erledigt hatte, ging ich zum Schuppen, nahm mir eine Flasche Wasser, legte mich auf den Rasen und dachte, dass die Arbeit in der Baumschule womöglich leichter war als das, was ich für Opa tun musste. Wie spät es wohl sein mochte? Ich hatte die Kirchturmuhr

nicht schlagen hören. Versonnen blickte ich hinauf zum Himmel, an dem sich die Wolken in einem rasanten Tempo fortbewegten. Vielleicht gab es ja wirklich Regen, wie Opa vorausgesagt hatte. Das wäre prima, denn dann könnte ich mal wieder zu Hause rumgammeln oder Tante Salli und meine Cousinen besuchen. Auch Irmgart und ihre Oma würden sich bestimmt über meinen Besuch freuen. Ich war lange nicht mehr bei ihnen gewesen.
Völlig in meine Gedankenwelt versunken, bemerkte ich Opa erst, als er direkt über mir stand. „Na, du hast ja wohl heute die Nase gestrichen voll."
„Ja, Opa", murmelte ich und schob gleich eine Frage hinterher: „Wann gehen wir nach Hause?"
„Jetzt, mein Kind. Den Handwagen habe ich bereits beladen. Du könntest bitte noch schnell den Schuppen abschließen."
Kurz danach ging es endlich nach Hause. Ich zog den Wagen und Opa trottete in gebeugter Haltung hinter mir her. Nach einiger Zeit kamen wir an unserem Laden vorbei, der inzwischen wie all die anderen Geschäfte geschlossen hatte. Auf den Straßen tobte dennoch das Leben. Die Russen fuhren in ihren Lastwagen an uns vorbei, um für Ordnung zu sorgen. Ganze Kolonnen marschierten in Richtung Flughafen, was ja seit Langem zum Straßenbild dazugehörte. Opa brummelte: „Wann wird das bloß endlich ein Ende haben?" Er meinte damit, dass Perleberg wieder nur den Deutschen gehören sollte. Mich störten die Russen nicht. Ich fand sie nett und freute mich, wenn sie uns Brot und Bonbons schenkten.
Zu Hause angekommen, zogen wir den Handwagen auf den Hof und wurden von Monika und Christiane begrüßt.

„Na, Kinder", sagte Opa, „wollt ihr mir helfen, den Wagen abzuladen?"
„Ja, das machen wir gern."
„Dann stellt alles in den Schuppen. Inzwischen werde ich die Kaninchen mit frischem Gras versorgen." Opa wandte sich ab und ließ uns Mädchen allein. Moni fragte mich, wie mein Tag gewesen war.
„Hör bloß auf, ich habe noch nie so viel arbeiten müssen wie heute."
„Du kennst doch unseren Opa Max", entgegnete Monika. „Der findet fast nie ein Ende."
Ich verdrehte die Augen. „Moni, sei bloß zufrieden, dass du noch zur Schule gehst. Wenn ich nur endlich Geburtstag hätte und meine Lehre anfangen könnte!" Ich tat mir mal wieder selbst leid. „Ist meine Mutter schon zu Hause?"
„Nein, Tante Anna ist noch nicht da."
Während sich Opa mit seinen Kaninchen beschäftigte, gingen Monika, Christiane und ich in die Küche. Tante Gerda saß am Tisch, rauchte und las. Als sie mich sah, legte sie die Zeitschrift beiseite und lächelte. Ich ging zu ihr und umfasste sie mit beiden Armen. Ja, so war ich. Ständig suchte ich die Nähe zu Menschen, in deren Gegenwart ich spürte, dass sie mich liebhatten. Tante Gerda erwiderte meine Umarmung und sagte: „Na, meine Kleine, dein Opa hat dich wohl heute so richtig rangenommen!"
„Ja, Tante Gerda, das hat er. Ich bin müde, und dreckig bin ich auch. Das Baden heute Morgen war völlig umsonst. Außerdem habe ich Hunger und großen Durst." Ich sah mich in

der Küche um und fragte Frieda: „Wann gibt es was zu essen?"
„Wie du siehst, ist der Tisch schon gedeckt. Wasch dir die Hände und dein Gesicht." Das tat ich dann auch. Anschließend erkundigte ich mich, ob Mutter schon zurückgekehrt sei. „Nein", antwortete Frieda, „ich habe sie heute nur beim Frühstück gesehen." Wo sie wohl so lange blieb?
Wir Mädchen nahmen am Tisch Platz und warteten darauf, dass Opa hereinkam. Frieda rief aus dem Küchenfenster: „Max, das Essen ist fertig!"
„Fangt schon mal an", kam es zurück, „ich habe noch zu tun!" Es gab Milchsuppe mit Nudeln und Butterbrot. Wer wollte, konnte sich selbstgemachten Kochkäse darauf schmieren.
Monika wollte wissen, wie es gestern im Kino gewesen war. Auf diese Frage antwortete ich gerne. „Der Revuefilm war so schön!", schwärmte ich. „Ich habe sogar davon geträumt. Ich kann schon einige von den Liedern singen und weiß jetzt, wie man steppt."
Monika bedauerte, dass sie und ihre Schwester nicht dabei gewesen waren. Sie hätten sich den Film ebenfalls gerne angesehen. Als sie mir das erzählte, klang sie sehr traurig. Da ich den Film sowieso ein weiteres Mal sehen wollte, sagte ich zu Tante Gerda: „Können wir uns am kommenden Sonntag nicht alle zusammen den Film ansehen? Der wird dir bestimmt auch gefallen."
„Ich werde es mir überlegen. Bis dahin fließt noch viel Wasser die Stepenitz herunter." Das war zwar nicht die Antwort, die ich hatte hören wollen, aber immerhin wollte sie darüber nachdenken.

Bald darauf kam auch Opa, der gleich noch Brennholz für den Kochherd mitbrachte. „So, Kinder, endlich habe auch ich Feierabend!" Er wusch sich die Hände über dem Spülbecken und freute sich, dass es Milchsuppe gab, die er schlürfend löffelte. „Kinder, habt ihr nach dem Essen gebetet?" Wir saßen wie bedeppert da und schüttelten den Kopf. „Wenn ihr nicht betet, wird der da oben euch bestrafen." Er zeigte mit dem Finger zum Himmel.

„Opa, ab morgen beten wir wieder, ganz bestimmt!", sagte Christiane.

Tante Gerda legte Opa das Geld hin, das sie an diesem Morgen im Laden eingenommen hatte. Er zählte die Piepen nach. Na ja, besser als nichts." Er schob ihr zwanzig Mark rüber, die sie dankend einsteckte. „So, euer Vater verzieht sich in sein Zimmer. Ich werde noch ein Pfeifchen rauchen, und dann gehe ich zu Bett. Gerda, den Schlüssel für den Laden hast du ja! Ich komme morgen etwas später." Opa erhob sich und blickte in die Runde.

„Ja, Vater, alles klar." Tante Gerda nickte. „Dann gute Nacht! Wir gehen jetzt auch nach Hause."

Als ich mit Frieda alleine war und das Geschirr abgetrocknet hatte, fragte ich sie, ob Mutter ihr erzählt hätte, was so wichtig gewesen war, dass sie sich heute einen Tag freigenommen hatte.

„Nein, Doris, deine Mutter erzählt mir überhaupt nichts Privates. Das geht mich auch nichts an. Verstehst du das?"

Ich zuckte mit den Schultern und beteuerte, dass ich keine Geheimnisse vor ihr hätte. „Lieber erzähle ich dir, was mich bewegt, als Mutter", versicherte ich Frieda.

„Ach, Doris, sei zufrieden, dass du noch eine Mutter hast!" Frieda hielt kurz inne, bevor sie mit trauriger Stimme weitersprach. „Meine Mutter ist im Krieg an der Ruhr gestorben."
„Frieda, auch ich habe keinen Vater. Meiner ist mit einem Flugzeug abgestürzt."
Frieda kannte die Geschichte, weil Opa sie ihr erzählt hatte. „Du siehst wie dein Vater aus", sagte sie. „Die blonden Haare und deine großen blauen Augen hast du von ihm. Das ist nicht zu übersehen, wenn man sich das Foto anschaut, das bei euch im Zimmer steht."
Jetzt wurde auch ich traurig, als ich erwiderte: „Ich sehe mir das Foto jeden Tag an. Mein Vater fehlt mir so und ich hätte ihn so gerne liebgehabt!"
„Ich verstehe dich", sagte Frieda. „Aber Monika und Christiane wachsen auch ohne Vater auf. Ich hatte übrigens ebenfalls keinen. Meine Mutter hat mich alleine großgezogen. Das Leben ist manchmal schwer zu ertragen. Du wirst noch so vieles erleben, wenn du erwachsen bist, und dann denkst du gerne an deine Vergangenheit zurück, glaub mir. So, nun aber ab ins Bett!" Sie umarmte mich kurz und wünschte mir eine gute Nacht.
Ich nahm mir eine Flasche Wasser mit, die ich mir ans Bett stellen wollte, und ging noch mal aufs Klo. So ersparte ich mir vielleicht das Benutzen des Nachttopfes. Meine Gedanken waren bei meiner Mutter. Hoffentlich kam sie bald nach Hause. Im Zimmer zog ich mich aus und schlüpfte in mein Nachthemd. Ich schaltete die Nachttischlampe ein, löschte das Oberlicht und fühlte mich in diesem Moment entsetzlich alleine. Leise und von Frieda unbemerkt fing ich an zu wei-

nen. Hätte ich doch wenigstens einen Bruder oder eine Schwester gehabt! An diesem Abend heulte ich, bis meine Nase verstopft war und ich kaum noch Luft bekam.

Irgendwann musste ich vor Erschöpfung eingeschlafen sein. In der Nacht spürte ich, dass mich jemand umfasste und meine Nähe suchte. Am Morgen lag ich wieder alleine im Bett. Schlaftrunken stand ich auf, ging in die Küche und traf dort auf Mutter und Frieda. Nur Opa lag, wie ich erfuhr, ausnahmsweise noch im Bett.

Unser Tagesablauf war, seit ich nicht mehr zur Schule ging, stets derselbe. Ich ging Opa zur Hand, wenn er mich brauchte. Während der übrigen Zeit besuchte ich an manchen Tagen Tante Salli, die für gewöhnlich in der Küche saß, rauchte und in einen Liebesroman vertieft war. Nebenbei kochte sie das Mittagessen. Auf dem Herd stand der große Kochtopf, in dem meist ein Eintopf brodelte. Auch bei ihr war ich alleine, da alle ihre Kinder bereits einem Beruf nachgingen oder mit ihrer Ausbildung beschäftigt waren. So trieb ich mich oft im Hagen an der Stepenitz rum, pflückte Butterblumen und Gänseblümchen und flocht daraus einen Kranz, den ich mir aber nicht, wie viele Jahre zuvor als Kleinkind, auf den Kopf setzte. Die übrige freie Zeit verbrachte ich im Laden bei Tante Gerda, die mit mir hin und wieder ins Stadtcafé ging, das schräg gegenüber war. Hier war ich auch gern mit Oma Hertha gewesen, als sie noch gelebt hatte. Ein kleines Passfoto von ihr befindet sich auch heute, Jahrzehnte später, noch in meinem Portemonnaie und ich sehe es mir wehleidig an. Zum Abend saßen wir dann alle zusammen und aßen, was

Frieda gekocht hatte. Anschließend durften wir Kinder noch nach draußen gehen und spielen. Wir nahmen unsere Bälle und Murmeln mit und vergnügten uns, bis es dunkel wurde. Wenn die Kirchturmuhr acht Mal schlug, war das für uns das Zeichen, nach Hause zu gehen. Dann verabschiedeten sich Tante Gerda, Monika und Christiane bis zum nächsten Tag.
Jeden Abend wartete ich ungeduldig auf meine Mutter, die meist erst nach Hause kam, wenn ich schon gewaschen im Bett lag. Irgendeine Überraschung brachte sie mir jedes Mal aus dem Casino mit. Ich denke, dass es so eine Art Entschädigung war, um mir zu zeigen, dass sie an mich dachte. Anstatt mich einfach in den Arm zu nehmen und mir auf diese Weise ihre Liebe zu zeigen! Vielleicht spürte sie auch, dass ich ihre Liebe nicht annehmen würde.
Die meiste Zeit verbrachte ich mit Opa. Ich half ihm sogar, die Karnickelställe auszumisten, was ich widerwillig tat, ließ es mir aber nicht anmerken. Auch Holzhacken brachte er mir bei. Erstaunlicherweise machte es mir Spaß, wenn ich mit voller Wucht und mit Wut im Bauch einen Holzkloben in Stücke hackte. Opa war stolz, weil sich sein Enkelkind vor keiner Arbeit scheute.
Am meisten freute ich mich, wenn Frieda in der Küche meine Hilfe benötigte. Sie brachte mir so manchen Kniff bei, der mir später als Köchin zugutekommen würde.

Das Wochenende stand bevor, und wie angekündigt, mussten zwei Kaninchen ihr Leben lassen. Das Flehen und Betteln gegenüber unserem Opa Max hatten Monika, Christiane und ich mittlerweile aufgegeben. Den Ablauf verfolgte ich schon

lange nicht mehr. Ich bekam die beiden Kaninchenfelle, brachte sie zur Annahmestelle und erhielt dafür Zuckermarken, die ich sogleich in dem Tante-Emma-Laden, der sich in unserer Straße befand, gegen Bonbons eintauschte. Wir Kinder liebten die zuckrigen Himbeeren aus dem Glase oder die grünen Blätter, die sich vorzüglich lutschen ließen. Nach Süßigkeiten waren wir alle verrückt, selbst wenn es sich nur um Lakritzpastillen aus der Löwenapotheke handelte.
Am Sonntag herrschte in der Küche wieder Hochbetrieb. Sogar meine Mutter hatte einen freien Tag, worüber ich mich sehr freute. Sie half Tante Gerda und Frieda beim Zubereiten des Mittagessens. Mich schüttelte es, als ich das Kaninchen im Brattiegel liegen sah. Frieda scheuchte Monika, Christiane und mich aus der Küche und sagte: „Um 13 Uhr seid ihr wieder hier, dann gibt es Essen."
Wir nahmen unsere Bälle mit und gingen in den Hagen, wo auch am Sonntag viel los war. Meistens trafen wir dort Freunde und spielten mit ihnen Völkerball oder stellten irgendeinen Blödsinn an. An Ideen mangelte es uns nicht. Dabei achteten wir penibel auf das Schlagen der Kirchturmuhr und waren pünktlich zum Mittagessen wieder zu Hause. Dort angekommen, zogen wir uns als Erstes die Straßenschuhe aus und schlüpften in unsere Puschen, die im Flur bereitstanden. Dann gingen wir in die Küche, wuschen uns die Hände und nahmen an dem großen Küchentisch Platz.
„Na, Kinder, was habt ihr gemacht?", wollte Opa wissen.
„Wir waren im Hagen, und haben mit unseren Freunden Ball gespielt. Dann sind wir zur Pferdeschwemme gelaufen und

haben die Russen dabei beobachtet, wie sie ihre Pferde wuschen. Das ist alles."
Opa verkündete, er habe großen Hunger und freue sich auf die Grünen Klöße. Natürlich war er der Erste, der Frieda seinen Teller reichte. Die große Fleischplatte stand mitten auf dem Tisch und der Kaninchenkopf starrte mich an. Ich muss immer an Onkel Werners Worte denken: „Könnte auch eine Katze sein."
Frieda sagte: „Der Nächste, bitte!" Ich ließ mir nur Klöße und Rotkohl geben. Jetzt wurde das Fleisch zerlegt. „Wer möchte eine Keule haben?", fragte Frieda in die Runde. Tante Gerda hielt ihr ihren Teller hin. „Max, und du?", fragte Frieda. Opa winkte ab und Mutter sagte: „Für mich auch nicht." Monika hob gierig den Kaninchenkopf von der Fleischplatte und legte ihn sich auf den Teller. Dann nahm sie den Schädel auseinander und aß mit Genuss das Gehirn und die Zunge. Das übrige Fleisch pulte sie mit einem ebensolchen Vergnügen ab. Ich konnte gar nicht hinsehen, so scheußlich fand ich den Anblick. Christiane bekam von ihrer Mutter mundgerechte Häppchen auf den Teller gelegt. Dann war am Tisch nur noch Geschmatze zu hören. Den anderen schmeckte es so gut, dass sie zuletzt ihre Teller ableckten. Opa verlangte noch drei Klöße, dabei hatte er schon fünf gehabt! Für mich reichten zwei völlig aus. Klar war, dass ein leckeres Essen natürlich jeden glücklich machte, zumal die Versorgung der Bevölkerung eng bemessen war.
Als wir alle angenehm gesättigt waren, stellte Frieda eine große Schüssel Grieß mit Kirschen auf den Tisch. Da konnten keiner von uns widerstehen. Wir waren alle Leckermäul-

chen, und im Handumdrehen waren unsere Glasschälchen leer. Dann beteten wir gemeinsam zu Gott und bedankten uns für das Essen. Monika gab mir unter dem Tisch einen Stups und veränderte ihre Mimik. Weil ich wusste, was sie mir damit sagen wollte, nickte ich ihr zu und blinzelte mit einem Auge, um ihr zu verstehen zu geben, dass ich sie verstanden hatte. In solchen Dingen überlegte ich nicht lange und platzte ungeniert mit meiner Frage heraus. Eine persönliche Anrede sparte ich mir. „Gehen wir heute Abend alle zusammen ins Roland-Kino?"
Mutter fragte ihre Schwester, was sie davon hielt. Die wiederum nickte. „Also gut, ihr gebt ja sonst doch keine Ruhe!" Monika und ich jubelten. Wir waren glücklich, uns ausnahmsweise mal keine Einwände anhören zu müssen.
„Ich schlage vor, zur 18-Uhr-Vorstellung zu gehen", sagte Tante Gerda.
Mutter nickte dazu, denn so würde es nicht zu spät werden. Opa beabsichtigte, ein Mittagsschläfchen zu halten, weil er am Abend wieder als Toilettenmann gefragt war. Uns schickten die Erwachsenen nach draußen mit dem Hinweis, rechtzeitig nach Hause zu kommen. Christiane wollte lieber bei Tante Gerda bleiben, was Monika und mir ganz recht war. Ihre kleine Schwester hing sowieso lieber am Rockzipfel ihrer Mutter, die stets beteuerte, sie sei ihre Goldtochter. Mutter gab uns beiden Großen je eine Mark für ein Eis. Wir wären auch gern mal zu Hause geblieben, aber wo sollten wir spielen? Ein eigenes Zimmer hatten wir Mädchen nicht, und so waren wir regelrechte Straßenkinder wie die meisten in unserem Alter.

Also schlenderten wir zum Großen Markt, auf dem sich die Eisbude befand, und stellten uns zu den anderen Kindern, die außer Rand und Band waren. Da fehlten nur noch wir zwei.

Als wir nach ein paar Stunden pünktlich wieder zu Hause waren, schickte Mutter uns zum Kino, damit wir schon mal fünf Kinokarten besorgten. Sie hatte keine Lust, sich stundenlang anzustellen. Wir bekamen zwei Mark fünfzig mit und Mutter kommentierte das mit dem Hinweis, für Sperrsitz würde das Geld reichen.

Wir hatten Glück, dass um diese Zeit nur wenige Leute an der Kasse anstanden. Ich verlangte fünf Karten für Sperrsitz. Die Frau an der Kasse fragte mich, in welcher Reihe wir sitzen wollten. Offenbar waren noch viele Plätze frei. Ich drehte mich zu Monika um. „Was meinst du?"

„In der Mitte", antwortete sie.

„Möchtest du auch ein Filmheft haben?", fragte ich sie. Ich hatte ja schon eins.

Monika nickte. „Ja, das wäre schön, allerdings habe ich kein Geld."

„Aber ich", entgegnete ich. Für solche Fälle hatte ich mir extra ein paar Groschen eingesteckt. Das Heft kostete ja bloß zehn Pfennige.

Wieder einmal kürzten wir den Weg nach Hause ab und nahmen den Schleichweg am Haus des Bäckers Valentin vorbei direkt in die Schuhstraße. Hier auf dem Großen Markt gab es viele Häuser, bei denen man nur eine Pforte zu öffnen brauchte, und schon kam man auf der anderen Straße raus.

Glücklich, wie wir waren, betraten Monika und ich die Küche und legten die Kinokarten auf den Tisch. „Wir hatten Glück", erzählte ich. „Heute waren noch viele Plätze frei, sodass wir uns aussuchen konnten, in welcher Reihe wir sitzen wollen. Wir haben Reihe fünf ausgesucht."
„Sehr schön", sagte Mutter. „Möchtet ihr, bevor wir losgehen, noch etwas essen oder trinken?"
Ich bat um heiße Milch und eine Klappstulle mit Schmalz.
„Das mit der heißen Milch wird nichts, dafür reicht die Zeit nicht."
„Dann eben kalte Milch!"
Monika schloss sich mir an.
Und du, Christiane?"
„Ich möchte Marmeladenbrot."
Tante Gerda und Frieda schmierten unsere Brote und trieben uns an, damit wir beim Essen nicht trödelten. Mutter zog sich unterdessen ihre hohen Absatzschuhe an.
Wenig später kamen wir gerade noch rechtzeitig, bevor die Tür zum Kinosaal geschlossen wurde und das Licht ausging. Das Kino war um diese Zeit fast leer. Die Platzanweiserin führte uns zu unseren Plätzen, sagte aber, dass wir uns auch woanders hinsetzen könnten.
„Danke, mein Fräulein, hier sitzen wir genau richtig", erwiderte Mutter.
„Möchten Sie ein Filmheft haben?"
„Nein, danke, wir haben schon zwei."
Sogleich ging das Licht aus und der Vorspann begann. Monika, Christiane und ich starrten auf die große Leinwand und erwarteten mit Spannung den Anfang des Filmes. Als es

endlich losging, tauchten wir in eine ganz andere, schönere Welt ein, die für jeden von uns unvorstellbar war. Ich begann wieder zu träumen, summte die Lieder mit und meine Füße bewegten sich im Rhythmus der Musik, während sich die Tanzenden auf der Filmbühne bewegten.
Nach fast zwei Stunden hatte die Träumerei ein Ende, als das Licht wieder anging.
„Schade", sagte Monika. „Ich könnte mir den Film gleich noch einmal ansehen, so schön war der." Mir erging es ähnlich. Auch bei einem dritten Kinobesuch würde ich mich keineswegs langweilen. Monika schwärmte von den hübschen Kleidern und den Hüten, die die Frauen im dem Film getragen hatten. In Perleberg gab es so etwas nicht zu kaufen.
Mutter erzählte, dass die Kleider extra für den Film genäht worden seien. „Das ist eine Welt für sich, Kinder, und hat nichts mit dem wirklichen Leben zu tun."
Wir begaben uns zum hinteren Ausgang und standen wenige Sekunden später vor unserer Haustür.
„So, Anna", sagte Tante Gerda, „wir kommen nicht mehr mit zu euch. Wir sehen uns ja morgen und die Kinder müssen früh aufstehen." Mutti nahm ihre Schwester in den Arm und drückte sie an sich. Das war erstaunlich, denn so etwas hatte ich bei ihr noch nie gesehen. Bei Monika und Christiane war es selbstverständlich, wenn Mutter sie zum Abschied umarmte.
Als wir unsere Wohnung betraten, zog Opa sich gerade seinen weißen Kittel an. Meine Mutter schüttelte missbilligend den Kopf. „Vater, wann genießt du endlich dein Rentenalter?

Jedes Wochenende machst du einen auf Toilettenmann, und das bei den paar Groschen, die du verdienst. Ich mache mir wirklich Sorgen um dich!"
Opa winkte ab. „Das brauchst du nicht, Anna. Jeder hat in meinem Alter ein paar Zipperlein, da gibt es Schlimmeres. Außerdem macht es mir Spaß, immer neue Menschen kennenzulernen. Vor allem wenn die Fernfahrer aus dem Westen pinkeln kommen." Opa rieb zwei Finger seiner rechten Hand aneinander, was so viel bedeutete wie: „Die geben West-Pinkelgroschen."
„Vater, wo ist eigentlich Frieda?" Mutter hatte bemerkt, dass sie nicht zu Hause war.
„Auf mein Anraten hin hat sie sich einem Spielekreis angeschlossen", erzählte Opa. „Die Frauen treffen sich jeden Sonntag im Ratskeller auf dem Großen Markt."
Mutter nickte. „Das wurde aber auch Zeit, dass sie sich endlich einen Freundeskreis sucht." Dann wandte sie sich an mich: „So, Doris, und nun sag deinem Opa gute Nacht und gib ihm einen Kuss zum Abschied."
Ich umarmte Opa und er zog mich an sich, wobei seine listigen Augen strahlten. „Bis morgen, Opa, dann gehen wir wieder in den Garten."
Mutter mahnte mich zur Eile, denn sie müsse noch mal weg und hätte etwas zu erledigen. „Du wirst dich gründlich waschen, und danach gehst du sofort zu Bett. Ich stelle dir noch die Schüssel mit heißem Wasser hin. Geh vorher noch rasch aufs Klo! Eine Kleinigkeit zu essen mache ich dir auch noch."
„Aber Mutti, dann bin ich ja ganz alleine in der Wohnung!" Das war bisher zu so später Stunde noch nie vorgekommen.

„Ja und?", entgegnete sie unbeeindruckt. „Dich wird schon niemand klauen. Außerdem bin ich bald wieder zurück." Mutter schmierte mir noch schnell ein paar Stullen, dann zog sie sich ihre bequemen Schuhe an und verließ das Haus.
Wie befohlen, wusch ich mich. Anschließend setzte ich mich an den Tisch, aß die Stullen und trank heiße Milch dazu. Dann legte ich mich ins Bett und blätterte noch einmal das Filmheft durch. Dabei horchte ich bei jedem Geräusch auf, das von draußen hereindrang, in der Hoffnung, Frieda oder meine Mutter käme nach Hause. Auf einmal kroch Angst in mir hoch, als mir bewusst wurde, dass ich ganz allein war.
Als ich eine Hand auf meiner Schulter fühlte, nahm ich an, dass Mutter endlich nach Hause gekommen war. Ich öffnete die Augen und sah tatsächlich in ihr Gesicht. Froh, nicht mehr allein zu sein, atmete ich beruhigt auf.
„Doris, du musst sofort aufstehen!", flüsterte sie. „Und sei ganz leise, damit uns niemand hört."
„Wieso muss ich aufstehen? Frieda und Opa schlafen doch auch noch, oder? Ich bin so müde, Mutti!"
Statt mir meine Fragen zu beantworten, drängte Mutter: „Komm, nun zieh dich an und wasch dir dein Gesicht. Wir werden nach Wittenberge zum Einkaufen fahren."
„Wir könnten doch auch später fahren", murmelte ich.
„Du stehst jetzt sofort auf!", befahl sie mir. „Unterwegs kannst du etwas essen und trinken, ich habe alles eingepackt."
Ich wusste nicht, wie mir geschah, und tat, was mir gesagt wurde.

„Hier, diese Sachen ziehst du dir an. Und beeile dich!" Mutter half mir beim Anziehen und strich mir die Haare glatt. Dann nahm sie ihre große Einkaufstasche und wir schlichen uns aus unserem Zimmer. Vorsichtig, um kein Geräusch zu machen, öffnete sie die Haustür und spähte erst nach rechts und dann nach links. Die Straße war menschenleer. Es musste mitten in der Nacht oder sehr früh am Morgen sein an diesem seltsamen Tag im August des Jahres 1952. Wir liefen bis zum Schuhmarkt, kamen an unserem Laden vorbei und folgten schließlich der Lindenstraße in Richtung Bahnhof. Ausgerechnet jetzt kam uns Gisela, eine von Mutters Freundinnen, entgegen. Sie kam gerade von ihrer Nachtschicht aus Wittenberge. Erstaunt blieb sie stehen, als sie uns sah. „Anna, wo wollt ihr denn um diese Zeit hin?"
Mutter ließ sich nicht beirren und behauptete, sie wolle mit mir nach Wittenberge zum Einkaufen. Gisela wünschte uns einen guten Einkauf, aber ihr Gesichtsausdruck verriet Skepsis.
Wir gingen weiter bis zum Bahnhof und Mutter drehte sich ständig um. Es waren schon etliche Russen unterwegs, für mich war das aber nichts Besonderes. Allerdings machte Mutter einen ängstlichen Eindruck – eine Regung, die ich so gar nicht von ihr kannte.
Auf dem Bahnhof warteten bereits viele Leute auf den Zug, mit dem sie zur Arbeit fahren wollten. Wir stellten uns etwas abseits, sodass wir keinen Kontakt mit den Menschen auf dem Bahnsteig hatten. Mutter erklärte mir, sie kenne viele von denen aus dem Casino. „Ja und?", fragte ich. „Was macht

das schon, wenn die dich ansprechen? Warum hast du denn solche Angst?"

„Kind, das verstehst du nicht." Damit war für Mutter alles gesagt und ich hütete mich, weitere Fragen zu stellen.

Endlich kam mit einem lauten Pfeifen der Zug angefahren und alle drängelten, um einen Sitzplatz zu ergattern. Dicht an dicht standen die übrigen Fahrgäste im Abteil. Für den Schaffner musste es eine Herausforderung sein, jedem eine Fahrkarte zu verkaufen und dabei niemanden zu übersehen. Gott sei Dank standen wir am offenen Fenster. Die Luft im Abteil war unerträglich, außerdem wurde viel zu viel geraucht. Weil ich hungrig und durstig war, fragte ich Mutter, wann es etwas von dem mitgenommenen Proviant gebe. Sie vertröstete mich und versprach, dass wir gleich in Wittenberge seien. Dort sollte ich eine Stulle und etwas zu trinken bekommen. Ihr knurrte ebenfalls der Magen, bestimmt war sie auch hungrig. Um sich die Zeit zu vertreiben, paffte sie mit den anderen Fahrgästen um die Wette.

Der Zug erreichte Wittenberge, ohne dass wir eine Fahrkarte hatten kaufen können. Die Leute drängelten unter Einsatz der Ellenbogen nach draußen und es wurde geschubst, wie ich es noch nie erlebt hatte. Ich verstand nicht, warum es alle so eilig hatten. Mutter nahm meine Hand und rannte mit mir zum anderen Bahngleis, auf dem der Zug nach Berlin stand. Ich schrie: „Mutti, wir sind doch schon in Wittenberge, wo willst du denn jetzt noch hin?" Ohne mir zu antworten, hielt sie meine Hand ganz fest, bis wir den Bahnsteig erreicht hatten und im Zug nach Berlin saßen.

Unsere plötzliche Flucht nach Westberlin

Erschöpft saßen wir im Abteil. Ich erwartete von meiner Mutter eine Erklärung, was das alles zu bedeuten hatte. Wortlos packte sie unsere Stullen und Getränke aus. Ich sagte, dass ich nichts essen wolle, und fragte, warum wir im Zug nach Berlin saßen und nicht, wie versprochen, in Wittenberge einkaufen gehen würden.
„Hör mir gut zu, Doris", begann Mutter, „jetzt kann ich noch mit dir darüber sprechen. Wenn wir nicht mehr allein im Abteil sind, müssen wir uns normal verhalten."
„Was meinst du mit ‚normal verhalten'?" Ich hatte keine Ahnung, was sie meinte.
Mutter steckte sich eine Zigarette an und sagte schließlich: „Wir fahren nach Berlin."
„Aber das dauert doch Stunden, bis wir wieder zu Hause sind!", warf ich ein. Irritiert sah ich sie an und fühlte mich so elendig. Wahrscheinlich fühlte sich meine Mutter in diesem Moment, als zöge ihr jemand die Füße unter dem Tisch weg. Zwischendurch stand sie auf, sah aus dem Fenster und schien darauf zu warten, dass der Zug endlich losfuhr. Sie meinte, ich müsse etwas essen und trinken, also aß ich meine Stullen mit Leberwurst, trank Zitronenlimonade und hoffte, dass wir nicht so spät in Perleberg zurück sein würden.
Als sich die Tür zu unserem Abteil öffnete, bemerkte ich, dass Mutter zusammenzuckte, dabei war es doch nur der Schaffner, der uns fragte, wohin unsere Reise ging. Mutter sagte: „Zwei Mal Berlin hin und zurück." Wir erhielten unsere Fahrkarten, Mutter bezahlte sie und der Schaffner

wünschte uns eine gute Fahrt. Erst jetzt aß Mutter ihre Stullen, von denen sie zu Hause die Rinde abgeschnitten hatte. Ihren Wachszahn hatte sie ja immer noch, und da durfte das Brot nicht so hart sein.

„So, mein Kind, ich muss dir etwas sagen", begann sie nach einiger Zeit. Der Zug hatte sich inzwischen in Bewegung gesetzt. Ich sah sie erwartungsvoll an, in der Hoffnung, dass es etwas Schönes sein würde. „Wir fahren nicht mehr zurück nach Perleberg, wir flüchten in den Westen nach Berlin." Zuerst dachte ich, dass sie Spaß machte. „Aber warum? Das geht doch nicht! Opa, Monika, Christiane, Tante Gerda – die machen sich doch alle Sorgen, wenn wir heute nicht nach Hause kommen! Und meine Lehrstelle als Köchin – was werde ich lernen?"

„Köchin oder etwas anderes kannst du auch in Westberlin lernen", entgegnete Mutter.

Ihre Antwort beruhigte mich jedoch nicht. „Ich will sofort aussteigen, wenn der Zug anhält!", protestierte ich und fing an zu heulen. Am liebsten hätte ich meine Mutter vor lauter Wut und Enttäuschung geschlagen.

„Du, mein Kind, wirst schön bei mir bleiben, oder möchtest du, dass wir beide nach Sibirien gebracht werden?"

Was wusste ich schon von alledem, was Mutter mir erzählte. „Wir können nie wieder nach Perleberg zurück?", fragte ich ängstlich. „Aber ich habe doch nichts Unrechtes getan!"

„Ich auch nicht", entgegnete sie. Ich verstand nicht, was gerade geschah. „Hör mir gut zu: Wenn jemand in unser Abteil kommt, werden wir uns ganz normal verhalten. Und wenn wir gefragt werden, wohin wir fahren, werde ich ant-

worten. Du sagst dann besser gar nichts. Hast du mich verstanden?"
Ich nickte nur. Dann fiel mir ein, dass wir nichts zum Anziehen mitgenommen hatten. Wenn der Zug anhielt, schaute Mutter nach draußen auf den Bahnsteig. Ich fragte sie, warum sie das tat.
„Vielleicht werden wir ja schon gesucht", meinte sie. Mir machte diese Antwort Angst. Plötzlich zog sie aus ihrer großen Tasche einen Briefumschlag heraus, in dem Fotos von unserer Familie waren. „Doris, schau dir die Fotos an. Die wollte ich eigentlich als Andenken mit nach Berlin nehmen, aber das scheint mir dann doch keine gute Idee zu sein. Die würden uns bei einer Kontrolle bestimmt verraten." Sie begann damit, die schönen Fotos in kleine Schnipsel zu zerreißen und diese während der Fahrt aus dem Fenster zu werfen.
Das Abteil füllte sich allmählich mit Reisenden. Ich war so müde! Inzwischen waren Stunden vergangen, seit wir unsere Reise angetreten hatten. Irgendwann erreichten wir Bahnhof Zoo und ich traute meinen Augen nicht, als ich Berlin sah, die hell erleuchteten Straßen, die vielen Autos und die Geschäfte, in denen die schönsten Sachen zum Anziehen lagen. So etwas hatte ich noch nie gesehen! Ich nahm an, dass ich in der nächsten Zeit all dies auch bekommen würde.
Wie es schien, kannte sich Mutter gut in Berlin aus, denn sie ging mit mir auf direktem Weg zur Bahnhofsmission. Ängstlich beäugte ich die vielen Menschen. Wir stellten uns zu einer Gruppe Erwachsener mit kleinen Kindern, die Sack und Pack bei sich hatten. Als wir endlich an der Reihe waren, unterhielt sich Mutter mit dem Personal. Worüber gespro-

chen wurde, das wusste ich nicht. Wir wurden in einen Raum geführt, in dem schon einige andere an einem großen Tisch saßen und sich an dem bereitgestellten Essen bedienten. Wahrscheinlich waren sie ebenso ausgehungert, wie wir es mittlerweile waren. Das Stimmengewirr und das Geschrei der Kinder klang wie ein Bienenschwarm. Nach dem Essen verließen viele der Leute die Bahnhofsmission und machten sich auf den Weg zum Notaufnahmelager nach Marienfelde. Woher wusste meine Mutter, dass es in Marienfelde ein Notaufnahmelager gab? Hatte sie sich während ihrer früheren Reisen nach Berlin über all diese Dinge informiert? Dieses Lager für Flüchtlinge aus der DDR gab es ja erst ab April 1953 und sollte zur größten Herausforderung für Westberlin werden.

Mutter hatte es offenbar nicht eilig, denn wir übernachteten in der Bahnhofsmission. Am nächsten Morgen frühstückten wir nach unserer Morgentoilette mit den anderen, die noch von gestern da waren. Es wurde viel geredet – die Menschen hatten sich einiges zu erzählen. Nur Mutter war vorsichtig und überlegte ganz genau, was sie antwortete, wenn sie gefragt wurde, weshalb sie die DDR verlassen hatte.
Da wir kein Westgeld besaßen, bekamen wir Fahrkarten, damit wir unsere Fahrt mit dem Bus und der S-Bahn fortsetzen konnten. Nach einiger Zeit trafen wir im Notaufnahmelager ein. Hier war die Hölle los! So viele Tausend Menschen mit Koffern, Pappkartons und verschnürten Bündeln hatten wir noch nie gesehen. Sie saßen auf der Erde oder auf ihrem bisschen Hab und Gut, das sie auf ihrer Flucht in den Westen

tragen konnten. Ich sah Schlangen von Menschen, die geduldig auf ihre Aufnahme warteten, und kleine Kinder, die außer Rand und Band waren. Frauen, die ihre Babys aus den Kinderwagen nahmen, stillten und wickelten. Wir stellten uns an das Ende einer langen Menschenschlange, in der Hoffnung, dass wir bis zum Einbruch der Nacht ein Bett zum Schlafen bekamen. Das Aufnahmelager war völlig überlastet, denn mit so vielen Flüchtlingen aus der DDR hatte man wohl nicht gerechnet. Auch die Versorgung der vielen wartenden Menschen war ein großes Problem. Es gab eine Großküche, in der rund um die Uhr gekocht wurde, damit die Wartenden mit Essen und Getränken versorgt werden konnten.

Zusammen mit vielen anderen neu angekommenen Flüchtlingen warteten wir bis zum Abend, ohne dass es für uns weiterging. Da wir keine Sachen zum Wechseln mithatten und Mutter nur einmal Unterwäsche für jeden von uns eingepackt hatte, durften wir uns in der Kleiderkammer, die durch Spenden fremder Menschen ins Leben gerufen worden war, einige Kleidungsstücke aussuchen. In einem großen Schlafsaal wurde uns ein Etagenbett zugewiesen, das wir bis auf Weiteres als unsere Unterkunft betrachten konnten. In der Mitte des Raumes standen Tische, an denen wir gemeinsam mit den anderen Flüchtlingen am Tisch saßen und das Abendbrot, das Mutter für uns geholt hatte, aßen. Wir waren regelrecht ausgehungert und zudem todmüde. Die vielen Menschen waren glücklich, problemlos das Lager erreicht zu haben. Und jeder erzählte seine eigene Geschichte und den Grund für seine Flucht. Mutter beteiligte sich nicht an diesen Gesprächen, weil sie in jedem, dem sie hier begegnete, einen

Spitzel vermutete. Auch mich ermahnte sie ständig, über unsere Flucht zu schweigen. Was hätte ich auch erzählen können? Was wusste ich, was Spitzeldienste waren, oder Spionage, die von meiner Mutter verlangt worden war. Ich verstand das als dreizehnjähriges Mädchen nicht. Für mich war eine Welt zusammengebrochen und ich hatte außer meiner Mutter niemanden mehr.

Ich bekam das obere Bett zum Schlafen. Unsere Kleidung, die mittlerweile sehr schmutzig war, hängten wir in einen Schrank, in dem bereits andere Kleidungsstücke hingen. Jeder schob das mitgebrachte Gepäck unter sein Bett. Wir hatten ja außer Mutters großer Tasche nichts dabei. Im Schlafsaal war keine Privatsphäre möglich. Dass andere dabei zusehen konnten, wenn man sich auszog, musste hingenommen werden. Ich kletterte hinauf in mein Bett, in dem eine braune Wolldecke lag, mit der ich mich zudecken konnte. Mutter erklärte mir, sie müsse morgen sehr zeitig aufstehen, damit wir in Westberlin aufgenommen werden konnten. Ich sei dann den ganzen Tag alleine und würde gewiss rasch Kontakt zu den anderen Kindern finden.

Völlig überfordert von dem, was an diesem Tag auf mich eingestürmt war, lag ich unter meiner Decke, die fürchterlich kratzte. Ich trug nur meine Unterwäsche und dachte: Warum haben die anderen hier im Lager so viele Sachen mitgenommen und wir nicht? Im Schlafsaal war es sehr laut, sodass es schwer war, zur Ruhe zu kommen. Also heulte ich mich in den Schlaf und hatte wahrscheinlich Albträume.

Irgendwann berührte mich jemand am Arm. Es war Mutter, die mich besorgt ansah. „Doris, was ist mit dir los? Du sitzt hier in deinem Bett und sprichst mit dir selbst. Komm, leg dich wieder hin, es wird alles gut."

Am nächsten Morgen herrschte ein regelrechtes Chaos in den Waschräumen und Toiletten, die offenbar nicht für Tausende von Menschen auf der Flucht vorgesehen waren. So mussten auch wir eine ganze Weile anstehen, um uns waschen zu können. Mit einer Körperpflege, wie wir sie kannten, hatte das nichts zu tun. Trotz dieser Umstände waren die Menschen glücklich, in Sicherheit zu sein. Einige der Kinder freuten sich darauf, ab jetzt jeden Tag Schokolade essen zu können. Nachdem wir uns gewaschen hatten, stellten wir uns zu einer Gruppe wartender Menschen, damit wir unser Frühstück bekamen. Zusammen mit den anderen setzten wir uns an den großen Tisch und jeder hoffte, an diesem Tag die nötigen Formalitäten erledigen zu können. Viele erzählten, dass sie Verwandte in Westdeutschland hätten, und Kinder, die auf sie warteten. Auch wir hatten „drüben" Verwandte, die vor uns Perleberg verlassen hatten. Mutter hatte sowieso nicht die Absicht, nach Westdeutschland zu gehen. Ihr Plan war es, in Berlin zu bleiben.

Ich war nun jeden Tag alleine und freundete mich sehr schnell mit den größeren Mädchen und Jungen an. Die kleinen Kinder wurden von geschultem Personal betreut. Für diesen Zweck gab es Räumlichkeiten, in denen Tische, Stühle und Bänke standen. Mit Papier und Buntstiften konnten die Kinder ihrer Kreativität freien Lauf lassen, oder sie beschäftigten sich mit Brettspielen. Die ganz Kleinen hatten eine Spielecke zur Verfügung, in der sie sich beschäftigen konnten. Für das Personal war es gewiss nicht einfach, sich um so viele fremde Kinder zu kümmern, die weinten und schrien, weil sie ihre Eltern vermissten. Vor Erschöpfung schliefen die Kleinen oft auch einfach ein. Bei schönem Wetter konnten sie ihr Essen, das ihnen von den vielen Helferinnen gebracht wurde, im Freien zu sich nehmen. Da saßen sie nun an den braunen Holztischen und löffelten mit großem Appetit Suppe oder etwas anderes aus ihren Blechschüsseln. Wenn die Eltern am Nachmittag oder am Abend zurückkamen, waren sie meist genervt von den vielen Fragen, die man ihnen gestellt hatte, und den unzähligen Formalitäten. Die meisten hatten es sich wohl einfacher vorgestellt, im Westen Fuß zu fassen. Genauso erging es meiner Mutter. Sie erwähnte mir gegenüber, sie glaube nicht, dass wir als politische Flüchtlinge anerkannt würden. Ich fragte sie – naiv, wie ich nun mal war: „Und warum nicht?"

„Ganz einfach", antwortete sie. „Überall – ob bei den Franzosen, den Amerikanern oder den Engländern – wussten sie das schon, was ich ihnen erzählte. Sie haben erwartet, dass ich irgendwelche Fotos vom Russenlager dabeihabe oder Zeichnungen als Beweis, und vieles andere, was du nicht verstehst."

„Mutti, dann könnten wir doch wieder zu unserer Familie nach Hause fahren!" Ich sah sie erwartungsvoll an.

„Mein Kind, ich habe dir doch schon einmal erklärt, dass wir nicht wieder nach Perleberg zurückkönnen, solange sich die Russen in Deutschland aufhalten." Damit sank meine Hoffnung, meine Familie wiederzusehen, auf den Nullpunkt.

Nach über einer Woche endlosen Wartens wurde uns mitgeteilt, dass wir in ein anderes Lager verlegt werden sollten. Es war das Hochheim des Deutschen Roten Kreuzes in der Volkmarstraße in Tempelhof, wo bis zu viertausend Flüchtlinge untergebracht werden konnten. Die Aufnahme war auch hier mit viel Papierkram verbunden. Obwohl wir die Übersiedelung schriftlich hatten, mussten wir uns ausweisen. Auch hier wurden Fotos von uns gemacht. „Wie für eine Verbrecherkartei", lautete Mutters Kommentar. Da wir nicht die einzigen Neuankömmlinge waren, vergingen abermals Stunden des Wartens. Und wieder erwarteten uns ein Schlafsaal mit Etagenbetten und lange dunkle Flure, in denen wir uns anstellen mussten, um etwas zu essen in unsere Blechschüsseln zu bekommen. Das Wort „Blechschüssel" ist bis heute nicht aus meinem Gedächtnis verschwunden. Da fällt mir der Autor Hans Fallada ein. Der Titel seines Buches „Wer einmal aus dem Blechnapf fraß" passte zu unserer Geschichte. Die Schüssel mussten wir nach dem Essen auswaschen, weil wir sie für die nächste Mahlzeit brauchten.

Erneut war ich oft stundenlang alleine, denn Mutti wurde immer noch bezüglich unserer Flucht in den Westen befragt. Wochen und Monate vergingen und inzwischen war es Winter geworden. Warme Bekleidung besorgte uns Mutter aus der Kleiderkammer. Endlich hatten wir Stiefel, Pullover und wärmende Jacken für die Winterzeit.

Ich hatte plötzlich fürchterliche Halsschmerzen, sodass mir das Schlucken schwerfiel. Mutter ging mit mir zur Krankenstation, in der schon viele Menschen saßen und auf eine Behandlung warteten. Nach einer Ewigkeit kam ein Arzt zu mir und sah sich meinen Hals an. Ich heulte mal wieder, als er sagte, es sähe böse aus, meine Mandeln seien vereitert. Er gab Mutter Tabletten für mich mit und etwas zum Gurgeln. Nach draußen an die frische Luft durfte ich nicht gehen, und wenn es nicht besser wurde, sollte ich wiederkommen. In dem Fall würde er mir eine Spritze geben. Ich hörte nur „Spritze" und geriet in Panik. Also schluckte ich brav die Tabletten und gurgelte sogar öfter als die verordneten drei Mal am Tag. Mit einem dicken Schal um den Hals hielt ich mich gemeinsam mit den anderen Kindern die meiste Zeit in unserem Schlafraum auf. Wir spielten Schwarzer Peter oder Halma, es gab aber auch einige Brettspiele. Meine Mahlzeiten bestanden zu der Zeit nur aus Suppe und heißem Tee, den Mutter in einer großen Kanne vom Küchenpersonal mitbekam. Leider wurden meine Halsschmerzen immer schlimmer, sodass ich kaum noch essen konnte. Wir gingen erneut zum Arzt und er wunderte sich, dass es mir noch nicht besser ging. „Hoffentlich hat sich Ihre Tochter nicht mit Diphtherie angesteckt", sagte er zu meiner Mutter. Er pinselte meinen Hals mit einer Flüssigkeit aus, was bei mir einen Brechreiz hervorrief. Als er mir dann noch eine Monsterspritze geben wollte, trat ich die Flucht an und verkroch mich in Mutters Bett. Ich flennte und verfluchte meine Mutter, weil sie mich aus meiner Familie in Perleberg gerissen hatte. Zum ersten Mal spürte ich aber auch, dass sie sich Sorgen um mich machte. Beruhigend sprach sie auf mich ein, verabreichte mir meine Medikamente und sorgte dafür, dass ich jede Stunde gurgelte. Weil ich so gut wie nichts mehr essen konnte, machten sich auch unsere Mitbewohner Gedanken um mich. Eine ältere Frau gab Mutter den Rat, ich solle mit meinem Urin gurgeln. Das sei ein altes Hausmittel, das auch ihr bereits bei bestimmten Krankheiten geholfen habe. „Danke für Ihren gut gemeinten Ratschlag!", sagte Mutter. „Ich werde versuchen, das meiner Tochter zu erklären."

Und was tat man nicht alles, wenn es einem schlecht ging. Tatsächlich ließ ich mich auf dieses Naturprodukt ein. Ich ging zur Toilette und pullerte in einen Becher, der sich in meiner Hand warm anfühlte. Mutter stand neben mir und sagte: „Nun mach schon! Das kann nichts Schlechtes sein, schließlich kommt es aus deinem Körper."

Mit Todesverachtung hielt ich die Luft an und nahm einen ersten Schluck in meinen Mund, um damit zu gurgeln und den Urin anschließend in die die Toilette zu spucken.

„Und?", fragte Mutter. „Wie war der Geschmack?"

„Ach, Mutti, das hat nur etwas salzig geschmeckt."

„Na siehste, das wird dir bestimmt helfen. Und wenn du das drei Mal am Tag machst, brauchen wir vielleicht nicht mehr zum Arzt zu gehen."

Also leerte ich den Becher, und betete, dass es mir bald besser gehen würde.

Nach etwa einer Woche waren meine Schmerzen immerhin erträglich und ich konnte auch fast problemlos wieder essen. Mutter bedankte sich noch einmal bei der alten Frau, die froh war, dass sie uns mit ihrer Empfehlung hatte helfen können.

Anschluss an die anderen Mädchen und Jungen, die ebenfalls tagsüber alleine waren, fand ich rasch, da ich schon immer sehr redegewandt war. Im Lager lernte ich einen jungen Mann kennen, der meine Nähe suchte. Wir verstanden uns gut und trafen uns auch außerhalb des Lagers. Mal spendierte er mir ein Eis oder er lud mich zu einem Getränk ein. Er erzählte mir seine Geschichte und warum er aus der DDR geflüchtet war. Ich hörte interessiert zu, verstand das alles aber nicht. Natürlich erzählte ich meiner Mutter nicht, dass ich mich heimlich mit einem Mann traf. Wahrscheinlich wäre sie ausgerastet. Bei einer unserer Verabredungen fragte er mich, warum wir den Osten verlassen hätten. Ich sprach von Perleberg und von meiner Familie, die ich sehr vermisste, und dass viele Russen bei uns lebten. Als ich ihm unsere Geschichte erzählte, hörte er mir aufmerksam zu, Fragen stellte er jedoch nicht. Natürlich erinnerte ich mich daran, dass Mutti mir verboten hatte, über unsere Flucht zu sprechen, aber das interessierte mich in dem Moment nicht. Ich wunderte mich nur, dass ich den jungen Mann nach einigen Tagen nicht mehr zu sehen bekam. Möglicherweise hatte er seine Anerkennung bekommen und das Lager verlassen. In dem Fall hätte es mich gefreut, wenn er sich von mir verabschiedet hätte.
Einige Tage später wurden meine Mutter und ich aufgefordert, ins Büro der Lagerleitung zu kommen. An mich war ein Brief adressiert, der keinen Absender hatte. Jegliche Post – auch Pakete –, die hier ankamen, wurden geöffnet, bevor sie dem Empfänger ausgehändigt wurden.

„Frau Neumann", begann der Lagerleiter, „an Ihre Tochter wurde ein Brief geschickt, den wir aus Sicherheitsgründen geöffnet haben." Er fragte mich, ob ich einen Mann kenne, der mit Vornamen Heinz heiße. Ich bejahte und erklärte, ich hätte den jungen Mann hier im Lager kennengelernt. An meine Mutter gewandt fuhr der Lagerleiter fort: „Dieser Mann stand auf keiner der Listen für Flüchtlinge, wir haben das überprüft. Weder von seinen Unterlagen noch von seinem Ausweis existiert eine Kopie." Eine Frau las uns den Brief vor, in dem Heinz ein Treffen mit mir vorschlug. Merkwürdig war, dass die besagte Straße in Ostberlin war. Die Lagerleitung hatte Nachforschungen angestellt und herausgefunden, dass der junge Mann vermutlich ein Spitzel war und für die Stasi arbeitete. Ich wurde darüber aufgeklärt, worum es sich bei der Stasi handelte.

Mutter, die zunächst entsetzt war, reagierte sauer. „Du konntest mal wieder deine Klappe nicht halten!", warf sie mir vor. „Und das, obwohl ich dich gewarnt habe, nichts über unsere Flucht zu erzählen. Nicht auszudenken, wenn du dich heimlich mit dem getroffen hättest! Bei dir weiß man ja nie, was so in deinem Kopf rumschwirrt. Die hätten mich mit dir erpresst, dass ich in den Osten zurückkomme. Höchstwahrscheinlich wäre ich im Gefängnis gelandet oder nach Sibirien in ein Straflager gekommen. Dich hätte man in einem Heim oder bei Pflegeeltern untergebracht."

Es war das erste Mal, dass ich mich bei meiner Mutter entschuldigte.

Die Befragung in Bezug auf unsere Flucht ging für meine Mutter am nächsten Tag weiter. Ich war bis spät am Abend alleine und wusste nicht, was ich mit mir anfangen sollte. Die ganze Zeit über hielt ich mich im Haus auf oder auf dem großen Gelände, wie die meisten Flüchtlinge, und fand es entsetzlich langweilig. Also erklärte ich mich bereit, dem Vorschlag der Lagerleitung zu folgen und an einem Strickzirkel teilzunehmen, wie es viele der Mädchen im Lager taten. Dafür, so hieß es, bekäme ich im Monat 15 Westmark. Da ich ja in der Schule das Stricken gelernt hatte, freute ich mich, mein eigenes Geld zu verdienen. Im Hinterkopf hatte ich ein Paar Schuhe mit Kreppsohlen, die ich mir demnächst endlich kaufen konnte. Wir waren eine lustige Truppe von jungen Mädchen, die unter Anleitung einer Frau Topflappen und Schals strickten oder häkelten. Einige wagemutige Mädchen lernten, wie man Socken strickte. Die fertigen warmen Sachen wurden dann an bedürftige Menschen gespendet. Endlich hatte ich eine Beschäftigung, die mir auch noch Spaß machte.

Ich weiß nicht, warum meine Mutter jeden Abend so spät ins Lager kam und weshalb wir so lange auf unsere Anerkennung warten mussten. Die meisten Flüchtlinge konnten schon nach einigen Tagen oder Wochen das Lager verlassen. Sie wurden nach Westdeutschland ausgeflogen – entweder zu ihren Verwandten oder in Unterkünfte –, bis für die Familien eine passende Wohnung gefunden worden war. Wir verbrachten nun schon Monate hier und immer weitere Flüchtlinge trafen ein.

Ein Erlebnis verfolgt mich bis heute. Ein älterer Herr kam als Flüchtling zu uns in die Volkmarstraße. Er litt an Verfolgungswahn und drehte sich ständig um, weil er vermutete, die Stasi sei hinter ihm her. Eines Tages ging plötzlich ein Schrei durch das große Gebäude. Der ältere Herr hatte sich in der vierten Etage aus dem Fenster gestürzt. Wir rannten nach unten und sahen ihn auf der Straße liegen. Sein Kopf war blutig und aufgeplatzt. Ich stand da wie angewurzelt und zitterte am ganzen Leib. Als meine Mutter am Abend ins Lager kam, lag ich im Bett und heulte. Unsere Mitbewohner klärten sie darüber auf, was passiert war. Mutter versuchte mich zu trösten, doch ihre Worte konnten mich nicht beruhigen.

Die Warterei auf unsere Anerkennung sollte noch einige Monate andauern. Inzwischen stand Weihnachten vor der Tür. Die Räumlichkeiten wurden festlich geschmückt und an Heiligabend sollte es ein Weihnachtsessen für die Flüchtlinge geben. Voller Vorfreude zählten wir die Tage, bis es endlich so weit war. Die Aufregung, insbesondere bei den vielen Kindern, war grenzenlos, als wir den großen Saal betraten. Meterlange Tische und Bänke waren aufgestellt worden und alles war wunderschön dekoriert. Das Personal hatte alle Hände voll zu tun, um uns die Plätze zuzuweisen und für einen gesitteten Ablauf zu sorgen. Die Tische waren mit Tellern und Besteck, Gläsern und Getränken eingedeckt. Ich überlegte, wie lange es her war, dass Mutter und ich von einem richtigen Teller gegessen hatten. Außerdem erhielten alle einen bunten Pappteller mit Süßigkeiten. Das war das Schönste für die vielen Kinder und natürlich auch für mich. Ich bewunderte den großen Weihnachtsbaum und die brennenden Kerzen und hätte schon wieder heulen können, weil ich an mein Zuhause dachte. Mutter machte an diesem Abend eher einen in sich gekehrten Eindruck. Sie gab mir einen Kuss auf die Wange und drückte unter dem Tisch meine Hand. Für einen Moment legte ich meinen Kopf an ihre Schulter. Hier im Saal war es alles andere als leise oder andächtig, schließlich waren die vielen kleinen Kinder in ihrem Temperament nicht zu bremsen. Von den schönen Weihnachtsliedern war deshalb kaum etwas zu hören. Irgendwann rief jemand: „Ruhe bitte!", und die Musik hörte auf zu spielen. Ein Mann trat in den Saal, ging nach vorne und nahm auf einem Podest Aufstellung. Nachdem er sich uns mit Namen vorgestellt hatte, hielt er eine Rede, begrüßte uns freundlich und wünschte uns ein schönes Weihnachtsfest. Ich weiß nicht mehr, was er uns alles über das Haus, die Organisation und die freiwilligen Helfer erzählte. Ohne sie hätte eine so große Unterkunft für Flüchtlinge gar nicht erbaut werden können. Der Mann sprach auch über die vielen Kleider- und Sachspenden, die einen solchen Abend erst ermöglichten. Für die Menschen hier im Raum hatte die Rede nicht viel Gewicht. Sie waren mit ganz anderen Gedanken beschäftigt und atmeten auf, als sich der Redner verabschiedete. Auch ich dachte damals: Wann hört der endlich auf zu reden? Aus heutiger Sicht ist das, was der Westen damals geleistet hatte, einen Nobelpreis wert.

Dann gab es endlich etwas zu essen. Die vielen Helferinnen und Helfer gingen mit großen Schüsseln voll Kartoffelsalat von Tisch zu Tisch. Wir reichten ihnen unsere Teller, auf den sie je eine Kelle von dem Salat gaben. Auf Wagen wurden Töpfe transportiert, in denen heiße Würstchen schwammen.

Allmählich wurde es still im Saal und nur das Klappern des Bestecks war noch zu vernehmen. Nach einer Weile hörte ich auch wieder die Weihnachtslieder aus den Lautsprechern. Ich kannte jedes der Lieder und summte sie leise mit.
Nach dem Essen wurde das Geschirr abgeräumt und der Saal verwandelte sich in eine Qualmwolke, weil die meisten Erwachsenen genüsslich Westzigaretten rauchten. Auch Mutter qualmte mit den anderen um die Wette. Ich fragte mich, wo sie immer das Geld herhatte.
Schließlich brach großer Jubel aus, denn auf einmal kamen etliche Weihnachtsmänner in den Saal, die ihre Gesichter hinter einer Maske verbargen und lauter hübsch eingepackte Geschenke verteilten.

Das Lagerleben holte uns schon bald wieder ein. Es vergingen Wochen und Monate, ohne dass es für Mutter und mich voranging. Inzwischen war es Anfang März und mein vierzehnter Geburtstag stand bevor. Von meinem zusammengesparten Geld wollte ich mir bei Schuh Wieland ein Paar gelbe Slipper mit Kreppsohlen kaufen. Leider gab es diese nicht in Größe 38. Also probierte ich sie eine Nummer kleiner an. Ich dachte, es würde gehen, wenn ich meine Zehe etwas krumm machte. Die Verkäuferin konnte mich nicht von meiner Wahl abbringen und ich bestand darauf, die viel zu kleinen Schuhe zu kaufen. Ich hatte doch nur fünfzehn Mark zur Verfügung und konnte mir keinen der teureren Schuhe leisten, aber das sagte ich ihr nicht. Also kaufte ich die Schuhe und behielt sie auch gleich an. Meine Sandalen legte die Verkäuferin in den Schuhkarton, den sie mir mitgab. Über-

glücklich verließ ich das Geschäft und fand mich todschick. Ich humpelte mehr, als dass ich gehen konnte, bis zur Volkmarstraße. Im Lager angekommen, taten mir die Zehen so weh, dass ich die Schuhe am liebsten in die Ecke gedonnert hätte. Aber ich hatte ja mal wieder nicht hören können. Wie heißt es doch so schön: Wer nicht hören will, muss fühlen.
Als ich unser Schlafraum betrat, war Mutter schon da, was mich sehr erstaunte, zumal sie doch sonst erst am Abend zurückkehrte. Sie saß am Tisch, rauchte und unterhielt sich mit den neu eingetroffenen Flüchtlingen. Als sie mich sah, stellte sie mich den anderen vor und nahm mich übertrieben freundlich in den Arm. „Wo bist du gewesen, mein Kind? Ich habe mir Sorgen gemacht, dass dir etwas passiert sein könnte. Als auf mein Nachfragen hin niemand hier wusste, wo du warst, wuchs meine Angst um dich. Doris, du weißt, dass ich mir Gedanken mache, wenn du dich außerhalb des Lagers aufhältst. Und denk an den Brief! Du weißt doch, was ich meine!"
„Ja", entgegnete ich knapp, „den hab ich nicht vergessen."
„Und was hast du gemacht?", bohrte Mutter weiter. „Warum warst du nicht im Lager?"
„Schau, Mutti, ich habe mir von meinem Geld diese Schuhe gekauft." Stolz hob ich ein Bein hoch.
„Ach, Kind, findest du die Schuhe etwa schön? Ausgerechnet dieses Gelb musste es sein? Das passt doch gar nicht zu deinen Sachen."
Ich erklärte ihr, dass es für die mir zur Verfügung stehenden fünfzehn Mark nur diese gelben Slipper mit Kreppsohle gegeben hatte.

„Du musstest ja auch alleine losziehen, anstatt mir etwas von deinen Plänen zu erzählen. Ich hätte dir garantiert andere Schuhe gekauft."
„Du bist ja nie hier, ganz anders als die anderen Leute. Die gehen sogar mit ihren Kindern ins Kino, nur ich hänge hier immer alleine rum."
„Du hast recht, mein Kind", gab Mutter zu. „Das holen wir alles nach, wenn wir hier raus sind."
Genervt rollte ich mit den Augen. „Sag nicht immer ‚Kind' zu mir!", protestierte ich. „Opa Max hat irgendwann einmal zu mir gesagt, dass ich erwachsen und kein Kind mehr bin, sobald ich die Schule verlasse." Ich schluckte, weil mich die Erinnerungen an Zuhause wieder einholten. „Ich habe solche Sehnsucht nach Opa, Monika und Christiane. Sie fehlen mir so sehr!"
„Glaub mir, sie fehlen mir auch", beteuerte Mutter, „aber unsere Situation ist nun einmal so, wie sie ist, und wir müssen das Beste daraus machen. Du siehst doch, wie viele Menschen ihre Heimat verlassen haben, um glücklich im Westen leben zu können. Nur du bist ständig am Rumjammern. Wenn du dich erwachsen fühlst, dann verhalte dich auch so!"
Nur gut, dass noch niemand das Gedankenlesen erfunden hatte. Jedenfalls hielt ich lieber meine vorlaute Klappe. Da es Essenszeit war, stellten wir uns mit unseren Schüsseln zu den anderen Wartenden, die mal wieder diskutierten, weshalb die Anerkennung so lange dauerte. Wenn sie dann von meiner Mutter hörten, wie viele Monate wir schon im Lager verbrachten, waren sie beunruhigt und hofften, dass es bei ihnen schneller gehen würde.

Das tägliche Einerlei begleitete uns nun schon fast ein Jahr. An meinem Geburtstag, am 16. März, waren wir immer noch im Lager! Mutti weckte mich und gratulierte mir. Sie sagte, ich solle mich waschen gehen, sie hätte für mich eine Überraschung. Mit meinem Waschbeutel unter dem Arm ging ich im Nachthemd in den Waschraum, nur um festzustellen, dass wieder einmal jedes Waschbecken besetzt war. Frauen wuschen ihre Kinder, was nicht ohne Geheule, Geschrei und Schläge vonstattenging. Für mich war das nach all den Monaten nichts Neues. Geduldig wartete ich, bis ein Waschbecken frei wurde. Die Männer hatten Gott sei Dank einen eigenen Waschraum.

Als ich ins Zimmer zurückkam, hatte Mutter für uns schon das Frühstück geholt. Ich schielte hinüber zum Tisch und sah auf meinem Platz ein ziemlich großes buntes Paket liegen. Als ich mir die Sachen vom Vortag angezogen hatte, kämmte Mutti mir das lange Haar und band es zu einem Pferdeschwanz. „So, junges Fräulein, jetzt können wir gemeinsam frühstücken!"

Ich setzte mich an den Tisch und Mutter zeigte auf das Geschenk. „Das ist für dich", sagte sie. „Ich hoffe, es gefällt dir."

Jetzt war ich aber gespannt! Behutsam wickelte ich mein Geburtstagsgeschenk aus und freute mich riesig. Es waren neue Sachen zum Anziehen. Endlich eine schicke weiße Hose und ein blauer Pullover mit weißen Pünktchen. Mutter hatte sogar an ein Nachthemd und an Unterwäsche gedacht! Und an Schokolade, die es eher selten bei uns gab. „Danke, Mutti, ich freue mich ganz doll darüber", sagte ich schwärmerisch und gab ihr einen Kuss. Auch unsere Mitbewohner wünschten mir zu meinen vierzehnten Geburtstag alles Gute. Ich hätte heulen können und verfluchte insgeheim die ganze Welt, ebenso wie meine Mutter, die es sicher nur gut mit mir meinte. Wahrscheinlich gab sie auch nur nach außen die starke Frau und litt ähnlich wie ich, wenn sie an unser Zuhause dachte.

Ich ging auch weiterhin zum Strickkurs. Mutter war immer noch täglich bis in die Abendstunden unterwegs und ich nahm an, dass sie sich um unsere Anerkennung kümmerte. Eines Tages kam sie schon am Nachmittag ins Lager zurück und machte einen zufriedenen Eindruck. Sie zog irgendwelche Papiere aus ihrer Tasche und erzählte mir, wir seien anerkannt worden. Politische Gründe hätten keine Rolle gespielt. Mir war das egal – ich wusste ja nicht, was das alles zu bedeuten hatte. Mutter sagte, wir könnten vorerst in Berlin bleiben, müssten aber damit rechnen, eines Tages nach Westdeutschland ausgeflogen zu werden. Im selben Atemzug erfuhr ich, dass wir morgen aus dem Lager ausziehen würden.
„Aber Mutti", protestierte ich, „wie soll das gehen? Wir haben doch gar keine Wohnung! Wo werden wir leben? Und Geld haben wir auch keines!"
„Mach dir darüber keine Sorgen", beschwichtigte sie mich. „Das habe ich alles schon geregelt. Wir werden nach dem Frühstück abgeholt. Ich habe einen Mann kennengelernt, der hier in der Nähe bei einer Elektrikfirma arbeitet. Er heißt Harry Thomalla und kommt aus Chemnitz, wo seine Familie lebt. Er wohnt zurzeit in Schöneberg bei einem alten Herrn,

der Zimmer vermietet, seit er Witwer ist." Mir konnte das nur recht sein. Endlich wendete sich unser Leben zum Guten!

Nachdem wir uns am Morgen gewaschen hatten, frühstückten wir gemeinsam mit unseren Mitbewohnern, die sich mit uns freuten, dass für uns das Lagerleben nach fast einem Jahr ein Ende hatte. Wir nahmen uns gegenseitig in den Arm und wünschten uns für die Zukunft alles Gute. Die Tasche mit den Kleidungsstücken hatte Mutti schon am Abend gepackt. Sie sagte zu mir, dass sie als Erstes meinem Opa Max einen langen Brief schreiben wolle, damit er uns unsere Kleidung schickte. Auch die Mitarbeiter im Büro des Lagers freuten sich, dass Mutter und ich nach so langer Zeit ein neues Leben anfangen konnten. „Frau Neumann, wir wünschen Ihnen alles Gute. Sie gehören zu den Bewohnern, die am längsten in unserem Haus waren." Sie händigten meiner Mutter noch irgendwelche Unterlagen aus und baten sie, den Empfang schriftlich zu bestätigen.

Nun war Aufatmen angesagt. „Endlich haben wir das alles hinter uns", sagte Mutter, nachdem wir das Büro verlassen hatten. „Jetzt beginnt wieder einmal ein neuer Lebensabschnitt für uns beide." Es war Anfang April, als wir die Volkmarstraße herunterliefen. Eilig kam uns ein großer Mann entgegen. Ich fand, seine Schritte sahen irgendwie komisch aus. Er trug eine leichte beige Jacke und unter seinem Arm klemmte eine braune Ledertasche. Als er schließlich vor uns stand, sagte er zu Mutter: „Entschuldige, Anna, ich wollte schon früher kommen, aber leider ist mir etwas dazwischengekommen." Er küsste sie auf den Mund und ich sah ihm schockiert dabei zu.

„Und du bist also Doris", sagte er zu mir. „Deine Mutter hat mir schon viel von dir erzählt." Er gab mir die Hand und fuhr fort: „Ich heiße Harry Thomalla, du kannst einfach Harry zu mir sagen." Ich fand, dass seine Begrüßung außerordentlich freundlich war. Jetzt wurde mir klar, warum Mutter jeden Tag so spät ins Lager zurückgekommen war: Sie hatte sich einen neuen Liebhaber angeschafft!

Wir fuhren nach Schöneberg in die Hohenfriedbergstraße. Im Haus Nummer 2 bewohnte Harry in der vierten Etage ein Zimmer. Es war ein altes Haus, das über keinen Fahrstuhl verfügte, sodass wir die Treppen hinaufsteigen mussten. Oben angekommen, schloss er die Wohnungstür auf und ich stellte fest, dass wir bereits erwartet wurden. Ein alter, kleiner, zerbrechlicher Mann, der am Stock ging, hieß uns freundlich in unserem neuen Zuhause willkommen. Er sagte, sein Name sei Joachim Friedrich und er freue sich, neue Untermieter zu haben. Zum Gruß reichte er uns seine knöcherne Hand. Nachdem er unsere Jacken an der Garderobe aufgehängt hatte, zeigte uns Herr Friedrich das Zimmer in dem wir wohnen würden. Es war das ehemalige Schlafzimmer der Eheleute, bevor seine Frau verstorben war. Ein großes Zimmer, in dem immer noch die Ehebetten und sehr altes Mobiliar standen. Heutzutage würde man dazu „Antikmöbel aus Großmutters Zeiten" sagen. Uns war es egal. Endlich hatten wir nach so langer Zeit ein richtiges Bett zum Schlafen, da hätte ich mich am liebsten gleich reingekuschelt. Die Wohnung hatte vier Zimmer und alles stank ent-

setzlich nach Zigarettenqualm. Der Verursacher war der Hausherr persönlich, wie ich im Laufe des Tages erfuhr. Harry rauchte anscheinend nicht. Dann zeigte uns Herr Friedrich die anderen Räumlichkeiten. Da war zunächst das Zimmer, in dem er schlief. Dann ein weiteres Zimmer, das sehr groß war und in dem eine Schrankwand voller Bücher stand. Hier gab es sogar ein Fernsehgerät, das für mich eine ganz neue Welt darstellte. In Perleberg hatten wir gerade mal ein Radio gehabt, ebenso wie ein Grammophon, auf dem wir uns die alten Schlager von Zara Leander, Johannes Heesters und anderen bekannten Interpreten anhören konnten. Ich liebe bis heute diese alten Grammophone mit ihrem großen Trichter.
Das Schönste für uns war natürlich das Badezimmer. Endlich konnten wir uns wieder unbehelligt und in aller Ruhe gründlich waschen.
Während wir uns umsahen, bereitete der alte Mann in der Küche Kaffee vor. Harry zeigte uns derweil sein Zimmer, das sehr spärlich eingerichtet war. Er sagte, mehr bräuchte er nicht zum Leben, zumal er sowieso nicht für immer in Berlin bleiben würde. Schließlich lud uns Herr Friedrich zu sich in sein Wohnzimmer ein, in dem bereits der Tisch gedeckt war. Sogar ein großer Teller mit Butterkuchen stand bereit. Mir lief das Wasser im Mund zusammen. Herr Friedrich machte eine einladende Handbewegung und sagte, wir sollten uns bei ihm wie zu Hause fühlen. Mutti bedankte sich für seine Freundlichkeit und dafür, dass wir bei ihm wohnen durften. Wir nahmen an dem großen, runden Tisch Platz und Mutter übernahm sogleich die Hausfrauenpflichten, indem sie zu-

nächst dem alten Herrn und danach Harry und sich Kaffee einschenkte. Schließlich fragte Herr Friedrich Mutter Löcher in den Bauch und sie gab bereitwillig Auskunft. Dabei achtete sie darauf, nur das zu sagen, was sie preiszugeben beabsichtigte. Ich ließ mir währenddessen den herrlichen Kuchen schmecken.

Nachdem die Kaffeetafel beendet war, räumten Mutter und ich das Geschirr ab und wuschen es in der Küche ab. Unsere paar „Habseligkeiten", wie Mutter unsere Sachen nannte, hängte sie in den Kleiderschrank, in dem es fürchterlich nach Mottenkugeln stank. Im Schrank hing noch die Bekleidung von Herrn Friedrichs verstorbener Frau, von denen er sich offenbar bisher nicht hatte trennen können.

Mutter seufzte. „Wir beide sind wirklich ein paar arme Schlucker", sagte sie und wir ließen uns auf das große Bett fallen. Es klopfte an der Tür, die sich im selben Moment öffnete. Unser Vermieter blieb im Türrahmen stehen und fragte meine Mutter: „Wann kommen denn Ihre anderen Sachen? Sie hatten ja bloß die eine Tasche bei sich."

„Wir haben leider keine weitere Garderobe zum Anziehen", antwortete Mutter. „Ich muss erst meinem Vater schreiben und ihn bitten, dass er uns unsere Sachen schickt."

Herr Friedrich erwähnte die Bekleidung, die wir im Schrank entdeckt hatten. Diese stamme von seiner Frau, die seit mehr als zehn Jahren tot sei. Wir könnten uns davon etwas nehmen, wenn die Größe passte. Mutter sah mich vielsagend an. „Der spinnt wohl!", sollte ihr Blick vermutlich heißen. An Herrn Friedrich gewandt sagte sie: Das ist sehr nett von Ihnen! Wir werden sehen, ob uns davon etwas passt." Dann hinkte er an seinem Krückstock wieder hinaus.

„Wir können uns die Klamotten ja mal ansehen", überlegte Mutter. „Vielleicht ist wirklich etwas dabei, das uns passt. Wir könnten damit die Zeit überbrücken, bis Opa uns unsere Sachen geschickt hat.

Ich rümpfte die Nase. „Aber Mutti, die Kleider stinken doch so!"

Sie winkte ab. „Das ist kein Problem. Wir können die Sachen zur Reinigung geben, dann riechen sie nicht mehr." Sie erhob sich vom Bett und trat an den Schrank. „Also los, fangen wir an!" Und öffne bitte das Fenster, sonst wachen wir morgen früh vor lauter Gestank nicht mehr auf."

Wir hüteten uns, die Kleidung aufs Bett zu legen. Stattdessen nutzten wir die Stühle. Ein Kleidungsstück nach dem anderen zog Mutter aus dem Schrank. Wie schrecklich die aussahen! Mutter meinte, solche Scheißklamotten würde sie niemals tragen. „Hier, Doris", sagte sie nach einer Weile, „probiere doch mal diesen blauen Wollmantel an, der wird dir bestimmt gut stehen." Widerwillig kam ich ihrer Aufforderung nach. „Na also, für den kommenden Winter, bist du wenigstens gut versorgt." Ich fand den Mantel beschissen, denn er war für eine alte Frau, aber nicht für ein junges Mädchen wie mich. Dieser Mantel war schließlich die einzige Ausbeute und Mutter sagte: Ich gehe zu Herrn Friedrich. Er muss all die Sachen unbedingt woanders unterbringen."

In diesem Moment kam Harry herein. „Wie stinkt es denn bei euch?", fragte er.

„Hier, mein Lieber, riech mal! Das sind die Sachen von der verstorbenen Frau Friedrich. Sie stinken fürchterlich nach Mottenkugeln. So kann man hundert Jahre alte Klamotten retten. Für Doris habe ich einen Mantel ausgesucht. Alles andere gehört im Grunde in den Müll. „Wartet einen Moment, ich bin gleich wieder da." Und schon war sie aus dem Zimmer.

Es dauerte nicht lange, da kam Mutter mit Herrn Friedrich zurück. Er bot uns an, die Garderobe seiner Frau in dem großen Kleiderschrank in seinem Zimmer unterzubringen, da sei noch genügend Platz.

„Danke, Herr Friedrich." Mutter atmete auf. „Harry, hilfst du uns mal!"

„Ja klar, mach ich doch gerne."

Unser alter Herr dackelte voraus und wir folgten ihm in sein Zimmer. Umgeben von dem Gestank von Mottenkugeln hängten wir die Kleidungsstücke in den Schrank, in dem diese wahrscheinlich auch noch Herrn Friedrich überlebten. Noch einmal bot er uns an, dass wir uns jederzeit an den Sachen bedienen könnten.

Mutter bedankte sich höflich und ergänzte: „Sagen Sie doch einfach Anna zu mir, immerhin wohnen wir jetzt zusammen."

„Und ich bin für Sie Joachim."

Harry griente mich an und Mutter hatte wieder ein Herz erobert.

Als Nächstes gab es Abendbrot. Anschließend sollte ich die Erste sein, die in die Wanne gehen durfte. Harry brühte in der Küche Tee auf und bereitete einen Teller mit Stullen vor.

Während wir zusammensaßen, wurde besprochen, was in den nächsten Tagen zu erledigen sei. Wieder hörte ich ohne Interesse zu, schließlich war ich mit meinen vierzehn Jahren für all diese Dinge nicht zuständig. Das Einzige, was mich interessierte, war die Frage, wann ich eine Lehrstelle bekommen würde. Also fragte ich: „Und was wird mit mir? Wann beginne ich meine Lehre?"
Mutter druckste herum: „Weißt du, Doris, das ist ein großes Problem für uns."
„Warum?", wollte ich wissen. „Das verstehe ich nicht!"
„Ganz einfach", antwortete Mutter. „Weil wir nur eine Aufenthaltsgenehmigung besitzen und keinen Pass bekommen werden. Morgen gehe ich als Erstes zum Einwohnermeldeamt und anschließend zur Polizei, um uns anzumelden. Auch zum Sozialamt, damit wir Unterstützung bekommen. „Wovon sollen wir sonst leben? Ich habe keine Arbeit. Soviel ich von anderen Leuten erfahren habe, erhalten wir von der Stadt eine Unterstützung, bis ich Arbeit gefunden habe."
Harry nickte bestätigend.
Unwissend, wie ich war, sagte ich: „Harry, du wohnst doch auch hier!"
Er nickte. „Das ist richtig. Mein eigentlicher Wohnsitz ist Chemnitz, aber ich habe einen Arbeitsvertrag, der es mir erlaubt, hier zu arbeiten. Viele Leute verdienen ihr Geld im Westen und wohnen ganz woanders. Doch das ist eine komplizierte Angelegenheit, die ich nicht weiter erklären möchte."
„Ach so, das wusste ich nicht", murmelte ich. Dann sah ich erst Harry und anschließend Mutter an. „Und was soll ich

eurer Meinung nach den ganzen Tag alleine anfangen? Ohne Freunde und ohne meine Cousinen? In Perleberg war alles so schön!" Ich fing an zu weinen, denn ich war todunglücklich.
Harry nahm mich in den Arm und versuchte, mich zu trösten. „Du und deine Mutter, ihr müsst jetzt erst einmal Berlin kennenlernen. Setzt euch in den Bus oder fahrt mit U- oder S-Bahn, und wenn ihr etwas nicht wisst, sprecht einfach jemanden an und fragt nach. So lernt ihr Berlin am besten kennen. Und am Wochenende, wenn ich frei habe, gehen wir gemeinsam in den Zoo – das ist ganz in der Nähe vom Kurfürstendamm und dem Tauentzien." Er lächelte mich an. „Bist du damit einverstanden?"
Ich schniefte und nickte gleichzeitig.
„So, Tochter, jetzt aber ab in die Wanne!", bestimmte Mutter. „Ich lass dir das Wasser ein und hole uns Handtücher. Zieh dich ruhig schon aus, ich bin gleich wieder da."
Da stand ich wenig später im Bad, ein Mädchen, das für sein Alter gut entwickelt war. Als Mutter kam, lag ich bereits in einem herrlichen Schaumbad, wie ich es an diesem Tag zum ersten Mal erlebte. Mutti setzte sich zu mir auf den Wannenrand und fragte: Soll ich dich abseifen?" Ich stimmte ihrem Vorschlag zu, obwohl ich mich schämte. Kurzerhand stand ich auf und sie begann, mich regelrecht abzuschrubben. „Deinen Intimbereich kannst du dir selbst waschen." Sie schaute kurz weg und ich wusch mir meine „Muschi", wie Mutter es nannte. Irgendwann sagte sie, dass sie mit mir zu einem Frauenarzt gehen müsse, weil ich nur ein einziges Mal mit zwölf Jahren meine Regel bekommen hatte. Ich nickte nur stumm. Was hätte ich auch sagen oder fragen sollen?

Zum Schluss wusch Mutter mir die Haare, die es wirklich nötig hatten. Die Zopfzeit war für mich schon seit Längerem vorbei. Ich trug jetzt einen modischen Pferdeschwanz wie die meisten Mädchen in meinem Alter. Soweit es ging, rubbelte sie anschließend mein Haar mit einem Frottiertuch trocken. Als sie mich dann auch noch in das große Bett brachte, kam ich mir vor wie die Prinzessin auf der Erbse aus meinem Märchenbuch. Mutter küsste mich, was sie sonst nie tat, und wünschte mir eine gute Nacht. Sie sagte, sie würde jetzt auch in die Wanne gehen.

Ich fühlte mich geborgen in meinem neuen Bett und kuschelte mich so richtig ein. Es war ein aufregender Tag gewesen und ich versank bereits nach kurzer Zeit in einen tiefen Schlaf.

Ich hatte nicht bemerkt, ob und wann Mutter ins Bett gekommen war. Am nächsten Morgen erweckte das Bett neben mir den Anschein, nicht benutzt worden zu sein. Die Kissen lagen noch – oder schon wieder – genauso ordentlich da wie am Abend zuvor. Vielleicht hatte Mutter bei Harry übernachtet, was gut möglich war, schließlich war er ja ihr neuer Liebhaber. Im selben Augenblick musste ich an das Schlüsselloch denken und an die schrecklichen Sachen, die ich damals in Perleberg gesehen hatte.

Verschlafen stand ich auf, weil ich aus der Küche Geräusche vernahm. Ich ging hinüber, und wünschte Mutter und Herrn Friedrich einen guten Morgen. Die beiden waren damit beschäftigt, das Frühstück zuzubereiten. Der alte Mann fragte mich, ob ich gut in seinem Bett geschlafen hätte.

„Und wie!", schwärmte ich. „Nicht einmal in einem Himmelbett hätte ich besser schlafen können."

„Das freut mich sehr, ihr seid ja jetzt meine Familie!" Herr Friedrich lächelte. „Ich habe sonst niemanden mehr. Meine Geschwister sind alle vor mir in den Himmel gegangen."

Der alte Mann tat mir leid, aber den Himmel hätte er nicht zu erwähnen brauchen, weil ich ja in dieser Hinsicht eine andere Meinung vertrat.

„Mutter trieb mich zur Eile an. „Geh bitte ins Badezimmer und wasch dich. Ich muss nach dem Frühstück gleich los wegen unserer Papiere. Wir wollen doch mal sehen, ob uns finanzielle Unterstützung zusteht."

„Aber Anna, ich bin doch auch für euch da!", warf Herr Friedrich ein. „Macht euch keine Sorgen wegen des Geldes. Ich ging ins Bad und seifte alles ab, was ich für nötig hielt. Gebadet hatte ich ja gestern. Mit meiner langen Hose und meinem blauen Pulli mit den weißen Pünktchen setzte ich mich neben unseren Vermieter. Vom Alter her hätte er mein Opa sein können. Wir wären dann eine ganz normale Familie, kam es mir in den Sinn. „Wo ist eigentlich Harry?", fragte ich.

„Na du kannst Fragen stellen!", antwortete Herr Friedrich. „Er muss doch arbeiten und hat deshalb das Haus schon um 6 Uhr verlassen."

Ich ließ mir mein Frühstück schmecken. Es gab jede Menge Wurst und Käse und ich aß so viel wie noch nie. Natürlich musste Mutter sich einmischen: „Doris, halt dich etwas zurück, sonst wirst du zu dick!" Peng, diese Bemerkung hatte

gesessen! Mir blieb der Bissen im Halse stecken. Der alte Herr schmunzelte vor sich hin und tätschelte meinen Arm.
Mutter sagte, sie müsse dann los. „Den Tisch kannst du abräumen, Doris, und am besten auch gleich abwaschen, damit dir keine langweilig wird. Ich bin wahrscheinlich die ganze Woche unterwegs und freue mich auf den Tag, an dem ich alles erledigt habe. Im Kühlschrank liegen Würstchen, die könnt ihr euch heute Mittag warm machen. Ich weiß nicht, wann ich zurück sein werde. Also tschüss, ihr beiden, bis später!" Und weg war sie.
Ich begann, den Tisch abzuräumen. Die Reste vom Frühstück stellte ich in den Kühlschrank. Herr Friedrich saß am Tisch und paffte eine Zigarette. Nach einer Weile erhob er sich und sagte, er wolle in sein Zimmer gehen, um seine Zeitung zu lesen, die ihm jeden Tag vor seine Tür gelegt werde.
Als ich nach Erledigen der Küchenarbeit sein Zimmer betrat, hielt er ein dickes Buch in den Händen. Offenbar las er darin. Nebenbei lief das Fernsehgerät, das mich faszinierte. Ich kannte so etwas nur aus den Geschäften, und jetzt hatten wir eins in unserem neuen Zuhause. Herr Friedrich erzählte mir, dass er Bibliothekar gewesen war und lange studiert hatte. Die Geschichte unserer Welt hatte ihn schon immer interessiert und er hatte Freude daran gehabt, in einer Bibliothek angestellt zu sein. Bibliothekar – ich wusste nicht, was das für ein Beruf war und fragte Herrn Friedrich danach. Schon bald war ich schlauer. Staunend stand ich vor seinem Bücherregal, das die ganze Wand einnahm. Ich fragte ihn, ob er jedes der Bücher gelesen hatte. „Fast alle", antwortete er. „Ich habe schon als Schulkind gerne gelesen."

„Ich nicht", war mein knapper Kommentar, den Herr Friedrich nicht weiter beachtete.

„Tja, und so bin ich Bibliothekar geworden. Du kannst dir übrigens jederzeit ein Buch aus dem Regal nehmen. Natürlich darfst du mich auch fragen, welcher Lesestoff für dich der richtige ist."

„Danke, Herr Friedrich, das werde ich ganz bestimmt tun. Darf ich auch mal fernsehen, mit Ihnen zusammen oder wenn Sie nicht zu Hause sind?"

„Jederzeit!", versprach er mir. „Du kannst alles tun, worauf du Lust hast."

Ich bedankte mich gleich noch einmal, weil ich den alten Mann so nett fand. Und wieder musste ich an Opa Max denken, den ich so sehr vermisste. Schließlich verabschiedete ich mich von Herrn Friedrich und sagte, ich wolle rausgehen, um mir unsere neue Umgebung anzusehen.

„Tu das", sagte Herr Friedrich, „aber verlaufe dich nicht!"

„Ach, ich bin doch schon groß und habe einen Mund zum Fragen, wenn ich nicht nach Hause finde."

Er gab mir zwei Mark mit, damit ich mir ein Eis kaufen konnte. Neugierig, was mich erwarten würde, trat ich meinen Erkundungsgang an.

Zunächst stand ich eine Weile vor der Haustür und überlegte, in welche Richtung ich gehen sollte. Die Entscheidung fiel auf den Weg, der am Prälat Schöneberg vorbeiführte. Hier machte ich kurz Halt, weil mich der Schaukasten am Eingang interessierte. Hinter Glas waren Aushänge angebracht, auf denen zu lesen war, dass am Samstag ein Bäckerball stattfinden sollte. Ich marschierte weiter und bewunderte die vielen Geschäfte, in deren Schaufenstern elegante Kleidung auslag. Den Weg, den ich ging, merkte ich mir natürlich, damit ich auch wieder nach Hause fand. Weiter ging es in Richtung Dominicusstraße. Bei Leiser, einem Schuhgeschäft, verweilte ich länger, denn die Schuhe in der Auslage hatten es mir besonders angetan. Es gab sogar farblich passende Handtaschen, die unter dem Arm getragen wurden. Ich dachte: Das alles werde ich mir eines Tages auch gönnen, wenn ich erst einmal Geld verdiene! An einer Eisdiele kaufte ich mir ein Waffeleis mit Schokolade für fünfzig Pfennige. Damit setzte ich mich auf eine Bank und beobachtete die Passanten, die es offenbar eilig hatten. Nur ich hatte jede Menge Zeit und verspürte noch lange keine Lust, nach Hause zu gehen. Nach einer längeren Pause trat ich dann doch meinen Rückweg an. Als ich die Kolonnenbrücke erreicht hatte, war die nächste Querstraße bereits die Hohenfriedbergstraße, in der mein neues Zuhause war. Weil ich wusste, dass ich mich dort tagsüber langweilen würde, beschloss ich, dass dies nicht der einzige Ausflug gewesen war, um die Stadt zu erkunden. Vor allem aber freute ich mich auf den Zoobesuch mit Mutti und Harry am Samstag.

Im vierten Stock angekommen, klingelte ich und musste ein Weilchen warten, bis Schritte zu hören waren. Herr Friedrich schloss mir die Tür auf und begrüßte mich: „Na, erzähl schon, wo warst du? Hast du dich verlaufen?"

„Nein", beteuerte ich, „ich bin doch ein schlaues Mädchen und habe mir den Weg genau gemerkt!" Dann beschrieb ich ihm, wo ich überall gewesen war. „Und morgen gehe ich in

eine andere Richtung. Auch der Flughafen, der hier ganz in der Nähe sein muss, interessiert mich sehr. Wissen Sie, Herr Friedrich, mein Vater ist mit seinem Flugzeug über Perleberg abgestürzt und auf dem Weg ins Krankenhaus gestorben. Daher hatte ich nie einen Vater wie alle andere Kinder, und er fehlt mir sehr. Ich muss mir einfach den Flughafen ansehen, weil ich der Meinung bin, dass so eine große Maschine gar nicht fliegen kann. Nur Vögel können fliegen, oder?"
Herr Friedrich setzte eine ernste Miene auf. „Das ist ja furchtbar, was ihr durchgemacht habt!"
Ich nickte und beteuerte, ich würde nie im Leben in ein Flugzeug steigen.
„Ach, Doris, das sagt sich so einfach, wenn man jung ist. Aber glaube mir, auch du wirst deine Meinung in vielerlei Hinsicht ändern." Da war ich mir nicht so sicher.
Zunächst einmal hatte ich Hunger und großen Durst. Ich öffnete den Kühlschrank und sah, dass die Würstchen noch da waren. Ich fragte Herrn Friedrich, ob er schon etwas gegessen hatte.
„Nein, ich habe auf dich gewartet", antwortete er.
„Wollen wir die Würstchen essen?"
„Und ob, ich habe einen Bärenhunger!" Er lächelte.
Ich setzte die Würstchen auf, deckte den Esstisch und schnitt einige Scheiben von dem Brot ab, das schon sehr hart war. Insgeheim musste ich kichern, als ich an Mutters Wachszahn dachte. Na ja, sie würde sich bestimmt bald einen neuen Zahn machen lassen.

„So, Herr Friedrich, wir könnten dann essen!", sagte ich. Fünf dicke Würstchen lagen auf einem Teller und sahen verführerisch aus.
„Fehlt nur noch der Senf", entgegnete Herr Friedrich.
„Ach ja!" Ich schüttelte den Kopf über meine Vergesslichkeit. „Und wo ist der?"
„In der Speisekammer."
Ich folgte seinem Hinweis, schob alle Dosen und Gläser beiseite, fand aber das Gesuchte nicht. „Ich finde keinen Senf!", rief ich.
„Warte, lass mich mal nachschauen." Herr Friedrich kam in die Speisekammer und zeigte auf eins der Gläser im Regal. „Hier, mein Fräulein, das ist Senf, steht doch groß drauf."
„Ja, richtig, manchmal, habe ich Scheuklappen vor den Augen, Entschuldigung!"
„So, jetzt aber, sonst werden die Würstchen kalt." Herr Friedrich stapfte zurück in die Küche.
Wir beide hauten richtig rein und es schmeckte himmlisch. Jeder von uns schaffte zwei dicke Würstchen und wir tranken jeweils einen knappen Liter Milch dazu.
„Du liebe Güte, ich bin pappesatt!", sagte ich und strich mir mit beiden Händen über den Bauch.
„Ich auch", erwiderte Herr Friedrich. „Und jetzt ein Zigarettchen nach dem Essen, etwas Schöneres gibt es für mich nicht. Ich verziehe mich in mein Zimmer und werde fernsehen."
„Alles klar." Ich räumte die Teller ab. „Wenn ich hier in der Küche fertig bin, komme ich zu Ihnen." Ein Blick auf die Küchenuhr verriet mir, dass es bereits nach 17 Uhr war. Harry

hätte längst zu Hause sein müssen. Auch wegen Mutti machte ich mir Sorgen, sie war nun schon den ganzen Tag unterwegs. Ich machte rasch Klarschiff und ging dann hinüber zu Herrn Friedrich, um mit ihm fernzusehen. Er saß in seinen großen Ohrensessel und schnarchte friedlich vor sich hin. Enttäuscht musste ich feststellen, dass der Fernseher nicht eingeschaltet war, und ich wusste nicht, wie ich ihn anbekam. Also ging ich leise in mein Zimmer und legte mich aufs Bett. Schlafen ist doch das Beste von allem, dachte ich, da hat man keine bösen Gedanken.

Nach einer Ewigkeit hörte ich, dass jemand die Tür aufschloss. Ich stand auf, ging in den Flur, sah, dass es Mutter war, und überhäufte sie mit so vielen Fragen, dass sie mich bremsen musste. „Doris, nun mal langsam, ich bin völlig mit meinen Nerven am Ende. Denkst du, dass ich heute die Einzige bei der Polizei war? Es hat Stunden gedauert, bis sie alles kopiert hatten und ich einen provisorischen Ausweis ausgehändigt bekam. Dann musste ich noch zum Bezirksamt, wo uns eine unbefristete Zuzugsgenehmigung erteilt wurde. Unser offizieller Wohnsitz ist jetzt in der Hohenfriedbergstraße 2 als Untermieter bei Herrn Friedrich. Ich denke, für heute habe ich viel erledigt. Und morgen gehe ich zum Sozialamt und zur Krankenkasse wegen unserer Versicherung. Dann könnte ich mir endlich meine Zähne machen lassen. Und jetzt habe ich Hunger und Kaffeedurst."

Als Mutter mit Reden fertig war, erwähnte ich, dass Harry noch nicht zu Hause sei. Für Mutter war das keine Überraschung. „Er macht heute Überstunden und kommt erst gegen 21 Uhr nach Hause." Sie bat mich, den Tut-Kessel aufzusetzen, während sie rasch ins Bad gehen und ihre Hände waschen wollte. Ich dachte: Auweia! Was wird sie sagen, wenn sie sieht, dass wir nur eine Bockwurst für sie übrig gelassen haben?

Wenig später kam sie in die Küche. Herr Friedrich kam ebenfalls hinzu und stellte ihr hundert Fragen. Bereitwillig erzählte sie ihm beim Kaffeekochen und Zigarettenqualmen, was sie heute alles hatte unterschreiben müssen. „Ja, Anna, unsere Bürokratie nimmt es ganz genau", warf er ein.

„Und? Habt ihr schon gegessen?", fragte sie. Sie nahm den Deckel vom Topf, aus dem sie nur das eine, übrig gebliebene Würstchen anlachte. „Det is och jut, dass ihr für mich ein schäbiges Würstchen übrig gelassen habt. Ich mach mir lieber Spiegeleier mit viel Zwiebeln."

Ich sah sie erstaunt an. „Mutti, ich wusste gar nicht, dass du berlinern kannst!"

„Berlin ist mir nicht fremd", erwiderte sie. „Du weißt doch, dass ich von Perleberg aus des Öfteren in Berlin war."

„Ja, das weiß ich", antwortete ich knapp.

„So, Joachim, es gibt Kaffee!", sagte sie zu Herrn Friedrich. Dazu rauchten die beiden um die Wette. Mutter schlug mir vor, eine große Tasse Milchkaffee zu probieren. „Mach dir ein bisschen Zucker dran, davon wirst du nicht sterben." Ich folgte ihrem Vorschlag. „Möchtet ihr dazu Weißbrot mit Marmelade essen? Joachim, was meinst du?"

„Sehr gerne, Anna."

Mich brauchte sie nicht zu fragen, denn ich aß für mein Leben gerne Marmelade mit einer dicken Schicht Butter auf dem Brot.

Die Pfanne mit den Spiegeleiern stellte Mutti auf einen Untersetzer in die Mitte des Tisches. Sie wollte gerade von ihrer Stulle abbeißen, da fiel ihr wohl ein, dass sie ihren Zahn noch im Mund hatte. Ich kannte ja ihr Gehabe, wenn es um ihren Wachszahn ging, der bestimmt demnächst zur Legende wurde. Herr Friedrich schien nicht zu bemerken, dass sie kurz in ihren Mund griff und erst danach zu essen begann.

Wir saßen gemütlich in der Küche und aßen. Mutter fragte mich, was ich tagsüber gemacht hatte. Mein Tagesablauf war schnell erzählt und auch, dass ich vorhatte, morgen wieder loszugehen, um die Gegend zu erkunden. Was sollte ich auch sonst mit meiner mehr als reichlich zur Verfügung stehenden Freizeit anfangen?

Nachdem wir die Mahlzeit beendet hatten, verzog sich Herr Friedrich in sein Zimmer. Ich war zu müde, um noch mit ihm fernzusehen. Also beschloss ich, schlafen zu gehen. Mutter sagte: „Und ich setze mich hin, um endlich einen langen Brief an meinen Vater zu schreiben. Dein Opa Max macht sich bestimmt große Sorgen um uns." Und schon war das Heimweh wieder da. „Mutti", sagte ich, „ich möchte so gerne wieder nach Hause! Hier im Westen gefällt es mir nicht."

„Nun fang doch nicht schon wieder an zu jammern", entgegnete Mutter. „Denkst du, dass ich das alles zum Vergnügen auf mich genommen habe? Spätestens wenn du erwachsen bist, wirst du mir dankbar sein, dass wir geflüchtet sind."

Ich war mir alles andere als sicher, dass sie damit recht hatte, und protestierte: „Du hast mich einfach mitgenommen, ohne mich zu fragen, ob ich mitgehen wollte. Warum bist du nicht abgehauen, als ich noch ein kleines Kind war?" Ich hätte heulen können und hasste meine Mutter. Sie konnte – oder wollte – mir darauf keine Antwort geben. Ich wünschte ihr eine gute Nacht, ging ins Bad, um mich zu waschen, und heulte mich anschließend wie so oft in den Schlaf und verfluchte die ganze Welt.

Am nächsten Tag zog ich wieder los. Diesmal lief ich in die andere Richtung und kam, nachdem ich mir einiges angesehen hatte, auf einen Spielplatz zu, auf dem sich einige Kinder im Sandkasten, auf der Schaukel oder am Klettergerüst vergnügten. Ich setzte mich auf eine Bank und beobachtete die Kleinen, die zufrieden wirkten und in ihre eigene Welt versunken schienen. Ob ich in dem Alter im Kinderheim auch so glücklich gewesen war? Ohne eine Familie zu haben? Ich konnte es mir nicht vorstellen, wenn ich diese glücklichen Gesichter betrachtete. Sogar heute noch, beim Schreiben dieses Buches, könnte ich weinen. Für eine Weile beobachtete ich die Kinder noch, dann stand ich auf und bemerkte auf der anderen Straßenseite ein Haus, an dem „Kindergarten" stand. Jetzt war meine Neugierde doch geweckt! Als ich näher heranging, sah ich eine kleine Tafel mit folgender Notiz: „Wir suchen ein junges Mädchen zur Kinderbetreuung." Das wäre doch genau das Richtige für mich, dachte ich. Mit einer solchen Aufgabe könnte ich die Langeweile vertreiben. Vielleicht würde ich sogar etwas Geld dafür bekommen. Mir fiel ein, dass Mutter gesagt hatte, das mit der Lehrstelle würde wohl nichts werden, aber arbeiten müsste ich schon. Ich fasste allen Mut zusammen und betrat das Gebäude, in dem Kinder an mir vorbeitobten. Ihr lautes

Kreischen war wohl ihrem Alter zuzurechnen. Ich fragte eine junge Frau nach dem Büro und sie deutete auf eine der Türen. „Schau hier, du stehst genau davor." Zaghaft klopfte ich, bis ich von drinnen ein „Herein!" hörte. Immer noch zögerlich betrat ich das Büro, in dem eine Frau an einer Schreibmaschine saß und mit flinken Fingern darauf herumhämmerte. Das würde ich auch gerne lernen wollen. Sie blickte zu mir auf und bat mich, auf einem der Stühle Platz zu nehmen, sie sei gleich fertig. „So, geschafft!, verkündete sie eine Minute später und riss den Bogen Papier aus der Schreibmaschine. „Jetzt bin ich für dich da."
Ich erhob mich von meinem Stuhl, sagte guten Tag, gab ihr die Hand und stellte mich vor.
„Ich bin Frau Kirchheim, die Leiterin dieses Kindergartens", erwiderte sie. „Was kann ich für dich tun?"
„Ich bin zufällig hier vorbeigekommen. Wir wohnen erst seit Kurzem in der Hohenfriedbergstraße bei Herrn Friedrich als Untermieter."
„Warum habt ihr keine eigene Wohnung?", wollte sie wissen.
In kurzen Zügen berichtete ich ihr das Wesentliche aus unserem Leben und bemerkte, dass sie von meiner Erzählung sehr angetan war. „Du möchtest also hier als Kinderbetreuerin arbeiten?"
„Ja, wenn das möglich wäre, würde ich das gerne tun."
„Seid ihr schon in Berlin angemeldet?" Frau Kirchheim sah mich fragend an.
„Meine Mutti erledigt das alles heute."
Die Antwort schien sie zufriedenzustellen, denn sie sagte: „Da du keine gelernte Kindergärtnerin bist, würde ich dir

gerne in deiner Situation helfen. Ich könnte dir im Monat aber nur fünfzig Mark bezahlen. Du müsstest mit den Kindern spielen und sie nach dem Mittagessen dazu bewegen, sich schlafen zu legen – das ist nicht immer so einfach, wie es sich vielleicht anhört. Was sagst du zu meinem Vorschlag?"
Da musste ich nicht lange überlegen. Also antwortete ich: „Ich freue mich und würde gerne mit den Kindern zusammen sein."
„Das ist schön! Darf ich dich mit deinem Vornamen ansprechen?"
„Ja, natürlich dürfen Sie das."
„Also, Doris, dann bis Montag. An dem Tag lernst du auch die anderen Kindergärtnerinnen kennen." Lächelnd reichte sie mir die Hand zum Abschied.
Als ich wieder im Freien war, hätte ich jubeln können vor Freude. Wie überrascht würde Mutter erst sein, wenn sie erfuhr, was für ein aufgewecktes Mädchen ihre Tochter war.
Außer Atem kam ich zu Hause an. Ich rannte die vier Etagen nach oben und klingelte Sturm, in der Hoffnung, dass Mutter schon zu Hause wäre. Die Tür wurde von Harry so prompt und schwungvoll geöffnet, dass ich ihm beinahe in die Arme gestolpert wäre. „Sag mal, wer ist denn hinter dir her?", fragte er und sah hinunter ins Treppenhaus.
„Niemand. Ist Mutter schon zu Hause?"
„Ja, wir sind alle in der Küche."
„Wo warst du so lange?", war Mutters Begrüßung. „Ich habe mir schon Sorgen gemacht, dass du dich vielleicht verlaufen hättest." Ich tat ihren Kommentar mit einer lässigen Handbewegung ab und wollte gerade damit beginnen, von meiner

neuen Aufgabe zu erzählen, als Mutter mich ins Bad schickte, um mir die Hände zu waschen. „Wie du siehst, essen wir gerade." Damit waren meine innerlichen Jubelschreie verhallt. Nachdem ich ihren Befehl ausgeübt hatte, betrat ich die Küche mit einem mauligen Gesicht. Mutter füllte meinen Teller mit Hühnersuppe und sagte: „Lass es dir schmecken!" Darauf erwiderte ich aus Gemeinheit nichts und löffelte die Suppe, in der mehr Nudeln waren als Fleisch. Alle sahen mich erwartungsvoll an. Na, Doris, wie war dein heutiger Erkundungsgang?", fragte mich Herr Friedrich.

Während wir aßen, zählte ich alles auf, was ich unterwegs gesehen hatte. Den Knaller hob ich mir auf und verlangte erst mal Nachschlag. „So ...", begann ich und schob mir in aller Seelenruhe einen Löffel Suppe in den Mund. „Am Montag fange ich an zu arbeiten."

Mutter fiel der Löffel aus der Hand. „Kind, das soll wohl ein Witz sein!", stieß sie hervor.

Ich schüttelte den Kopf und musste mir ein Grinsen verkneifen. „Nein das ist die volle Wahrheit. Ich fange am Montag in einem Kindergarten als Betreuerin an. Er befindet sich am Michaelkirchplatz. Das ist ganz in der Nähe, sodass ich locker hinlaufen kann."

„Anna, deine Tochter hat recht", warf Herr Friedrich ein. „Ich kenne diesen Kindergarten. Wann fängst du da an?", hakte er nach.

„Das habe ich doch schon gesagt: am Montag."

„Und was zahlen sie dir?" Natürlich war das für Mutter die wichtigste aller Fragen.

„Ich bekomme fünfzig Mark im Monat."

„Na ja, besser als zu Hause rumzusitzen."
Ich ließ ihre Bemerkung unkommentiert und sagte stattdessen: „Frau Kirchheim, die Leiterin, verlangt unsere Anmeldung von der Polizei und unsere Krankenversicherung. Außerdem will sie wissen, ob wir Geld vom Staat bekommen."
„Die hat ja wohl nicht alle Tassen im Schrank!", brauste Mutter auf. „Was geht die das an?"
Harry legte ihr beruhigend die Hand auf den Arm. „Das ist nun mal so, Anna. Die Frau muss sich doch absichern und Doris anmelden, damit sie versichert ist."
„Entschuldige, Harry, daran habe ich nicht gedacht. Wir haben einfach zu viel durchgemacht." An mich gewandt sagte Mutter: „Natürlich kannst du der Frau am Montag alle nötigen Unterlagen vorlegen. Leider hat sich an unsere Situation in Bezug auf unsere Ausreise aus Berlin nichts geändert. Es bleibt bei einer Aufenthaltsgenehmigung. Keine Aussichten auf einen Berliner Pass. Dafür müsste ich einen Mann heiraten, der einen Pass besitzt." Sie nahm einen Löffel Suppe und sprach danach weiter. „Etwas Erfreuliches gib es trotzdem: Wir bekommen Sozialunterstützung! Sogar einen dicken Vorschuss haben sie uns genehmigt, solange ich noch keine Arbeit habe. Ist das nicht schön?
„Ja, natürlich", antwortete ich. „Dann bekomme ich auch endlich mal wieder etwas Taschengeld, oder? So arm wie im Moment war ich noch nie!" Klar, ich bekam ja auch nichts mehr von Opa zugesteckt. In Perleberg hatte ich wenigstens seine Pinkelgroschen."
„Was heißt denn Taschengeld?", protestierte Mutter. „Du verdienst doch jetzt dein eigenes Geld im Kindergarten.

Dann hast du ja wohl Geld in der Tasche. Und natürlich wirst du davon die Hälfte abgeben, um etwas zu unserem Lebensunterhalt beizutragen. Wir wohnen hier schließlich nicht umsonst!"

So etwas musste ja kommen, ich hatte fast schon damit gerechnet.

Mutter wechselte das Thema. „Am Samstag können wir zusammen mit Harry bei C&A auf dem Kurfürstendamm einkaufen gehen. Wir brauchen unbedingt was für den Winter zum Anziehen."

Ich sah sie verwundert an. „Aber Mutti, wir haben doch erst Mai! Da brauche ich ja wohl eher Sommersachen."

Mutter nickte. „Natürlich bekommst du was Schönes für den Sommer, schließlich musst du vernünftig aussehen, wenn du am Montag zur Arbeit gehst." Sie hielt kurz inne, bevor sie das nächste Thema ansprach: „Ich habe eine Neuigkeit für euch: Endlich kann ich mir meinen Zahn machen lassen! Dafür habe ich mich in der Flughafenstraße bei Doktor Reinhard angemeldet." Im selben Atemzug sagte sie: „Doris, deine Zähne müssten auch kontrolliert werden."

„Von wegen, ich gehe überhaupt nicht zum Zahnarzt, meine Milchzähne hat Opa Max mir mit einem Bindfaden gezogen. Auch ohne diese verdammte Spritze hat das funktioniert!"

„Und was ist mit deinem abgebrochenen Schneidezahn? Schön sieht das bei einem jungen Mädchen nicht aus." Typisch Mutter, sie konnte es nicht lassen, spitze Bemerkungen zu machen.

„Mutti, verstehst du mich denn nicht? Ich gehe nicht, und damit basta!" Ich stand vom Tisch auf, ging in unser Zimmer und legte mich aufs Bett. Während ich so dalag, ließ ich meine Gedanken schweifen. Ich freute mich auf meine Aufgabe mit den Kindern. Bestimmt würde mir das Spaß machen. Nach einer Weile nahm ich mir einen von Mutters Liebesromanen und las einige Seiten, bis mir fast die Augen zufielen. In der Wohnung war Ruhe eingekehrt. Mutter machte bestimmt mit Harry rum und Herr Friedrich hörte Radio oder sah fern, während er Zigaretten rauchte. Seit Mutti mit Harry zusammen war, rauchte sie bedeutend weniger, was ich gut fand. Ich würde auch keinen Aschenbecher knutschen wollen! Haha – der Gedanke ließ mich schmunzeln.

Irgendwann spät abends kam Mutter und weckte mich. Sie legte den Schmöker auf den Nachttisch und sagte: „Zieh dein Nachthemd an, heute kannst du mal ungewaschen ins Bett gehen. Also, mein Kind, schlaf gut!" Anstalten machte sie nicht, zu mir ins Bett zu kommen. Als ich in der Nacht aufwachte, weil ich zur Toilette musste, schaltete ich die kleine Nachttischlampe an und sah, dass das Bett neben mir immer noch leer war. Auf Zehenspitzen, damit keiner von den anderen aufwachte, schlich ich ins Bad und empfand wenig später die Spülung als ungeheuer laut. Schlaftrunken kehrte ich in mein Zimmer zurück, wo das Sandmännchen mich wieder in seine Welt holte.

Am Samstagmorgen erwachte ich ziemlich früh. Der Blick auf den Wecker sagte mir, dass es erst 7 Uhr war. Also drehte ich mich auf die andere Seite in der Annahme, Mutter würde mich schon wecken, wenn sie aufgestanden war. Ich

schlummerte schon wieder, da stürmte sie in unser Schlafzimmer und riss mir die Bettdecke weg. „Steh bitte auf!", sagte sie, und es klang dringend. „Hier ist heute ein ziemliches Durcheinander."
„Wieso? Was ist denn passiert?"
„Ausgerechnet am Samstagmorgen muss Joachim baden. Als ob das nicht bis zum Abend Zeit hätte! Und Harry muss ihn auch noch waschen!"
„Warum regst du dich so auf?", fragte ich. „Was ist denn schon dabei, wenn Harry ihm hilft? In seinem Alter kommt Herr Friedrich bestimmt nicht mehr alleine aus der Badewanne. Opa Max würdest du doch bestimmt auch helfen, oder etwa nicht?"
„Ach, mit dir kann man ja nicht reden", fluchte Mutter und murmelte etwas davon, dass wir ja heute einkaufen gehen wollten. „Komm einfach im Nachthemd in die Küche", fuhr sie fort. „Deine Hände kannst du dir über dem Spülbecken waschen. Ich koche inzwischen Kaffee und Eier und decke den Tisch. Dann können wir beide schon mal frühstücken."
Ich dachte, sie wäre mit ihrer Ansage fertig, doch dann schob sie noch einen Satz hinterher: „Im Grunde genommen ist mir die Lust aufs Einkaufen regelrecht vergangen."
„Mir nicht, Mutti!" Hoffentlich kam sie nicht auf die Idee, den Einkaufsbummel abzublasen. „Ich brauche doch neue Schuhe, meine gelben mit der Kreppsohle passen mir überhaupt nicht mehr!"
„Daran bist du ja wohl selbst schuld", konterte Mutter. „Die waren dir ja von Anfang an zu klein. Aber wenn sich das

Fräulein was in den Kopf setzt, dann lässt sie sich nicht davon abbringen."

Ich war genervt. Warum musste Mutter mich immer ärgern? „Und meine alten Stiefel sehen wirklich blöd aus!", sagte ich und hoffte, dass wir unsere heutigen Pläne in die Tat umsetzten.

Jetzt war es Mutter, die offenbar genervt war. „Doris, du bekommst heute schöne Sachen und auch neue Schuhe." Damit war das Thema für sie beendet. „So, hier ist dein Frühstück."

Wir ließen es uns schmecken, ich im Nachthemd und Mutter in ihrer Kittelschürze.

Nach einer Weile kamen Harry und Herr Friedrich, der heute sogar ein sauberes Oberhemd trug. Er erwartete seinen Freund, Herbert Wagenknecht, zum Schachspielen. Herr Friedrich wünschte uns einen guten Morgen und verkündete, das Bad sei jetzt frei. Er freute sich, dass das Frühstück bereitstand.

Mutter sagte zu Harry: „Du kannst mit Joachim frühstücken. Doris und ich gehen uns erst mal waschen! Danach können wir dann auch gleich losgehen."

„Wir gehen nicht, wir fahren mit der U-Bahn", korrigierte Harry. „Wir steigen am Wittenbergplatz aus und ich werde deiner Tochter einiges über Berlin erzählen. Beispielsweise wie Berlin im Krieg in Schutt und Asche gebombt wurde."

Mutter verzog das Gesicht. „Ich weiß nicht, ob das für ein junges Mädchen in ihrem Alter von Bedeutung ist. Lass sie doch erst mal etwas älter werden. Dann kann sie sich immer noch damit auseinandersetzen, was der Krieg angerichtet hat."

„Wenn du als Mutter das so siehst, soll es mir recht sein", sagte Harry.

Mutter und ich begnügten uns ausnahmsweise mit Katzenwäsche. Mutter nahm einen neuen Wachszahn aus ihrem Schächtelchen, zeigte mir ihr Gebiss und erwähnte, dass sie sich auf ihren Zahnarztbesuch in der nächsten Woche freue. Endlich könne sie dann wieder richtig lachen. Die Krankenkasse werde die Kosten übernehmen.

Als Harry, Mutter und ich im Begriff waren, zu unserem Einkaufsbummel aufzubrechen, wünschte uns Herr Friedrich viel Spaß. Da sich Harry bestens in Berlin auskannte, brauchten wir uns keine Sorgen zu machen und ließen uns einfach von ihm führen. Ich mochte Harry. Wenn er bloß nicht so große Füße gehabt und keinen so merkwürdigen Dialekt gesprochen hätte! Er hatte mal zu mir gesagt, in Chemnitz würden sie alle so sprechen. Egal, er war ein netter Kerl, der schick aussah in seinem Anzug. Auch Mutter hatte sich heute mit den wenigen Sachen, die ihr zur Verfügung standen, sehr elegant gekleidet.

Als wir den Wittenbergplatz erreichten, liefen wir weiter bis zum Tauentzien, wo sich an der Ecke das Café Kranzler befand. Trotz der kühlen Witterung saßen die Leute draußen an den Tischen und genossen ihren Kaffee. Dazu aßen sie leckeren Kuchen und rauchten. Die Frauen waren elegant gekleidet und trugen große Hüte. Bei deren Anblick musste ich an Helma denken, die ja Putzmacherin lernte. Vielleicht würde sie mir eines Tages auch so einen Hut machen. Meine

Sehnsucht nach Perleberg und vor allen nach meiner Familie war nach wie vor sehr groß.

Ich fragte Harry, warum das Gebäude, vor dem wir standen, so kaputt sei.

„Das war einmal eine wunderschöne Kirche", antwortete er. „Sie wurde im Jahr 1943 – das war im Zweiten Weltkrieg – durch Bomben fast zerstört."

Ich nickte bloß. Was sollte ich auch dazu sagen? Von der wahren Wirklichkeit hatten wir nicht viel mitbekommen. Ich war ein kleines Kind und in der Prignitz zu Hause, wo es ebenfalls kaputte Häuser gab. Unser schönes Rathaus zum Beispiel. Bei der Kirche auf dem Großen Markt, in der ich getauft worden war, waren lediglich zwei bunte Glasscheiben zerbrochen. Das alles ging mir durch den Kopf und mir fiel auf, dass Mutter mir nie erzählt hatte, was sie, während Krieg herrschte, in Bad Reichenhall erlebt hatte. Ich hatte sie bisher nie danach gefragt und hätte in meinem Alter vermutlich auch nichts davon verstanden.

„So, meine Lieben", sagte Harry, „ihr könnt jetzt einkaufen gehen, während ich bei Kranzler ein Bierchen trinke. Lasst euch ruhig Zeit!"

Im Kaufhaus angekommen, schlenderten Mutter und ich von einem Wühltisch zum anderen. Für teure Kleidung hatten wir kein Geld. Mutter wühlte die Berge von Pullovern von unten nach oben und fragte mich: „Wie gefällt dir der?" Bevor ich reagieren konnte, hielt sie mir das ausgewählte Stück an und sagte: „Passt!" Und so ging es Rolltreppe rauf, dann wieder runter, und meine Arme wurden immer schwerer von der vielen Kleidung, die sie mir in die Hand drückte.

Ich war demnach die Erste, die mit schönen neuen Sachen eingedeckt wurde. In der Schuhabteilung bekam ich meine geliebten Schuhe mit Kreppsohle und weiße Sandalen für den Sommer. Mutter hatte für sich bisher nichts Passendes gefunden, aber sie hatte ja auch einen ausgefallenen Geschmack, nicht nur was Männer betraf. Irgendwann bat sie mich, in der Etage, in der wir gerade waren, auf sie zu warten. Sie sagte, sie wolle kurz losziehen, um etwas Passendes für sich zu finden. Als sie auf ihre Armbanduhr blickte, erschrak sie und meinte, Harry sei inzwischen bestimmt verrückt geworden, immerhin seien mehr als zwei Stunden vergangen, seit wir ihn bei Kranzler allein gelassen hatten. „Das nächste Mal gehen wir beide alleine einkaufen", sagte sie noch zu mir, dann rauschte sie auch schon davon.

Mir war mittlerweile warm geworden, weshalb ich meine Jacke auszog. Ungeduldig wartete ich darauf, dass Mutter zurückkam. Die vielen fremden Menschen hier im Kaufhaus machten mir Angst. Außerdem hatte ich Hunger und fürchterlichen Durst. Meine Augen suchten ständig nach ihr und ich fragte mich: Was macht sie bloß so lange? Plötzlich hörte ich ihre Stimme und sah, dass sie die Rolltreppe heruntergefahren kam. Über ihrem Arm hingen die schicksten Kleider, die man sich vorstellen konnte. Als wollte sie tanzen gehen. Sie näherte sich der Kasse und winkte mir zu, ich solle zu ihr kommen. Die Schlange an der Kasse war lang, aber es ging verhältnismäßig schnell voran.

„Was hast du so lange gemacht?", wollte ich von ihr wissen.

„Ich musste die Kleider doch erst anprobieren", erklärte sie mir, „und die Kabinen waren fast immer alle besetzt. Heute, am Samstag, wo die meisten Leute nicht arbeiten, gehen viele genauso wie wir einkaufen."

Endlich konnten wir unsere Sachen auf dem Ladentisch ablegen. Es war ein Riesenberg mit vielen schönen Kleidungsstücken. „Schau hier, Doris", sagte Mutter, „die gefütterte Jacke habe ich dir auch noch gekauft. Und natürlich neue Unterwäsche!. Gefällt sie dir wenigstens?" Als ich sie fragend ansah, ergänzte sie: „Die Jacke meine ich natürlich?"

„Und wie, Mutti, aber wir haben doch Sommer! Da brauche ich ja wohl keine so warme Jacke!"

„Das weiß ich doch, aber die Jacke ist sehr günstig, da konnte ich nicht widerstehen. Und was man schon besitzt, braucht man nicht mehr zu kaufen, wenn es kalt ist."

„Wenn ich erst mein eigenes Geld verdiene, kann ich mir alles kaufen", konterte ich.

„Nun übertreib mal nicht! Was sind schon fünfzig Mark in der heutigen Zeit?"

Die Verkäuferin, die offenbar große Ohren hatte, schmunzelte. Sie hatte alle Hände voll zu tun, den zu zahlenden Betrag zu ermitteln. Ich traute meinen Ohren nicht, als sie kundtat, das alles zusammen würde über hundert Mark kosten. Ohne eine Miene zu verziehen, blätterte Mutter einige Geldscheine auf den Ladentisch.

Mit drei großen Tüten voller Kleidungsstücke verließen wir wenig später das Kaufhaus. „So, mein Kind, jetzt sind wir pleite!", verkündete Mutter.

„Was? Wieso? Warum hast du auch so viel gekauft? Und wovon bezahlen wir jetzt unser Essen? Ich habe Hunger und einen Riesendurst!"

„Ich auch, Doris. Harry wird uns nachher bestimmt zum Essen einladen, mach dir darüber keine Gedanken. Als wir bei Café Kranzler angekommen waren, war Harry nirgends zu sehen. Mutter vermutete, dass er sich nach drinnen auf die Terrasse verzogen hatte, dort sei es gemütlicher als hier draußen auf der Straße. Und tatsächlich saß er gemütlich bei Kaffee und Kuchen, als könnte ihn nichts erschüttern.
„Na, ihr beiden!", sagte er zur Begrüßung. „Wenn ich euch so ansehe, nehme ich an, dass ihr das ganze Kaufhaus leer gekauft habt. Den großen Einkaufstaschen nach zu urteilen, könnte man es zumindest vermuten." Er hatte einfach die Ruhe weg. Ein anderer Mann wäre an dieser Stelle bestimmt ausgerastet.
Mutter lächelte ihn an. „Ach, mein Lieber, du weißt doch, wie wir Frauen in Bezug auf Kleidung ticken.
Harry nickte. „Das kenne ich von meiner Frau auch."
Mutters Flappe fiel gleich eine Etage tiefer.
„Nun legt erst mal ab und nehmt Platz", fuhr Harry unbeirrt fort. „Ihr habt bestimmt Appetit auf den herrlichen Kuchen, den es hier gibt."
Als wir uns zu ihm gesetzt hatten, brachte uns eine der Kellnerinnen die Kuchenkarte. Harry gab sich spendabel und versicherte mir, ich dürfe mir aussuchen, worauf ich Lust hätte.
„Darf ich mir eine Brause bestellen?", fragte ich und sah ihn mit großen Augen an.
„Natürlich, was für eine Frage! Ihr beiden Hübschen seid heute meine Gäste." Er wandte sich an Mutter. „Und du,

Anna, was nimmst du? Kaffee?" Sie nickte. „Und was möchtet ihr essen?"

„Auf Kuchen habe ich keinen Appetit!, antwortete Mutter. „Auf einen Kaffee schon, ich würde dazu aber lieber Würstchen und Kartoffelsalat essen."

„Mutti, ich auch!" Ich flüsterte fast und hob einen Finger wie in der Schule.

Die Kellnerin hatte sich all unsere Wünsche notiert und merkte an, die Getränke würden gleich kommen.

Harry wollte natürlich wissen, was wir alles gekauft hatten. Als Antwort hielt Mutter eine lange Rede, in der es vor allem um ihre schönen Kleider ging. Sie sah ihn bittend an. „Was meinst du, Harry, wir könnten doch am nächsten Samstag ins Resi zum Tanzen gehen. Ich habe schon so viel darüber gehört. Dort soll es Wasserfälle und Tischtelefone geben."

Harry nickte. „Das stimmt alles. Ich war schon einige Male im Resi. Es ist sehr schön dort. Du setzt dich an einen Tisch. Auf jedem Tisch steht ein Telefon, das von allen benutzt werden kann. Wenn dir eine Frau gefällt, rufst du sie einfach an und fragst sie, ob sie Lust hat, mit dir zu tanzen. Oder die Frauen rufen die Männer an." Mutter platzte vor Neugierde, als Harry weitersprach: „Entweder sagt der – oder die – Angerufene ja oder nein und legt den Hörer wieder auf."

„Das ist ja toll!", schwärmte Mutter. „Da müssen wir unbedingt hingehen. Ich war so lange auf keinem Tanzboden mehr."

„Wenn ich dann nicht arbeiten muss, gehe ich gerne ..."

Harry wurde von der Bedienung unterbrochen. „Meine Herrschaften, hier kommen Ihre Getränke."

„Vielen Dank, mein Fräulein, ich hätte gerne noch eine Berliner Weiße mit Waldmeistergeschmack."

„Sehr gerne, mein Herr, ich habe es mir notiert."

Das weitere Gespräch zwischen Mutter und Harry interessierte mich nicht besonders. Ich hatte einfach nur Appetit auf Würstchen und betrachtete, während ich auf das Essen wartete, die vielen elegant gekleideten Menschen. Ich kam mir mit meiner geschenkten Hose so armselig vor und strahlte unsere Einkaufstüten an.

Endlich kam unsere Bestellung und ich lachte bei dem Anblick, den die Würstchen boten, laut los. „Verwundert sah mich Mutter an. „Was ist denn mit dir auf einmal los?", wollte sie wissen. Ich konnte einfach nicht aufhören zu lachen. Mittlerweile liefen mir Tränen über das Gesicht. „Sag mal, du hast sie wohl nicht mehr alle!" Mutter war jetzt richtig sauer, denn inzwischen schauten einige Gäste zu uns herüber. Die Wurst, die jeweils von Mutter und mir stand, war riesengroß, sodass sie über den Tellerrand ragte. Ich dachte: Wie wird das funktionieren mit einem Wachszahn? Unauffällig zog ich sie am Arm zu mir heran und flüsterte ihr ins Ohr: „Was ist mit deinem Zahn, Mutti?" Sie nuschelte, dass sie den bereits rausgenommen hätte. Ich hätte schon wieder lachen können, weil ich an die Hexe im Märchen von Hänsel und Gretel denken musste.

Harry, der mich für eine alberne Gans halten musste, wünschte uns einen guten Appetit.

Wie auf Kommando fing ich an zu schlingen, so ausgehungert war ich. Meine schöne Mutter hingegen schnitt sich mit dem Besteck immer nur kleine Häppchen ab. Warum machte sie bloß so ein Theater? Harry wusste doch, dass ihr ein Zahn fehlte. Während ich diese Zeilen schreibe, sehe ich die Szene immer noch vor mir und lache schon wieder.

Nachdem wir unsere Teller leer gegessen hatten, mahnte Harry zum Aufbruch. Das lange Sitzen habe ihn müde gemacht, führte er als Begründung an. „Mein Lieber, du hast recht, mir tun auch die Füße weh!" Während Harry zahlte, erhoben sich Mutter und ich, und Mutter fuhr fort: „Zu Hause werden wir uns erst mal etwas hinlegen. Eigentlich müsste ich ja für das Wochenende noch ein paar Lebensmittel einkaufen gehen."

Wir setzten uns in Bewegung und Harry winkte ab. „Nun mal ganz langsam, Anna. Wir haben noch genügend Zeit. Erst mal müssen wir zu Hause ankommen, und dann bin ich gespannt, ob Joachim und sein Freund Herbert noch am Schachspielen sind. Die beiden finden nämlich meistens kein Ende, wenn sie erst mal ein paar Bierchen intus haben. Das kann sich dann bis in die Nachtstunden hinziehen. Und dann muss ich den alten Herrn ja auch noch ins Bett bringen."

Mutter tippte sich an die Stirn. Sie wollte ihm damit wohl einen Vogel zeigen. „Das würde mir gerade noch fehlen, den Alten ins Bett zu bringen", wetterte sie. Offenbar war sie regelrecht erbost, weil Harry das mit sich machen ließ.

Auf dem Weg nach Hause schleppte sich Harry, ganz der Gentleman, mit unseren Einkaufstüten ab. Gespräche fanden nicht mehr statt, weil wir alle einfach zu müde waren.

Endlich in der vierten Etage angekommen, übergab Harry Mutter die Tüten, damit er die Tür aufschließen konnte. Schon im Flur hätte man annehmen können, durch die

Wohnung sei eine Dampflok gefahren, so sehr stank es nach Zigarrenrauch. „Wie gut, dass ich nicht rauche", war Harrys Kommentar.

„Du wiederholst dich ständig", sagte Mutter. „Und nur weil du nicht rauchst, werde ich nicht aufhören, es zu tun."

Als wir unsere Schuhe gegen Hausschuhe getauscht und uns unserer Garderobe entledigt hatten, schmiss Mutter die Tüten mit viel Energie von Weitem auf unsere Betten. Harry verzog sich in sein Zimmer und Mutter klopfte bei Herrn Friedrich an. „Na, meine Herren, ihr seid ja immer noch am Spielen!"

„Hallo Anna", hörte ich Herrn Friedrich sagen, „darf ich dir einen alten Schulfreund vorstellen? Wir haben zusammen an der gleichen Uni studiert." Ich trat ebenfalls ein und nickte den beiden alten Männern zu. Der Gast unseres Vermieters erhob sich, was ihm nicht so recht gelingen wollte, vermutlich wegen der bisher genossenen Bierchen. Er stellte sich uns als Herbert Wagenknecht vor und versuchte, Mutter die Hand zu küssen. Dann plumpste er wieder in seinen Sessel.

Mutter wedelte sich Luft zu. „Joachim, warum habt ihr die Fenster nicht aufgemacht? Es ist doch warm draußen. Wir müssten mal durchlüften. Dass ihr überhaupt noch atmen könnt, ist erstaunlich."

„Tu das, Anna, du bist ja jetzt die Hausfrau im Hause Friedrich."

Diese Bemerkung führte dazu, dass Mutter große Augen kriegte und wortlos nach Luft schnappte. Kurzerhand öffnete ich die Fenster und eine Qualmwolke suchte sich den Weg nach draußen. Dann verabschiedete ich mich und ging in unser Zimmer.

Als Mutter mir nach einer Weile folgte, stand ich vor dem Spiegel und probierte meine neusten Sachen an, die mich wirklich gut kleideten. Mutter hatte eben einen ganz besonderen Geschmack, den sie schon in Perleberg bewiesen hatte. Sie zeigte sich erbost über Herrn Friedrichs Bemerkung, sie sei jetzt hier die Hausfrau. „Er meint es doch nur gut mit uns!", sagte ich in dem Versuch, Mutter zu beruhigen, was mir auch gelang, denn sie sagte: „Da muss ich dir ausnahmsweise recht geben. Eigentlich sollten wir dankbar sein, dass wir hier wohnen dürfen." Sie forderte mich auf, meine neuen Sachen ordentlich auf Kleiderbügel und diese dann in den Schrank zu hängen. Damit war ich eine Weile beschäftigt.

„Ich lege mich für eine Stunde zu Harry", sagte Mutter. „Anschließend muss ich noch einkaufen gehen." Sie wollte gerade das Zimmer verlassen, da rief ich ihr hinterher: „Aber Mutti, du hast doch kein Geld mehr! Wovon willst du das alles bezahlen?"

„Kind, denkst du, deine Mutter ist blöd? Hier werden alle Kosten geteilt. Ich versorge doch nicht die Männer von unserem Geld, schließlich verdient Harry nicht schlecht, und Joachim bekommt doch auch eine Pension. Also bis später!"

Nachdem ich alles ordentlich in den Schrank gehängt hatte, wusste ich nicht, womit ich mir die Zeit vertreiben sollte. Also klopfte ich bei Herrn Friedrich an und fragte ihn, ob ich beim Schachspielen zusehen dürfe.

„Natürlich, Doris. Hol dir den Stuhl vom Schreibtisch und setz dich zu uns. Dann werden wir dir die Bedeutung der

einzelnen Züge erklären." Ich saß noch gar nicht ganz, da ging es auch schon los. „Herbert hat die schwarzen Steine und ich die weißen", sagte Herr Friedrich. Dann erfuhr ich, welche Bewandtnis beispielsweise das Pferd, der Turm, der König, die Bauern und all die anderen Steine hatten. Zug um Zug mit langen Pausen, in denen die beiden Männer überlegten, ohne dabei ein Wort zu wechseln, verkündete irgendwann einer von beiden stolz: „Schach!" Der andere konterte mit: „Schachmatt!" Nee, dachte ich, das wäre nichts für mich! Das dauerte mir alles viel zu lange, und Sprechen durfte man auch nicht.
„Na", sagte Herr Friedrich und sah mich herausfordernd an. „Hast du verstanden, worum es bei diesem Spiel geht?"
„Nein, Herr Friedrich, das ist wohl eher ein Spiel für Männer. Ich bevorzuge Mikado oder ‚Mensch ärgere dich nicht' und lese gerne." Nun interessierte mich aber etwas ganz anderes, denn ich bemerkte, dass auf dem Schreibtisch eine Schreibmaschine stand. Warum hatte ich die zuvor nicht wahrgenommen? Ich erkundigte mich bei Herrn Friedrich, ob er noch darauf schrieb.
Er schüttelte den Kopf. „Nein, das ist sehr lange her. Damals habe ich noch gearbeitet. Jetzt in meinem Alter schreibe ich keine Briefe mehr. Heutzutage telefoniert man meistens mit den Behörden oder seinen Freunden, sofern man noch welche hat. Aber wenn du Lust hast und es dich interessiert, bringe ich dir gern das Maschineschreiben bei."
„Das wäre ja wunderbar!", erwiderte ich, denn ich stellte es mir toll vor, so etwas zu beherrschen.

„Mach dir aber nicht allzu große Hoffnungen", sagte Herr Friedrich, ohne damit meine Euphorie zu dämpfen. „Das ist ein ganz altes Ding und lange nicht so schnell wie die Modelle, die es heute zu kaufen gibt."
Das machte mir nichts aus. Frau Kirchheim aus dem Kindergarten hatte bestimmt die neuste Maschine in Gebrauch, wenn ich daran dachte, in welchem Tempo ihre Finger über die Tastatur geflogen waren. Klein anzufangen, war sicher nicht die schlechteste Idee. Also nahm ich Herrn Friedrichs Angebot an.
„Doris, genauso machen wir das!", antwortete er und zwinkerte mir zu.
„Danke!", sagte ich und ging hinüber in die Küche, weil ich von dort Stimmen hörte. Ich nahm an, dass Mutter vom Einkaufen zurückgekehrt war. Tatsächlich hatte sie sich mit zwei großen Taschen abgeschleppt und war nun der Meinung, dass sie das in Zukunft nicht mehr alleine machen würde. Harry stand verschlafen neben ihr und Mutter fragte ihn, wer vor unserer Ankunft für den Haushalt eingekauft hatte. Wir wohnten ja erst seit einer Woche hier. Wie wir erfuhren, hatte Harry sich darum gekümmert, weil der alte Herr nicht mehr so viel tragen konnte.
„Von jetzt an, mein Lieber, werden wir das gemeinsam machen", legte Mutter fest. „Wir sind jetzt nämlich vier Personen! Toll wäre es auch, wenn jeder hier in der Wohnung seine Aufgabe hätte. Ich mache doch nicht die Hausfrau für euch alle, schon gar nicht, wenn ich erst mal Arbeit gefunden habe!"

Harry schien Mutter nicht ernst zu nehmen, denn er griente und sagte: „So mit Zettelchen schreiben, wer das Klo putzt oder den Müll runterbringt? Das wäre ja wie in meiner Studentenzeit in der Wohngemeinschaft!"

Mutter konterte: „So muss es doch bisher bei euch beiden auch schon gelaufen sein, oder hattet ihr eine Putzfrau?"

„Nee, hatten wir nicht."

„Na bitte schön, und ich soll jetzt die Blöde sein? Auf gar keinen Fall!"

Ich zog den Kopf zwischen die Schultern. Hier war ja was los! Mutter hatte gesprochen. Jetzt wandte sie sich an mich: „Du kannst schon mal die Taschen auspacken. Ich ziehe mich in der Zwischenzeit um, und dann bereiten wir gemeinsam das Abendessen vor. Den beiden alten Herren machen wir am besten einen Teller mit Schnittchen zurecht."

Harry half mir beim Auspacken. Ein Teil der Lebensmittel kam in den Kühlschrank, der andere Teil in die Speisekammer.

Mutter konnte ihr Temperament kaum zügeln, als sie bereits nach kurzer Zeit wieder in der Küche erschien. „So, es kann losgehen!", verkündete sie. „Was wollt ihr essen und trinken?"

„Mutti, ich möchte heiße Milch mit Honig."

„Und du, Harry?"

„Ein schönes kühles Bierchen. Dazu hätte ich gern vier Stullen – zwei mit Schinken und zwei mit Schmalz und Harzer Käse."

„Mutter verdrehte die Augen. „Du weißt ja, wo das Bier steht. Und du, Doris?"

„Ich muss noch überlegen."

„Dann nimm bitte aus dem Küchenschrank einen großen Teller. Ich mache für die Männer alles gleich mundgerecht fertig. Die sollen sich aber bloß nicht einbilden, dass ich das jedes Mal für sie mache. Selbst ist der Mann, oder, Harry?"

„Jawohl, meine Dame, Sie haben völlig recht."

Endlich lachte Mutter mal wieder."

Jetzt waren wir zu dritt in Aktion. Im Eiltempo schmierte ich die Butter aufs Brot, Mutter belegte die Stullen und Harry schnitt Häppchen für die beiden alten Männer.

„So Doris, hier, und ab durch die Mitte!" Mutter drückte mir die Brote für die beiden Schachspieler in die Hand.

Ich klopfte gar nicht erst an, sondern drückte die Klinke mit den Ellenbogen herunter. „Herr Friedrich, hier kommt für Sie und Ihren Freund das Abendessen!"

Er blickte kurz zu mir und sagte: „Prima! Stell bitte den Teller auf den runden Tisch, wir spielen gerade die letzte Runde." Ich folgte seiner Aufforderung und wünschte den beiden einen guten Appetit. Dann nahm ich Reißaus, denn das Zimmer war schon wieder eine einzige Qualmwolke.

Als ich in die Küche kam, riss ich das Fenster auf, um tief durchzuatmen.

„Kind, was ist denn mit dir los?", fragte Mutter besorgt. „Ist dir schlecht?"

Ich verneinte und erklärte, der Zigarettenqualm sei unerträglich. „Der bringt mich noch um!", schimpfte ich. „Garantiert fasse ich mein ganzes Leben lang keine Zigarette an!"

Mutter lachte kurz auf. „Warte ab, was du in deinem Leben noch alles machen wirst."

Ich setzte mich zu ihr und Harry an den Küchentisch. Harry ließ sich seine Stullen schmecken und hob uns seine Bierflasche entgegen. „Zum Wohl!"
Mutter hatte sich für Kaffee entschieden. Bestimmt hatte sie wieder besonders viel Kaffeepulver genommen. Ich hatte keine Ahnung, warum sie ihren Kaffee so stark trank, denn das schmeckte entsetzlich. Ich trank, wie schon als kleines Kind, am liebsten Milch, egal ob kalt oder warm. Als ich meinen Blick über den Abendbrottisch schweifen ließ, entschied ich mich für drei Stullen mit grober Leberwurst. Hier im Westen konnte man alles kaufen und brauchte dafür keine Lebensmittelkarten, was ich klasse fand. Wir kauten gemütlich unser Brot und besprachen, was es am Sonntag zu essen geben würde. „Falscher Hase" stand auf Mutters Küchenplan.
„Igitt!", sagte ich, „ich esse doch keinen Hasen, Mutter! Denk doch an unsere Kaninchen, die Opa Max totgeschlagen hat!" Wie konnte Mutter nur so unsensibel sein, zumal sie doch in Perleberg auch nie Kaninchenfleisch gegessen hatte.
„Aber Doris, du kennst keinen Falschen Hasen?"
„Nein, woher denn auch?"
„Das ist schlicht und einfach ein Hackbraten. Der wird genauso zubereitet wie Buletten, die du ja gerne isst." Harry machte irgendwelche Witze, die ich gemein fand. Mutter ließ sich davon nicht beirren und sprach gleich weiter. „Nur dass dieses Fleisch zu einer Rolle geformt und von allen Seiten angebraten wird. Mehr sage ich jetzt dazu nicht. Am besten, du hilfst mir morgen beim Kochen, dann wirst du ja sehen, wie ich das Essen zubereite."

Auf einmal wurde die Küchentür aufgerissen. Herr Friedrich und sein Besuch traten ein. Offenbar waren die beiden bester Stimmung.

„So, meine Herrschaften", begann Herr Wagenknecht, „ich möchte mich von Ihnen verabschieden. Es war wieder sehr schön bei meinem alten Freund." Nachdem wir ihm einen guten Heimweg gewünscht hatten, bot Harry Herrn Wagenknecht an, ihn nach unten zu begleiten. Ihm blieb auch gar nichts anderes übrig, denn die Haustür war abgeschlossen. „Soll ich für Sie nicht lieber ein Taxi bestellen?", fragte Harry. „Man weiß nie, was sich so spät am Abend auf den Straßen rumtreibt."

„Ja, Herr Thomalla, da haben Sie recht. Das wäre nett von Ihnen."

Harry schnappte sich den Telefonhörer und wählte die Nummer eines Taxiunternehmens. Er erfuhr, dass in fünf Minuten ein Wagen vorfahren würde, und legte den Hörer wieder auf die Gabel. „Wir müssten dann so langsam nach unten gehen, Herr Wagenknecht."

Herr Friedrich trat auf seinen Freund zu und sagte: „Mach's gut, alter Freund, bis zum nächsten Mal!"

Einen Augenblick später sagte Mutter zu Herrn Friedrich: „Du siehst müde aus, Joachim."

Er nickte. „Ja, meine Liebe, es war ein langer Tag und ich gehe am besten gleich zu Bett. Morgen werde ich auf jeden Fall ausschlafen."

„Gute Nacht, Joachim, und schlaf gut!"
„Ihr auch!"

Harry kam gut gelaunt in die Wohnung zurück. „Das Taxi stand schon unten, als Herr Wagenknecht und ich aus dem Haus kamen. Jetzt ist der Gute auf dem Weg nach Hause."
Wir machten noch kurz Klarschiff in der Küche und besprachen danach, was in den nächsten Tagen so anstand. Mutter hatte am Montag ihren Zahnarzttermin und ich freute mich auf meinen ersten Arbeitstag im Kindergarten. Harry musste sowieso arbeiten. Ich machte mich für die Nacht fertig und griff wie so oft nach einem von Mutters Liebesromanen. Mittlerweile war ich genauso verrückt wie sie nach diesen Geschichten.

Am Sonntagmorgen weckte mich Mutter ziemlich früh. Ich weigerte mich aufzustehen und nörgelte herum.
„Wie wäre es mit ‚Guten Morgen', mein Kind?"
„Guten Morgen, Mutti", erwiderte ich und schob gleich hinterher, wie müde ich noch sei.
„Doris, du hast zehn Stunden geschlafen, da müsstest du eigentlich ausgeschlafen sein!"
„Bin ich aber nicht! Schließlich bin ich ein Achtmonatskind. Solche Kinder brauchen mehr Schlaf als normale Kinder."
Gegen Mutters Argumente war ich allerdings chancenlos. Wobei sie nicht einmal unrecht hatte, schließlich brauchten zwei Männer länger im Bad als wir Weibsbilder. Sie öffnete die Fenster zum Lüften und schüttelte mein Bettzeug auf. Ihr Bett war wie immer unberührt. Sie legte mir ein paar Sachen zum Anziehen raus und ich nahm sie mit ins Badezimmer. Nachdem ich mich gewaschen hatte, kam Harry an die Reihe. Anschließend taperte Herr Friedrich an seinem Krückstock

ins Bad. Harry fragte ihn, ob er ihm behilflich sein könne, doch der alte Herr meinte, er komme allein klar.

„Ihr glaubt gar nicht, was ich für einen Hunger habe!", sagte Harry, als er in die Küche kam. „Ich habe die ganze Nacht nichts gegessen."

Mutter lachte. „Du, mein Lieber, wir auch nicht!"

Jeder Handgriff saß, sodass der Tisch im Nu gedeckt war. Mutter hatte für jeden ein Frühstücksei gekocht und Harry köpfte seins mit einem eleganten Schwung. Ich versuchte es ihm nachzumachen, aber mir glückte das nicht. Kurzerhand half mit Harry. Zu unserem Glück fehlte nur noch Herr Friedrich. Mutter sagte: „Harry, schau doch mal nach, was der Alte so lange im Bad treibt."

In diesem Moment öffnete sich die Küchentür und Herr Friedrich trat ein. Weil heute Sonntag war, hatte er sich, wie wir es schon einmal erlebt hatten, ein weißes Oberhemd angezogen. Dazu trug er diesmal eine Krawatte. „Guten Morgen, meine Lieben!", sagte er. „Schön, dass ihr auf mich gewartet habt. Ihr müsst schon entschuldigen, bei einem alten Menschen geht manches nur noch im Schneckentempo." Er versicherte uns, wie froh er sei, dass er jetzt eine richtige Familie habe.

Mutter verdrehte die Augen und ich wollte nicht wissen, was sie gerade dachte. Sie deutete auf den freien Stuhl und sagte: „So, Joachim, nimm Platz! Es ist alles für dich vorbereitet. Möchtest du Kaffee oder lieber Tee zum Frühstück?"

„Einen schönen Kaffee mit Milch und viel Zucker würde ich gerne trinken."

Mutti bediente den alten Herrn, als wäre er ihr Vater. Ich bedachte sie mit einem liebevollen Blick, was eigentlich nicht meine Art war. Sie war ja nur von der Bedeutung her meine Mutter. Als Kind hatte ich von ihr schließlich keine Liebe empfangen und ich war auch noch viel zu klein gewesen, als sie mich verlassen hatte. Was Mutterliebe bedeutete, hatte ich zu der Zeit nicht einmal geahnt. Auch jetzt, mit vierzehn Jahren, wurde ich von ihr nicht in die Arme genommen. Andere Kinder sagten zu ihrer Mutter: „Ich habe dich lieb!" So etwas kam mir nicht über die Lippen. Ich war auch nicht in der Lage, mein Herz für sie zu öffnen.

Es war wie immer ein gemütliches Frühstück. Die Männer unterhielten sich über die alten Zeiten, vor allem Herr Friedrich erzählte viel von seinem Beruf und was er im Ersten Weltkrieg erlebt hatte. Auch dass er seine geliebte Frau vermisste, mit der er fünfzig Jahre verheiratet gewesen war. Ich beteiligte mich nicht am Gespräch und aß nur meine Stullen. Als wir alle angenehm satt waren, fragte ich Mutter, was wir an diesem Tag unternehmen würden. Statt meine Frage zu beantworten, fing sie schon wieder an, Aufgaben zu verteilen. „Als Erstes werden wir zusammen die Küche aufräumen. Dann wirst du mir helfen, dass Mittagsessen vorzubereiten. Du möchtest doch wissen, wie man einen Falschen Hasen zubereitet. Und die Männer verschwinden am besten auf ihre Zimmer, die stören uns nur bei der Arbeit."

„Mutti!", sagte ich mit Nachdruck. „Und was machen wir nach dem Essen?"

„Na, du kannst einem Löcher in den Bauch fragen! Ich werde mich erst einmal hinsetzen und jetzt endlich den Brief an

Opa Max schreiben, damit er weiß, wo wir sind." Als ich sie fragend ansah, ergänzte sie: „Ja, Doris, ich wollte den Brief schon längst geschrieben haben, aber ich muss ja auch die richtigen Worte finden, und das ist gar nicht so einfach. Wichtig ist zunächst einmal, dass er uns unsere Kleidung schickt. Und wenn ich den Brief fertig habe, sehen wir weiter. Oder, Harry, was meinst du?"

Harry stellte uns einen tollen Plan vor: „Wir könnten zum Beispiel ins Kino gehen und uns den neuen amerikanischen Film ansehen, der gerade angelaufen ist. Er ist mit James Mason und heißt ‚20.000 Meilen unter dem Meer'. Der Film soll sehr gut sein. Die erste Vorstellung beginnt um 18 Uhr. Das wäre optimal, denn dann wären wir nicht so spät wieder zu Hause."

„Na siehste, Doris", warf Mama ein, „das wäre doch was."

„Oh ja, das machen wir!" Ich ging immer noch so gerne ins Kino. „Und bis es losgeht, könnten Sie mir die Schreibmaschine erklären." Ich sah Herrn Friedrich bittend an.

Er nickte. „Aber erst heute Nachmittag. Nach dem Mittagessen möchte ich mein Mittagsschläfchen halten. Danach bin ich zu allen Schandtaten bereit."

„Danke, Herr Friedrich!" Ich freute mich wie ein kleines Kind.

„So, und nun raus aus der Küche, ihr Mannsbilder!" Mutter fuchtelte mit den Händen, um Harry und Herrn Friedrich aus dem Zimmer zu scheuchen. Sie hielt mir meine Schürze hin, die ich mir umband. In einer Schüssel hatte sie bereits ein Brötchen eingeweicht, das ich ausdrücken sollte. Ich

langte mit meinen Händen in die Schüssel und schimpfte: „Igitt, das ist ja ekelig! Diese Pampe an meinen Händen!"
„Geh weg", sagte Mutter, „lass mich das machen. Du kannst Zwiebeln schälen und klein schneiden. Nimm dir dafür das Holzbrett aus der Schublade. Pass aber auf, damit du dich nicht schneidest!"
Zwiebeln zu pellen war ja noch einfach, aber als ich anfing, sie kleinzuschneiden, fand ich es auf einmal gar nicht mehr lustig. Meine Augen tränten und ich musste ständig die Nase hochziehen. Und wieder einmal jammerte ich Mutti die Ohren voll. Ich hatte jetzt auch keine Lust mehr, Köchin zu werden.
Mutter reagierte genervt. „Du bist aber auch zu nichts zu gebrauchen!", wetterte sie. „Lass das, ich mach das schon. Setz dich an den Tisch und schaue mir einfach nur zu."
„Ich würde aber lieber zu Herrn Friedrich gehen und fernsehen."
„Also gut, verschwinde schon, ich mache das Essen alleine."
Ich trollte mich und klopfte als Erstes bei Harry an, um zu schauen, was der so machte. „Na, Doris, du hast wohl Langeweile", sagte er.
„Ja, habe ich."
„Sollst mal sehen, ab Montag wird alles anders für dich, wenn du mit den Kindern zusammen bist."
„Das denke ich auch. Ich freue mich schon, denn hier bin ich so alleine."
Harry lächelte. „Ich verstehe dich sehr gut, zumal du hier keine Freunde hast und die ganze Zeit nur mit uns zusammen bist. Das Leben ist im Moment nicht so einfach für

euch." Damit sprach er mir aus der Seele. Bei Musik aus einem Kofferradio schrieb er gerade einen Brief.
Neugierig fragte ich: „An wen schreibst du?"
„Ich schreibe einen Brief an meine Familie", antwortete er mir.
„Hast du auch Kinder?"
„Ja, zwei Jungs, aber die sind viel älter als du."
„Warum fährst du an den Wochenenden nicht nach Hause?"
„Das ist jetzt so eine Sache, die ich dir nicht so leicht erklären kann."
So wichtig war mir das auch nicht. „Na gut", beschloss ich, „ich gehe jetzt zu Herrn Friedrich. Mal sehen, was der so treibt."
„Tu das, wir sehen uns zum Mittagessen."
Kurze Zeit später klopfte ich bei dem alten Herrn an.
„Komm doch einfach rein, Doris!", rief er. „Du brauchst bei mir nicht anzuklopfen. Ich freue mich, dass ich nicht mehr alleine bin."
„Na gut, wenn ich das darf, dann mache ich das in Zukunft so."
„Weißt wohl wieder nichts mit dir anzufangen!", erkannte er.
Ich nickte und sagte erst mal nichts. Nach einer Weile fragte ich: „Was könnte ich zum Beispiel Ihrer Meinung nach machen?"
„Ich hatte dir doch angeboten, dass du dir jederzeit ein Buch aus dem Regal nehmen darfst."
„Ich lese ja schon Mutters Romane. Die Bücher hier sind mir viel zu dick. Das dauert doch viel zu lange, bis ich auch nur eines davon ausgelesen habe."

„Da muss ich dir recht geben, aber man sollte früh damit anfangen, vernünftige und lehrreiche Bücher zu lesen. Damit meine ich nicht diese geistlosen Schmöker, die deine Mutter liest. Du wirst deine Meinung im Leben ständig ändern, das kannst du mir glauben. Lesen bildet und erweitert den Horizont."

Mir fiel nichts ein, was ich darauf hätte erwidern können. Um das Thema zu wechseln, fragte ich Herrn Friedrich: „Könnten Sie nicht mal in der Zeitung nachsehen, ob heute Nachmittag ein schöner Film im Fernsehen gezeigt wird?"

„Hier, schau selbst, du kannst doch lesen." Er hielt mir seine Zeitung hin, die ich neugierig durchblätterte. Tatsächlich gab es heute Nachmittag etwas, das mich brennend interessierte: „Das doppelte Lottchen" von Erich Kästner. Den Film hatte ich schon im Rolandkino in Perleberg gesehen und er hatte mich bereits als Kind begeistert. Herr Friedrich erkundigte sich, ob ich etwas gefunden hätte.

„Ja, das habe ich. Die ARD zeigt ab 16 Uhr einen meiner Lieblingsfilme, ‚Das Doppelte Lottchen'. Darf ich mir den ansehen?"

„Da musst du mich nicht fragen, ich hätte nichts dagegen. Frag aber deine Mutter. Hattet ihr nicht vorhin davon gesprochen, um 18 Uhr ins Kino zu gehen? Dann wird die Zeit aber knapp werden."

„Ach, stimmt ja!", murmelte ich und überlegte, worauf ich mehr Lust hatte. „Ins Kino gehe ich auf jeden Fall nicht mit", beschloss ich und ging kurz rüber in die Küche, in der ich Mutter antraf, die einen ziemlich genervten Eindruck machte.

„Na, mein Fräulein Tochter, möchtest du mir vielleicht doch noch helfen?" Sie sah mich abschätzend an.
„Nein, eigentlich nicht, ich habe aber eine Bitte."
„Und die wäre?"
„Ich möchte nicht mit euch ins Kino gehen."
„Ach, und warum nicht? Du warst doch so begeistert von der Idee."
„Da wusste ich auch noch nicht, dass sie heute um 16 Uhr im Fernsehen ‚Das doppelte Lottchen' zeigen."
„Also gut, von mir aus kannst du hierbleiben, dann gehen Harry und ich eben alleine."
Meine Miene hellte sich auf und ich freute mich über ihr Okay. „Danke, Mutti!" Ich fiel ihr regelrecht um den Hals und wir waren beide gleichermaßen erschrocken.
Fröhlich ging ich zurück zu Herrn Friedrich und verkündete: „Ich darf zu Hause bleiben!"
Er schien sich ebenfalls zu freuen. „Dann haben wir beide ja einen schönen und gemütlichen Nachmittag vor uns."
„Ja, Herr Friedrich, und Kuchen gibt es auch! Aber leider nicht von Mutti selbst gebacken! Sie backt nicht gerne – Kochen mag sie übrigens auch nicht."
Herr Friedrich schien überrascht zu sein, denn er beteuerte, Mutters Essen schmecke ihm sehr lecker. Dann tat er auf einmal ganz geschäftig: „So, Doris, dann setz dich jetzt mal an den Schreibtisch und nimm die Haube von der Schreibmaschine." Stimmt ja, ich sollte doch heute meine erste Lektion erhalten. Das hätte ich vor lauter Vorfreude auf den Film beinahe vergessen. Ich trat an den Schreibtisch und sah mir die Schreibmaschine genauer an. Sie war groß und schwarz

und von der Firma Singer. Herr Friedrich gab mir einen Bogen Papier und forderte mich auf, ihn in die Rolle einzuspannen. Ach, wie aufregend das alles war! Und gar nicht so einfach, wie das im Kindergarten ausgesehen hatte. Nach einer Weile und den ersten Schreibversuchen dachte ich: Das schaffst du nie! Was ich alles beachten musste! Den Hebel bedienen, wenn eine Zeile vollgeschrieben war. Die Rolle schoss dann auf die andere Seite. Am Rad drehen, nächste Zeile schreiben. Wenn ich auf einen Buchstaben drückte, schlug er gegen das Papier. Die vielen Satzzeichen machten mich völlig irre. Zudem war das alte Ding von Schreibmaschine unglaublich laut. Bei jedem Buchstaben, den ich tippte, machte es „Klack". Frau Kirchheim hatte tatsächlich ein viel moderneres Gerät gehabt. Ich gab mir ehrlich Mühe, jedoch verrauchte mein Interesse urplötzlich. Herrn Friedrich entging das nicht, weshalb er die heutige Lektion beendete. Es war ja auch bald Essenszeit. Ich deckte die Schreibmaschine wieder ab und verdrückte mich in die Küche.
„Mutti, soll ich dir bei irgendwas helfen?"
Sie nickte. „Ja, gern. Deck doch schon mal den Tisch. Die Glasschälchen für den Nachtisch stehen unten im Schrank. Und nimm die Schüssel mit dem Vanillepudding aus dem Kühlschrank."
Wir hatten in Perleberg keinen Kühlschrank besessen. Wenn wir Eis gebraucht hatten, war Opa Max jedes Mal mit seinem Handwagen losgezogen und hatte eine lange Eisstange aus dem Kühlhaus geholt.

Mutter riss mich aus meinen Erinnerungen, indem sie mir erzählte, dass sie nur noch die Kartoffeln abgießen müsse. „Nimm dir einen Löffel und koste die Soße."
Ich nahm mir einen Löffel, hob den Topfdeckel an und legte ihn beiseite. Mit dem Löffel rührte ich kurz in der Soße, bevor ich probierte. „Oh Schreck!", entfuhr es mir. „Mutti, ich kann die Soße nicht essen!"
„Was ist denn nun schon wieder los?"
„Da sind Mehlklütern drin."
„Ja, und? Davon wirst du nicht sterben."
„Ich esse die nicht, sonst muss ich mich übergeben." Oma Hertha hatte meine Soße immer durch ein Sieb gerührt, weil ich sie als kleines Kind schon nicht gegessen hatte, wenn Klütern drin gewesen waren.
Mutter gab sich geschlagen. „Also gut", sagte sie, „ich werde deine Soße durch ein Kaffeesieb rühren." Was sie dann auch tat. Schließlich nahm sie mir den Löffel aus der Hand, tauchte ihn in die Soße und sagte: „Mund auf!" Als ich ihrer Aufforderung folgte, schob sie mir den Löffel in den Mund und fragte: „Und? Wie schmeckt dir die Soße?"
Die Soße war verdammt heiß! Ob das Absicht war? Sie sah mich fragend an.
„Oh, lecker, Mutti! Du hättest auch Köchin werden können."
„Das fehlt mir noch! Ich habe jahrelang im Hotel Luisenbad in der Küche gearbeitet und musste dort viel lernen."
Auf mein Nachfragen hin erfuhr ich, dass sich dieses Hotel in Bayern befand, sehr weit weg von Berlin. „So, nun aber los!", sagte sie. „Gib bitte den Männern Bescheid, dass das Essen fertig ist."

Ich lief los und klopfte zuerst bei Harry an. Er antwortete, er komme gleich. Als ich die Tür von Herrn Friedrichs Zimmer öffnete, regte sich nichts. Er saß mit seiner Zeitung im Sessel, die Augen geschlossen, und seine tiefen Atemzüge verrieten, dass er eingeschlafen war. Also ging ich zu ihm und zog ihm am Ohr.
„Ach du bist es!", sagte er, als er die Augen aufschlug.
„Ja, Herr Friedrich, das Essen ist fertig. Soll ich Ihnen beim Aufstehen behilflich sein?"
„Das wäre sehr nett von dir."
Ich fasste ihm unter die Arme und sagte: „Bei drei ziehe ich Sie hoch." Wir mussten lachen, weil es erst beim dritten Mal klappte.
Gemeinsam gingen wir in die Küche und setzten uns an den Tisch. Mutter war gerade dabei, Servietten aufzulegen. Da kam mir in den Sinn, wie es früher bei uns zu Hause gewesen war, und ich fragte: „Warum haben wir hier noch nicht ein einziges Mal nach dem Essen gebetet?"
Mutter sah von einem zum anderen, und weil sich sonst niemand äußerte, warf sie ein, das sei doch alles nur Hokuspokus.
„Und was ist Hokuspokus?", wollte ich wissen.
„Harry, nun sag du doch auch mal was dazu!" Mutter wirkte genervt.
„Na ja, Doris. Es gibt Menschen, die an Gott glauben und der Meinung sind, dass er ihnen hilft, wenn sie in Not sind." Damit schien für Harry alles gesagt zu sein. Ich beließ es dabei, denn so etwas in der Art hatte Opa Max mir auch erzählt.

Wir aßen schweigend, bis sich Mutter erkundigte, wie uns ihr Falscher Hase schmecke. Harry und ich waren begeistert und Herr Friedrich lobte das Gericht in den höchsten Tönen. Nachdem wir alle gut gesättigt waren und sich die Männer zurückgezogen hatten, erledigte ich zusammen mit Mutter die Küchenarbeit. Im Anschluss daran setzte sie sich an den Küchentisch und schrieb einen langen Brief an Opa Max. Darin teilte sie ihm mit, dass es uns beiden gut gehe und er sich keine Sorgen um uns zu machen brauche. Auch dass er uns unbedingt unsere Kleidung schicken solle. Der Brief enthielt, wie Mutter sagte, „versteckte Botschaften", die Opa hoffentlich in der Lage war zu entschlüsseln. Mutti sagte: „Ich hoffe, unsere Post kommt ungeöffnet bei ihm an. Ich weiß nicht, ob man noch nach uns sucht."
Ich erschrak. „Aber Mutti, die hätten doch dann unsere Adresse und wüssten, wo wir wohnen!"
„Doris", sagte Mutter, „darüber habe ich mir natürlich auch Gedanken gemacht. Diesen Brief hier hat eigentlich Joachim an deinen Opa Max geschrieben."
Ich verstand jetzt gar nichts mehr. „Wieso?", fragte ich. „Du schreibst doch den Brief, nicht Joachim!" Ich sah sie mit großen Augen an.
„Das ist ja auch richtig, mein Kind", erwiderte sie. „Ach, es wäre zu kompliziert, dir das alles zu erklären. Nur so viel noch: Joachim wird diesen Brief mit seiner Schreibmaschine abtippen, weil die Leute ja sonst meine Handschrift erkennen könnten. Herr Friedrich wird dann alles Weitere erledigen."
Ich nickte nur stumm, wusste aber immer noch nicht, was sie mir damit sagen wollte.

Mir sollte es recht sein. Ich war froh, dass Opa endlich ein Lebenszeichen von uns bekam und er uns ein Paket mit unseren schönen Sachen zum Anziehen schicken würde.

Bis zum Nachmittag war es noch ein Weilchen hin! Ich freute mich auf „Das doppelte Lottchen" mit Luise und Lotte, dem Zwillingspaar, das aufgrund der Trennung seiner Eltern auseinandergerissen wird und nach Jahren während der Sommerferien wieder zusammenfindet. Bei Kaffee und Kuchen sahen Herr Friedrich und ich uns schließlich den Film an. Wieder einmal nahm mich die Geschichte emotional mit.

Mutter und Harry verließen das Haus frühzeitig mit dem Hinweis, gleich nach dem Ende des Kinofilms zurückzukommen.

Herr Friedrich hatte mich gefragt, ob ich nicht doch Lust hätte, Schach zu lernen. Da ich mich ansonsten gelangweilt hätte, nickte ich. Zumindest die Figuren kannte ich ja schon vom letzten Mal. Der alte Herr war ein guter Lehrmeister, der sich Mühe gab, mir jeden Zug zu erklären. Na ja, ganz so blöd stellte ich mich wohl auch nicht an, und begriffsstutzig war ich erst recht nicht. Es machte mir nach einiger Zeit sogar Spaß! Natürlich konnte ich gegen einen so erfahrenen Schachspieler, wie Herr Friedrich es war, nicht gewinnen.

Nach einiger Zeit schaute ich auf die große Standuhr, die auf 20 Uhr zuging. So langsam müssten Mutti und Harry nach Hause kommen. Ich fragte Herrn Friedrich, ob er auch schon Hunger hätte.

Er nickte. „Ja, mir knurrt der Magen."

„Geht mir genauso. Soll ich uns was zu essen machen?

„Das wäre nett von dir. Wer weiß, wann die beiden wieder zu Hause sind. Komm, wir gehen in die Küche und schauen nach, was der Kühlschrank so hergibt."

Die Idee klang gut. Ich lief rüber in die Küche, gefolgt von Herrn Friedrich, und fragte ihn: „Möchten Sie heißen Kakao trinken?"

„Und ob ich das möchte!"

Ich lächelte und sagte zu ihm: „Sie setzen sich an den Tisch, ich räume den Kühlschrank aus und stelle alles auf den Tisch, und jeder kann essen, worauf er Appetit hat."

„Was für eine gute Idee, junge Dame!"

Ich machte nicht viel Federlesens und belegte dem alten Herren sein Brot mit allem, worauf er Appetit hatte. Sogar der Kakao gelang mir, ohne dass die Milch überkochte. Zwischen uns herrschte eine gemütliche, lockere Atmosphäre und mein Mund stand wie immer nicht still. Wir beide aßen mehr, als wir es gewohnt waren, und Herr Friedrich lobte mich, in dem er sagte: „Du wirst bestimmt mal eine gute Hausfrau, das hast du heute bewiesen." Ich freute mich darüber und beteuerte, ich hätte es gern für ihn gemacht.

Draußen war es inzwischen dunkel geworden und ich fragte mich, wo Harry und Mutti blieben. Es war bereits 22 Uhr und für mich wurde es Zeit, zu Bett zu gehen. Am nächsten Morgen musste ich früh aufstehen, weil ich um 9 Uhr im Kindergarten erwartet wurde.

Herr Friedrich gähnte. „So, Doris", sagte er und linste ebenfalls zur Uhr, „ich verabschiede mich für heute, der Bettzipfel wartet schon auf mich."

„Dann gute Nacht, Herr Friedrich! Ich räume noch schnell auf und gehe dann auch zu Bett. Wenn ich morgen vom Kindergarten zurück bin, habe ich bestimmt viel zu erzählen."

Die Küche hatte ich rasch aufgeräumt. Anschließend begab ich mich ins Bad und machte mich bettfertig. Ich hörte auf jedes Geräusch, schlief aber darüber ein. Offenbar hatte ich einen unruhigen Schlaf, denn irgendwann mitten in der Nacht hörte ich jemanden meinen Namen sagen und spürte eine Hand auf meinem Körper. Erschrocken schlug ich um mich. Aber es war nur Mutter, die meinte, ich hätte wohl schlecht geträumt. Nur für einen kurzen Moment schlug ich die Augen auf, um mich gleich darauf zu entspannen, denn nun war ich ja nicht mehr allein.

Am Morgen wurde ich von Mutter geweckt. Ich hatte überhaupt keine Lust, das Bett zu verlassen, und fragte verschlafen nach der Zeit.

„Du musst aufstehen, Doris!", mahnte mich Mutter. „Heute ist dein großer Tag und ich freue mich so für dich!"

„Ach, Mutti, nur noch fünf Minuten!"

„Also meinetwegen, in fünf Minuten bin ich wieder hier."

Ich fragte mich, was mich im Kindergarten erwarten würde. Ob die Kinder mich wohl mochten?

Die fünf Minuten waren schnell vorbei. Mutter schickte mich ins Bad, wo sie bereits alles zurechtgelegt hatte, was ich anziehen sollte. In meinen Blümchenrock und eine weiße Bluse gekleidet setzte ich mich wenig später zu Mutter an den Frühstückstisch. Sie gab mir noch einige Verhaltenstipps mit auf den Weg und packte alles in meine Umhängetasche, was ich den Tag über brauchte. Im Flur zog ich mir die neuen weißen Sandalen an und Mutter wünschte mir Glück. Es folgte eine kurze Umarmung, dann rannte ich die Treppe hinunter und lief, als würde mich jemand verfolgen, im Eiltempo zum Kindergarten.

Endlich dort angekommen, bekam ich mit, wie die Kinder von ihren Eltern gebracht und den Kindergärtnerinnen übergeben wurden. In einigen Fällen war der Abschied tränenreich.

Etwas unsicher sprach ich eine junge Frau an, die sich liebevoll um die Kleinen kümmerte. „Entschuldigung, ich bin Doris, das Mädchen, das heute hier als Kinderbetreuerin anfängt."

„Wunderbar!" Die Frau gab mir zur Begrüßung die Hand mit dem Hinweis, ich könne Irene zu ihr sagen. Dann sagte sie: „Ich denke, dass wir erst einmal zu Frau Kirchheim gehen, damit sie weiß, dass du da bist. Bist du denn schon aufgeregt?"

„Ja, schon etwas", gab ich zu.

„Sollst mal sehen, es gefällt dir bestimmt bei uns!" Irene klopfte an die Tür von Frau Kirchheims Büro, die sich im selben Moment öffnete. „Doris, unser Mädchen, ist gekommen", sagte sie.

„Sehr schön!", erwiderte die Kindergartenleiterin. „Guten Morgen, Doris."

„Guten Morgen, Frau Kirchheim."

„Hast du die Papiere mitgebracht?"

„Ja, das habe ich." Ich nahm den vorbereiteten Briefumschlag aus der Tasche und reichte ihn ihr. Sie versprach, mir die Unterlagen zum Feierabend zurückzugeben, und bat Irene, mich zu den Kindern ins Spielzimmer zu bringen.

Irene lächelte mich an. „Dann komm einfach mit. Ich stelle dich erst mal Eveline vor, das ist unsere andere Kindergärtnerin." Sie legte den Arm um mich, als seien wir Freundinnen.

Während wir durch das Haus gingen, sah ich mich um. Hier war wirklich die Hölle los! Einige Kinder rannten die Flure entlang, andere schrien oder heulten. Ich musste an die Zeit denken, als ich im Kinderheim gewesen war. Ob wir uns damals auch so gebärdet hatten? Bestimmt hatten auch wir viele Tränen geweint.

Irene öffnete die Tür zum Spielzimmer, in dem Eveline mit einem Ball in der Hand in der Mitte saß. Die Kinder bildeten einen Kreis um sie herum und Eveline warf einem nach dem anderen den Ball zu. Als sie uns hereinkommen sah, stand sie auf, kam lachend auf mich zu und sagte: „Du bist bestimmt unser neues Mädchen."

„Ja, ich bin Doris."

„Und ich bin Eveline. Ich freue mich, dass du uns unterstützen wirst."

Irene wandte sich an Eveline: „Ich lasse Doris bei dir, dann kann sie sich gleich mit den Kindern anfreunden." Sie nahm mir meine Jacke und die Tasche ab und versprach, alles in ein separates Zimmer zu legen. Ich zog mir meine Sandalen aus und Eveline sagte: „Komm, setz dich zu mir in die Mitte! Wir müssen die Kinder bis zum Mittagessen beschäftigen, und nach ihrem Mittagsschlaf gehen wir dann mit ihnen auf den Spielplatz." Also folgte ich ihrer Aufforderung und fragte in die Runde: „Hallo, meine Kleinen, wollt ihr mit mir Ball spielen?" Damit war das Eis zwischen uns sofort gebrochen und Eveline konnte hinübergehen zu den anderen Kindern und Irene ablösen, die sich um die Vorbereitungen für das Mittagsessen kümmern sollte.

Im Nu hingen mir einige kleine Bälger am Hals und ich bolzte mit ihnen auf dem Fußboden herum. Das war nicht nur ihre, das war auch meine Welt! Die Nähe von Kindern zu spüren, fand ich wunderbar. Auf diese Weise konnte ich meine Probleme völlig ausblenden. Die kleinen Mäuse waren zwischen drei und fünf Jahre alt und suchten regelrecht meine Nähe. Sie beschlagnahmten meinen Körper, indem sie sich um meinen Hals hangelten, und andere wollten auf meinen Schoß. Ich musste mir etwas einfallen lassen, um auch mal Luft zu bekommen, und fragte sie, ob sie etwas trinken wollten. Sofort ging das Geschrei los. Natürlich wollten sie! Endlich konnte ich aufstehen und musste feststellen, dass mein Rock völlig zerknittert war. „So, kommt", rief ich, „wir gehen in die Küche!" Ich nahm die Kleinsten an die Hand und suchte zunächst einmal nach Irene und Eveline. Ich wusste ja nicht, was die Kinder trinken durften. Die Kleinen gebärdeten sich wie toll, dann mussten sie auf einmal zur Toilette. Weil ich nicht wusste, wo sich diese befand, klopfte ich an die Tür eines Zimmers, an der „Privat" stand. Irene öffnete mir und ich wich ein Stück zurück, weil es in dem Zimmer nach Zigarettenqualm stank.

„Na, Doris ‚was gibt es?", fragte Irene.

„Die Kinder haben Durst, und die meisten müssen Pipi machen."

„Ich komme sofort", sagte sie. „Ich hole nur schnell Eveline. Ach nein, du kannst mir ja helfen. Das schaffen wir beide allein."

In der Küche bekamen die Dreijährigen ihre Milch in einem Becher gereicht. Die Größeren bevorzugten Apfelsaft. Nachdem der Durst gestillt war, ging es zur Toilette. Irene zog den Kleinen die Höschen runter, setzte sie aufs Klo und wischte ihnen, nachdem sie ihr Geschäft erledigt hatten, den Po ab. Schockiert sah ich ihr dabei zu. Dann gab es die Kinder, die ihre Hosen voll hatten. Ich hatte den Eindruck, dass Irene das alles nichts ausmachte. Sie ging zu den jeweiligen Taschen, in denen sich Ersatzunterwäsche befand. Mit einem Augenzwinkern in meine Richtung sagte sie: „Wie du siehst, ist das Los der Kindergärtnerinnen kein einfaches."

„Ja, das sehe ich. So weit hatte ich gar nicht gedacht."

„Ich auch nicht, als ich meine Lehre anfing. Und jetzt macht es mir nichts mehr aus. So, fertig! Doris, wenn du Durst hast, in der Küche steht eine große Kanne mit Tee. Im Kühlschrank findest du auch andere Getränke."

„Danke Irene, ich habe wirklich Durst und würde gerne Milch trinken."

„Kein Problem, davon haben wir reichlich. Nimm dir, was du magst. Ich bringe die Kinder inzwischen in ihr Spielzimmer zurück."

Nachdem ich meinen Durst gelöscht hatte, eilte ich wieder zu den Kindern, die mich sofort belagerten. Bis zum Mittagessen war ich voll damit beschäftigt, die Kleinen im Zaum zu halten, und machte allerhand Blödsinn mit ihnen. Eveline schaute zwischendurch kurz rein und signalisierte mir, dass ich meine Sache gut machte.

Das Mittagessen wurde jeden Tag frisch gekocht und von einer Firma angeliefert. Es gab einen Essensraum mit normalen Stühlen, und für die kleinen Kinder, die noch gefüttert wurden, gab es Hochstühle. Hier war gleich an meinem ersten Tag mein voller Einsatz gefragt. Einige große Schüsseln wurden auf den Tisch gestellt und ich reichte Eveline erst einmal die Teller für die großen Kinder an. Eveline füllte sie mit Gemüsesuppe. Die Kleinen bekamen Grießsuppe. Zum Nachtisch gab es für alle Schokoladenpudding mit Vanillesoße. Irene band den Kleinen ihre Lätzchen um und erklärte mir, wie hier alles ablief. Ich lernte, wie man kleine Kinder fütterte, die bereitwillig ihre Münder öffneten, wenn ich folgenden Spruch aufsagte: „Einen für Papa, einen für die Mama und einen für dich!" Manchmal sagte ich auch: „... und einen für mich!" Dann tat ich so, als würde ich mir den Löffel in den Mund schieben. All das musste im Eiltempo geschehen, damit auch der Letzte satt wurde.

Nach dem Essen wurden die Kinder angehalten, ein Mittagsschläfchen zu halten. In einem großen Raum wurden Matten auf den Fußboden gelegt, und jetzt hieß es, die Kleinen auszuziehen, was natürlich nicht ohne deren Widerstand vonstattenging. Ich versuchte sie mit Blödsinn, Spaß und lieben Worten zum Schlafen zu animieren. Was mir schließlich auch gelang, als ich ihnen erklärte, dass ich ebenfalls müde sei und am liebsten bei ihnen bleiben wolle. Das fanden die Kleinen wunderbar! Vor lauter Freude hopsten sie in

Hemd und Höschen auf ihren Matten herum, bis ich sie ermahnte, sich schlafen zu legen. Ich rückte ihre Matten ganz nah an meine, sodass sich die kleinen Mäuse geborgen fühlten. Wenn ich an diesen Tag zurückdenke, bin ich mir sicher, dass ich eher eingeschlafen war als die Kinder.

Nach einer Weile vernahm ich lautes Getöse. Ich wusste im ersten Moment nicht, wo ich war, fand mich dann aber inmitten der vielen Kinder wieder und sah, dass die Tür aufstand und Irene hereinschaute.

„Doris, wir müssen die Kinder wecken, sie anziehen und mit ihnen zur Toilette gehen. Danach bekommen sie etwas zu trinken. Bei diesem schönen Wetter gehen wir mit ihnen für eine Weile auf den Spielplatz." Sie lächelte mich an. „Du hast bestimmt schon gemerkt, dass der Beruf der Kindergärtnerin nicht so einfach ist und einiges an Verantwortung mit sich bringt."

Da hatte sie recht. „Mir gefällt es hier!", versicherte ich ihr.

„Schau dir die süßen Gesichter an, wie rot sie vom Schlafen sind."

„Du hast deinen Job bis jetzt sehr gut gemacht, die Kinder mögen dich."

Im Grunde genommen war ich ja auch noch ein Kind, nur etwas älter als die anderen. Ich fragte mich, ob ich noch einmal ein Kind sein wollte, und konnte mir das nur für den Fall vorstellen, dass ich eine andere Vergangenheit gehabt hätte.

Inzwischen hatten wir die Kinder angezogen und einen nach dem anderen auf die Toilette gesetzt. Die Kleinen waren ausgelassen und ihre Münder standen nicht still. Jeder verlangte nun etwas anderes zu trinken. Als alle versorgt waren, kam Eveline hinzu. Sie klatschte in die Hände und rief in die Runde: „So, Kinder, wir gehen auf den Spielplatz!"

Ich nahm zwei der Kleinen an die Hand und Irene bemühte sich, all die anderen sicher über die Straße zu bringen. Auf dem Spielplatz angekommen, wurden die ganz Kleinen in den Buddelkasten gesetzt, wo sie sich mit Förmchen, Schüppe und Eimerchen im Sand vergnügen konnten. Ich sollte mich an der Schaukel postieren, die Kleinen darauf setzen und aufpassen, dass sie nicht herunterfielen. Irene und Eveline nutzten die Gelegenheit, sich gemütlich auf die Bank zu setzen, sich zu unterhalten und dabei ganz entspannt Zigaretten zu rauchen. Wie es schien, machte ich auch hier auf dem Spielplatz alles zu ihrer Zufriedenheit.

Gegen 17 Uhr ging es zurück in den Kindergarten, weil die meisten Kinder kurz darauf von ihren Eltern abgeholt wurden. Das bedeutete für mich, dass mein erster Tag mit meiner neuen Beschäftigung zu Ende war. Frau Kirchheim ließ mir ausrichten, ich möge zu ihr ins Büro kommen. Ich hatte Angst, dass sie es sich vielleicht anders überlegt hatte und ich morgen nicht mehr wiederkommen sollte. Zaghaft klopfte ich an die Tür ihres Büros und öffnete sie. Sofort sprang die Kindergartenleiterin auf, kam auf mich zu und umarmte mich mit den Worten: „Doris, du hast heute alles wunderbar gemacht. Ich freue mich, dass du so gut mit Kindern umgehen kannst. Auch Irene und Eveline sind von dir begeistert. Hier sind deine Unterlagen zurück, ich habe mir Kopien davon gemacht. Also bis morgen!"

„Danke, Frau Kirchheim", sagte ich voller Freude. „Ja, bis morgen und auf Wiedersehen!" Ich hätte vor Freude jubeln können. Mit einem glücklichen Lächeln verabschiedete ich mich von den anderen, die sich mit mir freuten, und lief rasch nach Hause. Vor dem Haus in der Hohenfriedrichstraße angekommen, rannte ich die vier Stockwerke hinauf und klingelte Sturm. Mutter öffnete mir die Tür und ich fiel ihr überschwänglich um den Hals.

„Sag mal, was ist denn mit dir los?", fragte sie und machte sich von mir los.

„Ich freue mich einfach, Mutti! Der Tag im Kindergarten und das Zusammensein mit den Kleinen – all das hat mich glücklich gemacht. Auch Frau Kirchheim, meine Chefin, und die beiden Kindergärtnerinnen waren von mir begeistert." Aus mir sprudelte es nur so heraus.

„Nun komm erst mal rein", sagte Mutter. „Nachdem du dir die Hände gewaschen und dich umgezogen hast, erzählst du uns alles der Reihe nach."

In der Küche gab ich ihr die Unterlagen zurück. Mutter beäugte meinen Rock und die Bluse. „Deine Sachen sehen ja grauenvoll aus. Für morgen gebe ich dir etwas zum Umziehen mit."

„Ja, das wäre gut, weil ich die meiste Zeit mit den Kindern auf dem Fußboden herumtolle."

Nachdem ich mich gewaschen hatte, schlüpfte ich in meinen Schlafanzug und ging in die Küche, wo Herr Friedrich und Harry gemütlich bei einem Bierchen zusammensaßen. Mutter hatte mir schon ein großes Glas Milch auf den Tisch gestellt, das ich in einem Zug leer trank. Sie stellte mir Fragen, als hätte ich mich für einen außerirdischen Job entschieden und nicht für den als Kinderbetreuerin.

„So, nun lass mal Doris zufrieden!", mahnte Harry. „Das Kind sieht ja ganz müde aus."

Ich war Harry dankbar für seine sensiblen Antennen. Um das Thema zu wechseln, wandte ich mich an Mutti: „Sag mal, warst du nicht heute beim Zahnarzt?"

Sie nickte. „Stimmt genau! Ich bekomme übrigens einen Stiftzahn, da sich die Wurzel des fehlenden Zahnes noch im Kiefer befindet. Übrigens, Doktor Reinhard ist ein sehr netter Zahnarzt und wir haben auch über dich und deinen abgebrochenen Zahn gesprochen. Er meinte, du solltest einfach mal vorbeikommen."

„Ich bin doch nicht verrückt!", brauste ich auf. „Von dem lasse ich mir bestimmt keine Spritze geben!"

„Na ja, ist ja dein Zahn." Mutter schüttelte missbilligend den Kopf. „Ach ja, ich habe übrigens den Brief an Opa Max abgeschickt." Das war eine Nachricht, die mich umso mehr freute. Mutter fragte mich, ob sie mir etwas zu essen machen solle.

„Nein", antwortete ich, „ich habe ja noch meine Stullen in der Tasche. Die könnte ich jetzt essen. Mittagessen bekommen wir nämlich im Kindergarten. Heute gab es für die großen Kinder Gemüsesuppe mit Würstchen und für die Kleinen Grießsuppe. Und dann gab es sogar noch einen Nachtisch."

„Das ist ja prima!" Ich sah Mutter die Erleichterung an, weil sie sich nun doch nicht Tag für Tag den Kopf zerbrechen musste, was sie mir Leckeres mitgeben sollte.

Ich nahm die Stullen aus der Tasche und aß sie mit gutem Appetit. Anschließend verabschiedete ich mich ins Bett. Der Tag war anstrengend gewesen und ich war hundemüde.

Mein Leben bestand von nun an darin, dass ich jeden Tag zu meinen Kindern ging, die mich allesamt in ihr Herz geschlossen hatten. Zu Irene baute ich während dieser Zeit einen ganz besonderen Kontakt auf. Mit ihr konnte ich über alles sprechen, was mich bedrückte. Sie wusste immer einen Rat und tröstete mich, wenn ich mal traurig war.

Als ich eines Tages nach Hause kam, war Mutter außer sich vor Wut auf ihren Vater. „Doris, sieh dir das an, dein Opa hat uns nur alten Plunder geschickt! Was hat er mit unseren schönen Sachen gemacht? Nicht dass er sie verhökert hat!"

Neugierig spähte ich in das Paket, das Mutter gerade auspackte. „Hat Opa mir meine Käthe-Kruse-Puppe mitgeschickt?", wollte ich wissen.

„Nein, nur das, was du hier siehst." Sie zeigte auf einen Haufen langweiliger Klamotten. Genau wie sie war ich enttäuscht, zumal ich damit gerechnet hatte, meine Puppe ab sofort wieder bei mir zu haben.

„Aber einen Brief hat er geschrieben", sagte Mutter. Er schreibt, dass er nach unserer Flucht viel Ärger bekommen hat. Die Stasi und die Russen waren bei ihm und haben ihn immer wieder verhört. Aber er konnte ihnen nichts erzählen, denn er wusste ja nicht, wo wir waren. Angeblich hat uns eine Frau bei der Polizei angezeigt, weil sie vermutete, dass wir geflüchtet waren. Ich kann mir schon denken, wer das war. Opa schreibt auch, dass Gerda zusammen mit Monika und Christiane ein Jahr nach uns geflüchtet ist. Die drei leben jetzt in der Kurfürstenstraße in Schöneberg. Doris, das ist unfassbar, dass sie ganz in unserer Nähe wohnen und wir uns bisher nicht zufällig begegnet sind! Wir werden natürlich sofort dort hinfahren und sie überraschen!" Mutti war völlig aufgedreht, was ja auch kein Wunder war.

Mir ging es genauso und ich hätte jubeln können vor Freude. „Oh, Mutti, wie schön ist das denn? Endlich haben wir wieder eine Familie und sind nicht mehr so alleine!"

Ich aß noch rasch eine Stulle und trank ein großes Glas Milch, während Mutter Herrn Friedrich Bescheid sagte, dass er sich heute ausnahmsweise sein Abendbrot mal allein machen müsse. Harry hatte Spätschicht und würde nach uns wieder zu Hause sein.

Ich hatte gerade den letzten Bissen runtergeschluckt, als Mutter zur Eile drängte. Mit der U-Bahn fuhren wir nach Schöneberg und gingen zu Fuß bis zur Kurfürstenstraße. Mutter fragte den erstbesten Passanten, wo wir die von Opa genannte Pension finden würden. Es handle sich um das Haus, erfuhren wir, in dem sich das bekannte Restaurant Schlichter befinde. Es sei berühmt für seine Hummerspezialitäten. Letzteres interessierte mich nicht die Bohne – was wusste ich schon von einem Hummer?

Von nun an war es nicht mehr weit zu laufen. Als wir wenig später vor der Pension standen, klopfte Mutter und mir das Herz bis zum Hals. Erwartungsvoll lächelnd klingelte sie beim Pförtner, der im Hochparterre sein Büro hatte. Wir sagten höflich guten Tag und Mutti erkundigte sich, ob hier eine Familie Palm wohne.

„Darf ich fragen, wer Sie sind?", erwiderte er.

„Ich bin Frau Palms Schwester und habe heute erst erfahren, dass sie mit ihren beiden Kindern hier wohnt."

„Können Sie sich ausweisen?"

„Ja, natürlich." Mutter reichte dem Mann einige Unterlagen und ihren Ausweis, woraufhin er sich alles genau ansah. Dann sagte er: „Normalerweise darf ich niemandem eine Auskunft über Flüchtlinge geben. In Ihrem Fall scheint aber alles in Ordnung zu sein. Ihre Familie wohnt im Zimmer mit der Nummer 23."

In freudiger Erwartung fuhren wir mit dem Fahrstuhl in die vierte Etage und suchten das genannte Zimmer. Dort würde in wenigen Sekunden für uns alle die Sonne aufgehen.

Ziemlich energisch klopfte Mutter an die Tür, die kurz darauf von einem Mann geöffnet wurde. „Zu wem möchten Sie?", fragte er.

Ohne ihm zu antworten, rief Mutti ganz laut: „Gerda, bist du da?" Mit einer entschlossenen Armbewegung schob sie den Mann zur Seite.

Die Jubelschreie, die im nächsten Augenblick losbrachen, lassen sich mit Worten nicht beschreiben. Lachend und gleichzeitig weinend fielen wir uns in die Arme und konnten es nicht fassen, dass wir uns wiedergefunden hatten.

Tante Gerda wollte wissen, von wem wir erfahren hatten, dass sie in Berlin seien.

„Von unserem Vater", antwortete Mutter. „Ich hatte ihm geschrieben, dass er uns unsere Sachen schicken soll. Heute kam das ersehnte Paket, doch es war nur allerhand Plunder darin. Allerdings lag auch ein Brief darin. In dem stand eure

Adresse. Wir haben alles stehen und liegen gelassen und uns gleich auf dem Weg gemacht. Und jetzt sind wir hier!"

Nachdem sich die Aufregung gelegt hatte, setzten wir uns an den runden Tisch. Tante Gerda servierte Kaffee und Kuchen und wir Mädchen durften Coca-Cola trinken, die es nur im Westen gab. Und natürlich glühten wieder einmal die Zigaretten um die Wette. Stundenlang erzählten erst Mutti und ich und schließlich Tante Gerda, Monika und Christiane, wie es uns während der letzten Monate ergangen war.

Als Mutter von ihrer Schwester wissen wollte, warum sie Perleberg verlassen hatte, war meine Tante ziemlich aufgeregt. „Was meinst du, Anna, was wir nach eurer Flut durchgemacht haben! Jeden Tag wurden wir mit Fragen regelrecht bombardiert. Die wollten wissen, ob wir nicht doch etwas von eurer Flucht gewusst hatten. Dabei waren wir ahnungslos! Du glaubst gar nicht, wie schockiert wir waren, als ihr quasi über Nacht wie vom Erdboden verschwunden wart. Das mussten wir denen erst einmal klarmachen. Auch deine anderen Schwestern wurden von verhört, bis sie es endlich aufgegeben haben."

Monika, Christiane und ich hörten gespannt zu, als Tante Gerda weitersprach: „Ich habe es immer wieder hinausgezögert, unsere Familie zu verlassen, vor allem wenn ich an unseren Vater dachte. Wir konnten ihn doch nicht allein lassen! Andererseits hatten viele unserer Freundinnen Perleberg inzwischen verlassen. Margot und Brigitte waren die Ersten. Dann kam der Tag, an dem ich mir gesagt habe, ich müsste jetzt auch mal an mich denken. Und das tat ich! Von einem Tag auf den anderen setzte ich meinen zig Mal durchdachten Plan in die Tat um. Das war vor ungefähr einem Jahr. Ihr könnt mir glauben, dass ich alles versucht habe, um herauszufinden, wo ihr euch aufhaltet. Aber man hat einfach keine Chance, etwas zu erfahren, wenn es sich um Personen handelt, die geflüchtet sind. Nicht einmal die Polizei hat mir Auskunft über euren Verbleib gegeben, obwohl ich ihnen beweisen konnte, dass wir eine Familie sind."

„Sag mal, Gerda, wieso lebt ihr in dieser Pension und in einem viel zu kleinen Zimmer?" Mutter sah ihre Schwester fragend an.

„Als wir im Aufnahmelager in Marienfelde alles erledigt hatten, wurden wir in dieser Pension für Flüchtlinge untergebracht, wahrscheinlich war Marienfelde mit Flüchtlingen überfüllt! Jeden Tag trafen dort Hunderte von Leuten ein."

Mutter nickte. „Das weiß ich doch alles. Was meinst du, was ich durchgemacht habe, um politisch anerkannt zu werden. Alles, was ich ihnen erzählte, wussten sie schon längst." Sie ergänzte, dass sie Berlin auf keinen Fall verlassen werde.

Tante Gerda hatte offenbar andere Pläne. „Wir warten auf unsere Übersiedelung nach Westdeutschland. Ich habe auch gleich unserem Vater geschrieben, dass er sich keine Sorgen um uns zu machen braucht, weil es uns gut geht."

„Ach, ihr bleibt gar nicht in Berlin?", fragte Mutter.

„Nein, Anna. Wir sind keine politisch Verfolgten, deshalb werden wir ebenso wie die anderen hier in der Pension abgeschoben, wenn für uns eine Unterkunft oder eine passende Bleibe gefunden wurde. Wir rechnen jeden Tag damit, dass wir Berlin verlassen müssen. Es sei denn, ich lerne einen Mann kennen, der einen Berliner Pass besitzt und mich hei-

raten würde. Aber so einer muss sich erst mal finden. Um ehrlich zu sein, sind wir einfach nur froh, dass uns die Flucht geglückt ist. Da ist es doch völlig egal, in welcher Stadt wir in Zukunft leben werden."
Mutter ließ sich das Gesagte durch den Kopf gehen. Nach einer Weile fragte sie: „Wer war eigentlich der Mann, der uns die Tür geöffnet hat?"
„Das war Herr Gattermann, der hier ebenfalls wohnt. Genau wie wir wartet er schon seit Längerem auf seine Ausreise, doch das alles ist nicht so einfach."
„Und wovon lebt ihr?", wollte Mutter wissen.
„Ich muss jeden Monat zum Sozialamt", antwortete Tante Gerda. „Dort bekomme ich Geld, von dem wir leben können. Die Unterkunft zahlt der Staat, wie man so hört."
„Dann geht es euch genauso wie uns. Das Sozialamt zahlt uns ebenfalls Unterhalt."
Jetzt wurde es Zeit, dass ich auch mal etwas zu dem Gespräch beitrug. Stolz verkündete ich: „Und ich arbeite neuerdings in einem Kindergarten und betreue kleine Kinder. Dafür bekomme ich fünfzig Mark im Monat."
Tante Gerda freute sich mit mir. „Das ist sehr schön", sagte sie. „So hast du keine Langeweile wie deine beiden Cousinen."
Es war schon spät, als wir uns von unserer Familie verabschiedeten. Wir versprachen einander, uns jetzt öfter zu sehen. Monika schlug vor, gemeinsam ins Kino zu gehen. Eine gute Idee, wie ich fand. Beim Abschied drückten wir uns ganz fest. Tante Gerda hielt ich besonders lange fest, denn ich betrachtete sie immer noch als meine Mutter.

Als wir nach Hause kamen, war Harry längst von seiner Spätschicht zurück und Herr Friedrich schlief selig. Mutter schlug vor, mir noch eine Kleinigkeit zu essen zu machen. In der Zwischenzeit sollte ich mich waschen und mich bettfertig machen.

„Ich bin tatsächlich sehr müde", sagte ich. „Morgen gehe ich einfach mal nicht in den Kindergarten."

„Aber mein Fräulein Tochter", protestierte sie, „damit fangen wir gar nicht erst an! Und jetzt ab ins Badezimmer!"

Insgeheim musste ich kichern. Ich hatte nur mal Mutters Reaktion testen wollen. Natürlich würde ich morgen wieder zu meinen kleinen Lieblingen gehen. Ich war doch froh, etwas so Schönes gegen meine Langeweile gefunden zu haben.

Im Nachthemd setzte ich mich an den Tisch, trank Milch und aß zwei Butterbrote, die mir Mutter mit Teewurst bestrichen hatte, und schließlich eine Banane. Mutter setzte sich zu mir und ich sah, wie ihre Augen leuchteten. Sie war ebenso glücklich wie ich, dass ein Teil unserer Familie bei uns in Berlin war.

Wie Mutter in einem solchen Moment an ihre Zähne denken konnte, war mir ein Rätsel. Und warum sie mich seit Langem mal wieder „Dorle" nannte, ebenfalls. „Übrigens, Dorle", sagte sie, „ich habe morgen einen Zahnarzttermin. Dann bekomme ich endlich meinen richtigen Zahn."

Ich sah sie fragend an. „Wieso? Du hast doch schon einen bekommen!"

Mutter winkte ab. „Das war doch nur ein Provisorium aus Kunststoff. Der Zahn, den ich morgen bekomme, ist aus Porzellan."
Ob Kerze oder Porzellan, das war mir schnuppe. Ich wollte nur noch in mein Bettchen und selig schlummern.

Als ich am nächsten Tag Feierabend hatte, wurde ich zu Frau Kirchheim ins Büro bestellt. Feierlich überreichte sie mir eine Lohntüte, in der fünfzig Mark drin waren. Sie fragte mich: „Darfst du das Geld behalten oder musst du es zu Hause abgeben?"
„Ich muss es abgeben, bekomme aber von meiner Mutter Taschengeld."
Frau Kirchheim lächelte. „Du bist ein nettes Mädchen, Doris, weißt du das? Wir sind hier mit dir sehr zufrieden. Vor allem die Kinder mögen dich."
„Danke, ich bin auch gerne hier."
Stolz wie Bolle trug ich mein erstes selbst verdientes Geld nach Hause. Die vier Treppen rannte ich nach oben und nahm dabei immer zwei Stufen auf einmal. Wieder einmal klingelte ich Sturm und Mutter rief: „Ich komme ja schon!" Als sie sah, dass ich es war, schimpfte sie: „Bist du wahnsinnig? Warum klingelst du wie eine Verrückte? Wir bekommen noch Ärger mit den anderen Mietern!"
„Ach, Mutti, lass mich doch auch mal ein bisschen verrückt sein. Ich bin doch so glücklich!" Freudestrahlend zog ich meine Lohntüte aus der Tasche und reichte sie ihr. „Hier, mein erstes selbst verdientes Geld!"

Als Nächstes zog ich Jacke und Schuhe aus und wusch mir die Hände. Dann ging ich in die Küche, in der Herr Friedrich Kaffee trank und paffte. Mein Mund stand mal wieder nicht still und ich plapperte alles aus, was ich an diesem Tag erlebt hatte. Der alte Herr hörte begeistert zu. Währenddessen bereitete Mutter mir einen Milchkaffee und bestrich zwei Brötchen mit Marmelade. Dann öffnete sie meine Lohntüte, zählte das Geld nach und gab mir davon zehn Mark und nicht, wie wir es ausgemacht hatten, die Hälfte. „Warum gibst du mir so wenig?", fragte ich. „Du hast gesagt, wir teilen das Geld."
„Mein Fräulein, zehn Mark sind viel in unserer Situation. Du hast doch hier alles! Und für Kino und Eis reicht es allemal."
„Aber ich will doch jetzt immer an den Wochenenden zu Tante Gerda fahren und mit Moni und Christiane ins Kino gehen. Da ist das Geld schnell weg!" Ich drehte mal wieder an meinem Wasserhahn und fing an zu heulen. Herr Friedrich hatte offenbar Mitleid mit mir und ergriff deshalb Partei für mich. „Anna, gib deiner Tochter doch wenigstens fünfzehn Mark! Das hat sie sich ja wohl verdient."
„Also gut", lenkte sie ein. „Wenn ich das nicht tue, bin ich ja doch nur wieder die böse Mutter."
Ich bedankte mich bei Herrn Friedrich für sein Eingreifen, während Mutter mir einen Fünfer über den Tisch schob. Mir waren fünfzehn Mark immer noch zu wenig, weshalb ich schmollte und mich ins Bett verabschiedete.

Unser Leben verlief in ruhigen Bahnen. Mutter hatte alles, was sie brauchte, vor allem einen Mann, und spielte die per-

fekte Hausfrau. Ich fuhr, wann immer es möglich war, an den Wochenenden in die Kurfürstenstraße und fühlte mich bei Tante Gerda wie zu Hause. Wir Mädchen gingen ins Kino oder einfach nur spazieren und erkundeten Schöneberg, das ich ja zum Teil schon kannte. Wenn Christiane nicht dabei war, gingen Monika und ich zum Viktoria-Luise-Platz, setzten uns auf eine der Bänke und sprachen über unserer Kindheit. Eines Tages erzählte mir Monika, dass ihre Mutter einen Freund hatte.
Ich sah sie fragend an. „Einen Freund? Und wer ist das?"
„Na, der Mann, der euch bei eurem Überraschungsbesuch die Tür aufgemacht hat."
„Was, der?"
„Genau." Monika verzog das Gesicht zu einer undefinierbaren Grimasse. „Der ist meistens bei uns und säuft sich die Hucke voll. Oder Mutter ist bei ihm im Zimmer und kommt erst nach Stunden wieder zu uns zurück. Wenn ich nur schon groß wäre und einen reichen Mann finden würde, der mich heiratet ..."
Das klang nicht gut, was Monika da erzählte, und es schien sie zu bedrücken. „Ach, Moni", sagte ich. „Sei nicht traurig, jetzt sind wir ja da!" Fast flüsternd sprach ich weiter: „Gib mir mal wieder so wie früher ein Schmetterlingsküsschen!"
Erstaunt sah sie mich an. Dann rückte sie zu mir heran, legte ihre Wange an meine und bewegte ein paarmal ihr Augenlid. Das kitzelte so schön und erinnerte mich an unsere Kindheit. „Dass du das nicht vergessen hast ...", sagte Monika und blinzelte sich eine Träne weg.

„So etwas würde ich nie vergessen", versicherte ich ihr, „selbst wenn wir damals noch recht klein waren. Ich habe auch nicht vergessen, dass wir beide uns mal so richtig gekloppt haben. Schau hier: Der krumme Finger begleitet mich schon so lange. Er ist ein Andenken an dich – für die Ewigkeit."
Monika hielt sich die Hände vors Gesicht, als wollte sie sich verstecken. „Doris, es tut mir leid!", sagte sie.
„Ach, das muss es nicht." Ich lachte. „Ändern lässt sich das sowieso nicht mehr."

Die Wochen vergingen und ich hatte mich daran gewöhnt, den größten Teil meiner Freizeit bei meinen Cousinen zu verbringen. Ihnen erging es genauso mit mir und keiner von uns dachte noch an eine Ausreise. Inzwischen war es Herbst geworden und der Winter war nicht mehr allzu fern. Wir planten, Weihnachten gemeinsam zu feiern.
Als Mutti und ich an einem Samstag wieder einmal bei Tante Gerda waren – es muss im Oktober gewesen sein – erfuhren wir von ihr, dass sie und einige andere Flüchtlinge aus der Pension nach Düsseldorf ausgeflogen werden sollten. Wir waren schockiert, vielmehr ich. Ich würde dann wieder alleine sein! Tante Gerda meinte, für sie und ihre beiden Mädchen werde ein neues Leben beginnen und sie sei gespannt, was sie dort drüben erwarte.
Bereits eine Woche später wurden sie alle mit dem Bus zum Flughafen Tempelhof gebracht. Ich hatte mir im Kindergarten einen Tag freigenommen und nahm zusammen mit Mutter von Tante Gerda, Monika und Christiane Abschied. Wir

Mädchen waren noch nie auf einem Flughafen gewesen und bestaunten die großen Flugzeuge, die auf dem Flugfeld standen und mit ihren Propellern einen fürchterlichen Lärm machten. Ähnlich wie uns ging es wohl den meisten Flüchtlingen aus dem Osten, die noch nie geflogen waren. Für die Westberliner war das natürlich nichts Neues, weil viele von ihnen von hier aus in ihren Urlaub starteten. Ich verriet Monika, dass ich Angst hätte und nie mit einem Flugzeug fliegen würde.
„Aber warum denn nicht?", wollte sie wissen.
„Weil mein Vater mit einem abgestürzt und tot ist." Wir hatten nie über das Thema gesprochen, weil wir dafür bisher zu klein gewesen waren.
Monika sagte, sie freue sich darauf und sei schon sehr gespannt, wohin man sie bringen werde.
Die Aufregung war den Menschen anzusehen. Sie wussten ja nicht, ob Düsseldorf für sie die Endstation sein würde, somit starteten sie alle in eine ungewisse Zukunft. Ihr Gepäck hatten die Flüchtlinge bereits abgegeben und es wurde Zeit für den Abschied. Tante Gerda herzte mich. Sie versicherte mir, dass wir uns eines Tags wiedersehen würden, und versprach mir zu schreiben, sobald sie und die Mädchen eine feste Adresse hatten. Im nächsten Moment wurden die Passagiere für den Flug nach Düsseldorf aufgefordert, durch die Glastür zu gehen und auf dem Flugfeld in den Bus zusteigen, der sie zu ihrem Flugzeug bringen würde. Für mich brach mal wieder eine Welt zusammen. Mann, war das ein Geheule! Wer konnte uns schon sagen, ob wir uns jemals wiedersehen würden? Mutter und ich drückten uns an der Scheibe die

Nase platt und winkten. Das Flugzeug stand jedoch zu weit entfernt auf der Startbahn, sodass wir sicher sein konnten, dass niemand uns mehr sah.

Wir warteten, bis der große Vogel von der Startbahn abgehoben hatte und am Horizont immer kleiner zu werden schien. Da ich nach wie vor heulte, fluchte Mutter: „Herrje, nun hör schon endlich auf zu flennen, das ist ja furchtbar! Du weißt, dass wir ebenfalls jeden Tag damit rechnen müssen, dass wir Berlin verlassen."

„Aber Mutti, du willst doch in Berlin bleiben!"

„Als ob es nach mir ginge. Das letzte Wort haben immer noch die Behörden." Sie wischte mir eine Träne aus dem Gesicht und sagte in einem deutlich milderen Tonfall: „So, und jetzt gehen wir beide Kaffee trinken und du darfst als kleines Trostpflaster Torte essen."

Mit der Bahn fuhren wir zurück, um an der Ecke Hohenfriedbergstraße in einer Konditorei einzukehren, die wir noch nicht kannten. Dort war an diesem Tag viel los, wir fanden aber noch einen freien Zweiertisch. Als wir saßen, holte Mutter als Erstes ihr Zigarettenetui aus ihrer Tasche und qualmte mit den anderen Gästen um die Wette. Als die Bedienung vorbeikam, bestellte sie für sich einen schwarzen Kaffee und für mich heißen Kakao. Auf Kuchen hatte sie angeblich keinen Appetit. Ich ging zum Tortenbuffet und verlangte ein Stück Schokoladentorte, weil es die bei uns zu Hause nie gab. Schweigend saßen wir nebeneinander und mir war in diesem Moment alles egal. Immer wieder musste ich feststellen, dass sich die Mauer zwischen Mutter und mir nicht einreißen ließ.

Die Torte schmeckte traumhaft! Mutter bestellte sich eine zweite Tasse Kaffee und steckte sich die x-te Zigarette an. Sie machte auf mich einen ziemlich nervösen Eindruck und ich fragte sie, warum sie so ein besorgtes Gesicht mache.

Erstaunlicherweise rückte sie mit der Wahrheit heraus: „Doris, ich mache mir große Sorgen, weil ich nicht weiß, wie es mit unserem Leben weitergehen wird."

Was sollte ich darauf erwidern? Ich wäre auch lieber in Perleberg bei Opa Max und meinen Freundinnen geblieben. Meiner Meinung nach war es ganz allein Mutters Schuld, dass wir keine Heimat mehr hatten. Ich hätte schon wieder losflennen können.

Als wir wenige Minuten später vor unserem Haus standen, rannte ich mit meinen flachen Schuhen die vier Etagen nach oben, während Mutter mit ihren hohen Absätzen eine Ewigkeit brauchte. Vor der Tür wartete ich auf sie, da ich nicht klingeln wollte. „Wie schön, mein Kind, dass du auf deine Mutter gewartet hast." Sie tätschelte unbeholfen meine Wange und konnte sich nicht sicher sein, wie ich darauf reagieren würde. Auch wenn mich dieses ewige „mein Kind" nervte, wollte ich nur noch ins Bett. Ich brauchte nicht mal mehr Abendbrot, da ich von der Torte pappesatt war. Nachdem ich Harry und Herrn Friedrich eine gute Nacht gewünscht hatte, hörte ich Mutter protestieren: „Doris, deine Mutter hast du wohl vergessen!" Ich ging zu ihr, berührte kurz ihre Wange mit dem Mund und wünschte auch ihr eine gute Nacht.

Im Bett weinte ich mich dann in den Schlaf. Warum war ich bloß so nah am Wasser gebaut?

Die Wochen vergingen wie im Fluge und ich fühlte mich nur wohl, wenn ich im Kindergarten war. Da Weihnachten immer näher rückte und der Kindergarten dementsprechend geschmückt werden sollte, bastelten die größeren Kinder unter Anleitung aus buntem Papier Weihnachtssterne und besprühten Tannengrün mit Gold und Silber für die Tischdekoration. Auch die Stadt Berlin war in ein buntes Lichtermeer getaucht. An jeder Ecke gab es Weihnachtsmärkte, auf denen es herrlich nach Waffeln und gebrannten Mandeln roch. Ich freute mich schon darauf, mit Mutter und Harry dort hinzugehen. Auch bei uns zu Hause hatte Mutter einige Vorbereitungen getroffen und einen Adventskranz gekauft. Dieser stand in Herrn Friedrichs Zimmer auf dem Tisch. In einer großen Bodenvase drapierte Mutter Tannenzweige, die sie mit Weihnachtskugeln und Lametta schmückte. Sie erzählte mir, dass Herr Friedrich ihr hundert Mark gegeben hätte, um für die Feiertage einzukaufen. So saßen wir in der Küche und überlegten gemeinsam, was wir an den Tagen essen wollten.

Ich sagte: „Gott sei Dank keinen Karnickelbraten, wie Opa Max ihn bestimmt essen wird."

Herr Friedrich schlug gebratene Gans mit Rotkohl und Klößen vor. Als er diesen Wunsch äußerte, verzog Mutter das Gesicht. „Ich habe bisher noch nie eine Gans gebraten und weiß auch nicht, wie man die zubereitet." Sie sah Harry fragend an. „Weißt du, wie man das macht?"

Harry schüttelte den Kopf. „Ich nicht, aber meine Frau schon." Peng! Diese Spitze hatte gesessen. Mutters Kinnlade sank eine Etage tiefer. Sie holte tief Luft und sagte schließ-

lich: „Ich schlage vor, an Heiligabend gibt es wie immer Würstchen und Kartoffelsalat." Das war eine Art Tradition, nicht nur in unserer Familie. „An den anderen Tagen Kasselerbraten und Fleischrouladen mit Rotkohl und Klößen. Das alles macht nicht so viel Arbeit. Und da ich eine große Tochter habe, wird sie mir helfen, oder?" Sie sah mich fragend an.
„Aber klar, Mutti, ich koche doch so gerne. Und Plätzchen müssen wir auch noch backen."
„Also bitte, dann hätten wir das ja auch geklärt."
Ich hatte den Eindruck, dass Harry mit seinen Gedanken ganz woanders war, als ob ihn das alles nicht interessierte. Na ja, mein Problem war das nicht. Ich freute mich schon auf die Vorbereitungen im Kindergarten. Dort war morgen in der Küche mit den größeren Kindern Plätzchenbacken angesagt.
Nachdem ich am anderen Tag die Räume des Kindergartens betreten und die kleinen Mäuse begrüßt hatte, ging ich zu Irene und Eveline ins Zimmer, die wie immer noch schnell ihre letzten Lungenzüge taten. Ich wunderte mich, dass heute noch eine andere Frau bei ihnen war. Irene stellte sie mir vor: „Das ist die neue Kindergärtnerin, Frau Wieland. Sie beabsichtigt, im neuen Jahr bei uns anzufangen. Bis dahin arbeitet sie sich schon mal ein."
Ich begrüßte sie und stellte mich ihr mit meinem Namen vor. „Sag einfach Bärbel zu mir", bot sie mir an.
Ich bedankte mich höflich und reichte ihr zur Begrüßung die Hand. Im selben Moment kam Frau Kirchheim herein und fragte, ob das Kaffeekränzchen endlich zu Ende sei, die Kleinen spielten angeblich verrückt. Irene öffnete das Fenster, um die Qualmwolke rauszulassen. Ich wollte gerade mit

Eveline und Bärbel zu den Kleinen gehen, als Irene mich bat, noch kurz bei ihr zu bleiben, sie hätte mir etwas mitzuteilen.
„Komm, setz dich!", forderte sie mich auf und ich sah sie verwundert an. „Doris, ich werde im neuen Jahr nicht mehr hier sein. Ich habe eine neue Stelle angenommen und werde in einem Mädchenwohnheim arbeiten."
„Aber warum das denn?"
„Weil ich schon auf die vierzig zugehe und dort mehr Geld verdiene."
Mir blieb regelrecht die Sprache weg und ich sah sie traurig an.
„Hör zu", fuhr sie fort, „ich gebe dir meine Telefonnummer. Wenn du zu Hause Probleme hast, rufst du mich einfach an, dann kommst du zu uns ins Mädchenwohnheim. Wollen wir das so machen?"
„Ja, Irene, sehr gerne." Ich nickte eifrig und war irgendwie erleichtert. Den Zettel mit ihrer Telefonnummer, den sie mir wenig später reichte, steckte ich in meine Tasche. Ich würde mir überlegen müssen, wo ich ihn zu Hause aufbewahrte, ohne dass ihn jemand fand.
Irene nahm mich in den Arm und ich musste die aufsteigenden Tränen zurückhalten. „So, und jetzt gehen wir zu den anderen. Lass dir bitte nichts anmerken."
Ich nickte und folgte ihr schweigend. Ich konnte nicht verstehen, was gerade geschah. Irene war im Augenblick meine wichtigste Bezugsperson, weil ich ihr alles anvertrauen konnte. Wenig später gelang es den Kleinen, mich mit ihrem Geplapper von meinen düsteren Gedanken abzulenken.

Die großen Kinder kamen wie immer erst nach ihrem Schulunterricht zu uns in den Kindergarten, wo es jetzt so kurz vor Weihnachten in der Küche hoch herging. Beim Ausstechen der Plätzchen gab es ein regelrechtes Gerangel, sodass Irene ein Machtwort sprechen musste. Ich musste an meine Kindheit im Waisenhaus denken. Damals war so manches Teigstückchen ebenfalls nicht auf das Blech gewandert, sondern in unsere Münder, wie ich es hier auch beobachtete. Die Weihnachtstage rückten immer näher und der Kindergarten würde in Kürze während der Schulferien für zwei Wochen schließen.

Auch zu Hause liefen die Vorbereitungen auf Hochtouren. Eines Abends gab es zwischen Harry und Mutter eine fürchterliche Auseinandersetzung in seinem Zimmer. Harry gab bekannt, dass sein Arbeitsvertrag abgelaufen sei und er zu seiner Familie zurückgehe. Und das bereits in wenigen Tagen, also noch vor Weihnachten. Mutter war außer sich vor Enttäuschung, vielmehr vor Wut, sodass sie ab sofort nicht mehr in Harrys Zimmer schlief. Im Stillen feixte ich, weil sie nun bald keinen Mann mehr hatte. Das Zerwürfnis zwischen den beiden ging so tief, dass sie nicht mehr miteinander sprachen.

Eine Woche vor Weihnachten packte Harry tatsächlich seinen Koffer. Er verabschiedete sich von Herrn Friedrich und danach von mir. „Pass auf dich auf!", sagte er und sah mir ein letztes Mal in die Augen. Er wünschte mir alles Gute für die Zukunft und klopfte schließlich an unsere Zimmertür. Mutter hatte sich eingeschlossen und war auch jetzt nicht bereit, auf Harrys Flehen hin herauszukommen, um sich von ihm zu verabschieden.

So ging wieder eine Episode zu Ende, doch ich war mir sicher, Mutter würde sich nicht unterkriegen lassen. Sie war schon immer eine starke Frau gewesen, denn sonst hätte sie das KZ Ravensbrück nicht überlebt.

Für meine Leser wäre es langweilig, wenn ich über die Zeit, die ich noch im Kindergarten arbeitete, weiter berichten würde, da sich an den Tagesabläufen nichts geändert hatte.

Wenige Tage vor Weihnachten überraschte uns Frau Kirchheim mit einer kleinen Feier, bei der es Kaffee, Kuchen und selbst gemachte Plätzchen gab. Ich weiß nicht mehr so genau, worüber sich die Erwachsenen unterhielten. Nur so viel, dass Frau Kirchheim zu Irene sagte, sie dürfe jederzeit zurückkommen, wenn es ihr im Mädchenwohnheim nicht gefalle. Bei Zigarettchen und Wein war die Stimmung ausgelassen. Nur in meiner Seele sah es düster aus. Ich fühlte mich verlassen und verspürte plötzlich keine Lust mehr, im neuen Jahr hier weiterzuarbeiten. Aber wer wusste schon, ob ich im neuen Jahr nicht ganz anders dachte.

Weil von jetzt an der Kindergarten für zwei Wochen geschlossen war, konnte ich jeden Tag ausschlafen. Ich half Mutter bei der Hausarbeit oder begleitete sie beim Einkaufen für die Feiertage. Wir besuchten einige Weihnachtsmärkte und ich genoss die vielfältigen Düfte.

Am Abend saßen wir bei Herrn Friedrich und sahen gemeinsam fern. Mutter vertiefte sich währenddessen in einen ihrer Liebesschmöker. Zwischendurch besprachen wir, was wir an den Feiertagen machen konnten. Außer der Möglichkeit, uns einen Kinofilm anzusehen, blieb uns kaum eine Auswahl. In einem Nebensatz merkte Mutter an, dass sie gerne mal wieder zum Tanzen gehen würde. Herr Wagenknecht hatte sich für den ersten Weihnachtstag zum Schachspielen angesagt. Mutter schlug vor, er könne schon zum Mittagessen kommen, da er ja alleine wohne. Herrn Friedrich gefiel die Idee und er beschloss, seinen Freund Herbert gleich anzurufen. Wenn man nicht wüsste, dass wir für unseren Vermieter im Grunde genommen Fremde waren, könnte man annehmen, dass wir seine Familie seien.

Über Harry wurde nicht mehr gesprochen, und ich würde mich hüten, irgendeine Bemerkung zu machen. Mutter hatte es bestimmt nicht leicht, mit unserer momentanen Situation fertigzuwerden, vor allem weil sie sich in den Kopf gesetzt hatte, Berlin nicht zu verlassen. Ich dachte oft an Tante Gerda und meine Cousinen und fragte mich, wo sie gerade waren. Ob sie schon eine eigene Wohnung hatten? Es wäre zu schön gewesen, jetzt bei ihnen zu sein.

Die Vorbereitungen für Weihnachten brachten Mutter und ich in friedlicher Eintracht über die Bühne. Ich backte sogar meinen ersten Kuchen mit Schokolade in einer alten Gugelhupfform und fand nach der ersten Kostprobe, dass er mir gut gelungen war.

An Heiligabend deckten wir den Tisch in Herrn Friedrichs Zimmer. Mutter gab sich viel Mühe, damit alles schön aussah. Bei Kerzenlicht und Weihnachtsmusik ließen wir uns die Würstchen und den selbst gemachten Kartoffelsalat schmecken. Während des Essens sprachen die beiden Erwachsenen viel über die Vergangenheit. Mutter erzählte natürlich nur das, was sie bereit war preiszugeben.

Nach dem Essen wurde der Tisch abgeräumt, und dann überreichte mir Mutter endlich meine Geschenke, die hübsch eingepackt waren. Ich knupperte jedes Band auf und faltete das Weihnachtspapier sorgfältig zusammen. Vielleicht ließ es sich im nächsten Jahr wiederverwenden.

Was schenkte man in der damaligen Zeit und angesichts unserer Lebenssituation einem jungen Mädchen? Natürlich neue Winterbekleidung, über die ich mich höllisch freute.

Mutter hatte auch Joachim nicht vergessen. In seinem Paket befanden sich Socken, ein Oberhemd und eine schicke Krawatte. Wir bedankten uns bei Mutter für die schönen Geschenke. Ich hatte übrigens keine Überraschung für sie und hätte auch gar nicht gewusst, was ich ihr hätte kaufen können, zumal sie einen ausgefallenen Geschmack hatte. Dafür überraschte Joachim Mutter, indem er ihr ein Kuvert überreichte mit den Worten: „Anna, das ist für deine Arbeit und dafür, dass du dich so lieb um mich kümmerst. Seit ihr hier wohnt, ist das Leben für mich wieder lebenswert." Mutter war ganz gerührt und schließlich auch überrascht, als sie den Umschlag öffnete und darin fünfhundert Mark fand. Regelrecht euphorisch fiel sie dem alten Herrn um den Hals und drückte ihm einen Kuss auf die Wange. Ja, Geld hatte schon immer die größte Wertschätzung im Leben, vor allem wenn man gerade mal so über die Runden kam wie wir zurzeit. Dann öffnete Mutter eine Flasche süßen Rotwein und schenkte sich und Herrn Friedrich je ein Glas ein. Zur Feier des Tages erlaubte sie mir auch ein halbes Glas. Nachdem wir

uns zugeprostet hatten, bemerkte Herr Friedrich, so einen edlen Tropfen hätte er schon lange nicht mehr getrunken.
Es war ein schöner Heiligabend. Überall brannten Kerzen und im Fernsehen verfolgten wir Weihnachtslieder, die wir schon in Perleberg mitgesungen hatten. Ich dachte an Opa und meine anderen Verwandten. Wie sie wohl Weihnachten feierten? Warum konnte ich nicht bei ihnen sein?
Gegen 22 Uhr war der Abend für mich zu Ende. Ich wusch mich, kroch in mein Bett und verfluchte mal wieder Gott und die Welt.

Die Feiertage, verliefen genauso, wie wir sie geplant hatten. Mutter und ich verbrachten die meiste Zeit in der Küche in dem erfolgreichen Bemühen, ein vorzügliches Essen auf den Tisch zu bringen. Gemeinsam deckten wir den Tisch und schmückten ihn mit Kerzen und hübschen Weihnachtsservietten. Herr Friedrich hatte es sich in seinem Lehnstuhl mit einem Buch gemütlich gemacht. Dann brauchten wir uns nur noch umzuziehen, und Mutter schwärmte mir vor, dass sie sich von den fünfhundert Mark ein schönes Kleid kaufen werde, weil sie beabsichtige, im neuen Jahr wieder tanzen zu gehen. Ich dürfe mir natürlich auch etwas Schönes zum Anziehen aussuchen. Tolle Aussichten, dachte ich angesichts ihrer Andeutung, demnächst den einen oder anderen Abend außer Haus zu verbringen.
Pünktlich um 13 Uhr klingelte es an der Tür. Nachdem ich den Summer betätigt hatte, dauerte es eine Ewigkeit, bis Herr Wagenknecht die vierte Etage erreicht hatte. Durchgefroren und völlig außer Atem stand er vor mir. Ich begrüßte

ihn, bat ihn herein und half ihm aus dem Mantel. „Frohe Weihnachten, Herr Wagenknecht", sagte ich.

„Das wünsche ich dir auch", erwiderte unser Besuch und überreichte mir eine Tüte mit Geschenken. Ich tat überrascht und freute mich insgeheim. Jetzt gesellte Mutter sich zu uns. Sie begrüßte Herrn Wagenknecht und betonte, wie sehr sie sich freue, dass er heute unser Gast sei.

„Frau Neumann, ich bedanke mich auch bei Ihnen für die Einladung. Ich wäre sonst heute essen gegangen und hätte keine so nette Gesellschaft gehabt."

Mutter lächelte. „Gehen Sie einfach durch, Sie kennen sich ja hier aus." An mich gewandt sagte sie: „Komm, Doris, wir gehen in die Küche." Sie sah die Tüte, die Herr Wagenknecht mir gegeben hatte, und linste hinein. Darin befanden sich Pralinen von Sarotti und für Mutti eine Flasche Parfüm von der Firma Patra, die bis zum Himmel stank. Mutti beschloss, das Essen diesmal gleich auf die Teller zu verteilen und es nicht in verschiedenen Schüsseln auf dem Tisch zu servieren, wie es an einem Tag wie diesem üblich gewesen wäre. Offenbar hatte sie keine Lust, die Männer zu bedienen. Sie forderte mich auf, einen der Teller hereinzutragen. „Am besten mit einem Handtuch, sonst verbrennst du dir die Finger!", vergaß sie nicht zu erwähnen.

Das Essen roch köstlich! Als Mutter und ich die Tür zu Herrn Friedrichs Zimmer öffneten, saßen die beiden Männer schon am Esstisch.

„So, meine Herren", begann Mutter, „ich war so frei und habe euch das Essen gleich auf eure Teller getan."

„Anna, das hast du völlig richtig gemacht, so ersparst du dir viel Arbeit in der Küche." Den Wein hatte Herr Friedrich bereits eingeschenkt, als er sein Glas erhob und ein paar nette Worte sprach.

„Zum Wohl!", sagte nun auch Mutter. „Und lasst es euch schmecken, meinen Lieben!" Als die Gläser aneinanderstießen, hörte es sich an, als würde ein Glöckchen bimmeln.

Das Essen schmeckte köstlich und vor allem die Männer aßen mit gutem Appetit. Mutter bedankte sich bei Herrn Wagenknecht für die Geschenke und versicherte ihm mit einem falschen Lächeln, er habe mit dem Duft genau ihren Geschmack getroffen. Den Nachtisch – Grießpudding und Kirschen – beabsichtigten die Männer später zu essen. Da ich für Süßes jederzeit zu haben war, ließ ich mich nicht aufhalten und mampfte meine Portion gierig in mich hinein.

Nach dem Mittagessen schafften Mutter und ich in der Küche Ordnung und wuschen das Geschirr ab, während die beiden alten Herren beschlossen, bis zum Kaffee Schach zu spielen. Mutter und ich verspürten kein Verlangen nach einem Verdauungsspaziergang bei Eiseskälte, weshalb wir lieber mit einem Schmöker in unser großes Bett krochen und von den herrlichen Pralinen naschten, die uns Herr Wagenknecht geschenkt hatte. Der Himmel sandte an diesem Tag einen Lichtstrahl zu uns auf die Erde und wir waren für einen Moment glücklich.

Wenig später waren wir eingeschlafen. Als ich wieder aufwachte, spürte ich, wie gut mir der Schlaf getan hatte. Mutter schien es ebenso zu ergehen. Voller Elan wirtschaftete sie in der Küche, um alles für das Kaffeetrinken vorzubereiten.

Ziemlich stürmisch betrat sie das Zimmer von Herrn Friedrich und stellte fest, dass man dort kaum Luft bekam, so viel hatten die beiden alten Herren gepafft. Da kannte Mutter kein Erbarmen. Sie riss die Fenster auf und ließ sie für eine Weile weit offen stehen. Sofort kroch kalte Luft ins Zimmer, was die Herren nicht daran hinderte, weiter Schach zu spielen. Rasch deckten wir den Kaffeetisch, stellten die selbst gebackenen Weihnachtsplätzchen auf den Tisch und Mutter schnitt den Gugelhupf auf. „So, meine Herren, es ist angerichtet", sagte sie betont vornehm und schloss die Fenster wieder.
Herr Friedrich bat um einen kleinen Moment Geduld. „Ich brauche nur noch zwei Züge, dann heißt es für meinen lieben Freund Schachmatt."
„Was bist du nur für ein alter Fuchs, Joachim!", kommentierte Herr Wagenknecht. „Gegen dich hätte nicht einmal Weltmeister Michail Botwinnik aus Russland eine Chance."
Herr Friedrich grinste. „Danke, alter Junge, für das Kompliment. Aber musst du immer so übertreiben?"
Endlich setzten sich die beiden Freunde zu uns an den Tisch und Mutter bediente sie vorzüglich. Als sich die Erwachsenen in langweilige Gespräche vertieften, fragte ich Herrn Friedrich, ob ich fernsehen dürfe. Er gab mir das Okay und ich setzte mich in einen der Sessel, um mir einen Trickfilm mit Donald Duck anzusehen. Hier im Westen war für mich so vieles immer noch unvorstellbar und ich genoss so manche Annehmlichkeit, die ich früher nicht gekannt hatte. Trotzdem wäre ich lieber zu Hause in Perleberg gewesen,

weil ich dort alles gehabt hatte, was mich glücklich machte. Das fehlte mir hier schmerzlich.

Herr Wagenknecht verabschiedete sich vor dem Abendessen und verzichtete diesmal auf ein Taxi. Wie er sagte, beabsichtigte er, die Strecke zu laufen, da langes Sitzen seinen Beinen nicht gut bekomme und er einen Ausgleich brauche. Uns konnte es nur recht sein, dass wir wieder unter uns waren. So konnten wir uns in unseren Gammellook werfen und es uns gemütlich machen. Beim Abschied bedankten wir uns noch mal für die Leckereien und ich begleitete Herrn Wagenknecht bis vor die Tür. Es war eiskalt und es hatte zu schneien begonnen. Ich fand das toll, denn ich liebte Schnee und mochte es, wenn er beim Laufen unter meinen Schuhen knirschte.

Das Abendbrot gab es in der Küche und Mutter erweckte den Anschein, als könnte sie es kaum erwarten, die fünfhundert Mark von Herrn Friedrich auf den Kopf zu hauen.

Dick eingemummelt unternahmen Mutti und ich am zweiten Feiertag einen langen Spaziergang. Nur wenige Menschen waren unterwegs und man hätte annehmen können, dass Schöneberg ausgestorben war. Wir liefen nebeneinanderher, als wären wir zwei verlorene Seelen, für die es kein Licht am Ende des Weges gab. „Komm, Doris, lass uns zurück in unsere vier Wände gehen!", sagte Mutter und riss mich damit aus meinen Gedanken. „Dort komme ich mir nicht so verlassen vor." Sie ergriff meine Hand und drückte sie fest, als wollte sie mich nie wieder loslassen.

Die Zeit nach Weihnachten war für mich die langweiligste, die ich je erlebt hatte. Mal abgesehen von dem Tag, an dem wir unterwegs waren und so manches Kaufhaus besuchten, in dem sich Mutter Kleider für den Tanzboden aussuchte. An einigen Wühltischen fielen für mich ein paar bunte Strickpullover ab. Im Café Kranzler gab es Kaffee und Kuchen und Mutter machte einen zufriedenen Eindruck. Die Stadt war immer noch weihnachtlich geschmückt und die Vorbereitungen für die große Silvesterfeier mit Feuerwerk liefen auf Hochtouren. Ich fragte Mutter, was wir am Silvesterabend machen würden.
„Was sollten wir denn deiner Meinung nach machen?" Sie sah mich herausfordernd an.
Ich weiß das auch nicht so genau", sagte ich. „Wenn wir bloß in Perleberg wären! Da war es immer so schön und wir hatten alle zusammen so viel Spaß an Silvester."
Mutter verzog das Gesicht. „Nun fang bloß nicht wieder mit dem Gejammere an! Denkst du vielleicht, dass es mir leichtfällt, im Alter von fünfunddreißig Jahren Silvester bei einem alten Herrn vor dem Fernseher zu verbringen? Glaub mir, es werden auch für uns wieder bessere Zeiten kommen."
Genauso, wie Mutter es vorausgesagt hatte, verlief dann auch unser Silvesterabend. Sie hatte unter anderem Tischfeuerwerk besorgt und es gab, wie gewohnt, Würstchen und Kartoffelsalat. Nach dem Essen setzten wir uns vor den Fernseher und sahen uns die Silvesterübertragungen an. Mutter und Herr Friedrich tranken ein Glas Rotkäppchensekt nach dem anderen und pafften um die Wette. Ich trank meine Brause, knabberte Salzstangen und naschte von den Pralinen,

die Herr Wagenknecht mitgebracht hatte. Mutter konnte sich nicht verkneifen zu sagen: „Iss nicht so viel Süßes, sonst geht dein Babyspeck nie weg!" Mir war das im Moment herzlich egal, weshalb ich mich von ihr nicht bremsen ließ. Ich zählte erst die Stunden, dann die Minuten und zum Schluss zählten wir gemeinsam die Sekunden und riefen: „Prost Neujahr und scheißt aufs alte Jahr!" Das hatte Opa Max immer gesagt. Wir stießen an und umarmten uns. Dann steckte Mutter das Tischfeuerwerk an, woraufhin eine große Portion Konfetti durch die Luft wirbelte. Dann ging draußen auch schon die Knallerei los. Es schneite jetzt kräftiger. Wir öffneten das Fenster und bewunderten die Raketen, die in den Himmel aufstiegen und uns einen farbenprächtigen Anblick boten. Danach kochte Mutti Kaffee, zu dem es die herrlichen Berliner Pfannkuchen gab.

Nun hatte also das Jahr 1955 begonnen und wir waren voller Hoffnung, dass sich für uns doch noch alles zum Guten wenden würde. Das Neujahrsfrühstück aßen wir ziemlich spät. Als wir endlich alle Platz genommen hatten, ging es bereits auf die Mittagszeit zu. Mutter wirkte verkatert und brühte sich einen extrastarken Mocca, der sie wieder auf die Beine bringen sollte. Auch Herr Friedrich war nicht besonders redselig. Er fragte mich nur, ob ich heute nach draußen gehen würde.

„Ja, Herr Friedrich, und vielleicht kommt Mutti ja mit."

„Das schlag dir mal aus deinem Kopf, mein Fräulein!", kam es prompt von ihr. „Ich bin todmüde und werde heute die meiste Zeit im Bett verbringen."

„Dann gehe ich bei diesem Wetter auch nicht raus", beschloss ich. Stattdessen würde ich fernsehen oder mich mit einem Schmöker im Bett verkriechen.

Genauso verlief dann auch unser Neujahrstag. Herr Friedrich hielt sich in seinem Zimmer auf und Mutter und ich kuschelten uns in unsere Betten. An Lesen war erst mal nicht zu denken, da wir beide gleich einschliefen. Wir standen nur zu den Mahlzeiten auf, Mutter in ihrem Morgenmantel und ich in meiner Hauskleidung. Was das Essen betraf, machte Mutter heute nicht viel Federlesens. Es gab irgendwelche Reste aus dem Kühlschrank und Spiegeleier, die man immer essen konnte. Den Abend verbrachten wir gemeinsam vor dem Fernseher und sahen in den neusten Nachrichten einen kurzen Bericht über die Silvesterknallerei in unserer Stadt. Den Film, der danach kam, sahen wir uns auch noch an.

Ich war froh, als ich mich am nächsten Morgen endlich wieder auf den Weg in den Kindergarten machen konnte. Die Lustlosigkeit, die ich vor Weihnachten verspürt hatte, war wie weggeblasen. Während der nächsten acht Stunden würden mich die Kinder von all meinen Gedanken ablenken, und das tat mir gut. Ich bedauerte sehr, dass Irene nicht mehr da war, hatte aber weiterhin Spaß an der Arbeit mit den kleinen Rackern.

Die Tage vergingen und Mutter hielt es zu Hause nicht mehr aus. Jetzt verbrachte sie jedes Wochenende auf dem Tanzboden. So zum Beispiel im „Resi", in das sie eigentlich schon mit Harry hatte gehen wollen. Meist kam sie erst am frühen Morgen nach Hause und schlief dann bis zum Mittag. Damit brachte sie unser Leben mal wieder völlig durcheinander, weshalb ich mich ständig mit ihr stritt. Den Höhepunkt erlebte ich, als sie eines Sonntags zu mir sagte, dass wir Kaffeebesuch bekämen. Ich fragte sie, ob es sich um einen Mann handle.

„Ja, natürlich!", antwortete Mutter. „Und um einen ganz Netten noch dazu." Sie war völlig aus dem Häuschen und schickte mich zum Bäcker, damit ich Kuchen besorgte, mit dem Hinweis, ich solle keine Torte, sondern Streuselkuchen oder Butterkuchen mitbringen. Also machte ich mich auf den Weg und verfluchte bereits jetzt diesen Mann, obwohl ich ihn noch nicht einmal kannte. Für mich waren alle Männer widerliche Geschöpfe und ich war mir hundertprozentig sicher, dass mich keiner jemals anfassen dürfte. Heiraten war sowieso keine Option, das schwor ich mir. Ich kaufte acht Stück Kuchen und schielte hinüber zu den dicken Torten, die mich verführerisch anlachten. Mit meinem Kuchenpaket ging ich nach Hause und war gespannt, was sich Mutter diesmal für einen Kerl geangelt hatte. Ich musste mein Sonntagskleid anziehen und mir noch einmal die Haare kämmen. Natürlich hatte sich auch Mutter herausgeputzt.

Wir deckten den Tisch in Herrn Friedrichs Zimmer und waren gerade damit fertig, da schellte es um Punkt 15 Uhr bei uns oben an der Tür. Mutter rief: „Doris, machst du bitte mal auf? Ich kann im Moment nicht!"

Also öffnete ich die Tür und war entsetzt. Der Typ, der vor mir stand, trug einen grauen Ledermantel und auf dem Kopf eine Baskenmütze. Vor allem aber war er um einiges älter als Mutter. Ich sagte: „Guten Tag, zu wem möchten Sie?"

„Ich wurde zum Kaffee eingeladen, du bist sicher Doris. Ich habe schon viel von dir gehört."

Ich ließ ihn eintreten und wurde sofort von Mutter abgelöst, die ihn auch noch mit einem Kuss begrüßte. „Schön, dass du da bist!", sagte sie.

Er überreichte ihr einen viel zu großen Blumenstrauß, den sie freudestrahlend entgegennahm.

„Doris, habt ihr euch schon bekannt gemacht?", fragte Mutter.

Der Mann gab mir die Hand, und sagte, er heiße Hans Gnilzik. Was mir scheißegal war, widerlich fand ich ihn so oder so. Außerdem stank er entsetzlich nach Zigarrenrauch.

Mutter machte eine einladende Handbewegung, woraufhin er das Zimmer von Herrn Friedrich betrat und sich auch bei ihm für die Einladung bedankte. Mutter war vor Aufregung ganz hippelig, als sie die große Vase mit den Blumen auf den Tisch stellte. Als sie wenig später den Kaffee eingeschenkt hatte und wir uns den Kuchen munden ließen, begann das Frage-und-Antwort-Spiel. Hans erzählte, er sei in Gleiwitz geboren, irgendwann in den Westen geflüchtet und lebe zurzeit in einem Männerwohnheim. Von Beruf sei er Artist und er beabsichtige, diesen irgendwann wieder auszuüben. Wie gut, dass er keine Gedanken lesen konnte, denn ich dachte: Wenn der Artist ist, bin ich eine Primaballerina! Und dann fragte er doch tatsächlich Herrn Friedrich nach dem freien Zimmer! Insgeheim betete ich darum, dass dieser Hans hier bloß nicht einzog. Aber meine Gebete wurden nicht erhört. Die beiden Männer waren sich schnell einig und Mutters Neuer kündigte an, in der kommenden Woche ein-

ziehen zu wollen. Mutter strahlte wie ein Honigkuchenpferd und ich hätte am liebsten vor Wut die Kuchenteller vom Tisch gefegt. Stattdessen gab ich vor, mir sei schlecht, und sagte: „Ich glaube, ich gehe ins Bett, sonst muss ich mich noch übergeben."
„Aber Doris, es ist doch noch so früh! Warum ist dir auf einmal schlecht?" Mutter sah mich mit ihren rehbraunen Augen verständnislos an.
Nach dem Motto „Frech kommt weiter" antwortete ich: „Wenn mir nun mal schlecht ist, brauche ich hier nicht rumzusitzen. Und jetzt gute Nacht!" Ich erhob mich, flitzte zur Tür und knallte sie hinter mir zu. Aus Gemeinheit ging ich ungewaschen ins Bett und zog mir die Decke über den Kopf, um mich meiner niedergeschlagenen Stimmung hinzugeben.

Als ich ein paar Tage später aus dem Kindergarten nach Hause kam, öffnete mir unser neuer Mitbewohner die Tür. Ich sagte nur Hallo, zog mir Jacke und Schuhe aus und ging zu Mutter in die Küche.
„Hast du dir die Hände gewaschen?", fragte sie.
„Nein", gab ich zurück.
„Dann tu das, es gibt gleich Essen."
Genervt verdrehte ich die Augen. „Hör bloß auf, mich ständig zu gängeln, ich bin kein kleines Kind mehr!"
Dann verhalte dich auch wie ein erwachsener Mensch", konterte Mutter.
Ich ging ins Bad und wusch mir die Hände. Damit ließ ich mir absichtlich Zeit. Als ich wieder in die Küche kam, saßen die beiden Männer bereits am Tisch und Mutter trug das

Essen auf. Ich war erstaunt, dass es zum Abendbrot Gulasch, Kartoffeln und gemischtes Gemüse gab, und machte mir so meine Gedanken. Der große Erzähler am Tisch war unser neuer Untermieter, der die ganze Zeit vom Zirkus sprach und von all den Verrenkungen, die er angeblich beherrsche. Als Beweis führte er uns einen Kopfstand vor. Nicht schlecht für sein Alter, dachte ich. Dann erzählte er, dass er zurzeit bei einem Busunternehmen beschäftigt sei. Wenn die Busse von ihren Reisen zurückkämen, müsse er sie reinigen. Da wurde Mutter hellhörig und sie fragte ihn, ob das nicht auch etwas für Frauen sei, sie brauche unbedingt eine bezahlte Beschäftigung. Er nickte und versprach, sich darum zu kümmern.
Nach dem Essen zogen Hans und Herr Friedrich sich zurück, um fernzusehen. Ich half Mutter beim Geschirrspülen und sie erzählte mir allerhand über ihren Neuen. So erfuhr ich, dass er einen Berliner Ausweis besaß. Ich horchte auf. War das nicht genau das, was sie seit Monaten suchte?

Seit Hans Gnilzik bei uns wohnte, verschlechterte sich meine Laune von Tag zu Tag. Ich reagierte schnippisch, wenn er etwas zu mir sagte, auch mit Mutter sprach ich kaum noch ein vernünftiges Wort. Wenn ich vom Kindergarten nach Hause kam, verdrückte ich rasch mein Abendbrot und ging dann zu Herrn Friedrich ins Zimmer und jammerte ihm die Ohren voll. Oder ich legte mich aufs Bett und las Liebesromane, was dem neuen Herrn im Haus überhaupt nicht passte. Wir stritten uns immer öfter, denn wie es aussah, wollte er bei mir die Vaterrolle übernehmen. Eines Tages beschimpfte ich ihn und sagte: „Sie haben mir überhaupt nichts zu befehlen, weil Sie nicht mein Vater sind!" Natürlich hielt sich Mutter aus allem raus.

Eines Tages eskalierte es zwischen uns. Als ich meine Liebesromane suchte und sie nicht fand, ging ich in die Küche und fragte danach. Hans antwortete, er habe sie zerrissen, ich solle lieber etwas Gescheites lesen und nicht so einen Schund. Ich schrie Mutter an, dass ich auf der Stelle nach Perleberg zurückwolle, hier würde ich auf keinen Fall länger bleiben. An diesem Tag ging ich ohne Abendbrot zu Bett. Nach einer Weile kam Mutter zu mir, setzte sich auf die Bettkante und offenbarte mir das Unfassbare: „Doris, ich muss dir etwas mitteilen." Als ich nicht reagierte, wurde sie böse. „Dreh dich gefälligst um, wenn ich mit dir rede!" Ich rührte mich und sah ihr ins Gesicht. „Hans und ich haben beschlossen zu heiraten, so können wir in Berlin bleiben. Außerdem fange ich bei dem Busunternehmen an zu arbeiten."

Ich war so was von entsetzt, dass ich Mutter fassungslos anstarrte. „Wenn du diesen Kerl heiratest, gehe ich dieses Mal freiwillig in ein Heim, schließlich hast du nicht über mich zu bestimmen. Dann fiel mir auf einmal ein, dass Mutter ja bereits verheiratet war, und ich platzte damit heraus: „Du kannst den ja gar nicht heiraten! Du bist doch noch mit Gerhard Neumann verheiratet."

„Da irrst du dich gewaltig, mein Fräulein Tochter. Was meinst du, warum ich so oft von Perleberg aus nach Berlin gefahren bin? Während dieser Zeit habe ich mich von Gerhard scheiden lassen. Das war sehr schwierig, weil mein holder Ehemann in Berlin im Knast saß. Und wenn es dir nicht passt, dass ich wieder heirate, dann musst du wohl tatsächlich in ein Heim gehen!" Wütend verließ sie das Zimmer.

Am nächsten Tag rief ich vom Kindergarten aus Irene an und erklärte ihr meine Situation. Sie riet mir, meine Sachen zu packen, und bot mir an, morgen mit mir zum Jugendamt zu fahren und die Angelegenheit zu klären. Also packte ich noch am selben Abend alles ein, was ich brauchte, und informierte Mutter über mein Vorhaben und dass ich in Zukunft in dem Mädchenwohnheim in der Hohenstaufenstraße 49 zu leben gedachte. Mutter und ihr Zukünftiger waren vermutlich froh, mich loszuwerden. Ohne mich zu verabschieden, verließ ich die Wohnung und lief die Treppen hinunter. Als ich auf die Straße trat, wartete Irene mich schon in ihrem Auto auf mich. Sie stieg aus und nahm mich in den Arm, als sie sah, dass ich weinte. Dann sprach sie beruhigend auf mich ein und tröstete mich mit den Worten: „Doris, sollst mal sehen, wie toll es bei uns im Heim ist. Dort leben lauter junge Mädchen, die auch viel aus ihren Leben zu erzählen haben." Irenes Worte bauten mich etwas auf und ich stieg in ihren Wagen.

Die Fahrt zum Jugendamt dauerte nicht lange. Dort angekommen, wusste Irene genau, in welches Zimmer sie mit mir gehen musste. Ich nahm an, dass ich nicht die Erste war, mit der sie hierherkam.

„Doris, setz dich bitte hier draußen auf die Bank und warte eine Weile. Ich erledige das alles für dich. Hast du irgendwelche Unterlagen mitgenommen, zum Beispiel eure Anerkennung?"

Ich schüttelte den Kopf. „Nein, ich habe nichts bei mir."
„Das macht nichts, es geht wahrscheinlich auch so. Also du wartest hier. Es kann etwas dauern, ich rufe dich dann rein."
Als ich etwa eine halbe Stunde auf der Bank verharrt hatte, ging endlich die Tür vor mir auf und Irene kam auf den Flur.
„Du kannst jetzt reinkommen", sagte sie.
Ich stand auf und betrat das Zimmer, in dem eine Frau an ihrem Schreibtisch saß. Sie forderte mich auf, Platz zu nehmen, und sagte, sie müsse mir einige Fragen stellen. Damit fing sie dann auch gleich an: „Doris, möchtest du wirklich von zu Hause ausziehen und in ein Mädchenwohnheim gehen?"
„Ja, unbedingt, das möchte ich!"
„Ihr seid hier bereits registriert. Deine Mutter war nämlich auch schon bei uns und hat sich erkundigt, wer dein gesetzlicher Vormund ist. Aber die Erziehungsgewalt über dich hat sie nicht zurückbekommen. Ich habe gerade mit deinem Vormund gesprochen und deinem Umzug steht nichts mehr im Wege. Du müsstest nur noch hier unterschreiben. Die Dame zeigte mit dem Finger auf mehrere Stellen, an denen sie meine Unterschrift brauchte.
Irene lächelte. „Na siehste, Doris, so einfach war das! Und jetzt fahren wir in die Hohenstaufenstraße in dein neues Zuhause."
Die Fahrt dauerte nicht sehr lange und die Umgebung war mir bekannt. Hier befand sich auch der Viktoria-Luise-Platz, den Monika und ich des Öfteren besucht hatten. Irene parkte ihr Auto vor dem Haus und verkündete: „Das hier ist dein neues Zuhause!"

Ich war erstaunt, wie groß das Haus war, und erfuhr, dass sich im Parterre eine Schule für Jungen befand. Wir begaben uns in die dritte Etage und Irene öffnete eine Tür, hinter der sich ein großer Vorraum befand. Noch sehr zögerlich sah ich mich um. Angst kroch in mir hoch.

„Komm, wir gehen jetzt zu Frau Schäfer ins Büro, sie erwartet dich schon." Irene steuerte auf eine Tür zu und öffnete sie. Ich folgte ihr in einigem Abstand. „Hallo Ellen, hier kommt unser neuer Zuwachs, Fräulein Doris Lange."

Frau Schäfer begrüßte mich mit einem freundlichen Lächeln und bat mich, Platz zu nehmen. Ich grüßte zurück und setzte mich zu ihr an den Schreibtisch. Zunächst einmal berichtete Irene, was sie auf dem Jugendamt erfahren und was sie bereits erledigt hatte. Frau Schäfer nickte zufrieden und wandte sich mir zu. „Du wirst dich hier unter Gleichgesinnten bestimmt wohlfühlen und dich mit den Mädchen gewiss auch gut verstehen. Zu Anfang wird es für dich natürlich nicht so einfach sein, vor allem da du dein Zuhause so plötzlich verlassen hast." Ich hörte nur stumm zu und nickte gelegentlich. Als Nächstes wurde ich über die Verhaltensmaßregeln aufgeklärt, die im Heim galten. Jedes Mädchen hatte bestimmte Aufgaben zu erledigen. Ein Wochenplan wurde im Flur ausgehängt. Das fing mit dem Saubermachen unserer Zimmer an und endete beim Toilettenputzen und dem Unterstützen der Köchin in der Küche. Freitags, so erfuhr ich, fand jeweils ein Nähabend statt. Dort konnten wir unsere Sachen ausbessern. Der Raum, in dem wir nähten, war gleichzeitig unser Aufenthaltsraum und der Speisesaal. In der Woche mussten die Mädchen unter siebzehn Jahre um 19 Uhr wieder im

Heim sein. Die älteren Mädchen durften sich bis 20 Uhr draußen aufhalten. An den Wochenenden durften wir ins Kino gehen, mussten uns aber vorher abmelden. Rauchen war grundsätzlich verboten, und sollte man sich nicht an die Regeln halten, würde das dem Jugendamt gemeldet werden, schließlich trug das Personal hier im Heim die Verantwortung für uns. Wer sich nicht an die Regeln hielt, dem drohte der Umzug in ein geschlossenes Heim für schwer Erziehbare. Ich sackte immer tiefer in meinen Stuhl, als ich das alles hörte. „Sonntags dürft ihr Besuch empfangen", ergänzte Frau Schäfer. „So, Doris, du wohnst vorerst mit Brigitte in einem Zimmer, und wenn du dich gut aufführst, bekommst du schon bald ein Einzelzimmer in der zweiten Etage. Abends werden die Zimmer von der Spätschicht kontrolliert. Dann schauen wir, ob ihr alle in euren Betten liegt, und schalten das Licht aus." Sie schien zu bemerken, dass ich skeptisch war, ob ich die richtige Entscheidung getroffen hatte, und sagte: „Ich weiß, dass sich das alles schrecklich anhören muss, aber Vorschriften brauchen wir hier. Die meisten Mädchen sind in der Woche in ihrer Lehrfirma oder in der Berufsschule, andere arbeiten schon. Du wirst sie ja heute alle noch kennenlernen. Hab keine Angst, es wird dir hier bestimmt gefallen. Alles andere, was dich persönlich betrifft, erledigen wir in Zusammenarbeit mit den Behörden. Und nun wird dir Irene dein Zimmer zeigen." Sie sah sich suchend um und zeigte schließlich auf meine Tasche. „Hast du nur das eine Gepäckstück dabei?"
„Ja, Frau Schäfer, mehr habe ich nicht."
„Na, das ist ja nicht gerade viel, was du besitzt."

Ich kämpfte mit den Tränen, weil ich mit meinen sechzehn Jahren wieder einmal ohne Familie dastand, und fühlte mich so elend. Irene zeigte mir das Zimmer, in dem bereits das Mädchen namens Brigitte lebte. „Wenn du dich hier eingerichtet hast", sagte Irene, „komm einfach zu mir. Ich zeige dir dann die anderen Räumlichkeiten."

„Danke, das mache ich."

Ich setzte mich auf mein Bett, das mit weißer Bettwäsche bezogen war, und überlegte in Ruhe, ob meine Entscheidung, hier zu leben, die richtige war. Aber was blieb mir anderes übrig? Ich hängte meine Sachen in den Schrank und legte den Rest meiner Habseligkeiten in die dafür vorgesehene Schublade. Dann machte ich mich auf die Suche nach Irene. Auf dem Flur traf ich auf einige Mädchen. Eine von ihnen sagte: „Du bist bestimmt die Neue!"

Ich nickte. „Ja, das stimmt. Ich heiße Doris und suche Irene. Wisst ihr, wo sie ist?"

„Die findest du im Aufenthaltsraum. Warte, wir bringen dich hin!" Das Mädchen stellte sich mir als Petra vor. Ein anderes hieß Heike. Petra sagte: „Es gefällt uns hier sehr gut, besser als zu Hause, wo es ständig mit dem Alten Streit gab. Dir wird es hier sicher auch gefallen. Die Frauen sind alle sehr nett zu uns." Ich war noch nie so eingeschüchtert wie an diesen Tag und nickte stumm zu allem, was Petra mir erzählte. „So, hier ist unser Aufenthaltsraum, in dem wir freitags immer die Schlager der Woche hören. Wir Mädchen tanzen dann wie verrückt, während wir unsere Kleidung ausbessern." Petra, Heike und die anderen übergaben mich an Irene, die sich freundlich bedankte.

Irene wandte sich an mich: „Zurzeit wohnen hier fünfzehn Mädchen aus allen Schichten," Was sie damit meinte, wusste ich in diesem Moment noch nicht. Wir folgten einem langen Flur und Irene zeigte mir die Waschräume, die Toiletten und die anderen Doppelzimmer. In der zweiten Etage befanden sich die Einzelzimmer und die große Küche, deren Anblick mir deutlich machte, wie hungrig ich war, denn ich hatte an diesem Tag bisher kaum etwas gegessen. Irene stellte mich den Frauen vor, die hier beschäftigt waren, und ich erzählte ihnen, dass ich ursprünglich auch mal Köchin hatte werden wollen.
Eine der Frauen fragte mich: „Und warum hast du keine Lehre begonnen?"
Ich sah Irene hilfesuchend an und sie sagte: „Berta, das ist eine lange Geschichte, die Doris hier zu verarbeiten versucht."
„Ich verstehe." Berta trat auf mich zu. „Wenn du Lust und Zeit hast, kannst du uns gerne helfen."
„Danke, das tue ich sogar sehr gerne."
Wir gingen wieder hinauf in den Aufenthaltsraum, in dem einige Mädchen am Tisch saßen, Musik hörten, in Zeitungen blätterten und über ihre Freunde sprachen. Eine von ihnen war Rita, die mich aufforderte, sich zu ihr und den anderen an den Tisch zu setzen. „Erzähl mal, warum du hier bist", bat sie mich.
Um es kurz zu machen: An diesem Tag im Jahr 1955 begann für mich die schönste Zeit meines bisherigen Lebens. In den ersten Tagen im Mädchenwohnheim weinte ich mich zwar noch allabendlich unter meiner Bettdecke in den Schlaf,

doch das ließ bald nach. Ich tröstete mich damit, dass ich hier nicht die Einzige war, die viel erlebt hatte. Schon sehr bald erzählte ich den anderen Mädchen meine Geschichte, zumindest das, was ich für vertretbar hielt. Ich gestand auch, dass ich seit meinem ersten Tag hier im Heim keinen Kontakt mehr zu meiner Mutter hatte.
„Na und?", sagte Rita. „Die meisten Mädchen, die hier wohnen, haben keinen Kontakt zu ihren Familien."
Die anderen klärten mich auf, wie es hier im Heim so ablief und dass mit Frau Schäfer nicht zu spaßen war. Gegen Mittag gingen wir in die Küche und holten unser Essen nach oben, das ich jeden Tag mit großem Appetit verschlang. An den Wochenenden, wenn alle Mädchen im Heim waren, wurde gemeinsam gefrühstückt und zu Mittag gegessen. Zum Abendbrot waren alle stets pünktlich im Heim.
In der Nachtschicht hatten wir es mit Frau Bock zu tun. Sie machte auf mich einen gütigen Eindruck, den mir die Mädchen bestätigten. Es hieß, dass sie gelegentlich ein Auge zudrückte, wenn das Licht in den Zimmern noch brannte und die Mädchen keine Lust hatten, schon zu schlafen.
Nach unserem gemeinsamen Abendessen, das in Buffetform aufgebaut und in Sachen Reichhaltigkeit nicht zu übertreffen war, konnte die Stimmung bei Musik nicht besser sein. Schon bald vergaß ich alle Sorgen, die mich hierhergeführt hatten. Es war gut zu spüren, dass ich von meinen Mitbewohnerinnen aufgefangen wurde. Keine von ihnen ließ mich spüren, dass ich hier die Neue war.
Am ersten Abend ging ich zeitig duschen, zog mir mein Nachthemd an und legte mich ins Bett. Auch Brigitte, mit

der ich mich auf Anhieb verstand, ließ nicht lange auf sich warten, da sie morgens früh aufstehen musste. Wir erzählten uns gegenseitig aus unserem Leben und ich erfuhr, dass Brigitte keine Eltern mehr hatte. Sie waren bei einem Autounfall ums Leben gekommen. Brigitte hatte noch einen Bruder, der Gärtner gelernt hatte und jetzt bei der Polizei war. Er war viel älter als sie, und wenn er keinen Dienst hatte, wohnte er bei ihrer Tante Lotte ebenfalls in der Hohenstaufenstraße.

Während wir so redeten, schaute Frau Bock in unser Zimmer, in dem immer noch das Licht brannte. „So, meine Lieben, Licht aus und schlafen, morgen müsst ihr früh aufstehen!" Sie wünschte uns eine gute Nacht und knipste das Licht aus.

Am Morgen wurden wir pünktlich um 7 Uhr von Frau Bock geweckt. Damit war ihre Nachtschicht zu Ende und sie wurde von einer anderen Erzieherin abgelöst, die ich noch nicht kannte. Es war Frau Markwart, die eine angenehme und freundliche Art hatte. Irene kam an diesem Tag erst zur Nachtschicht. Die Mädchen, die zur Arbeit mussten, hatten natürlich Vorrang im Waschraum und durften sich als Erste waschen und zurechtmachen. Das Frühstücksbuffet befand sich im Aufenthaltsraum und wir konnten uns nach Herzenslust bedienen. Getränke standen in großen Thermoskannen auch den Tag über bereit.

Jeder hat es schon mal erlebt, dass man in einem bestimmten Lebensabschnitt besondere Bezugspersonen hat. Menschen, zu denen man sich hingezogen fühlt. Meine Bezugspersonen waren zum Beispiel Rita, Brigitte, Katharina und ganz besonders Valleria Busse. Valleria lernte Schneiderin und kam aus der sogenannten Oberschicht – was auch der Einzelne darunter verstehen mochte. Ihr Vater war als Pianist tätig und viel unterwegs. Hier im Mädchenwohnheim wusste er seine Tochter in guten und sicheren Händen. Ihr großer Traum war es, eines Tages nach Amerika auszuwandern. Was wusste ich schon von Amerika! Bislang kannte ich nur Berlin und meine Heimatstadt Perleberg. Unter anderem lebten hier im Wohnheim auch Mädchen, die später ihre Karriere als Schauspielerin machten und uns bestens aus Filmen bekannt sind.

Ich erfüllte die Pflichten, die mir auferlegt wurden, und tauschte meinen Dienst mit der einen oder anderen Mitbewohnerin, wenn sie keine Lust hatten, in der Küche zu arbeiten. Das war ja meine Welt, vor allem wenn es Lungenhaschee zum Mittag gab, und es machte mir besonders viel Spaß.

Die meiste Zeit verbrachte ich mit den Mädchen, die nicht arbeiteten oder die ihre Lehre abgebrochen hatten, außerhalb des Wohnheims und ließ mich, ebenso wie sie, treiben. Wir hatten Kontakt zu den Jungs aus der Schule und trafen uns auf dem Viktoria-Luise-Platz, um mit ihnen herumzualbern. Hier pafften die Mädchen ihre Zigaretten, ohne erwischt zu werden. Der eine oder andere Junge hatte ein Auge auf mich geworfen und hätte mich gerne zur Freundin gehabt. Ich war ein hübsches Mädchen mit langen blonden Haaren und blauen Augen, wie ja bereits bekannt ist. Für mich war das alles sehr lustig, allerdings gewährte ich keinem der Jungs und erst recht keinem Mann Zutritt zu meinem Herzen. Mein Verhalten den Jungs gegenüber war kess und vielversprechend, das war es aber auch schon.

Der Freitag war natürlich der schönste Abend, den wir Mädchen voll auskosteten. Bei Rock 'n' Roll und Twist tanzten wir wie die Verrückten. Nebenbei ratterten die Nähmaschinen, mit denen sich einige der Mädchen aus Stoffresten neue Sachen nähten.

Wenn ich nun gedacht hätte, dass mein Leben so weitergehen würde, lag ich völlig falsch. Nach einer Woche bestellte mich Frau Schäfer in ihr Büro und sagte: „Doris, du musst dir eine Arbeitsstelle suchen, damit du Taschengeld bekommst wie die anderen Mädchen. Wir hier im Heim sind nur für euer Wohlbefinden verantwortlich und dafür, eure Probleme mit euch gemeinsam zu lösen. Oder bekommst du von deiner Mutter Geld?"

„Nein ich habe keinen Kontakt mehr zu ihr, und Geld habe ich nur noch ganz wenig. Frau Schäfer, was soll ich arbeiten? Wegen unserer Flucht konnte ich doch nichts lernen!" Als ich überstürzt ins Heim gegangen war, hatte Irene meine Situation im Kindergarten erklärt und ich war nicht wieder dort gewesen.

Frau Schäfer überlegte. „Ich kenne euren Werdegang zwar ganz genau, aber irgendetwas musst du machen. Du kannst hier nicht den ganzen Tag rumlungern. Bestimmt findest du eine Beschäftigung." Damit entließ sie mich.

Ich ging zurück in den Aufenthaltsraum, während mir Tränen über das Gesicht liefen. Die Mädchen, die sich dort aufhielten, waren besorgt und fragten mich, was passiert sei. Ich erzählte ihnen von dem gerade erlebten Gespräch und dass ich keine Ahnung hätte, wo ich mich nach einer Arbeitsstelle umsehen sollte.

„Das kennen wir zur Genüge", sagte Karina. „Hier muss jeder von uns arbeiten. Und wenn du dann arbeitest, musst du fast alles abgeben und bekommst nur ein lumpiges Taschengeld. Wir pumpen uns gegenseitig Geld, und auch unsere Klamotten wandern von der einen zur anderen." Als sie sah, dass sich meine Stimmung nicht verbesserte, ergänzte sie: „Wir werden heute Abend die anderen Mädchen fragen, vielleicht wissen die ja mehr als wir." Kleinlaut bedankte ich mich und stellte fest, dass meine Mitbewohnerinnen ihr Leben offenbar ganz locker nahmen.

Am Abend, als alle Mädchen pünktlich zum Abendbrot wieder im Heim waren, wurde eine Art Sitzung abgehalten. Nachdem wir an unserem Tisch Platz genommen hatten, hörten mir die anderen aufmerksam zu.

Auf Anhieb sagte Rita: „Bei uns in der Druckerei wird noch ein Mädchen zum Anlernen gesucht. Soll ich meinen Chef, Herrn Bettin, mal fragen, ob er dich nehmen würde?"

Das klang schon mal ganz gut. „Das wäre sehr nett von dir, Rita. Und was müsste ich da machen?"

„Du würdest alles über Offset- und Siebdruck lernen. Ein sehr interessanter Beruf, der mir zum Beispiel viel Spaß macht."

Meine Miene hellte sich auf. „Das wäre ja wunderbar!", warf ich ein.

Rita versprach, gleich am Montag ihren Seniorchef darauf anzusprechen. Er hatte immer noch das Sagen und war Spezialist in Sachen Offsetdruck. „Wir drucken Plakate und

Metallschilder für Reklamezwecke, zum Beispiel für die Seifenfirma Persil. Die Werbung kennst du bestimmt. Darauf ist eine Frau ganz in Weiß mit Hut abgebildet. Die Schilder sieht man ja überall hängen." Ich nickte und wartete ab, was Rita noch zu erzählen hatte. „Die Tochter und der Schwiegersohn des Seniorchefs befassen sich mit dem Siebdruck. Ich muss in diesem Beruf beide Arten des Drucks lernen."
Wäre das schön, wenn das klappen würde! Das sagte ich Rita auch.
Sie sah mich abschätzend an. „Ich denke, dass du für diese Ausbildung genau die Richtige wärst." Mir wurde gleich viel leichter ums Herz und ich fieberte dem Montag entgegen.
Das Wochenende verbrachte ich gemeinsam mit den größeren Mädchen auf Schönebergs Straßen. Insbesondere die Hauptstraße hatte es uns angetan, denn dort gab es zahlreiche Kneipen, in denen sich die Mädchen anscheinend gut auskannten. Ganz in der Nähe wohnte Mutter! Mir war elend zumute, wenn ich daran dachte, und ich verfluchte immer noch, was manche Eltern ihren Kindern aus Eigennutz antaten. Sogar jetzt noch, beim Schreiben dieses Buches, muss ich mich zusammenreißen, damit ich nicht den Hammer hole und meinen Computer kurz und klein schlage. Ich hoffte insgeheim, dass es jemanden gab, der mich an die Hand nahm und mich in eine schöne Zukunft führte. Mein Gedanke war, dass Träume ja manchmal in Erfüllung gingen. Wie naiv ich doch als junges, unerfahrenes Mädchen war!
Als Rita am Montag von der Arbeit kam, saß ich im Aufenthaltsraum und wartete mit Spannung darauf, was sie zu erzählen hatte. Ihr Gesichtsausdruck verriet eine positive

Nachricht. Sie strahlte übers ganze Gesicht, nahm mich in den Arm und wirbelte mich im Kreis herum. „Doris, du sollst morgen früh mit mir zusammen in die Firma kommen!"
Ich konnte es kaum fassen. Was hatte ich nur für ein Glück!
„Rita, das ist ja super, ich freue mich so!", sagte ich und drückte sie.
„Ich mich auch für dich."
Das wollte ich gleich Frau Schäfer erzählen. Ich ging zu ihr ins Büro und teilte ihr die Neuigkeit mit. Sie zeigte sich erleichtert, dass dieser Punkt nun auch abgehakt war.

Am Montagmorgen wurden als Erstes die Mädchen, die zur Arbeit mussten, von Frau Michaelis geweckt, die soeben ihre Tagschicht angetreten hatte. Diesmal gehörte auch ich dazu. Im Waschraum traf ich Rita und fragte sie, was ich anziehen sollte. Es konnte ja sein, dass mich ihr Chef gleich dabehielt.
„Zieh dir ganz normale Kleidung an", antwortete sie. „Wir bekommen sowieso Kittel, die wir während der Arbeit tragen müssen. Wir treffen uns dann gleich beim Frühstück. Und beeile dich, damit wir nicht zu spät kommen!"
Als ich mich angezogen hatte, ging ich in den Frühstücksraum. Am Buffet war schon jede Menge los. Ich nahm mir einige Scheiben Brot zusätzlich, belegte sie dick mit Wurst und packte ein paar eingewickelte Stullen als Pausenbrot ein. Auch die anderen Mädchen versorgten sich reichlich, damit sie den Tag über satt waren.
Vom Viktoria-Luise-Platz fuhren wir zunächst mit der U-Bahn und schließlich weiter mit der Hochbahn bis zum Görlitzer Bahnhof. Dann war es nicht mehr weit bis zur Walde-

marstraße, in der sich die Druckerei Bettin befand. Ich war ziemlich aufgeregt und dachte: Hoffentlich nehmen die mich auch!

Wie sich herausstellte, war meine Aufregung völlig umsonst gewesen. Rita brachte mich ins Büro zu Frau Hofstätter und ließ uns beide allein. Die Tochter von Herrn Bettin begrüßte mich freundlich und bot mir einen Platz an. „Darf ich Doris zu dir sagen?"

„Ja, natürlich gerne."

Sie stellte mir einige Fragen und erklärte mir, worum es in der Druckerei ging. Ich hörte aufmerksam zu, nickte ein paarmal und bekundete großes Interesse.

„Dann würde ich sagen, du legst erst mal ab und ich gebe dir einen Kittel. Anschließend werde ich dir alles zeigen und dich meinem Vater und unseren Mitarbeitern vorstellen. Deine Arbeit würde dann morgen beginnen, sofern du dich dafür entscheidest. Heute schaust du dir einfach alles an."

Als ich meine Jacke an der Garderobe aufgehängt hatte, bekam ich einen blauen Kittel, der verhindern sollte, dass ich mir die eigene Kleidung mit Farbe beschmierte. Als Erstes gingen wir in die Abteilung für Offsetdruck, in der einige große Walzen einen ziemlichen Lärm verursachten.

„Vater, das ist Doris", sagte Frau Hofstätter zu einem älteren Herrn. „Sie wird ab morgen in allen Bereichen eingesetzt. Heute soll sie erst mal alles kennenlernen.

Herr Bettin begrüßte mich freundlich und erklärte, er sei der Chef des Ganzen und freue sich, wenn sich junge Leute für diesen Beruf interessierten. Auch er fragte mich, ob er mich Doris nennen dürfe.

„Ja, natürlich, Herr Bettin!"
Dann stellte er mich drei Kollegen vor, die in der Abteilung arbeiteten, und erklärte mir mit einfachen Worten den Offsetdruck. Die Druckerpresse sah gigantisch aus, vor allem aber die großen Walzen auf großen und schweren Steinblöcken, wenn sie mit Farbe bestrichen wurden und sich in Bewegung setzten. Hier wurde alles Mögliche gedruckt. In einem anderen Raum wurden die Vorarbeiten für den Offsetdruck erledigt. Herr Bettin erklärte mir den Begriff „Lettern". Das waren Buchstaben und Zahlen aus Blei, die man zusammensetzte und die schließlich am höchsten Punkt ein spiegelverkehrtes Relief ergaben. Diese Druckkunst, so erfuhr ich, gab es bereits seit mehr als tausend Jahren. Leider verdrängte der Siebdruck nach und nach das uralte Handwerk, sodass sich kaum noch junge Menschen dafür interessierten. Ich dachte, mir würde der Kopf platzen, denn im Grunde genommen verstand ich nur Bahnhof. Endlich kam Frau Bettin, um mich zu erlösen. „Das hier", sagte sie, „wird nicht dein Arbeitsplatz werden. Diese Kunst beherrschen wirklich nur Menschen, die sie erlernt haben. Ich bringe dich jetzt in die Siebdruckabteilung."
Hier saßen Frauen an Maschinen, die mich neugierig beäugten. Rita winkte mir zu und rief: „Hallo, hier bin ich!" An den Maschinen wurde alles Mögliche bedruckt und ich dachte: Das schaffe ich niemals bei diesem Tempo! Es galt, die Farbe im Sieb zu kontrollieren, Teile aus einem Korb zu nehmen und sie in die dafür vorgesehene Form zu legen, und das alles immer wieder in derselben Reihenfolge wie an einem Fließband. Nach einer Weile wurden die Maschinen ausgeschaltet

und es war Frühstück angesagt. Ich setzte mich zu Rita und den anderen Mitarbeiterinnen an den Tisch und wickelte meine Stullen aus. Gespannt lauschten alle meinem Werdegang.

An diesem Tag wurde ich in alles eingewiesen, was für mich von Belang war, falls ich mich für diese Arbeit entschied. Ich setzte mich zu den Frauen und sah ihnen bei der Arbeit zu. Neugierig stellte ich eine Frage nach der anderen, zumal mich die Arbeit tatsächlich reizte.

Als es Zeit war, Feierabend zu machen, erkundigte sich Frau Hofstätter, ob ich mir vorstellen könne, hier zu arbeiten. Begeistert bejahte ich ihre Frage „Sehr schön, Doris. Dann bekommst du morgen deinen Arbeitsvertrag. Bringe bitte deinen Sozialversicherungsausweis mit."

„Ja, das mache ich."

Frau Hofstätter reichte mir die Hand und verabschiedete mich mit einem Lächeln.

Überglücklich kehrte ich mit Rita ins Mädchenwohnheim zurück. Dort angekommen, ging ich gleich als Erstes zu Frau Schäfer und teilte ihr mit, dass ich ab morgen in der Druckerei Bettin arbeiten würde. Frau Schäfer und die Mädchen freuten sich mit mir. All das gab mir das Gefühl, angekommen zu sein und dass mein Leben für immer so weitergehe. Doch wie gesagt: Das Leben hält manchmal seltsame Wege bereit, besonders wenn du denkst, dass du endlich angekommen bist, weil ein Lichtstrahl für dich am Horizont geleuchtet hat. Umso größer ist die Enttäuschung, wenn sich doch wieder Irrwege einstellen.

Mein Weg verlief zunächst in ruhigen Bahnen. Als ich jedoch achtzehn wurde, musste ich feststellen, dass es für mich keinen Lichtstrahl am Horizont gab. Eines Tages bestellte mich Frau Schäfer in ihr Büro und teilte mir mit, dass ich ausziehen müsse, das Jugendamt komme nicht mehr für die Kosten auf. Auch meine Mutter sei nicht in der Lage, das Heim zu bezahlen. Das Jugendamt hatte offenbar schon Kontakt zu ihr aufgenommen. Für mich ging eine Welt unter und ich fragte Frau Schäfer, wo ich denn wohnen solle.

In ruhigem Ton antwortete sie: „Du bist für dein Alter schon sehr selbstständig. Am besten wäre es, wenn du dir ein Zimmer zur Untermiete suchst. Oder du gehst zu deiner Mutter; sie wird dir bestimmt helfen."

„Aber ich habe sie zwei Jahre nicht gesehen!", protestierte ich, doch wie ich es auch drehte und wendete – ich musste es versuchen. Also machte ich mich, innerlich total aufgewühlt, auf den Weg in die Hohenfriedbergstraße. Als ich nach dem Klingelschild suchte, musste ich feststellen, dass Mutter nicht mehr bei Herrn Friedrich wohnte, sondern in der ersten Etage. Ich klingelte zaghaft und spürte, wie mein Herz pochte.

Als sie plötzlich vor mir stand, war Mutter genau so überrascht wie ich. Ohne Worte fielen wir uns um den Hals und weinten. „Doris, mein Kind! Dass du nach zwei Jahren den Weg zu deiner Mutter gefunden hast, freut mich sehr. Komm doch erst mal rein."

Im Wohnzimmer lag Hans auf der Couch und schlief. Als Mutter ihn geweckt hatte, entdeckte er mich und wirkte ziemlich überrascht. „Ich mach uns erst mal Kaffee", sagte

Mutter und ging in die Küche. Hans fragte mich, wie es mir gehe und aus welchem Grund ich nach so langer Zeit hier aufkreuze. Ich fühlte mich alles andere als wohl in seiner Nähe. Gott sei Dank betrat Mutter in diesem Moment das Zimmer und stellte ein Tablett auf dem Tisch ab. Es roch herrlich nach Kaffee und es gab sogar Kuchen.

„Dorle, wie geht es dir?" Warum sagte sie ausgerechnet jetzt „Dorle" zu mir, wo sie doch wusste, dass ich den Namen schon als Kind nicht hatte ausstehen können? „Und warum bist du hier?", fuhr sie fort.

Ich erzählte, dass ich das Heim verlassen müsse. „Mutti, ich weiß nicht, wo ich wohnen soll!"

Mutter nickte. „Ich weiß. Man hat mich vor Kurzem angeschrieben und mich gefragt, ob ich bereit wäre, die Heimkosten zu übernehmen. Ich musste das ablehnen, weil Hans und ich, wenn wir unsere beiden Verdienste zusammenzählen, nicht so viel Geld übrig haben, dass es dafür reichen würde. Wann müsstest du denn das Heim verlassen?"

„Ich kann jederzeit ausziehen, wenn ich eine Bleibe habe", antwortete ich und fragte im selben Atemzug: „Könnte ich nicht für eine Weile bei euch wohnen?"

„Wie soll das gehen?", ereiferte sich Mutter. „Wir haben nur ein Zimmer und ich wüsste nicht, wo du schlafen könntest."

„Vielleicht in der Küche auf dem Fußboden", schlug ich spontan vor. „Ein Freund würde mir eine Luftmatratze leihen."

Und so kam es, dass ich fast ein Jahr lang bei Mutter und Hans auf dem Fußboden nächtigte. Damit schließt sich der Kreis, denn inzwischen hatte ich ja Rudolf kennengelernt.

Mit viel Zuversicht in die Zukunft

Rudolf und ich besuchten eines Tages meine Mutter und offenbarten ihr, dass wir beabsichtigten zu heiraten. Sie und Hans, die schon seit einer ganzen Weile verheiratet waren, freuten sich über die Nachricht. Da Mutter kein Mitspracherecht hatte, was mich betraf, mussten wir wissen, wer mein gesetzlicher Vormund war und wie wir diesen erreichten. Mutter sah ihre Unterlagen durch und es gab tatsächlich ein Dokument vom Amtsgericht, das uns weiterhalf. Darauf stand zwar kein Name, aber wir konnten zumindest mit dem Amtsgericht Kontakt aufnehmen. Rudolf rief dort an und erhielt einen Termin in zwei Wochen, worüber wir uns sehr freuten, wenngleich uns die Zeit bis dahin wie eine Ewigkeit vorkam.

Wir nahmen uns beide einen unbezahlten Urlaubstag und traten den Weg zum Amtsgericht an. Am Empfang nannten wir unser Anliegen, legten unsere Unterlagen vor und sagten, dass wir einen Termin hätten. Kurze Zeit später fanden wir uns in der zweiten Etage wieder und klopften an die entsprechende Tür, die uns eine Dame öffnete. Sie bat uns, im Flur Platz zu nehmen, bis Dr. Markwart bereit sei. Sie würde uns dann hereinrufen. „Was für eine blöde Kuh!", flüsterte ich Rudolf ins Ohr. Wir suchten uns einen Platz und hielten uns an den Händen. Mein Herz pochte vor Aufregung und das Warten wurde für uns zur Ewigkeit. Irgendwann stand ich auf und lief rastlos den Flur rauf und runter. Inzwischen war eine Stunde vergangen. Endlich ging die Tür auf und die Dame verkündete: „Dr. Markwart lässt bitten."

Wir betraten den Raum und begrüßten besagten Dr. Markwart. Er war ein älterer, freundlicher Herr, der uns zunächst einmal einen Platz anbot. „Was kann ich für Sie tun?", wollte er wissen.

Rudolf übergab ihm das Schreiben, das meine Mutter uns ausgehändigt hatte, und der Mann überflog es. „Wir müssen unbedingt heiraten", sagte Rudolf, und brauchen dafür Ihre Zustimmung."

„Fräulein Lange, sind Sie schwanger?", fragte Dr. Markwart.

„Wieso schwanger?" Ich sah ihn mit großen Augen an.

„Weil Sie es so eilig haben zu heiraten."

Ich erklärte ihm, dass wir ansonsten gezwungen wären, unsere Wohnung zu verlassen, in der wir bis jetzt noch als Untermieter von Herrn Weinrich wohnten. Das verlangte unser Hauseigentümer, Herr Berthold, von uns.

„Hm", machte Dr. Markwart. Er sah sich das Dokument noch einmal an und sagte: „Fräulein Lange, Sie werden in sechs Wochen einundzwanzig Jahre alt. Was meinen Sie, wie viele Unterlagen ich bearbeiten und mit welchem Aufwand ich an höherer Stelle Ihren Sachverhalt vorbringen müsste? Das könnte Wochen, vielleicht sogar Monate dauern. Und was meinen Sie, wie viele Mündel ich zu betreuen habe?" Sie wären längst mündig, wenn ich mit dem Antrag durch wäre. Ich halte es daher für wenig sinnvoll, mich darum zu kümmern. Sprechen Sie und Ihr Zukünftiger mit Ihrem Vermieter und erklären ihm den Sachverhalt. Sechs Wochen können doch nicht das Zünglein an der Waage sein. Damit erhob er sich aus seinem Armsessel und reichte uns die Hand mit den besten Wünschen für die Zukunft.

Ich hätte vor Wut heulen können. „Mach dir keine Sorgen", sagte Rudolf. „Ich werde Herrn Berthold anrufen und ihm die Sache erklären. Tatsächlich zeigte unser Vermieter Verständnis und wir konnten aufatmen.

Nun hatten wir sechs Wochen Zeit, alles für unsere Hochzeit mit Mutter und Hans zu besprechen, die inzwischen in Mariendorf wohnten und bei einer großen Fahrstuhlfirma als Vollhauswart arbeiteten. Ihre Wohnung befand sich auf dem Firmengelände. Es sollte eine kleine Feier geben, zu der wir einige der engsten Freunde einladen wollten. Geplant waren Kaffee und Kuchen und zum Abendbrot kleine Häppchen. Mutter und Hans erklärten sich bereit, unsere Trauzeugen zu sein.

Somit heirateten Rudolf und ich am 1. April 1960. Ich war gerade einundzwanzig Jahre alt geworden und somit mündig. Rudolf war drei Jahre älter als ich. Es war eine nette und vor allem lustige Hochzeitsfeier, die um 22 Uhr ihr Ende fand. Mit unseren Geschenken, die überwiegend aus Haushaltsgeräten bestanden, kehrten wir in unsere kleine Wohnung zurück.

Inzwischen waren sechzehn Jahre vergangen und wir hatten in unserer Ehe Höhen und Tiefen durchlebt. Wir beschlossen, unsere kleine Wohnung, die nur 45 Quadratmeter groß war, gegen eine größere zu tauschen. Rudolf brauchte nach seinen beiden Bandscheiben-OPs ein eigenes Bett. Zuvor hatten wir uns all die Jahre eine französische Liege geteilt. Ich war jetzt siebenunddreißig Jahre alt und Rudolf vierzig. Eisernes Sparen hatte es uns ermöglicht, ein hübsches

Sümmchen beiseitezulegen, sodass wir in der Lage waren, einen höheren Mietpreis zu zahlen. Aufgrund einer Empfehlung von Rudolfs Kollegen Reiner fragten wir bei der Wohngesellschaft „Neue Heimat" nach und hatten tatsächlich Glück. Im Bezirk Kreuzberg war eine Dreizimmerwohnung frei geworden. Diese war mit 84 Quadratmetern fast doppelt so groß wie unsere bisherige Wohnung und bestach mit einem Balkon. Als wir die Wohnung besichtigten, waren wir hell begeistert. Küchenmöbel waren bereits integriert und das Wohnzimmer maß 28 Quadratmeter und verfügte über eine Essecke. Vom Balkon aus blickten wir auf eine große Grünanlage, was in uns beiden Begeisterung auslöste. Im Badezimmer mit Toilette fehlten zu unserem Glück nur noch einige Möbelstücke. Gott sei Dank zeigten unser Schlafzimmer und das dritte Zimmer nach Norden, sodass wir es nachts immer schön kühl haben würden. Es war ein gutes Gefühl, in das siebenstöckige Haus einziehen zu können, das erst vor einigen Jahren neu erbaut worden war. Vorher hatten wir in einer Altbauwohnung im Hochparterre gewohnt. Nachdem wir alle Formalitäten erledigt und von unserem neuen Vermieter die Schlüssel entgegengenommen hatten, kündigten wir unsere bisherige Wohnung und dachten noch einmal an die vielen schönen und zum Teil auch kummervollen Stunden zurück. Herr Reuter, unser Hauswirt, teilte uns mit, dass er auf die noch fälligen drei Monatsmieten verzichten würde, falls er in Kürze einen passenden neuen Mieter fand. Das konnte uns nur recht sein, und insgeheim rechneten wir sogar damit, zumal es genügend Wohnungssuchende gab.

Unsere nächste Aufgabe war es, die passenden Möbel anzuschaffen. Endlich konnten wir uns ein Schlafzimmer einrichten und in einem bequemen, großen Bett schlafen! Vor allem Rudolf freute sich auf eine stabile Matratze. Wir hatten so viele Wünsche und Ideen, die wir zum Teil sogar in die Tat umsetzen konnten. Von Anfang an war ich in unserer Ehe die Finanzministerin, weil Rudolf der Meinung war, dass ich mit Geld besser umgehen konnte als er. Wie recht er doch hatte! So war ich beispielsweise voll auf unsere Sicherheit bedacht. Schon als Kind hatte ich Freude daran gehabt, wenn es in meiner Spardose klapperte. Und so musste ich auch jetzt beim Kauf der neuen Möbel gelegentlich die Reißleine ziehen und argumentieren, dass wir das betreffende Möbelstück womöglich in einem anderen Geschäft preiswerter bekämen. Rudolf fand das nicht so lustig und maulte herum, weil er der Meinung war, wir würden nach so vielen Jahren in Geld schwimmen. Ich jedoch war nicht bereit, einen Kredit aufzunehmen, wie es unsere Freunde taten, wenn es darum ging, sich all ihre Wünsche sofort zu erfüllen. Auch unser erstes Auto, einen gebrauchten roten Opel Rekord, zahlten wir in bar.

Wir waren jetzt jeden Samstag unterwegs, um nach Möbeln zu schauen. Zwischendurch aßen wir an einer Bude Bratwurst und Pommes oder Buletten mit Kartoffelsalat. Unser bisher stets geregeltes Leben geriet aus den Fugen. Nach einem solchen anstrengenden Samstag fielen wir nach dem Abendessen k. o. auf unsere Liege und träumten von einem großen Bett. Das viele Laufen nahm Rudolf sehr mit, was ich für gewöhnlich als belanglos abtat. Wie uneinsichtig der Mensch doch sein konnte!

Nach einigen Wochen waren wir froh darüber, für zwei Zimmer einigermaßen preisgünstige Möbel erstanden zu haben, sodass unsere Sparbücher immer noch ein ordentliches Sümmchen als Reserve aufwiesen. Für das dritte Zimmer konnten wir aus unserer alten Wohnung die Möbel zum Teil gut gebrauchen. Unsere restlichen alten Möbel fanden dankbare Abnehmer, als wir sie einigen Bekannten kostenlos anboten. Was dann noch übrig war, fand seinen Weg auf die Müllkippe.

Den Tag des Umzugs hatten wir so gelegt, dass er im August in unsere Betriebsferien fiel. Eine Reise hatten wir für dieses Jahr nicht geplant, stattdessen beabsichtigten wir, drei Wochen in unserem Garten zu verbringen, den wir während der letzten Jahre in eine grüne Oase verwandelt hatten. Hier fühlten wir uns wie auf einem anderen Planeten, weil uns schon am frühen Morgen zahlreiche Frösche mit ihrem quakenden Orchester begrüßten. Auch der vielfältigen Vogelwelt zu lauschen, setzte bei uns jedes Mal Glückshormone frei.

Anfang August 1979, mitten in unserem Umzug, ging es hoch her, weil der Fahrstuhl für Stunden außer Betrieb war. Natürlich beschwerte sich so mancher Mieter bei unserem Hauswart. Herr Krüger hatte dann jedes Mal die passende Antwort parat. Beispielsweise sagte er zu Frau Wagenknecht aus der vierten Etage: „Dann haben Sie wohl Ihre Möbel huckepack nach oben getragen. Soweit ich mich entsinnen kann, war ich bei Ihnen und den anderen Mietern auch der Fahrstuhlführer." Beleidigt stiefelte die Dame die vier Etagen nach unten.

„Es tut mir sehr leid, Herr Krüger, aber so schafft man sich keine Freunde", kommentierte Frau Reinhart, eine weitere Mieterin, das Gesagte.

„Ach, die kriegt sich wieder ein!" Herr Krüger machte eine lässige Handbewegung.

Als unsere Möbel in der sechsten Etage zum Teil auf dem Flur abgestellt worden waren, wurde der Fahrstuhl endlich wieder in Betrieb genommen. Herr Krüger bedankte sich bei Rudolf für das dicke Trinkgeld und merkte an, dass er uns gern behilflich sei, wenn wir seine Hilfe bräuchten. Rudolf nahm das Angebot gerne an und die Männer machten sich ans Werk.

Das Aufbauen der Möbel nahm etliche Stunden in Anspruch, die ich unseren Helfern versüßte, indem ich ihnen Schnittchen, Kaffee und Kaltgetränke anbot. Einer der Männer sagte: „Das bekommt man auch nicht alle Tage angeboten." Wir konnten nur Anweisungen geben, wo das eine oder andere Möbelstück unserer Vorstellung nach stehen sollte. In meinem Kopf fand eine Revolution statt, denn es fehlten noch so viele schöne Dinge in unserem neuen Zuhause, und im Geiste wusste ich schon, wo ich die großen Grünpflanzen zu platzieren beabsichtigte und wo sich so mancher Schnickschnack gut präsentieren würde.

Unser Schlafzimmer war das Größte. Das Bett, das wir gekauft hatten, war ein gedrechseltes Holzbett, in dem wir uns querlegen konnten und nicht mehr wie die Heringe dicht nebeneinander lagen. In den Jahren nach unserer Heirat hatten wir die Nähe zueinander gesucht. Mit der Zeit hatte das nachgelassen. Und heute, an unserem Umzugstag, freuten wir uns auf unsere erste gemeinsame Nacht in unserem neuen Heim und vor allem in einem großen Bett. Ich würde voller Liebe und Geborgenheit in den Armen meines Mannes einschlafen, da war ich mir gewiss.

Rudolf und ich waren so verliebt in unsere Wohnung, dass wir sie am liebsten überhaupt nicht mehr verlassen hätten. Unser Leben lief weiter wie bisher, denn jeder von uns hatte Verpflichtungen, die erfüllt werden mussten. Nach drei Wochen erhielten wir von Herrn Reuter einen Anruf, in dem er uns mitteilte, dass er bereits einen Nachmieter für unsere Wohnung gefunden hatte. Damit endete für uns eine Belastung. Die Wohnung verließen wir besenrein und ich schmierte die Löcher in den Wänden mit weißer Zahncreme zu – erfinderisch war ich schon immer gewesen. Herr Reuter hatte bei der Wohnungsübergabe keine Beanstandungen und wünschte uns für die Zukunft alles Gute.

In dem neuen Haus befanden sich außer im siebten Stockwerk auf jeder Etage drei Wohnungen. Die Wohnungen ganz oben verfügten über eine große Terrasse, sodass im obersten Stockwerk nur zwei Mietparteien lebten. Als Erstes stellten wir uns bei unseren Nachbarn vor und erzählten, wir seien die neuen Mieter. Gleichzeitig entschuldigten wir uns für den Lärm, den wir während des Umzugs verursacht hatten. Unsere direkten Nachbarn, Familie Müller, begrüßten uns herzlich mit den Worten: „Auf eine gute Nachbarschaft, und kommen Sie doch mal zum Kaffee zu uns!" Die Einladung nahmen wir gerne an. Frau Müller war eine gepflegte, nette Erscheinung mit ondulierten blonden Haaren. Sie war stets adrett gekleidet. Ihr Mann war von der Statur her eher klein und zunächst nicht besonders gesprächig. Das Ehepaar war bereits im Rentenalter.

Als Nächstes stellten wir uns bei Familie Jankowski vor. Sie hatten zwei Mädchen, Kerstin und Karola, die noch nicht im schulpflichtigen Alter waren. Auch sie freuten sich, dass wir auf sie zugekommen waren. Ihrer Meinung nach war es heutzutage nur noch selten der Fall, dass sich neue Mieter den Übrigen im Haus vorstellten. Herr Jankowski war gebürtiger Pole, der die deutsche Sprache perfekt beherrschte. Seine Frau Araya kam von den Philippinen und war eine sehr hübsche junge Frau. Sie arbeitete in einem Krankenhaus als Pflegekraft und strahlte Herzlichkeit aus. Rudolf und ich vermuteten, dass sie bestimmt zwanzig Jahre jünger war als ihr Mann, der in einer Baufirma sein Geld verdiente.

Mit der Zeit entwickelte sich auch zu den anderen Mietern im Haus ein gutes Verhältnis. Man grüßte sich höflich und wechselte mit dem einen oder anderen freundliche Worte. Auf längere Gespräche ließen wir uns für gewöhnlich nicht ein, denn für Klatsch und Tratsch waren wir nicht zu haben. Rudolf und ich waren froh, wenn wir von der Arbeit nach Hause kamen, unsere Ruhe hatten und unsere Traumwohnung genießen konnten. Wenn es meine Zeit erlaubte, setzte ich mich auf den Balkon, las ein Buch oder sah verträumt in die Natur. Die Bäume unmittelbar an unserem Haus reichten schon bis zu unserem Balkon. Frau Müller erzählte viel, und oft schimpfte sie über Hubert, ihren Mann, der sich nicht mit ihrer kleinen Zweiraumwohnung abfinden konnte. Vorher hatten sie, wie sie sagte, ein großes Haus besessen, das sie beide in ihrem Alter nicht mehr alleine bewältigen konnten, zumal sie auch keine Kinder hatten, die hätten helfen können. Offenbar gab es da eine Pflegetochter, die schon seit Längerem nicht mehr zu Hause wohnte und die wir auch nicht kennenlernten. Ihr Haus hatten sie schließlich verkauft. Beide klagten uns über Jahre hinweg ständig ihr Leid. Vor allem Herr Müller schien mit seinem Schicksal zu hadern, denn er beschuldigte seine Frau, sie sei die treibende Kraft gewesen, als es um den Verkauf des Hauses ging. „Ich tröstete ihn damit, dass ich ihm versicherte, die Wohnung sei doch sehr schön und sie lasse sich im Alter viel besser sauber halten als ein großes Haus. Außerdem hätten sie hier den ganzen Tag Sonne und über die gesamte Fensterfront eine große Terrasse mit Blick auf die schöne Grünanlage. Meine Worte konnten Herrn Müller jedoch nicht aufmuntern, und so erlebten wir täglich, wann immer wir zu Hause waren, die Auseinandersetzungen zwischen Herrn und Frau Müller in deren Wohnung. Es ging oft hoch her, wie nicht schwer zu erkennen war, da die Wände in unserem Neubau sehr hellhörig waren.

Eines Tages – es war viele Jahre später – dachte ich, wie schnell doch die Zeit vergangen war, die wir nun schon in diesem Haus wohnten. Die beiden Kinder der Familie Jankowski hatten sich zu hübschen jungen Mädchen entwickelt, die mit Eifer die Schule besuchten. Viele Mieter hatten gewechselt und die meisten unserer neuen Nachbarn sprachen eine fremde Sprache. Die liebe Frau Schramm war eine der wenigen, die neben uns dem Haus die Treue hielten. Damals hatten die Menschen kaum Schwierigkeiten, eine Wohnung zu finden, vor allem wenn sie über einen Wohnberechtigungsschein verfügten. Jahre später war das viel schwieriger, denn die Bevölkerung nahm in Berlin jedes Jahr beträchtlich zu. Ganz besonders nach dem Mauerfall am 13. August 1989 beabsichtigten viele Menschen, in unserer Hauptstadt Berlin zu leben.

Um dem Großstadtlärm zu entfliehen und uns von unserer anstrengenden Arbeit zu erholen, hatten wir uns schon sehr früh für den bereits erwähnten Garten entschieden, der sich direkt an der Spree befand. Wenn es unsere Zeit erlaubte, verbrachten wir diese in unserer grünen Oase am Wasser, wo an den Wochenenden die Angler ihr Vergnügen suchten. Nach getaner Gartenarbeit setzten wir uns zu ihnen und es wurde reichlich „Anglerlatein" aufgetischt. Ein Wanderweg führte an der Spree entlang bis zum Schloss Charlottenburg, und so oft es uns möglich war, schnappten wir uns unsere Fahrräder und unternahmen kleine Erkundungstouren. Die vielen Ausflugsdampfer auf der Spree, die an unserem Garten vorbeifuhren, waren ein zusätzliches Vergnügen. Meist verbrachten wir am Wochenende die Abende mit unseren Gartenfreunden bei einem oder auch mehreren Bierchen oder Weinchen. Wir Frauen tratschen dann über Mode, die Familie oder Sonstiges, während sich die Männer beim Skatspielen vergnügten, wobei es gelegentlich hoch herging. Abends bereiteten wir den Grill vor und freuten uns schon auf die leckeren Fleischspieße oder eine Bratwurst samt Beilagen. Und so war jeder mal dran. Wenn unser Gartennachbar Roger aus Dänemark vom Angeln zurückkam und Lachsforellen mitbrachte, die er dann auch noch selbst räucherte, lief uns vor lauter Vorfreude das Wasser im Munde zusammen. Auch in unserem Garten veranstalteten wir so manche ausgefallene Party. Ich sorgte dann meistens für eine Überraschung, indem ich beispielsweise eine Bauchtänzerin engagierte, an der sich die Männerwelt nicht sattsehen konnte. Auch ein Leierkastenmann sorgte bei einer unserer Partys für beste Stimmung. Ja, an Ideen und Überraschungen fehlte es mir nicht.

So vergingen die Jahre und ich hatte den Eindruck, dass die Uhren ab einem gewissen Alter immer schneller liefen, was natürlich völliger Unsinn war. Wahrscheinlich veränderte sich im Laufe unseres Lebens nur unser Wahrnehmungsgefühl.

Ganz überraschend verstarb Frau Müller, obwohl sie nie einen kranken Eindruck auf uns gemacht hatte. Wir drückten Herrn Müller unser Beileid aus und versicherten ihm, wir seien für ihn da, wenn er mal Hilfe benötige. Von diesem Schock, jetzt im Alter ohne seine geliebte Frau leben zu müssen, konnte sich Herr Müller offenbar nicht erholen. Auf einmal war seine Frau die Beste gewesen und er setzte sie regelrecht auf einen goldenen Thron, obwohl er sie doch ständig auf das Übelste beschimpft hatte. Nicht nur sein Verhalten, auch sein Aussehen veränderte sich mit dem Tod seiner Frau.

Eines Tages erzählte mir Rudolf, dass sich Herr Müller ihm gegenüber sehr eigenartig verhalten hätte.
„Wie meinst du das?", hakte ich nach.
„Na ja, er hat mich so merkwürdig angesehen und sein Blick wirkte verwirrt."
Ich versprach Rudolf, später zu unserem Nachbarn zu gehen, ihn nach seinem Befinden zu fragen und ihm abermals unsere Hilfe anzubieten. In diesem Moment öffnete sich meine Seele für diesen alten Mann. Ich ging in die Küche, nahm eine Schüssel aus dem Küchenschrank und füllte Kartoffelsuppe hinein. Da ich nichts auf die lange Bank schob, klingelte ich bei Herrn Müller. Als er mir die Tür öffnete, sah er mich mit seinen großen Augen fragend an.
„Hallo, Herr Müller, wie geht es Ihnen?", sagte ich zur Begrüßung.
Er nuschelte einige unverständliche Worte und ich fragte ihn, ob er heute schon etwas gegessen hätte? Er schüttelte nur stumm den Kopf.
„Ich habe frisch gekochte Kartoffelsuppe für Sie. Die essen Sie doch bestimmt genauso gerne wie mein Mann." Mit diesen Worten überreichte ich ihm die Schüssel, die er ohne ein Dankeschön entgegennahm. Es folgte keine weitere Reaktion und er schloss seine Tür wieder. Als Rudolf einige Tage später von der Arbeit nach Hause kam und der Fahrstuhl in der sechsten Etage hielt, hatte Herr Müller gerade seine Wohnungstür abgeschlossen und befand sich im Flur. Als er Rudolf sah, lief er schnell eine halbe Treppe tiefer und versteckte sich dort. Rudolf betrat unsere Wohnung und lugte durch den Spion. Er sah, wie Herr Müller die Treppe wieder herauf-

kam und den Fahrstuhlknopf betätigte, um gleich darauf nach unten zu fahren. Wir fanden sein Verhalten zwar eigenartig, vergaßen es aber schnell wieder. Ich war währenddessen bemüht, diesen alten Mann nicht im Stich zu lassen, und versorgte ihn regelmäßig mit frischem Essen, das er mir auch jedes Mal wortlos abnahm. Als ich von ihm das Geschirr vom Vortag zurückverlangte, händigte er es mir ohne einen Kommentar aus. Eines Tages wurde ich von einer Mieterin angesprochen, weil angeblich ein Gerücht im Haus umging, das Herr Müller in die Welt gesetzt hatte. Er hatte behauptet, wir seien hinter seiner Wohnung her und dass er bald ausziehen müsse. „Das ist doch einfach lächerlich!", entgegnete ich schockiert. „Wir sind froh, endlich in einer Dreizimmerwohnung zu leben." Auch Rudolf tat dieses Gerücht als lächerlich ab. Vielleicht war es auch nur erfunden, wer wusste das schon.

Ich versorgte Herrn Müller auch weiterhin mit Essen. Wenn ich ihn später fragte, ob es ihm geschmeckt habe, nickte er. Mit ihm ins Gespräch zu kommen, war vergebene Liebesmüh. Nur selten erhielt ich von ihm eine Antwort, und die ergab dann auch meistens keinen Sinn. Der alte Herr tat mir unendlich leid, sein Verhalten gab mir und Rudolf jedoch zu denken. Wenn ich Kuchen gebacken hatte, brachte ich einen Teller voll zu ihm rüber. Das hatte ich auch schon getan, als seine Frau noch legte, der es besonders mein Pflaumenkuchen angetan hatte.

Ein Jahr im September verbrachen wir wieder ein Wochenende im Garten und es war Pflaumenernte angesagt. Der

Pflaumenbaum war übrigens der erste Baum, den Rudolf und ich gepflanzt hatten. Im Laufe der Jahre hatte er sich zu einem Prachtexemplar entwickelt, und das ganz ohne Chemiekeule! Wir hatten die besten Bühler Pflaumen, die vom Aroma her nicht zu übertreffen waren. Der Baum trug in diesem Jahr besonders viele Früchte, sodass wir einige Äste abstützen mussten, damit sie nicht abbrachen. Wir kletterten auf unsere große Leiter und jeder von uns hatte im Handumdrehen einen Korb voll gepflückt. Natürlich naschten wir reichlich davon, sodass wir am Abend Bauchschmerzen hatten. Wie jedes Jahr versorgten wir unsere Freunde reichlich mit unserer Ernte, bis sie irgendwann fragten: „Gibt es schon wieder Pflaumen? Wir träumen mittlerweile davon." Offenbar hatten sie für dieses Jahr genug. Als ich aus den verschmähten Früchten Pflaumenmus kochte, waren unsere Freunde nicht abgeneigt, das eine oder andere Glas dankend entgegenzunehmen. Da wir an den Sonntagen nicht allzu spät nach Hause kamen, begann ich sofort mit den Vorbereitungen für einen Pflaumenkuchen. Auch Herr Müller sollte wieder in den Genuss kommen. Rudolf bereitete unser Abendbrot zu, bevor es mit dem Kuchenbacken so richtig zur Sache ging. Als Erstes setzte ich den Hefeteig an, der ja einige Zeit brauchte, um zu gehen. In der Zwischenzeit konnten wir gemütlich in unserer Essecke im Wohnzimmer zu Abend essen. Dabei besprachen wir, was an den kommenden Tagen nach der Arbeit zu erledigen war. Nach dem Essen räumten wir gemeinsam den Tisch ab und stellten das Geschirr in die Spülmaschine. Für Rudolf begann nun der gemütliche Teil des Abends, den er vor dem Fernsehgerät verbrachte, während ich mit vollem Körpereinsatz den Teig durchwalkte und ihn anschließend ausrollte und aufs Blech legte. Auf den Teig gab ich entkernte Pflaumen, bevor ich in einer Schüssel dicke Butterstreuseln zubereitete, die quasi das Sahnehäubchen auf meinem Kuchen darstellten. Nun ab damit in den vorgeheizten Ofen! Jetzt konnte ich Rudolf für eine halbe Stunde Gesellschaft leisten. Ich setzte mich zu ihm auf die Couch und kuschelte mich an ihn. Er legte seinen Arm um mich und ich fühlte mich wohl, seine Nähe zu spüren. Natürlich kam gerade Fußball auf dem Sportkanal, wobei er nicht gerne gestört wurde. Deshalb fragte ich nur: „Möchtest du nachher ein Stück Kuchen essen?" Er nickte und meinte, Kaffee sei dazu keine schlechte Idee. Nach einer Weile stand ich auf und lugte durch die Glastür des Ofens. Schon beim bloßen Anblick des Kuchens lief mir das Wasser im Munde zusammen. Nach einer knappen halben Stunde nahm ich den duftenden Kuchen heraus und stellte ihn zum Abkühlen ans offene Fenster. Ich konnte es nicht lassen und naschte ein Stück von dem Butterstreusel – einfach lecker! Im Nu versammelte sich, von dem Duft angelockt, vor dem Fenster eine Invasion Bienen. Sie summten und führten einen regelrechten Veitstanz auf, um durch das Fliegengitter zu gelangen. Ich sagte: „Da habt ihr mal wieder Pech gehabt!" und sang „Summ, summ, summ, Bienchen summ herum", womit ich bei meinen Kindheitserinnerungen war. Die Zeit damals mit Opa Max in seinem großen Garten hatte ich nie vergessen. Was einem Jahrzehnte später so alles durch den Kopf ging! In der Espressomaschine bereitete ich zwei Tassen Kaffee zu und schnitt dann mit einem großen Messer den noch lauwarmen

Pflaumenkuchen an. Ich überlegte, ob wir so spät am Abend jeder zwei Stück Kuchen essen sollten oder ob eins reichte. Da ich ja wusste, was für ein Süßschnabel Rudolf war, legte ich schließlich doch je zwei Stück auf unsere Kuchenteller. Ich stellte alles auf ein großes Tablett und ging damit ins Wohnzimmer, wo immer noch das offenbar spannende Fußballspiel lief. „So, mein Lieber, hier kommt der beste Hefekuchen der Welt!"
Er schaute kurz auf den Kuchen und sagte: „Ja, meine Liebe, der ist dir aber wieder gut gelungen!" Er gab mir einen flüchtigen Kuss und schrie plötzlich: „Tor, Tor!" Dann merkte er an, dass das aber auch Zeit wurde, schließlich lief schon die Verlängerung.
„Mann, Rudolf, hast du mich erschreckt!" Ich wusste nicht einmal, wer heute spielte, denn mit Fußball hatte ich nichts am Hut. Wie ferngesteuert führte er seine Kuchengabel zum Mund, denn das Fußballspiel war wohl doch wichtiger als mein gelungener Pflaumenkuchen. Ich wagte es, ihn noch einmal zu unterbrechen, indem ich ihn fragte: „Möchtest du morgen für deine Kollegen wieder Kuchen mitnehmen?"
„Unbedingt, wenn für uns noch genügend übrig bleibt."
„Mach dir keine Sorgen, mein Lieber, du kommst schon nicht zu kurz."
„Sehr schön", erwiderte er.
Es war bereits nach 22 Uhr, als er den Fernseher ausschaltete. Nach unserer Abendtoilette stellte ich noch den Wecker auf 6 Uhr und freute mich auf unser bequemes Bett, denn im Garten hatten wir nur eine Schlafcouch, auf der wir eng aneinander schliefen, was bei der Sommerhitze nicht gerade

angenehm war. Heute war ich kaum mit einem Bein im Bett, da wartete auch schon das Sandmännchen auf mich und führte mich in eine erholsame Nacht.

Ich erwachte, kurz bevor am nächsten Morgen der Wecker geklingelt hätte, und drückte das Knöpfchen, damit Rudolf nicht schon vor seiner Zeit wach wurde. Ich beschloss, noch ein Viertelstündchen liegen zu bleiben, und beobachtete meinen lieben Mann, wie er selig schlief. Mit einer sanften Geste streichelte ich sein Gesicht. Im Unterbewusstsein lächelte er. Mehr zu mir selbst sagte ich: „Ja, mein Lieber, ich liebe dich!" Und ich dachte: Nun beginnt für uns wieder die Fünftagewoche. Leise seufzend begab ich mich ins Badezimmer. Dann stellte ich mir die Frage, die ich mir jeden Morgen stellte: Was soll ich heute anziehen? Leise, damit Rudolf nicht wach wurde, betrat ich das Schlafzimmer und öffnete behutsam die Schiebetüren des Kleiderschranks, als ich plötzlich hinter mir die Worte „Guten Morgen, meine Liebe!" vernahm.
„Du bist ja schon wach!", sagte ich und drehte mich zu Rudolf um.
„Ja, und ich habe wunderbar geschlafen."
Ich ging zu ihm und drückte ihm einen Kuss auf die Wange.
„Und jetzt raus aus den Federn!" Um frische Luft hereinzulassen, öffnete ich die Fenster.
Rudolf reckte und rekelte sich und sagte: „Heute mache ich einfach mal blau!"

Ich reagierte sofort, indem ich sagte: „Ich auch, denn ich weiß nicht, was ich anziehen soll." Lachend zuckte ich mit den Schultern.

„Nee, nee", meinte Rudolf, „damit fangen wir gar nicht erst an. Mit einem gekonnten Satz verließ er das Bett.

Ich inspizierte noch einmal den Kleiderschrank und entschied mich für eine bunte Bluse und einen engen weißen Rock. Rudolf sah mich nicht so gerne in langen Hosen, weil ich seiner Meinung nach so schöne Beine hatte. Fertig angezogen ging ich in die Küche und bereitete unser Frühstück vor. Das durfte auf keinen Fall fehlen, dafür wurde jeden Tag eine halbe Stunde eingeplant. Den Pflaumenkuchen für Rudolf und seine Kollegen legte ich in eine Tupperdose, die sich gut transportieren ließ. Auch für meine Kollegen nahm ich ein paar Stücke mit.

Wie jedes Mal stellte ich fest, dass der Kuchen bereits wenige Stunden nach dem Backen schon sehr vom Saft der Pflaumen durchtränkt war. Also lautete das Fazit: Pflaumenkuchen schmeckt am Tag des Backens am besten! Jetzt noch einen Teller für Herrn Müller zurechtmachen und ab damit in den Kühlschrank, bis ich nach der Arbeit wieder zu Hause war.

Gemeinsam verließen Rudolf und ich nach dem Frühstück das Haus. Ich öffnete die Schranke, während Rudolf sein Auto aus der Tiefgarage herauslenkte. Im dichten Berufsverkehr fuhren wir nach Charlottenburg, wo ich pünktlich meine Arbeit bei der Firma Heinrich & Bollmann in der Kopie für Plakate und Schilder antrat. Nach meiner Kündigung bei der Firma Bettin war ich hierher gewechselt, weil ich einfach mehr Geld verdienen musste. Ich war mir sicher, dass sich meine Kollegen Rita, Rikarda und Helmut schon auf den mitgebrachten Pflaumenkuchen freuen. Rudolf fuhr in die entgegengesetzte Richtung weiter nach Schöneweide, wo er bereits seit seiner Lehrzeit mit Leib und Seele bei der Firma Kaulich als Schreiner arbeitete.

Nach acht Stunden Fotomontagen waren meine Augen müde und ich dachte nicht zum ersten Mal, dass ich unbedingt einen Augenarzt aufsuchen musste. Womöglich benötigte ich ja eine Brille! Dann würde vielleicht das ständige Blinzeln aufhören. Mit der U-Bahn und dem Bus benötigte ich für den Nachhauseweg eine dreiviertel Stunde. Von unterwegs rief ich mit meinem Handy Rudolf an und fragte ihn, ob er pünktlich zum Abendessen kommen würde. Kurz und knapp antwortete er: „Es könnte heute etwas später werden." Ich erledigte noch ein paar Einkäufe und schleppte die beiden viel zu vollen und vor allem schweren Plastiktüten und meine Umhängetasche nach Hause. Als ich endlich vor dem Fahrstuhl stand, drückte ich die Taste und wartete eine Ewigkeit, bis die Kabine im Erdgeschoss hielt. „Na endlich!", sagte ich und trat zur Seite. Als sich die automatische Fahrstuhltür öffnete, verließen einige neue Mitbewohner die Kabine. Ich wünschte ihnen einen guten Tag, was auf Türkisch erwidert wurde. Dann fuhr ich in die sechste Etage, schloss unsere Wohnungstür auf und stellte meine Einkäufe in der Diele ab. Im Bad wusch ich mir die Hände. Schließlich nahm ich den Teller mit dem Pflaumenkuchen aus dem Kühlschrank und überlegte, ob ich ein Stück Alufolie obenauf legen sollte. Das tat ich dann auch. Die Wohnungstür ließ ich weit offen, als ich in den Hausflur trat und bei Herrn

Müller klingelte. Als nichts geschah, klingelte ich ein zweites Mal, bis ich ein Geräusch hinter der Tür vernahm. Ziemlich hektisch wurde diese von Herrn Müller geöffnet und mir fiel fast der Teller mit dem Kuchen aus der Hand, denn unser Nachbar war splitterfasernackt! Ich starrte ihn an, sagte: „Es gibt wieder Pflaumenkuchen", und reichte ihm den Teller, den er, ohne eine Miene zu verziehen, entgegennahm. Noch nie zuvor war ich so schnell in meiner Wohnung gewesen wie an diesem Tag. Jetzt war auch für mich klar, dass Herr Müller nicht ganz normal tickte.
Am Abend erzählte ich Rudolf von dem Vorfall. Er war ebenso wie ich der Meinung, dass ich mich ab sofort nicht mehr um Herrn Müller kümmern sollte.
Einige Tage später – wir waren gerade beim Abendessen – klingelte es bei uns an der Tür. Als ich durch den Spion schaute, sah ich Frau Schramm. Ich öffnete die Tür und sah sie fragend an. Entschuldigen Sie, Frau Reinhart, ich wollte Ihnen nur etwas mitteilen."
„Ja bitte", sagte ich. „Und das wäre?"
„Darf ich einen Moment reinkommen?"
„Natürlich!" Ich machte eine einladende Handbewegung.
„Im Haus geht ein Gerücht um, das Herr Müller in die Welt gesetzt hat."
„Ach, schon wieder! Was hat er denn diesmal?"
„Er behauptet, dass Sie ihn mit Ihrem Pflaumenkuchen vergiften wollten." Mir blieb fast das Herz stehen, als Frau Schramm weitersprach: „Ich bin nicht die Einzige hier im Haus, der er das erzählt hat. Er behauptet auch, Sie seien der Teufel in Person."

„Das ist ja wirklich eine Unverschämtheit!", brauste ich auf. „Da meint man es gut mit so einem einsamen, alten Mann, und als Dank wird man als Teufel beschimpft!" Ich überlegte: „Angeblich hat er ja eine Pflegetochter, die wir in all den Jahren nicht ein einziges Mal zu Gesicht bekommen haben. Nicht mal, als Frau Müller starb."
Frau Schramm sah mich verwundert an. „Davon hat Herr Müller nie etwas erzählt."
Ich winkte ab. „Wer weiß denn schon, was daran wahr ist." Ich entschuldigte mich bei unserer Nachbarin und sagte, wir seien gerade beim Abendessen.
„Ja, natürlich, ich wollte Sie nur informieren." Sie war gerade im Begriff, sich abzuwenden, da rief ich ihr hinterher: „Danke, dass Sie mich informiert haben. Ich wünsche Ihnen noch einen schönen Abend, und grüßen Sie Ihren Mann von mir!"
„Ja, das mache ich." Sie blieb kurz stehen und wandte sich zu mir um. „Und entschuldigen Sie, dass ich gestört habe."
„Kein Problem, Frau Schramm. Ich werde mit meinem Mann über die Angelegenheit sprechen. Noch etwas: Familie Müller hat von uns immer Kuchen bekommen, sobald die die Ernte in unserem Garten begonnen hatte."
Ich ging zurück ins Wohnzimmer, setzte mich zu Rudolf und aß mein mittlerweile kalt gewordenes Abendessen weiter.
„Wer war an der Tür?", erkundigte er sich und sah mich fragend an.
„Das war Frau Schramm, die mir eine unglaubliche Geschichte erzählt hat."
„Ach ja, und was?"

Jetzt bloß kein Drama daraus machen, dachte ich. „Es gibt etwas Neues von Herrn Müller zu berichten." Ich stocherte in meinem Essen herum, bevor ich die richtigen Worte fand, wusste ich doch, wie schnell Rudolf die Beherrschung verlieren konnte.
„Was soll das, Doris? Kannst du nicht vernünftig mit mir sprechen? Dein Rumgezeter ist ja nicht auszuhalten!"
Ich holte tief Luft und begann zu erzählen: „Herr Müller hat im Haus herumerzählt, dass ich ihn mit meinem Pflaumenkuchen vergiften wollte."
Rudolfs Reaktion folgte auf dem Fuße: „Das ist ja eine Unverschämtheit!" Wütend schlug er mit der Faust auf den Tisch. „Den werde ich mir auf der Stelle vorknöpfen!"
Er war im Begriff aufzustehen, doch ich hielt in am Arm fest und sagte: „Das wirst du schön bleiben lassen! Setz dich bitte wieder hin. Verstehst du es denn nicht? Herr Müller ist einfach ein alter, kranker Mensch, seit er allein lebt."
Rudolf schüttelte meine Hand ab. „Du findest doch für alles eine Entschuldigung", wetterte er.
„Mein Lieber, überleg doch mal: So wie Herr Müller würde sich ja wohl kein normaler Mensch verhalten. Wir waren uns doch einig, dass ich mich nicht mehr um ihn kümmere. So gesehen hast du natürlich recht, aber lass ihn doch einfach sein dummes Zeug über uns im Haus verbreiten. Wen kümmert es denn?"
Rudolf beruhigte sich allmählich wieder. Damit war für uns die Angelegenheit erledigt. Im Haus wurden zudem keine weiteren Gerüchte über mich verbreitet. Wir sahen Herrn Müller nur auf seiner Terrasse, wenn wir heimlich durch den

Spalt linsten. Unser Balkon war ja nur durch eine Glasscheibe von seiner Terrasse getrennt, durch die man nicht hindurchsehen konnte.

Inzwischen waren zwei Wochen vergangen. Von Herrn Müller hörten wir nichts und wir sahen ihn kaum, und wenn er uns einmal über den Weg lief, versteckte er sich. Ich kann mich noch ganz genau daran erinnern, dass es an einem Freitag war, als ich nach Feierabend meine Einkäufe für das bevorstehende Wochenende tätigte. Wir hatten geplant, wie so oft in den Garten zu fahren und ein schönes langes Wochenende im Grünen zu verbringen. Natürlich hatte ich mal wieder viel zu viel eingekauft. Mit zwei schweren Tüten in jeder Hand verließ ich den Supermarkt. Gott sei Dank hatte ich es bis nach Hause nicht allzu weit zu laufen.
Meine Arme wurden von der Last immer länger und ich dachte, ein Trolley zum Einkaufen wäre nicht schlecht. Als ich endlich unser Haus erreichte, stellte ich die Tüten ab, um den Wohnungsschlüssel aus meiner Umhängetasche zu kramen. Der Fahrstuhl stand im Parterre und ich drückte mit einem Finger den Knopf. Dabei dachte ich: Nur gut, dass sich die Fahrstuhltür automatisch öffnet. Wenig später hielt die Kabine in der sechsten Etage. Als die Tür aufging, sah ich für einen kurzen Moment die Fratze von Herrn Müller vor mir, und plötzlich spürte ich ein entsetzliches Brennen im Gesicht und in den Augen, sodass ich nicht mehr sehen, geschweige denn atmen konnte. Meine Einkäufe fielen mir aus der Hand und ich war nicht einmal mehr in der Lage, um Hilfe zu schreien. Unsere Nachbarn waren zurzeit auf den Malediven

und verbrachten dort ihren Urlaub. Ich hörte, dass eine Tür verriegelt wurde, fischte meinen Schlüssel aus der Tasche und tastete mich mit vorgestreckter Hand bis zu unserer Wohnungstür. Nachdem ich sie aufgeschlossen und die Wohnung betreten hatte, knallte ich die Tür mit einem Bein zu, stürzte ins Badezimmer, drehte den Wasserhahn auf und versuchte, die brennende Flüssigkeit aus meinen Augen zu waschen.

Als ich in den Spiegel sah, waren meine Augen rot. Gleichzeitig brannte mein Gesicht wie Feuer. Es schmerzte höllisch und ich konnte kaum etwas sehen. Ich ging in den Flur, setzte mich auf die Telefonbank und rief Rudolf an. Er war schockiert, als ich ihm von dem Überfall erzählte, und riet mir, die Polizei zu rufen. Also wählte ich den Notruf und erfuhr, dass die Kollegen in fünf Minuten bei mir seien. Gott sei Dank befand sich die Wache nur eine Querstraße von unserer Wohnung entfernt. Ich zitterte am ganzen Körper und meine Augen tränten. Meine Umgebung sah ich wie durch einen Schleier. Die ganze Zeit über kühlte ich mein Gesicht und schaute alle paar Sekunden durch den Spion. Meine Einkäufe waren auf dem Flur verstreut. Voller Ungeduld wartete ich auf die Polizei.

Nach wenigen Minuten hörte ich das Polizeiauto mit Tatütata hereineilen. Als unsere Klingel ertönte, ging ich in die Diele und betätigte den Türöffner. Ein erneuter Blick durch den Spion verriet mir, dass sich der Fahrstuhl in Bewegung setzte. Als sich die Fahrstuhltür öffnete, trat ich hinaus auf den Flur. Ein ganzes Überfallkommando hatte sich zu mir auf den Weg gemacht. Ich wurde kurz zu dem Vorfall befragt und schilderte, was vor etwa einer Viertelstunde passiert war. Eine Polizistin begutachtete mein Gesicht und war der Ansicht, ich gehöre in ein Krankenhaus. Das lehnte ich allerdings ab. Lautstark wurde bei Herrn Müller an die Tür geklopft. „Hier ist die Polizei, öffnen Sie die Tür!" Einer der Beamten bat mich, in die Wohnung zurückzugehen, man wisse ja nicht, wie unser Nachbar reagiere. „Wir melden uns bei Ihnen", versicherte er mir.

Ich sammelte meine Einkäufe auf und kehrte in meine Wohnung zurück. Dann nahm ich mir ein paar Eiswürfel aus dem Kühlschrank und füllte sie in eine Plastiktüte, um mein Gesicht zu kühlen. Zwischendurch ging ich immer wieder zur Tür und schaute durch den Spion, um festzustellen, ob sich etwas tat. Nach etwa einer halben Stunde bekam ich mit, wie Herr Müller abgeführt wurde. Dann klingelte es an unserer Tür, die ich gleich darauf öffnete. Einer der Polizisten erkundigte sich nach meinem Befinden. Auch er riet mir nach einem prüfenden Blick in mein Gesicht, einen Arzt aufzusuchen. „Ich müsste Sie zu diesem Vorfall noch etwas genauer befragen", sagte er schließlich. „Dafür muss ich ein Protokoll aufnehmen. Darf ich reinkommen?"

„Ja, natürlich!" Ich ließ ihn eintreten und wies ihm den Weg ins Wohnzimmer. Dort setzten wir uns an den Tisch, auf dem er seine Unterlagen ausbreitete. „Frau Reinhart, wir haben bei Herrn Müller Tränengas sichergestellt. Haben Sie eine Vermutung, warum er Ihnen das angetan hat?"

„Nein, das weiß ich nicht", antwortete ich. „Damit hätte ich nie gerechnet. Ich wüsste auch nicht, warum er das tun sollte."

„Während unserer Befragung hat er sich nicht zu diesem Vorfall geäußert", teilte mir der Polizist mit.
Ich erzählte ihm die ganze Geschichte von Anfang an und machte deutlich, wie sehr ich mich um Herrn Müller bemüht hatte. Der Beamte machte sich Notizen und fragte mich, ob ich Anzeige erstatten wolle.
Ich verneinte und erklärte: „Herr Müller ist einfach krank, und einen alten, kranken Menschen zeige ich nicht an. Dann erkundigte ich mich, wie es mit unserem Nachbarn weitergehen sollte.
„Das kann ich Ihnen nicht sagen, aber wir nehmen ihn vorerst mit auf die Wache. Für alles Weitere sind wir nicht zuständig."
„Ach, dann ist es also möglich, dass er wieder nach Hause kommt?" Angst kroch in mir hoch.
„Frau Reinhart, auch dazu kann ich Ihnen leider nichts sagen. Das werden die zuständigen Ärzte entscheiden." Er verabschiedete sich höflich von mir und wünschte mir alles Gute. Ich legte mich auf die Couch, bis Rudolf von der Arbeit nach Hause kam.
Im Haus schien mittlerweile die Hölle los zu sein, denn ständig klingelte es an unserer Wohnungstür. Es war gut möglich, dass einige der Mieter mitbekommen hatten, wie Herr Müller abgeführt wurde. Meine Gedanken überschlugen sich: Wie würde mein Leben weitergehen? War es mir möglich, die Angst, die sich tief in mir eingegraben hatte, zu besiegen? Erst jetzt wurde mir bewusst, was ich doch für ein Glück gehabt hatte. Unser Nachbar hätte mir auch ein Messer in den Bauch oder in den Brustkorb rammen können. Ich hätte

dann schwer verletzt im Flur gelegen und wäre womöglich gestorben. Nie im Leben hätte ich damit gerechnet, dass Herr Müller einen derart perfiden Plan schmieden würde. Ich frage mich, womit ich das verdient hatte. Ich hatte doch nur Gutes im Sinn gehabt! Auf einmal stellte sich mir die Frage, wo Gott in dieser Situation gewesen war. Warum hatte er mich nicht beschützt, oder hatte er vielleicht doch seine schützende Hand über mich gehalten? Würde es mir gelingen, Herrn Müller zu vergeben? Mein gesunder Menschenverstand sagte mir: Du wirst in diesem Fall vergeben, denn dein Herz für Menschen und deine Seele sind groß! Aber pass auf dich auf, damit du dabei nicht zu kurz kommst!
Ich hörte, wie die Wohnungstür aufgeschlossen wurde. Rudolf eilte zu mir und nahm mich fest in seine Arme. „Wie geht es dir, meine Liebe?" Ich fing sofort wieder an zu weinen. „Schau mich an", sagte er und betrachtete mein Gesicht. „Das sieht ja entsetzlich aus! Du musst unbedingt zu einem Arzt gehen, der deine Augen untersucht und dich krankschreibt!"
„Die haben um diese Zeit schon geschlossen", erwiderte ich. „Am Montag kümmere ich mich darum."
Rudolf protestierte. „Am liebsten würde ich dich sofort in ein Krankenhaus bringen."
„Nein", wehrte ich ab. „Es tut schon gar nicht mehr so doll weh." Das war eine glatte Lüge.
„Dann erzähl mir die ganze Sache von Anfang an", forderte mich Rudolf auf. „Ich konnte leider nicht sofort kommen, tut mir leid."
„Ist schon gut, ich lebe ja noch!"

„Gott sei Dank! Es hätte noch viel schlimmer kommen können – ich darf gar nicht daran denken! Was ist denn eigentlich mit Herrn Müller geschehen?"
„Die Polizei hat ihn mitgenommen. Darf ich die Geschichte von vorne erzählen?"
Rudolf lächelte. „Ja, natürlich, meine Liebe." Nachdem ich ihm den gesamten Hergang geschildert hatte, zeigte er sich fassungslos. Rudolf konnte nicht verstehen, warum Herr Müller das getan hatte. „Bekommst du wegen der schriftlichen Anzeige von der Polizei Bescheid?"
„Was für eine Anzeige?", fragte ich. „Ich habe keine erstattet."
„Das glaube ich jetzt nicht!", ereiferte sich Rudolf. „Womöglich behältst du einen Schaden zurück. Wer kommt dann dafür auf?"
„Ach", erwiderte ich beschwichtigend, „wenn sie Herrn Müller für nicht zurechnungsfähig erklären, wäre er ohnehin schuldunfähig, und dann würde ich nicht eine müde Mark sehen! Und was bedeutet mir schon Geld? Ein paar Mark machen das Geschehene nicht vergessen."
Rudolf ritt weiter auf der Sache herum: „Du hast es doch nur gut gemeint. Ich hoffe, dass es für dich eine Lehre war, dich besser nicht um andere Menschen zu kümmern. Ich weiß nicht, was in den Typen gefahren ist. Und das war nun der Dank – ich kann es nicht begreifen! Rudolf steigerte sich immer mehr in das Thema hinein, sodass ich ihn irgendwann zur Ruhe zwingen musste. Mit einer Reaktion auf das von ihm Gesagte hielt ich mich allerdings zurück, ich wusste es ja

selbst nicht. Stattdessen bat ich ihn, die Einkaufstüten auszupacken und die Lebensmittel wegzusortieren.

„Das erledige ich gleich", sagte er. „Hast du schon etwas gegessen?"

Ich schüttelte den Kopf. „Dazu war ich nicht in der Lage. Und auch jetzt möchte ich einfach nur hier liegen bleiben. Ich bin mit den Nerven völlig am Ende."

„Ich verstehe das sehr gut", sagte er. „Deshalb werde ich uns jetzt einen Kaffee zubereiten und für uns beide etwas zu essen machen. Am besten wäre es, wenn du dich, nachdem du gegessen hast, ins Bett legst und versuchst zu schlafen! Morgen früh fahren wir dann in den Garten. Dort kannst du dich erholen und diese schreckliche Sache vielleicht besser verarbeiten als hier im Haus."

Damit hatte Rudolf etwas Wahres gesagt. Ich schloss die Augen und sah wieder das verzerrte Gesicht von Herrn Müller vor mir. Nach einer Weile ging ich ins Badezimmer und spülte meine brennenden Augen erneut mit lauwarmem Wasser aus.

Inzwischen hatte Rudolf uns etwas zu essen gemacht und den Tisch gedeckt. Großen Appetit verspürte ich nicht und ich aß nur eine Schnitte Brot, die mir Rudolf mit Käse belegt hatte. Dazu trank ich eine Tasse Kaffee. Ich wollte nur noch zu Bett und schlafen. Damit ich zur Ruhe kam, brachte mir Rudolf ein Glas Wasser und eine Schlaftablette. Nachdem ich diese geschluckt hatte, zog ich mich aus, legte mich ins Bett und heulte mich in den Schlaf.

Als ich am Morgen wach wurde und versuchte, meine Augen zu öffnen, waren sie wie zugeklebt. Ich tastete mit der Hand nach Rudolf, aber das Bett neben mir war leer. Mit den Fingern versuchte ich, die Oberlider von den Wimpern zu lösen, was mir nach kurzer Zeit auch gelang. Erfreut stellte ich fest, dass meine Augen nicht mehr schmerzten. Ich stand auf, ging ins Badezimmer und sah in den Spiegel. Mein Gesicht hatte sich über Nacht von diesem Überfall beinahe erholt. Ich erledigte meine Morgentoilette, trug aber ausnahmsweise kein Make-up auf, sondern nur eine Pflegecreme. Auch auf Wimperntusche verzichtete ich. Aus der Küche vernahm ich Geräusche. Rudolf musste schon sehr früh aufgestanden sein. Fertig angezogen ging ich zu ihm und wünschte ihm einen guten Morgen. „Wann bist du aufgestanden?", fragte ich ihn.
„Schon sehr zeitig. Nach all den Aufregungen konnte ich sowieso nicht schlafen." Er sah mich prüfend an. „Wie geht es dir heute Morgen?"
„Danke, es geht mir schon viel besser. Die Schlaftablette, die du mir gegeben hast, hat dafür gesorgt, dass ich wie besinnungslos geschlafen habe."
Rudolf lächelte und war der Meinung, dass ich schon wieder fast normal aussah. Wir nahmen uns in den Arm und küssten uns. Ach, tat mir das gut! Meine Augen füllten sich mit Tränen, denn es kam selten vor, dass mein Mann Emotionen zeigen konnte. Er war auch gegen sich selbst hart im Nehmen.
Er löste sich von mir und sagte: „Ich habe alles für zwei Tage eingepackt. Frühstücken werden wir im Garten, es wird bestimmt ein schöner und vor allem warmer Tag werden." Das

Septemberwetter verwöhnte uns auch in diesem Jahr. „Doris, könntest du den Korb nehmen? Den Beutel nehme ich."
„Ja, natürlich, mein Lieber. Gehst du bitte vor? Wenn der Fahrstuhl da ist, komme ich raus."
Rudolf bemerkte meine Angst. „Aber ich bin doch bei dir! Außerdem ist Herr Müller nicht zu Hause."
„Woher willst du das wissen? Der kann sich still verhalten, damit wir denken, dass sie ihn eingesperrt haben."
„So leise kann man sich nicht verhalten!", meinte Rudolf. „Die Toilettenspülung hätten wir bestimmt gehört."
Meine Vermutung war, dass Herr Müller einfach nicht spülte.
„Nun komm schon!", drängte mich Rudolf.
Als ich auf den Flur hinaustrat, begannen meine Knie zu zittern. Ich starrte auf Herrn Müllers Wohnungstür und fixierte den Spion, hinter dem unser Nachbar stundenlang verbracht haben musste, um auf mich zu warten und seinen perfiden Plan in die Tat umzusetzen.
Unbehelligt konnten wir das Haus verlassen, ich fühlte mich jedoch erst sicher, als ich im Wagen saß. Mehr als sonst freute ich mich auf unsere Auszeit im Garten. Entspannt saß ich auf dem Beifahrersitz und schloss die Augen. Rudolf und ich sprachen kein Wort, es war aber auch alles gesagt. Mir konnte sowieso niemand helfen, das, was sich in meinem Inneren abspielte, zu vergessen.
Da die Straßen an diesem Samstag noch ziemlich leer waren – es war gerade mal 7 Uhr –, kamen wir gut voran. An dem Kiosk in der Auguste-Viktoria-Straße hielt Rudolf an, um sich wie gewohnt eine Zeitung zu kaufen. Nach einer guten

halben Stunde erreichten wir unseren Garten. Rudolf parkte den Wagen oben auf der Straße, wo er gerade noch einen freien Platz fand. Da die Gartenbesitzer meist schon freitags nach Feierabend kamen, waren samstagsmorgens für gewöhnlich alle Parkplätze belegt.

Ich musste feststellen, dass sich mein Leben von einer Minute auf die andere geändert hatte. Natürlich gestand ich mir ein, dass es viel schlimmeres Leid überall auf der Welt gab. Wenn ein Mensch plötzlich erfahren musste, dass er an einer unheilbaren Krankheit litt, oder bei einem Attentat oder einer Naturkatastrophe geliebte Menschen starben, dann war das ein echtes Drama. Was war im Vergleich dazu schon der Überfall auf meine Person? Trotzdem war die Erinnerung daran in diesem Moment schwer zu ertragen.

Wir nahmen unsere Sachen und gingen ins Tal hinunter. Unser Gartennachbar Roger kam uns mit seinem Hund Schmidtchen entgegen, um ihm an der Spree seinen gewohnten Auslauf zu ermöglichen.

„Hallo Roger", sagte Rudolf. „Wann bist du aus Dänemark zurückgekommen?"

„Gestern Abend. Guten Morgen, ihr zwei!"

Rudolf fragte Roger, ob sein Fang wieder erfolgreich gewesen war.

„Ja, sehr! Es hat sich echt gelohnt und ich habe auch gleich mit dem Räuchern begonnen. Mein Räucherofen hängt voller großer Lachsforellen."

Da ich annahm, dass die Männer im Begriff waren, sich in ein längeres Gespräch zu vertiefen, nahm ich Rudolf die Gartenschlüssel ab und ließ die beiden einfach stehen. Ich war glücklich, als ich die Gartentür aufschloss und das blühende Paradies betrat. Als Erstes schaltete ich die Alarmanlage aus. Dann schloss ich die Tür zur Veranda auf, stellte den Korb und den Beutel auf dem Tisch ab und inspizierte unseren Garten. Bei dem Duft der jetzt im Herbst noch blühenden Pflanzen konnte einem nur das Herz aufgehen. Ich sah mir auch den Pflaumenbaum an, der immer noch voller dicker blauer Früchte hing. Da ich Lust auf ein paar Pflaumen hatte, naschte ich einige und bekam allmählich Appetit auf ein gutes Frühstück. Ich ging zurück zum Haus und schloss die Eingangstür zu unserem Wohnbereich auf. Auch hier hatten wir ein Stangenschloss für unsere Sicherheit angebracht. Man hätte annehmen können, dass wir in unseren vier Wänden einen Goldschatz versteckt hatten, so abgesichert war unser Gartenhaus. Der Grund war, dass bei uns vor etlichen Jahren eingebrochen worden war. Die Täter hatten alles mitgenommen, was sich auf einem Boot transportieren ließ. Sie waren von der Spreeseite gekommen und hatten unseren Gartenzaun durchgeschnitten. Und das ausgerechnet, als sich der Termin mit unserem Versicherungsvertreter um einige Tage verzögert hatte und wir demnach ohne Versicherung dastanden. So war uns nichts anderes übrig geblieben, als den Schaden auf die eigene Kappe zu nehmen. Rudolf hatte daraufhin unser Haus und den Garten auf volle Sicherheit getrimmt. Neben der Absicherung durch die Alarmanlage und das Stangenschloss sorgten schmiedeeiserne Gitter vor den Fenstern für Sicherheit. Wenn jetzt jemand in den Abendstunden oder nachts unseren Garten betrat, war augenblicklich das gesamte Grundstück in grelles Flutlicht getaucht.

Inzwischen hatte ich die Rollläden hochgezogen. Als Nächstes füllte ich den Kühlschrank mit den Einkäufen für zwei Tage auf. Ich zog mir leichte Gartenkleidung an, obwohl es um diese Zeit noch kühl war, aber der Wetterbericht hatte Sonne und warme Temperaturen vorausgesagt. Während mein Magen zu knurren begann, dachte ich: Männer! Wenn die erst mal am Quatschen waren, fanden sie oft kein Ende.

Ich begann damit, das Frühstück vorzubereiten, kochte Eier und Kaffee und stellte lauter Leckereien auf den Tisch. Unter unserer großen Kastanie, die mittlerweile fast die gesamte Rasenfläche bedeckte, befand sich unser Lieblingsplatz, an dem es sich selbst bei großer Hitze angenehm sitzen ließ.

Das Einzige, was fehlte, war mein geliebter Mann, der sich mal wieder reichlich Zeit ließ. In der Zwischenzeit lauschte ich dem Vogelgezwitscher. Man konnte meinen, dass ich mich im Garten Eden befand. Auch das Rotkehlchen hatte wieder seinen Lieblingsplatz auf dem Gartentor eingenommen.

Inzwischen gab es Bewegung in den anderen Gärten. Helmut und Alice waren aufgestanden und begrüßten mich über den Gartenzaun hinweg.

Nur Manfred und Brigitte schliefen wohl noch, denn ihre Rollläden waren noch heruntergelassen.

Endlich kam Rudolf und ich polterte los: „Wo bleibst du bloß so lange?"

„Ach, Doris, du kennst das doch. Wenn Roger von seiner Angelei erzählt, findet er kaum ein Ende. Er hat auch wieder geräuchert und …"

Genervt unterbrach ich ihn: „Das, mein Lieber, habe ich mitbekommen!"

Unbeirrt fuhr Rudolf fort: „Roger sagte, dass wir zum Mittag eine Forelle bekommen. Du brauchst dann nicht zu kochen."

„Das ist sehr schön", erwiderte ich besänftigt.

„Und heute Abend gibt er eine Grillparty. Manfred und Brigitte kommen auch, ebenso Helmut und Alice." Rudolf sah mich erwartungsvoll an.

Ich freute mich darüber, denn auf diese Weise würde ich auf andere Gedanken kommen. Sofort fing ich wieder an zu weinen.

Rudolf sah mich besorgt an. „Ach, meine Liebe, es tut mir alles so schrecklich leid! Was können wir tun, damit du über dieses Erlebnis hinwegkommst? Ich habe übrigens Roger von dem Vorfall erzählt. Er war genauso entsetzt wie ich. Du solltest dir überlegen, ärztlichen Rat einzuholen. Es gibt doch genügend Selbsthilfegruppen für traumatisierte Menschen – da wird dir bestimmt geholfen.

„Mir kann keiner helfen!", entgegnete ich trotzig. Ich möchte, dass wir endlich frühstücken.

Rudolf nickte. „Gut, lassen wir das Thema für heute. Ich ziehe mich nur schnell um, dann kann es losgehen."

Ich begann damit, mein Ei abzupellen, und nahm mir zwei Scheiben Toastbrot, die ich dick mit Butter bestrich. Inzwischen war Rudolf wieder da. Er hatte sich seine Jogginghose und ein kurzärmeliges Hemd angezogen. Ich fand das unpassend für den kühlen Morgen, wollte aber nicht schon wieder meckern. Wir wünschten uns gegenseitig einen guten Appetit, schenkten uns Kaffee ein und ich beobachtete Rudolf dabei, wie er in einer gekonnten Bewegung sein gekochtes Ei köpfte. Während wir aßen, vertiefte sich Rudolf in die Zeitung, die er unterwegs gekauft hatte.

Nach unserem gemeinsamen Frühstück arbeitete ich im Garten. Ich steckte Blumenzwiebeln für den kommenden Frühling, teilte den Flochs, dessen Umfang sich in diesem Jahr mal wieder verdoppelt hatte, mit einem Spaten und gestaltete einiges neu. An Ideen mangelte es mir auch hier draußen in der Natur nicht. Rudolf hingegen hatte von Blumen und Unkraut keine Ahnung. Er war für das Handwerkliche zuständig, und darin war er einmalig. Da er Schreiner war, war diese Gabe sicher kein Kunststück.

Stunden vergingen, in denen ich mich ganz der Natur hingab. Wie er es versprochen hatte, brachte uns Roger zur Mittagszeit eine frisch geräucherte Forelle und reichte uns diese über den Gartenzaun. Er verlangte nur fünf Mark dafür. In all den Jahren, die wir uns nun schon kannten, war das so eine Art Heimspiel geworden. Ich stellte meine Gartengeräte in den Schuppen, machte mich frisch und deckte, wie gehabt, den Tisch unter der großen Kastanie. Inzwischen war Rudolf mit dem Rasenmähen fertig. Ich entgrätete die Forelle und legte Rudolf die Filetstückchen auf den Teller. Dabei achtete ich penibel darauf, dass ich keine Gräte übersah, denn Rudolf war vor Jahren mal eine im Hals stecken geblieben, die auf einer Rettungsstation entfernt werden musste. Seither hatte er Manschetten, wenn er Fisch aß. Das Weizenbier perlte in unseren Gläsern und wir prosteten uns zu. Es war köstlich, wie mir die kühle Flüssigkeit die Kehle herunterrann. Schließlich ließen wir uns das ausgefallene Mahl auf der Zunge zergehen. Die Forelle schmeckte wie immer einzigartig – ein Geheimrezept, das Rogers nicht preisgab. Er hatte nur einmal angedeutet, dass er ganz bestimmte Späne verwendete.

Anschließend war Mittagsruhe angesagt, die wir auf unseren Gartenliegen verbrachten. Rudolf schlief sofort ein und schnarchte sämtliche Bäume in der Umgebung nieder. Da ich im Freien grundsätzlich nicht schlafen konnte, lauschte ich mit geschlossenen Augen dem Vogelgezwitscher.

Am Abend kamen Brigitte und Alice, um mich davon zu überzeugen, an der kurz darauf stattfindenden Grillparty teilzunehmen. Sie hatten von Roger erfahren, was mir passiert war. Ich musste nicht überzeugt werden, denn ich hatte mich ja längst entschieden. „Natürlich kommen wir zu der Party!", sagte ich. Brigitte und Alice freuten sich, denn ohne mich sei angeblich alles doof.

Gegen 19 Uhr trafen wir in Rogers Garten ein. Waltraut empfing uns mit einem Glas Sekt und wir stießen auf einen schönen Abend an. Rudolf und die anderen Männer überreichten die mitgebrachten flüssigen Geschenke. Anschließend kam Waltraut zu mir, nahm mich in den Arm und sagte: „Ich habe gehört, was dir passiert ist. Das macht mich fassungslos!"

Stumm trank ich mein Glas in einem Zug leer und verlangte ein neues.

Ein paar Minuten später wurde ich in der Runde zu dem Überfall befragt und jeder gab seinen Senf dazu. Unsere Freunde waren der einhelligen Meinung, dass ich mich falsch verhalten hatte. So konnte nur jemand reden, der noch nie in einer solchen Situation gewesen war. Da ich mir den Abend nicht verderben lassen wollte, ließ ich mich gar nicht erst auf eine Diskussion ein und trank stattdessen reichlich von dem Rotwein. Als ich zwischendurch Rudolfs Blicke auffing, bemerkte ich sein sorgenvolles Gesicht.

Die Party war schon bald in vollem Gange und wir aßen mit gutem Appetit von dem gegrillten Fleisch. Dazu gab es Waltrauts vielgepriesenen Kartoffelsalat. Roger trat mit einer großen Porzellanplatte an den Tisch, auf der er Forellenfilets angerichtet hatte. „Bitte bedient euch", sagte er. „Frisch aus dem Räucherofen."

„Oh, wie köstlich!", war von allen Seiten zu hören.

Die Platte wanderte von einem zum anderen und wir bedienten uns reichlich. Das war tatsächlich ein wahrer Gaumenschmaus. Wie schon erwähnt, hielt ich mich an diesem Abend beim Alkohol nicht zurück, obwohl ich betrunkene Frauen nicht ausstehen konnte – Männer mochte ich auch lieber nüchtern. Rudolf, der mich im Blick behielt, ermahnte mich des Öfteren, nicht so viel zu trinken! Ich machte eine wegwerfende Handbewegung und lachte blöd, hatte ich doch angenommen, meinen Kummer in Hochprozentigem ertränken zu können. Davon mal abgesehen, dass die anderen auch schon längst nicht mehr nüchtern waren. Erst gegen 2 Uhr in der Früh war die Party zu Ende.

Als Rudolf und ich zu unserem Garten hinübergehen wollten, war ich kaum in der Lage, mich aufrecht zu halten. Rudolf schloss die Verandatür auf und ich ließ mich auf die Eckbank fallen. Mir war so übel, wie ich es noch nie erlebt hatte – vermutlich weil ich das erste Mal in meinem Leben betrunken war.

„So, Doris, aufstehen!", befahl Rudolf in barschem Ton. Er wollte mich ins Bett bringen.

„Ich kann nicht!", erwiderte ich.

„Und ob du kannst!"

Mit seiner Unterstützung schaffte ich es ins Zimmer, wo er mich in einen der Sessel setzte. „Im Handumdrehen klappte er die Schlafcouch auf und bereitete alles zum Schlafen vor. Dann begann er, mich auszuziehen, was in meinem Zustand kein einfaches Unterfangen war. Ich wollte mich partout nicht aus dem Sessel erheben. Mit ein paar passenden Worten brach Rudolf meinen Widerstand, was ich offenbar lustig fand, denn ich gab irgendeinen Unsinn von mir und kicherte. Nackt, wie ich war, fiel ich wie ein Stein auf die Schlafcouch und fuhr Kettenkarussell, sobald ich versuchte, die Augen zu schießen. Vorsichtshalber stellte mir Rudolf einen Eimer neben das Bett. Von da an fehlte mir jegliche Erinnerung.

Der Sonntag war für mich die Hölle. Mir war immer noch schlecht, sodass ich alles, was Rudolf mir zum Essen brachte, sofort wieder von mir gab. Ich hatte fürchterlichen Durst und ließ mir reichlich Wasser bringen, weil ich nicht in der Lage war, aufzustehen. Während ich litt, schwor ich mir, nie wieder meinen Kummer im Alkohol zu ertränken, denn damit hatte sich meine Situation auch nicht verbessert.

Bei schönstem Wetter verbrachte ich den ganzen Tag auf der Schlafcouch. Zwischendurch sah Rudolf nach mir und fragte mich, ob er mir etwas zu essen bringen solle. Ich konnte das Wort „essen" nicht mehr hören, weil jedes Mal mein Magen rebellierte. In meinen Kopf hämmerte es, als ob mir ein Betonklotz auf den Kopf gefallen wäre. Weil die erste Schmerztablette mir nur kurzfristig Linderung verschafft hatte, ließ ich mir eine zweite bringen. Erstaunt nahm ich zur Kenntnis, dass mir Rudolf keine weiteren Vorwürfe machte. Stattdessen behandelte er mich liebevoll.

Nach einiger Zeit – vielleicht waren es auch Stunden – zog Rudolf das Rollo hoch, um mich aus meiner vernebelten Welt in die Wirklichkeit zurückzuholen. „So, meine Liebe, ich möchte dich bitten, endlich aufzustehen! Weißt du eigentlich, wie spät es ist?"

Woher sollte ich das wissen? Ich hatte ja die ganze Zeit geschlafen.

Und wieder musste ich mir Vorwürfe anhören: „Das Wochenende hatte ich mir eigentlich anders vorgestellt", sagte Rudolf.

„Das glaube ich dir gerne. Ich übrigens auch. Du hast bloß vergessen, mein Lieber, dass die Welt für mich am Freitagmorgen noch in Ordnung war. Kannst du dir überhaupt ansatzweise vorstellen, was ich gerade durchmache? Wenn ich nur daran denke, dass ich heute in das Höllenhaus zurückmuss, wird mir schon wieder ganz schlecht." Ich setzte eine Leidensmiene auf.

„Das kann ich mir gut vorstellen", erwiderte Rudolf. „Ich bin doch kein Unmensch. Leider weiß auch ich keine andere Lösung, denn in dem Haus befindet sich nun mal unsere Wohnung! Oder möchtest du hier im Garten leben, nur damit du dich verstecken kannst? Dadurch ändert sich deine Situation mit Sicherheit nicht."

Genervt verdrehte ich die Augen. So zu reagieren, war typisch für meinen Mann. Aber so war er nun mal.

Ich stand auf, ging nach draußen und sah, dass er einen Korb Pflaumen gepflückt hatte. Als ich ins Badezimmer ging und mich unter die fast kalte Dusche stellte, kam ich endgültig zur Besinnung, sodass die Angst wieder die Oberhand gewann. Nach einer gründlichen Dusche nahm ich den Bademantel vom Haken und schlüpfte hinein, denn mir war auf einmal entsetzlich kalt und ich zitterte regelrecht. Ein Blick in den Spiegel verriet mir, dass mein Gesicht um Jahre gealtert schien. Ich griff zu meiner Schminke und legte etwas Farbe auf, um wieder einigermaßen ich selbst zu sein. Zurück im Zimmer, zog ich mich an, trat nach draußen und suchte Rudolf. Weil ich ihn in unserem Garten nicht entdeckte, schaute ich über den Gartenzaun und sah, das er sich mit Roger und Waltraut unterhielt. Ich verspürte keine Lust, mich zu ihnen zu gesellen und mir blöde Fragen anzuhören. Also rief ich: „Rudolf, ich bin fertig, wir können nach Hause fahren!"

„Ich komme sofort!", rief er zurück.

Während ich auf ihn wartete, nahm ich die nicht gebrauchten Lebensmittel aus dem Kühlschrank und legte sie in den Korb, damit wir nicht vergaßen, sie mit nach Hause zu nehmen. Anschließend ließ ich das Rollo herunter. Im selben Moment kam Rudolf und merkte an, ich hätte es auf einmal so eilig. Er sei zu Roger rübergegangen, um ihm anzubieten, sich an unserem Pflaumenbaum zu bedienen. Ohne auf meine Reaktion zu warten, reichte er mir die Autoschlüssel. „Du könntest ja schon mal zum Wagen gehen, während ich alles abschließe. Ich nahm den Korb mit den Lebensmitteln und stiefelte los. Als ich unseren Gartenfreunden einen Abschiedsgruß zurief, kamen Brigitte und Alice zu mir und fragten mich, ob es mir wieder besser gehe. Ich versicherte ihnen, sie sollten sich keine Sorgen machen, und mimte wieder einmal die starke Frau. Allerdings merkte ich auch an, dass ich nicht so viel hätte trinken dürfen. Die beiden nahmen mich kurz in den Arm und sagten: „Das wird schon wieder, Doris!" Ich befreite mich aus der Umarmung und senkte den Blick, denn meine Augen füllten sich nicht zum ersten Mal an diesem Tag mit Tränen. Eilig lief ich die Anhöhe hinauf, bis ich die Straße erreichte, auf der unser Wagen stand. Ich betätigte die Fernbedienung und der Wagen entriegelte sich automatisch. Nachdem ich den Korb in den Kofferraum gestellt hatte, setzte ich mich in den Wagen und hätte mich am liebsten unsichtbar gemacht.

Es dauerte nicht allzu lange, bis Rudolf kam. Er stellte den Korb mit den Pflaumen auf die Rückbank und ich nahm mir vor, daraus garantiert keinen Kuchen zu backen. Die Fahrt verlief schweigsam, was ich als angenehm empfand. Je näher wir jedoch unserem Zuhause kamen, desto verrückter gebärdete sich mein Nervenkostüm. Noch eine Linkskurve, und Rudolf fuhr die Toreinfahrt hinauf. Als es darum ging, die Schranke zu öffnen, rührte ich mich nicht. Rudolf sah mich herausfordernd an, was so viel bedeutete: Nun mach schon! Ich blieb jedoch demonstrativ sitzen, sodass er kopfschüttelnd ausstieg und den Handgriff selbst erledigte. Den Wagen verließ ich erst, als Rudolf ihn in der Tiefgarage geparkt hatte. Die ganze Zeit über ging ich dicht an seiner Seite und sah mich alle paar Sekunden um. Es hätte ja sein können, dass Herr Müller sich hier irgendwo herumdrückte. Unbehelligt betraten wir das Haus. Während Rudolf den Fahrstuhlknopf betätigte, stand ich da und lauerte darauf, wer mit der Kabine nach unten kam. Dabei umklammerte ich meinen Korb, als ob er mir Halt geben würde.

Der Fahrstuhl kam angerauscht und die Tür öffnete sich. Ich schob Rudolf zur Seite und sagte: „Ich steige zuerst ein." Ich fühlte mich, als sei ich auf direktem Weg zum Schafott. Gott sei Dank fuhr der Fahrstuhl bis zur sechsten Etage durch. Rudolf ging schnurstracks auf die Tür von Herrn Müller zu und klingelte Sturm. Als sich nichts tat, schlug er ein paarmal mit der Faust gegen die Tür. Wenige Sekunden später wurde er ausfallend und rief: „Mach auf, du Halunke!"

Ich bekam es mit der Angst zu tun. Hektisch schloss ich die Wohnungstür auf und fühlte mich erst sicher, als ich eingetreten war. Vor Wut tobend kam Rudolf hinzu und meinte, der Alte sei anscheinend nicht zu Hause, bestimmt hätten sie ihn gleich in die Klapse gesteckt. Ich hielt mich mit einer Antwort zurück, ging ins Bad, wusch mir die Hände und entfernte das Make-up. Weil sich die Rötung im Gesicht jetzt wieder bemerkbar machte, cremte ich mich mit Melkfett ein und spürte, dass es meiner Haut guttat. Anschließend schlüpfte ich in meinen bequemen Hausanzug. Den Korb mit den Pflaumen stellte ich auf den Balkon, um später daraus Kompott zu kochen. Möglichst unauffällig schaute ich durch den Spalt zu Herrn Müllers Terrasse und sah, dass die Blumen in den Kästen vertrocknet waren. Vermutlich war er seit Freitag nicht in seiner Wohnung gewesen. Diese Erkenntnis beruhigte mich ein wenig. Ich kontrollierte die Wassercontainer, um zu sehen, ob die Blumen noch genug zu trinken hatten, füllte sie mit einigen Kannen Wasser auf und fand, dass es eine gute Erfindung war, nicht jeden Tag Blumen gießen zu müssen. Auch Rudolf hatte sich inzwischen umgezogen. Er schaltete den Fernseher ein, um sich die Nachrichten anzusehen.

Es war etwa 18 Uhr, also früh am Abend, und so blieben uns noch einige Stunden, die wir zusammen verbringen konnten. Meine Gedanken beschäftigten sich damit, wie ich ab morgen nach der Arbeit in meine Wohnung gelangte. Rudolf konnte mich nicht abholen, weil seine Arbeitszeit von meiner abwich, und zweimal in der Woche fuhr er nach der Arbeit in den Garten, um Rasen zu mähen oder andere anstehende Dinge zu erledigen. Ich war ihm schon dankbar, dass er morgens den großen Umweg machte, um mich zur Arbeit zu fahren. Diese Gedanken beschäftigten mich, während ich eine Platte mit Käse und Wurst zurechtmachte, die wir im Garten nicht gegessen hatten. Ich deckte den Tisch im Wohnzimmer und beobachtete Rudolf, der es sich auf der

Couch gemütlich gemacht hatte, als sei nichts geschehen. Ich bat ihn, den Fernseher leiser zu machen und zum Essen zu kommen. Er folgte meiner Aufforderung, trat an den gedeckten Tisch und fragte: „Gibt es heute nichts zu trinken?"
Getränke hatte ich völlig vergessen. „Was möchtest du denn trinken?", erkundigte ich mich. „Ein kühles Bier vielleicht? Oder lieber kalte Milch?"
„Milch wäre nicht schlecht, Bier habe ich gestern ja reichlich getrunken."
Ich stand auf, ging in die Küche und goss Milch in zwei große Gläser. „So, bitte schön, und guten Appetit!" Das Gleiche wünschte er mir auch.
Eine ganze Weile aßen wir schweigend. Ich schaute nur kurz über meinen Tellerrand und wartete ab, was Rudolf zu sagen hatte. Ich spürte, dass er sich die passenden Worte zurechtlegte. Ein paarmal räusperte er sich, dann sprach er: „Geh bitte morgen zu unserem Hausarzt und lasse dich krankschreiben? Du brauchst Hilfe, Doris!"
Ich erwiderte seinen herausfordernden Blick und reagierte trotzig. „Ich gehe zu keinem Arzt, nur damit das klar ist! Denkst du, dass der mir meine Angst nehmen kann? Und warum krankschreiben? Soll ich mich etwa den ganzen Tag in der Wohnung verkriechen? Solange ich nicht weiß, was mit Herrn Müller geschehen ist, gehe ich arbeiten, schon um hier rauszukommen!"
Seufzend erwiderte er: „Ich habe es nur gut gemeint, weil ich dachte, man würde dir eine Selbsthilfegruppe empfehlen. Ich bin nicht blind und sehe doch, wie du leidest."

Ich winkte ab und spielte meine Probleme herunter. „Du meinst es sicher gut, aber glaub mir, es gibt Schlimmeres. Lass mir einfach etwas Zeit, irgendwann komme ich schon darüber hinweg. Ich stand auf, räumte den Tisch ab und stellte das Geschirr in die Spülmaschine. Für einen kurzen Moment überlegte ich, einige meiner Freundinnen anzurufen, doch ich verwarf die Idee wieder. Auch meiner türkischen Familie würde ich nichts von den Vorfall erzählen, denn die würden garantiert ausrasten. Vor allem deren Männer waren in einer Situation, wie sie mir widerfahren war, nicht zu bremsen. Sie liebten Rudolf und mich sehr und wollten nur unser Bestes. Ich steigerte mich in die Idee hinein, einen auf ahnungslos zu machen, denn dann bräuchte ich niemandem etwas zu erklären. Auch hier im Haus würde ich auf diese Weise verfahren, wenn mich jemand auf das, was am Freitag geschehen war, ansprach.

Mein Entschluss stand also fest. Ich ging zu Rudolf und erzählte ihm, was ich mir ausgedacht hatte. Er pflichtete mir bei und sagte, auf diese Weise würden wir allen Fragen aus dem Weg gehen. Ich setzte mich zu ihm und nahm ihn in die Arme, denn ich hatte das dringende Bedürfnis, seine Nähe zu spüren. Abermals dachte ich, es hätte alles viel schlimmer ausgehen können. Dann wäre Rudolf jetzt womöglich allein und würde um mich trauern.

„So, mein Lieber", sagte ich nach einer Weile, „ich gehe heute früh zu Bett und werde noch etwas lesen."

„Ja, tu das", antwortete er. „Legst du mir noch meine Sachen für morgen raus?"

Ich nickte. Das tat ich schon, seit wir verheiratet waren, obwohl es mich so manches Mal zur Verzweiflung brachte. Rudolf wusste beispielsweise ganz genau, was er nicht anziehen wollte. Ich überlegte also, was ich ihm rauslegen sollte, und berücksichtigte, dass es Mitte September war. Entsprechend waren die frühen Morgenstunden bereits recht kühl. Ich wählte ein paar Kleidungsstücke und hängte sie über den Stummen Diener im Schlafzimmer. Dann putzte ich mir die Zähne und kuschelte mich in mein gemütliches Bett. Ich schaffte nur ein paar Seiten in dem Buch „Wendekreis des Krebses" von Henry Miller, dann spürte ich, wie erschöpft ich mit meinen inzwischen siebenundvierzig Jahren war. Ich legte das Buch auf mein Nachtschränkchen zurück und schaltete den Wecker ein, damit ich morgen pünktlich wach wurde. Mehr als sonst freute ich mich auf die Arbeit im Büro.

Der Morgen verlief bei uns genauso wie in all den Jahren unserer Ehe zuvor. Ich stand als Erste auf, ging ins Badezimmer und sah in den Spiegel. Von der Rötung war kaum noch etwas zu sehen. Trotzdem schminkte ich mich etwas intensiver als sonst, denn Frauen bemerkten ja die kleinste Veränderung und nicht nur die eine oder andere Falte, die man im Laufe der Jahre dazugewann. Danach setzte sich die tägliche Routine fort. Im Fahrstuhl trafen wir auf ein paar Mieter, die wir kurz begrüßten, um uns schließlich gegenseitig einen schönen Tag zu wünschen. Niemand sprach uns an, worüber wir sehr dankbar waren.
Rudolf fuhr mich zu meiner Arbeitsstelle und hielt in zweiter Spur. Schnell noch einen flüchtigen Kuss zum Abschied. Ich

sagte: „Ich rufe dich an, wenn ich nachher zu Hause bin." Für einen Moment blieb ich noch stehen und wir winkten uns kurz zu.

Heute schien ich meinen Arbeitsplatz mit zu viel Euphorie zu betreten, denn Ricarda gab sogleich einen kessen Spruch von sich. „Was ist denn bloß heute mit dir los? Du kommst mit einer solchen Hochstimmung ins Büro, so kennen wir dich ja gar nicht! Du hast wohl eine aufregende Nacht hinter dir."

„Ja klar", sagte ich lässig, „so kann man es auch nennen."

Herbert und Günter blickten von ihren Entwürfen auf und kicherten. Sie waren dabei, Schriften für Plakate zu montierten. Ich lenkte vom Thema ab, indem ich ankündigte: „Heute ist ein besonderer Tag, zum Frühstück gibt es wieder Pflaumenkuchen!" Ich hatte es mir am späten Sonntagabend doch noch anders überlegt und hatte statt Kompott einen Kuchen zubereitet.

„Oh, klasse!", sagte Herbert. „Lass doch mal sehen, ob er dir so gut gelungen ist wie die letzten Male."

„Nee, mein lieber Herbert, der kommt bis zum Frühstück in den Kühlschrank.

Im Grunde genommen lag mir Theaterspielen nicht, da ich ein Mensch war, der sich in seiner Art sehr offen gab und Dinge direkt beim Namen nannte. Mit der aktuellen Situation jedoch mussten Rudolf und ich alleine fertigwerden.

Mein Achtstundentag verlief wie jeder andere mit viel Arbeit und in einer angenehmen Stimmung. Nach Feierabend fuhr ich mit der U-Bahn bis zum Wittenbergplatz und stieg am Anhalterbahnhof in den M-29-Bus, der mich bis zur Kochstraße brachte. Heute ließ ich mir besonders viel Zeit für den Nachhauseweg. Je näher ich meiner Wohnung kam, desto dringender versuchte ich in einem Hauseingang Schutz zu suchen, wenn mir Radfahrer entgegenkamen. In Sichtweite unseres Hauses angekommen, brach mir vor lauter Angst regelrecht der Schweiß aus, als ich mir überlegte, wie es mir gelingen sollte, unbehelligt in die sechste Etage und dort in unsere Wohnung zu kommen. Da ich auf keinen Fall den Fahrstuhl benutzen wollte, beschloss ich, zunächst einmal bis zur siebten Etage hochzulaufen und mich dann eine Etage herunterzuschleichen. Solange ich nicht wusste, ob Herr Müller wieder auf freiem Fuß war, musste ich vorsichtig sein. Von der Ecke Stresemannstraße konnte ich unser Haus gut beobachten. Inzwischen hatte ich das Schlüsselbund aus der Tasche genommen und ging nun zielstrebig auf unser Haus zu. Nachdem ich den Flur betreten hatte, zog ich mir die hohen Schuhe aus und lief hinüber zur Treppe. Ich stieg bis in die erste Etage hinauf. Geschafft! Also weiter! Zehn Stufen hoch, dann ein kleines Podest, als Nächstes weitere zehn Stufen. Auf diese Weise zog ich es bis zur siebten Etage durch. Leise, um von niemandem gehört zu werden, ging ich die eine Etage wieder herunter. Auf dem letzten Treppenabsatz blieb ich hinter dem Fahrstuhl stehen. Hier konnte mich Herr Müller nicht sehen, falls er wieder zu Hause sein sollte. Die Angst hatte mich fest im Griff und ich schwitzte Blut und Wasser. Als ich die letzte Stufe erreicht hatte, hielt ich meinen Schlüssel bereits fest in der Hand. Behutsam lugte ich um die Ecke und sah, dass auf dem Flur niemand auf mich wartete. Leise schloss ich die Tür auf und genauso leise wieder zu. Puh, das war geschafft! Erleichtert ließ ich mich auf die Telefonbank sinken, die in der Diele stand, und spürte auf einmal, wie erschöpft ich war. Bestimmt lag das an den vielen Stufen, denn ich war zuvor noch nie sieben Etagen zu Fuß hinaufgelaufen. Besorgt fragte ich mich, wie lange ich dieses Spielchen durchziehen musste, bis ich mein inneres Gleichgewicht wiedergefunden hatte. Wie versprochen, rief ich Rudolf an und teilte ihm mit, dass ich unversehrt in der Wohnung angekommen sei. Auch er schien erleichtert zu sein. Anschließend trat ich auf den Balkon und schaute durch den Spalt auf Herrn Müller Terrasse. Hier hatte sich in der Zwischenzeit nichts verändert, die Blumen machten auch weiterhin einen jammervollen Eindruck.

Unser Leben war nicht mehr das, das wir gewohnt waren. Eine Woche lang stieg ich bis zur siebten Etage hoch, um auf dieselbe Weise in unsere Wohnung zu gelangen wie beim ersten Mal. Die schweren Einkäufe machten Rudolf und ich jetzt gemeinsam, denn nur dann war ich bereit, den Fahrstuhl zu benutzen.
Natürlich ging es wie ein Lauffeuer herum, dass Herr Müller von der Polizei abgeführt worden war, und ich wurde natürlich darauf angesprochen. Ich zauberte mir dann jedes Mal ein Mienenspiel ins Gesicht, das Fassungslosigkeit ausdrücken sollte. Nur die liebe Frau Schramm ließ sich nicht so ohne Weiteres hinters Licht führen. Eines Tages erwischte sie mich, als ich gerade die dritte Etage erklommen hatte und sie ihre Tür aufschloss. „Oh, hallo Frau Reinhart! Man sieht Sie

ja kaum noch. Machen Sie neuerdings Sport?", erkundigte sie sich.

„Wieso?" Ich tat überrascht.

„Einige Mieter haben mir erzählt, dass Sie seit Tagen den Fahrstuhl nicht mehr benutzen und stattdessen zu Fuß nach oben laufen."

„Das stimmt", erwiderte ich. „Bewegung im Alter ist sehr wichtig, deshalb gehe ich zu Fuß nach oben, so einfach ist das."

„Ach, erzählen Sie mir doch nichts!" Sie machte eine lässige Handbewegung. „Ich vermute, dass Sie Angst haben, Herrn Müller im Fahrstuhl zu begegnen." Sie sah mich herausfordernd an und ich grinste nur frech. „Frau Reinhart", fuhr Frau Schramm fort, „der Alte wurde am vergangenen Freitag von der Polizei abgeführt! Haben Sie vielleicht die Bullen gerufen?"

„Warum ich, Frau Schramm? Weshalb sollte ich das tun? Außerdem waren mein Mann und ich das ganze Wochenende in unserem Garten. Jetzt im Herbst ist dort viel zu tun. Betont gelangweilt ergänzte ich: „Vielleicht hat Herr Müller ja Hilfe herbeigerufen, weil er sich krank fühlte." Jetzt nahm ich meinen Attentäter auch noch in Schutz! Um das Gespräch zu beenden, sagte ich: „Ich muss mich beeilen. mein Mann kommt bald von der Arbeit, bis dahin muss das Essen fertig sein. Ich wünsche Ihnen einen schönen Abend!"

Den wünschte sie mir auch, während sie mich aus großen Augen ansah.

Unbeirrt setzte ich meinen Weg nach oben weiter fort und bemerkte, dass es mir inzwischen leichter fiel als am Anfang.

Bewegung im Alter sollte man nicht auf die lange Bank schieben, war mein Fazit aus dieser Erkenntnis. Sich zu bewegen, galt schließlich als die beste Medizin. Nur wäre ich nicht auf die Idee gekommen, freiwillig sieben Etagen nach oben zu steigen, denn vor Sport hatte ich mich schon in der Schule gedrückt. Vielleicht war es ja eine Überlegung wert, einem Sportclub beizutreten.

Wenn Rudolf und ich in dieser Zeit zu Hause waren und ein Geräusch vom Flur her in unsere Wohnung drang, eilte ich an die Tür und sah durch den Spion, atmete dann aber schnell wieder auf, weil es nur Mieter waren, die die Treppe herunterkamen.
Nach mehr als einer Woche war ich gerade von der Arbeit wieder zu Hause, als ich auf dem Flur ein Geräusch vernahm. Es hörte sich an, als ob jemand einen Schlüssel in ein Türschloss steckte. Ich schaute durch den Spion und sah, dass eine Frau vor Herrn Müllers Wohnung stand. Ziemlich laut schloss ich unsere Tür auf und trat auf den Flur. Erschrocken drehte sich die Frau um und sah mich an. Ich war in diesem Moment nicht zu bremsen und ging auf sie zu, woraufhin sie Schutz in der Türecke suchte.
„Vor mir brauchen Sie sich nicht zu fürchten", sagte ich statt einer Begrüßung. „Sind Sie die Tochter von Herrn Müller?"
„Ja, die bin ich."
„Dann wissen Sie ja wohl von der Polizei, was Ihr Vater mir angetan hat, oder?"
Die übergewichtige Frau wurde frech und sagte: „Vielleicht stimmt ja all das, was mein Vater erzählt hat."

Mir blieb fast die Luft weg vor Empörung und am liebsten wäre ich handgreiflich geworden. Stattdessen beschimpfte ich sie: „Sie sind doch genauso krank wie Ihr Vater! Ich hätte ihn anzeigen sollen, wie mein Mann es mir ans Herz gelegt hat. Dann wäre Ihr Vater in eine geschlossene Anstalt gekommen, bevor er noch mehr Schaden anrichten kann."
Die Frau ließ sich von mir nicht beeindrucken. In ruhigem Ton entgegnete sie: „Mein Vater lebt jetzt in einem Wohnheim, in dem er unter Aufsicht steht. Seine Wohnung habe ich bereits gekündigt." Damit hatte sich das Thema für sie offenbar erledigt! Sie kehrte mir den Rücken zu und schloss die Tür auf.
Jetzt musste ich mir aber Luft machen! „Nicht so schnell, meine Dame!", rief ich ihr hinterher. Sie sah mich gleichgültig an. „Für mich und meinen Mann ist diese Angelegenheit noch lange nicht beendet. Können Sie sich überhaupt in meine Lage versetzen und haben Sie eine Ahnung davon, was ich durchmache? Und Sie glauben auch noch, dass ich Ihren Vater umbringen wollte! Ist das der Dank dafür, dass ich mich jahrelang um den alten Mann gekümmert und ihn mit Essen versorgt habe? Wo waren Sie eigentlich all die Zeit? Nicht ein einziges Mal habe ich Sie bei Ihren Eltern gesehen!"
Ich hätte platzen können vor Wut und sah sie mit Herausforderung im Blick an.
„Ich habe zu meinen Adoptiveltern schon lange keinen Kontakt mehr", erwiderte sie. Und von Ihnen hätte ich eine Entschuldigung erwartet, statt dass ich auch noch eine Schuldzuweisung über mich ergehen lassen muss.

Ich ließ die Frau einfach stehen, denn ich wusste ja jetzt, was ich wissen wollte. Herr Müller würde mich nie wieder behelligen – was für eine Erleichterung! Diese Nachricht wollte ich Rudolf erst erzählen, wenn er zu Hause war. In Windeseile begann ich die Koteletts zu braten. Dann setzte ich den Schnellkochtopf mit den Kartoffeln auf. Gemischtes Gemüse hatte ich noch von vorgestern übrig. Vor Aufregung zitterten mir die Hände und mein Herz schlug schneller als sonst. Auf einmal erschien mir das Leben wieder lebenswert.

Als ich hörte, dass es dreimal an der Tür klingelte, wusste ich: Das kann nur mein geliebter Mann sein! Ich flog regelrecht zur Tür und öffnete sie mit reichlich Schwung. Als er mich erstaunt ansah, fiel ich ihm um den Hals und weinte vor Freude. Da er nicht wissen konnte, was inzwischen geschehen war, wurde er auf einmal blass wie eine Wand. Entsetzt fragte er: „Was ist passiert? Ist Herr Müller wieder zu Hause? Warum weinst du?"

„Ach, Rudolf", sagte ich und schluchzte. „Ich weine vor lauter Freude."

„Doris, was ist passiert?", wollte er wissen. Zwischen Küche und Wohnzimmer schilderte ich ihm die Neuigkeit, die ich vor nicht mal einer Stunde erfahren hatte. „Das ist ja wunderbar, meine Liebe!", rief er und wirbelte mich herum. „Endlich können wir wieder mit Freude in die Zukunft blicken. Ich hoffe, dass du diese Geschichte bald vergessen wirst."

Ich war mir da zwar nicht ganz so sicher wie Rudolf, merkte aber, dass es mir schon viel besser ging.

Mittlerweile stand das Essen auf dem Tisch. Rudolf öffnete eine Flasche Rotwein, denn er war der Meinung, dass wir auf den Auszug von Herrn Müller anstoßen mussten. „Auf unser Leben!", sagte er, als unsere Gläser aneinanderklirrten.

Beim Essen ließen wir uns viel Zeit und sprachen noch einmal über das, was mir widerfahren war. Auf einmal blickten wir wieder positiv in die Zukunft. Was war das für ein schönes Gefühl! Rudolf meinte, wir sollten Gott danken, weil er Schlimmeres verhindert hatte.

Ich sah ihn ungläubig an. „Und ich dachte, du glaubst nicht an Gott! Soweit ich mich entsinnen kann, war doch deiner Meinung nach alles, was in der Bibel steht, Menschheitsverblödung."

Rudolf lenkte ein, indem er sagte: „Na ja, irgendetwas wird es auf dieser Welt schon geben, wovon wir zu Lebzeiten nichts wissen. Vielleicht erwartet uns erst nach dem Tod ein friedvolles Leben ohne Krieg und Leid. Stattdessen führt uns Gott oder wer auch immer dann in eine blühende Landschaft."

„Das, mein Lieber, denke ich auch. Und alle Menschen haben sich da oben wieder lieb."

Vor dem Tod hatte ich keine Angst, nur vor einem langen Leidensweg, bis es so weit war. Nur wenige Menschen wurden auserwählt, friedlich einzuschlafen. die meisten erwartete ein wie auch immer gearteter Leidensweg. Ob Gott auch bei mir seine Hand im Spiel hatte? Meine Zunge wurde schwer vom Genuss des Weines, sodass mir das Sprechen Schwierigkeiten bereitete. Zudem musste ich ständig gähnen und meine Stimmung hatte beinahe wieder den Tiefpunkt erreicht. Ich trank mein Glas leer, stand auf und räumte mit Rudolfs Hilfe den Tisch ab. Der Wein hatte mir aber auch die nötige Bettschwere beschert, weshalb ich Rudolf eine gute

Nacht wünschte und ins Badezimmer ging, während er es sich vor seinem geliebten Fernseher gemütlich machte.

Unser Leben – das war mir in diesem Moment klar – pendelte sich allmählich wieder ein. Nur meine Gedanken konnten das Erlebte nicht so schnell verarbeiten, wie ich es mir gewünscht hätte. Tagsüber und während der Arbeit hatte ich damit keine Probleme. Diese setzten erst ein, wenn ich mich meinem Zuhause näherte. Wenn ich beispielsweise den Fahrstuhl benutzte, nahm ich eine regelrechte Abwehrhaltung ein, sobald sich die Fahrstuhltür in der sechsten Etage öffnete. Nach dem Abendessen zog ich mich ins Gästezimmer zurück und telefonierte mit meiner Mutter, die in Düsseldorf lebte, nur um mich abzulenken. Wir führten dann endlose Gespräche über alles Mögliche, von meinen Problemen erfuhr sie jedoch nichts. Aber Mütter verfügten ja bekanntlich über den sogenannten „sechsten Sinn" und spürten sofort, wenn etwas nicht in Ordnung war. Natürlich fragte sie mich eines Abends, ob mit mir etwas nicht stimmte.

„Wie meinst du das?", hakte ich nach.

„Deine Stimme, Liebchen, hört sich irgendwie anders an als sonst. Du wirkst nicht mehr so unbeschwert, wie ich dich kenne. Ist mit Rudolf und dir auch alles in Ordnung?"

„Selbstverständlich!", versicherte ich ihr. „Wir sind noch immer glücklich verheiratet. Natürlich schweben wir nicht jeden Tag auf Wolke sieben, aber das wäre ja auch langweilig."

Geschickt wechselte ich das Thema und fragte sie, wann sie mal wieder nach Berlin kommen wolle.

Die Nächte fand ich am schlimmsten, denn dann plagten mich Albträume. Morgens wachte ich oft schweißgebadet auf, erzählte Rudolf aber nichts davon. Ich war mir sicher, eines Tages die schrecklichen Erinnerungen abgelegt zu haben.

Die Wohnung von Herrn Müller wurde innerhalb von zwei Wochen leer geräumt, wovon wir allerdings kaum etwas mitbekamen. Viele der anderen Mieter im Haus wussten diesbezüglich mehr als wir, vermutlich weil diese Aktion stattfand, während wir arbeiteten. Rudolf und ich waren gespannt, wer in die frei gewordene Wohnung ziehen würde. Als sich Familie Jankowski gut erholt und braun gebrannt aus dem Urlaub zurückmeldete, teilte ich ihnen mit, dass Herr Müller wegen einer schweren Krankheit in ein Pflegeheim gekommen sei. Die Familie reagierte schockiert. „So schnell kann sich das Leben ändern", erwiderte Herr Jankowski, und er bedauerte den Mann. Den tatsächlichen Grund für den Auszug erwähnte ich nicht. Hier im Haus kursierten ja ohnehin genügend kuriose Geschichten, von denen die Jankowskis noch früh genug erfahren würden.

Eines Tages kam ich auf die Idee, mich im Fitnessclub OASIS anzumelden, der am Anhalterbahnhof eröffnet wurde. Rudolf war von der Idee nicht gerade begeistert und argumentierte, dass er dann an drei Tagen in der Woche abends alleine sei. Das würde sein Leben durcheinanderbringen. Ich dachte: So ein Blödsinn! „Dann komm doch einfach mit", sagte ich. „Du könntest in die Sauna gehen oder schwimmen – in der Halle gibt es ein großes Schwimmbecken. Und danach setzen wir uns an die Bar und trinken etwas."

„Nee, meine Liebe", wiegelte Rudolf meinen Vorschlag ab, „mit über fünfzig fange ich so etwas nicht mehr an."
Ich ließ mich von seiner Reaktion nicht beirren und erkundigte mich bereits am nächsten Tag nach der Höhe des Bei-

trags. Als Neueinsteiger sollte ich 45 Mark im Monat bezahlen. Ich fand, das war zu verkraften, und unterschrieb sogleich den Vertrag. Wenn ich mich sportlich betätigte, käme ich auf andere Gedanken. Außerdem würde mein Körper es mir danken.

Als Rudolf am Abend von der Arbeit nach Hause kam, zeigte ich ihm gut gelaunt den Vertrag. Sein Gesichtsausdruck veränderte sich entsprechend. An diesem Abend strafte er mich mit Nichtachtung, was für mich nichts Neues war, mir jedoch in der Seele wehtat. Aber ich wusste ja, dass er mich stets an seiner Seite haben wollte und auf alles eifersüchtig war, was sich in meinem Umfeld befand. Ich ließ mich trotz allem nicht beirren und packte meine Sporttasche. Schließlich machte ich mich zu Fuß auf den Weg ins Fitnessstudio.

Nach drei Stunden Training konnte ich mich kaum noch bewegen, so weh taten mir meine Knochen. Einer der Trainer – sein Name war Uwe – versicherte mir, das sei normal. Beim nächsten Mal würde ich kaum noch etwas spüren. „Drei Mal in der Woche müsstest du aber schon kommen", sagte er. Gut zu wissen, dachte ich. Also setzte ich einen Tag aus, bevor ich wieder loszog.

Ich wurde regelrecht süchtig nach dieser Sportart, und je länger ich dabei war, desto mehr wuchs auch mein Freundeskreis. Ich lernte einige Gleichgesinnte kennen, beispielsweise Margot, Ruth und Brigitte. Wir Frauen hatten viel Spaß miteinander. Ich plante die Trainingstage im Voraus und nutzte insbesondere die Abende, in denen ich Rudolf bei der Gartenarbeit wusste. Wenn er vor mir nach Hause kam,

konnte er sich sein Essen in der Mikrowelle warm machen. Das lief besser, als ich angenommen hatte.
Bereits nach zwei Wochen überlegte es sich mein holder Ehemann anders. Auf einmal war er auf dem Standpunkt, dass Sauna und Schwimmen seinem Rücken guttäten. Ich zeigte mich erfreut, denn so hatten wir etwas Gemeinsames.

Nach drei Monaten Leerstand zogen neue Mieter in die Wohnung von Herrn Müller ein. Es war das Ehepaar Zhukowa aus Russland, das schon seit Jahren in Deutschland lebte. Jung an Jahren waren sie genau wie Rudolf und ich nicht mehr. Das Ehepaar sprach ein gutes Deutsch und ich fand die beiden auf Anhieb sympathisch. Wie wir feststellten, interessierten uns die gleichen Themen. Die Zhukowas waren beide Schriftsteller, was in mir Begeisterung auslöste. Menschen, die sich mit Literatur befassten, empfand ich als etwas ganz Besonderes. Als Jugendliche hatte ich die Liebesromane, die meine Mutter las, regelrecht verschlungen. Schon lange war ich mir sicher, dass auch ich eines Tages Bücher schreiben würde, und das, obwohl ich in der Schule andere Interessen gehabt hatte, als zu lernen. Auch mit der Malerei befassten sich meine neuen Freundinnen, worüber ich besonders erfreut war, denn auch ich hatte mit dem Malen längst begonnen. Ich hatte einen guten Freund, der ein bekannter russischer Kunstmaler war und in Sankt Petersburg studiert hatte. Für mich ist Sergey Kretow auch heute noch das größte Genie aller Zeiten. Er konnte Hände und Pferde malen wie kein anderer. Alles, was ich kann, hat er mir beigebracht, und es vergeht kein Tag, an dem ich nicht an ihn denke. Kein Wunder, da meine Wohnung voll ist mit seinen Bildern. Im Alter von fünfzig Jahren verstarb Sergey auf grauenhafte Weise an seiner Alkoholsucht. Das sei nur am Rande bemerkt.

Rudolf und ich verlebten herrliche Urlaube, ob in Spanien oder in Griechenland auf der Insel Rhodos. Und nicht nur dort. Wir ließen keinen Ball aus. Ob im Prälaten am Funkturm oder im Prälat Schöneberg – stets waren wir zu Gast. Rudolf sah im Smoking und in Lackschuhen wirklich klasse aus. Und ich trug die tollsten Abendkleider. Ja, wir waren ein schönes Paar!
Nach dem Fall der Mauer am 9. November 1989 fuhren wir endlich ohne Angst in meine Heimatstadt Perleberg. Die Orte wiederzusehen, an denen ich mich mit Mutter, Opa Max, Tante Gerda, Monika und Christiane aufgehalten hatte, war aufwühlend und brachte all die Erinnerungen an die Zeit vor 1953 zurück.
Im Jahr 2005 begann ich damit, meine Autobiografie zu schreiben. Zeit hatte ich im Rentenalter ja genug, und Rudolf verbrachte die meisten Tage im Garten oder er traf sich mit seinen früheren Arbeitskollegen freitags in irgendeiner Kneipe, um Skat zuspielen. Davon, dass ich angefangen hatte zu schreiben, ahnte niemand etwas. Ich hatte es mir jedoch viel einfacher vorgestellt, mein bewegtes Leben zu Papier zu bringen. Einen Computer besaß ich zum damaligen Zeitpunkt noch nicht, weil ich auf bestimmte Dinge im Leben gut verzichten konnte. Wie oft legte ich das Geschriebene wieder in die Schublade, weil ich mein Gedächtnis erst wieder aktivieren musste, um weiterschreiben zu können. Häu-

fig kamen mir auch Zweifel, ob es richtig war, alles noch einmal so nah an mich heranzulassen. In den Nächten hatte ich plötzlich Albträume, die mich in die Vergangenheit zurückführten, und im Geiste war ich wieder das unglückliche Kind, von dem ich mich im Leben nie beeinflussen ließ. Ich war mir ganz sicher, dass mir das Schreiben helfen würde, doch letztlich war das nicht der Fall. Dieses von mir geschriebene Werk löste in mir so viele Emotionen aus, dass ich zu einem besonders empfindsamen Menschen wurde. Mein Herz war voller Liebe für Menschen, denen es nicht so gut ging wie mir. Ja, meine Kindheit hatte mich geprägt, und ich denke, trotz aller negativen Erlebnisse war aus mir eine starke und selbstsichere Frau geworden, die sich nicht die Butter vom Brot nehmen ließ.

Als ich mein Buch schließlich fertiggeschrieben hatte, gab ich eine Zeitungsannonce auf und suchte eine Lektorin, die das Skript überarbeiten würde. Außerdem brauchte ich Unterstützung, weil die handschriftlich verfassten Seiten digitalisiert werden mussten. Tatsächlich meldeten sich einige erfahrene Lektorinnen per Telefon. Ein erstes Treffen mit einer ausgewählten Kandidatin fand in einem Restaurant statt. Bei einer Tasse Kaffee plauderten wir über unser Leben und ich erzählte, weshalb ich angefangen hatte zu schreiben. Die Sympathie war von Anfang an gegenseitig und über das Geschäftliche waren wir uns rasch einig. Mir war auf einmal klar, dass ich tief in die Tasche greifen musste, um mein Vorhaben, die Autobiographie als Buch herauszubringen, in die Tat umzusetzen. Wir trafen uns noch einige Male, denn es gab noch vieles zu klären. Das alles nahm dann doch mehr

Zeit in Anspruch als angenommen, bis ich bereit war, mein Okay zu dem überarbeiteten Skript zu geben. Jetzt war ich glücklich, dass ich in meinem Leben etwas so Außergewöhnliches, von dem nur ich wusste, geschaffen hatte. Ich schickte das fertige Skript an Verlage und hoffte auf eine Zusage, mein Buch zu veröffentlichen. Doch ich bekam eine Absage nach der anderen, was damit begründet wurde, dass sich die Verlage mit anderen Themen beschäftigten. Alle wünschten mir viel Erfolg und machten mir Mut, es bei anderen Verlagen zu versuchen. Ich machte mir Gedanken, dass es vielleicht ein zu heikles Thema gewesen war, über das ich geschrieben hatte. Was hatte ich mir bloß eingebildet? Dass die Verlage ausgerechnet auf Susanne Bechsteins erstes Buch warteten? Wo doch heutzutage fast jeder ein Buch schrieb. Ich dachte: Prominent müsste man sein. Da reicht dann schon der Name, um das Buch zu veröffentlichen. So verschwand mein Skript vorerst in der Schublade, weil ich keine Lust auf weitere Absagen hatte. Ich beklagte mich bei meiner Lektorin, wie unzufrieden ich mit dem Stand der Dinge sei, bis sie mir den Tipp gab, mein Skript bei einem ganz bestimmten Verlag in Berlin einzureichen. Da könnte es thematisch passen, meinte sie. Prompt rief ich dort an und erklärte der Verlegerin meine Situation. Sie war bereit, sich das Skript durchzulesen. Da der Standort des Verlages nicht weit von unserer Wohnung entfernt war, brache ich das Skript persönlich hin. Ein paar Tage später rief mich die Verlegerin an. Sie ließ mich wissen, dass sie meine Lebensgeschichte sehr interessant fand, und erklärte sich bereit, mein Buch zu verlegen. Ich war happy und hätte die ganze Welt umarmen können. Das alles nahm einige Monate in Anspruch, bis wir der Meinung waren, dass sich eins meiner Fotos aus Kindertagen für das Buchcover eignete. Über die Finanzierung wurden wir uns schnell einig, allerdings verfiel ich in eine Art Schockstarre, weil ich für achthundert Bücher einige Tausend Euro bezahlen sollte. Da ich in unserer Ehe von Anfang an die Finanzministerin gewesen war und unser Geld in Bundesschatzanleihen und Pfandbriefen angelegt hatte, konnte ich einiges davon lockermachen. Rudolf hatte seit jeher „null Bock", sich um unsere Finanzen zu kümmern. Die Hauptsache war, dass seine Wünsche in Erfüllung gingen und sein Taschengeld stimmte. Da ich noch sehr unerfahren war und unbedingt wollte, dass dieses Buch veröffentlicht wurde, ließ ich mich auf alle notwendigen Schritte ein.

Anfang 2007 hielt ich mein gedrucktes Werk in der Hand und sah die Zukunft in rosaroten Farben schillern, denn ich war inzwischen süchtig nach dem Schreiben. Jetzt musste ich mich nur noch meinem Mann offenbaren, damit er wusste, weshalb ich mich so oft zurückgezogen und er die meisten Abende alleine vor dem Fernseher verbracht hatte. Mein Ziel war es, ihn damit zu überraschen, dass sich seine Frau mit den Jahren weiterentwickelt hatte und sich der Schriftstellerei hingab. Ich überlegte, wie ich ihm die Wahrheit beibringen sollte. Nach einer Weile stand mein Entschluss fest. Wenn Rudolf an diesem Abend aus dem Garten nach Hause kam, wollte ich das Buch auf den gedeckten Tisch neben seinen Platz legen. Mann, war ich aufgeregt! Auf Rudolfs Gesicht war ich mehr als gespannt.

Ich hörte das Türschloss, ging in die Diele und sagte: „Hallo, mein Lieber, wie war dein Tag im Garten? Du siehst abgespannt aus."
„Ja, ich bin müde", erwiderte er. „Vom Heckeschneiden tut mir der Rücken weh. Das fällt mir seit einiger Zeit immer schwerer."
„Ach, mein Süßer", sagte ich, „gib mir einen Kuss!" Ein richtiger Knutscher war das wie immer auch diesmal nicht.
Rudolf, der sich inzwischen seinen Hausanzug angezogen hatte, verschwand kurz im Badezimmer, um sich frisch zu machen. Ich saß am Esstisch und drapierte seine gebratene Forelle samt Petersilienkartoffeln und Gurkensalat auf seinem Teller. Natürlich durfte ein Bierchen dazu nicht fehlen.
Als Rudolf sich zu mir an den Tisch setzte, leuchteten seine Augen. „Oh, es gibt mein Lieblingsessen! Ich habe wirklich großen Hunger."
Ich wünschte ihm einen guten Appetit und fürchtete, er würde das Buch nicht bemerken. Dabei war es eigentlich nicht zu übersehen.
Endlich checkte er es. „Du hast dir ein neues Buch gekauft?", sagte er und sah mich fragend an.
Ich geriet ins Stottern. „Ja … nein, eigentlich nicht."
„Hast du es von jemandem geliehen?"
„Rudolf, schau es dir doch wenigstens an!", bat ich.
Er nahm es in die Hand und blätterte es durch. Nach einer Weile sah er mich an und deutete auf das Foto von meinen Eltern. „Wie kommt das Bild in dieses Buch?"
„Mein Lieber, ich habe dieses Buch geschrieben!"

„Du erlaubst dir einen Witz mit mir." Er wirkte jetzt ziemlich irritiert.

„Warum sollte ich das tun?" Ich sah ihn herausfordernd an und musste mir ein Grinsen verkneifen. „Auch das Foto auf dem Buchcover solltest du kennen. Das bin ich als kleines Kind."

So langsam schien er zu begreifen, dass ich ihm keinen Bären aufband. „Wie, wo und wann hast du damit angefangen?", wollte er wissen.

„Immer wenn ich Zeit hatte und du im Garten warst. Oder im anderen Zimmer, sobald du dich vor den Fernseher gesetzt hast. Um deine Frage zu beantworten: Ich habe 2005 mit dem Schreiben begonnen – es musste einfach sein. Der Nachsatz klang wie eine Entschuldigung. „Wirst du es lesen?"

„Mal sehen." Immerhin schloss Rudolf es nicht kategorisch aus. „Und warum steht hier ein ganz anderer Autorenname drauf?"

„Weil ich ein Pseudonym gewählt habe. Ich fand meinen Namen nicht interessant genug."

Er legte das Buch beiseite und aß weiter. Inzwischen war das Essen schon nicht mehr heiß.

Nach einer Weile griff ich das Thema erneut auf und sagte: „Vom Verlag bekomme ich hundert Freiexemplare, die ich verkaufen kann."

„Was für ein Verlag?" Rudolf hob kurz den Blick und aß dann weiter. Ich hatte das Gefühl, dass er nicht für bare Münze nahm, was ich ihm gerade offenbarte.

„Na, der Verlag, der meine Bücher gedruckt hat und sie bekannt macht. Auch im Internet kann man mein Buch bestellen – einfach überall."

„Wer's glaubt, wird selig", brummte Rudolf. Als ich nicht auf seinen Kommentar reagierte, hakte er nach: „Das alles hast du hinter meinen Rücken veranstaltet?" Seine Augen blitzten.

„Ach, mein Lieber, ich wollte dich einfach damit überraschen, versteh mich doch!" So wie ich seine Laune beurteilte, wusste ich nicht, ob mein eigener Mann dieses Buch jemals lesen würde. Für mich war der Abend gelaufen. Wieder einmal hatte ich etwas in mein Leben integriert, an dem Rudolf nicht beteiligt war.

In der Zeit darauf ließ ich mich nicht beirren und begann, mich der Poesie zu widmen. Mein Seelenzustand half mir, mich auszudrücken. Poetische Texte ermöglichten es mir, Glück, Leid und Trauer, aber auch Fröhlichkeit zu verarbeiten. Ich war glücklich und über mich selbst erstaunt, weil mir das Schreiben so leichtfiel. So manche Nacht stand ich auf, weil mir plötzlich ein passendes Wort für ein Gedicht eingefallen war. Ich frage mich, warum Glück und Leid so dicht beieinanderlagen. Innerhalb kürzester Zeit hatten Rudolf und ich nämlich die Hölle durchlebt. Über uns schwebten auf einmal dunkle Wolken, und sie waren greifbar nah.

Die heimtückische Krankheit Krebs machte vor meinem geliebten Mann nicht Halt und uns stand eine herausfordernde Zeit bevor, während der ich stets an seiner Seite war. Rudolf fühlte sich nach dem Gespräch mit seinem OP-Arzt nicht mehr als vollwertiger Mann und er fürchtete, dass sein Sexualleben beeinträchtigt wäre. Ich hatte damit kein Problem, denn ich liebte meinen Mann grenzenlos. In guten wie in schlechten Zeiten – wir würden immer zusammenhalten! Seine Krankheit schweißte uns nur noch mehr zusammen und die Liebe bekam für mich eine ganz andere Bedeutung. Ich empfand sie auf einmal als viel wertvoller.

Nach außen hin spielte ich die starke Frau. Bloß keine Schwäche gegenüber Rudolf zeigen, war meine Devise. Also weinte ich im Stillen, denn Tränen sah ich bei meinem geliebten Mann nie. Natürlich hatten wir in unserer Ehe auch schwere Kämpfe zu bewältigen, was sogar in zwei Situationen dazu geführt hatte, dass ich meinen Mann verlassen hatte. Sein eindringliches Flehen hatte mich beide Male dazu bewogen, zu ihm zurückzukehren. Wir konnten einfach nicht ohneeinander. Leider hielt sein Versprechen, sich zu ändern, für gewöhnlich nur wenige Wochen an. Kein Mensch – das galt auch für Rudolf – war in der Lage, über seinen eigenen Schatten zu springen. Natürlich machte auch ich Fehler, aber wenn man im Alter von einundzwanzig Jahren das Zepter in die Hand gedrückt bekam, nahm man eine Machtposition ein, die womöglich Jahre später zu Unstimmigkeiten führte. Ich wollte doch immer nur von Rudolf geliebt werden! War das zu viel verlangt? Oder sind wir Frauen einfach zu anspruchsvoll, was unsere Männer betrifft? Ich vergleiche die Menschheit immer mit der Natur, denn auch Pflanzen benötigen unsere volle Aufmerksamkeit. Ohne Liebe, Sonne, Licht und Wasser wären sie zum Sterben verurteilt. Genau diese Dinge braucht auch der Mensch, sonst nimmt die Seele Schaden.

Die Jahre rannen uns nur so durch die Finger. Rudolf konnte mit sechzig Jahren in Rente gehen, da er einen Schwerbehindertenausweis besaß, und wir Frauen zur damaligen Zeit vom Gesetz her auch. Nun waren wir also Rentner. Nach fünfzehn sportlichen Jahren gab ich mein intensives Training auf, denn Rudolf war wegen seiner Krankheiten sehr eingeschränkt und stand für mich an erster Stelle. Mal abgesehen davon, dass er bereits nach einem Jahr keine Lust mehr auf Sauna und Schwimmen gehabt hatte. Auch meine Freundinnen hatten schon vor langer Zeit den Sport aufgegeben.
Rudolf und ich befassten uns immer öfter mit den Gedanken, aus dem Haus auszuziehen, in dem wir seit mehr als dreißig Jahren lebten. Wir waren fast die letzten deutschen Mieter, die anderen hatten sich längst eine andere Wohnung gesucht. Auch wir kamen mit der Mentalität der neuen Bewohner nicht zurecht. Allerdings pflegten wir einen engen Kontakt mit der Familie Tekdemir. Cengiz war Computerspezialist und arbeitete bei einer großen Firma in Berlin. Seine Frau war Hausfrau und kümmerte sich um die beiden Töchter, die inzwischen auf ein Gymnasium gingen und die Absicht hatten zu studieren.
Die Familie, die über uns wohnte, war einfach rücksichtslos. Die zwei kleinen Kinder tobten bis spät in der Nacht durch die Wohnung, sodass wir dachten, unsere große Deckenlampe mit fünfunddreißig Glasblüten würde uns eines Tages auf den Kopf fallen. Wie oft war Rudolf nach oben gegangen und

hatte versucht, die Sache mit der Familie auf friedlichem Weg zu lösen. Leider waren die Eltern ganz anderer Ansicht in Bezug auf ihre Kinder. Eines Tages kam es zu einem heftigen Streit zwischen Rudolf und dem Vater der beiden. Es war bereits 23 Uhr und die Kleinen tobten immer noch durch die Wohnung, sodass wir keinen Schlaf fanden. Mit reichlich Wut im Bauch zog sich Rudolf an, begab sich in die siebte Etage und klingelte an der Wohnungstür der Familie Sturm. Diese wiederum wurde von Herrn Aflarag geöffnet und ich hörte, wie sich die beiden Männer stritten. Da ich befürchtete, sie würden sich im nächsten Moment gegenseitig an den Kragen gehen, lief auch ich nach oben. Wie zwei Kampfhähne standen sich die Männer gegenüber. Entschlossen stellte ich mich vor Rudolf und bereitete mit ein paar passenden Worten dem Schauspiel ein Ende. Allerdings drohte ich der Familie damit, sie wegen ruhestörenden Lärms anzuzeigen. Herr Aflarag gab sich gelassen und meinte, ich solle das gern tun, er habe keine Angst vor Konsequenzen. Von diesem Tag an sprachen wir nicht mehr mit der Familie. Da ich eine Frau von Format war und bestimmte Dinge im Leben nicht akzeptieren konnte, sorgte ich für eine Anzeige bei der Polizei. Wollten wir doch mal sehen, ob wir als deutsche Bürger uns noch auf unsere Gesetzgebung verlassen konnten. Aufgrund einer Rechtsschutzversicherung waren wir auf der sicheren Seite und uns würden keine Kosten entstehen. Natürlich war es keine angenehme Situation, wenn unter Mietern derartige Feindseligkeiten entbrannten. Vor allem weil wir friedliebende Menschen waren und nichts gegen Ausländer hatten.

Am anderen Tag besuchte uns unser Versicherungsagent. Nachdem wir ihm den Sachverhalt geschildert hatten, stimmte er uns zu, einen Rechtsanwalt für Familienrechtsschutz einzuschalten. Er gab uns eine Telefonnummer, denn es war nicht möglich, einen beliebigen Rechtsanwalt zu wählen. Ich rief Herrn Fiedler an und erklärte ihm, worum es sich handelte. Er war bereit, den Fall zu übernehmen. Einen Termin konnte er uns aber erst in zwei Wochen anbieten. Wir erklärten uns damit einverstanden und hofften, dass sich bis dahin die Gemüter etwas beruhigt hatten.

Nach vier Wochen erhielten wir eine Vorladung vom Amtsgericht im Bezirk Wilmersdorf. Stolz fuhr Rudolf in seinem teuren, 200 PS starken Mercedes vor. Es war immer sein Traum gewesen, im Rentenalter einen solchen Wagen zu besitzen. Wir hatten ihn uns leisten können, nachdem uns im Alter von sechzig Jahren unsere Lebensversicherung ausbezahlt worden war.

Um 10 Uhr morgens trafen wir pünktlich bei Gericht ein, wo uns Herr Fiedler freundlich begrüßte. Der Familie Aflarag stand kein Rechtsbeistand zur Seite. Die Staatsanwältin machte den Aflarags klar, dass sie sich nach unseren Gesetzen zu richten hätten. Es sei stets zu berücksichtigen, dass sich andere Mieter durch den in der eigenen Wohnung erzeugten Lärm gestört fühlen könnten. Spätestens ab 22 Uhr musste zudem Ruhe herrschen. Rudolf und ich gewannen den Rechtsstreit, unser Verhältnis zu den Aflerags verbesserte sich jedoch nicht. Eines Abends gegen 21 Uhr klang es, als würde die Familie in ihrer Wohnung einen Dauerlauf veranstalten. Da von der Wohnungsbaugesellschaft inzwischen eine Sicherheitsfirma beauftragt worden war und diese im Schichtbetrieb stets zur Stelle war, riefen wir dort an und erklärten den Sachverhalt. Wir erhielten die Zusage, dass man sich sofort darum kümmern werde. Neugierig, was als Nächstes geschehen würde, schlossen wir möglichst unauffällig unsere Wohnungstür auf und warteten ab, was sich dort oben abspielen würde. Wir hörten, dass sich zwei Männer unterhielten, verstanden aber kein Wort. Wenig später kam der Mitarbeiter der Sicherheitsfirma zu uns an die Wohnungstür. Eintreten durfte er ohne Begleitung vom Gesetz her nicht. Er sagte, er hätte mit Herrn Aflarag gesprochen. Der habe sich, weil ihn Rückenprobleme plagten, auf Anraten seines Arztes ein Laufband angeschafft. Was für eine Frechheit! Rückenprobleme? Pustekuchen! Der hatte sich das Laufband doch nur angeschafft, um uns zu ärgern. Wenigstens herrschte von dem Tag an Ruhe.

Mit dem Gedanken, zusammen mit Rudolf in ein Seniorenhaus umzuziehen, tat ich mich schwer. Ich wollte nicht das Gefühl haben, zum alten Eisen zu gehören, schließlich fühlte ich mich zu jung, denn ich war noch immer voller Energie. Davon konnten andere in meinem Alter nur träumen. Also ließen wir uns einige Monate Zeit mit dem Entschluss. Eines Tages erledigte ich nach der Arbeit die Einkäufe für das bevorstehende Wochenende, weil wir das letzte Mal in diesem Jahr im Garten übernachten wollten. Inzwischen war es Oktober geworden und der Herbst bescherte uns herrlichstes Wetter. Die Natur hatte längs ihr grünes Blätterkleid gegen ein farbenprächtiges getauscht. Ich stellte mich mit meinem

vollen Einkaufswagen ans Ende der Schlange an, als jemand meine Schulter berührte. Erstaunt drehte ich mich um und sah Margot ins Gesicht, die ich bestimmt zehn Jahre nicht mehr gesehen hatte. Ich konnte es nicht glauben und freute mich riesig. „Hallo Margot, wie schön, dich zu sehen!" Wir umarmten uns. „Wo bist du abgeblieben? Wohnt ihr nicht mehr in der Stresemannstraße?" Ich sah sie fragend an.
„Ach, schon lange nicht mehr! Wir haben unsere Eigentumswohnung verkauft und sind in ein Seniorenhaus umgezogen."
„Das ist ja ein Ding!", erwiderte ich erstaunt. „Und in welchem Bezirk wohnt ihr jetzt?"
„Den Bezirk haben wir nicht gewechselt", war ihre knappe Antwort.
„Das ist ja sehr interessant", merkte ich an und hakte nach: „Nun sag schon: In welcher Ecke befindet sich euer neues Zuhause?"
„Hier ganz in der Nähe am Checkpoint Charly. Wir hätten diesen Schritt schon viel früher tun sollen, denn inzwischen war mein Mann krank geworden und die große Wohnung bedeutete zu viel Arbeit."
Ich fragte Margot, wie es sich in einem Seniorenhaus lebte.
„Wir sind sehr zufrieden", antwortete sie. „Das Schöne an diesem Haus ist die Freizeitstätte, in der wir Mieter jeden Morgen unseren Kaffee trinken können. Langeweile kennen wir nicht, denn es gibt viele Veranstaltungen, an denen wir teilnehmen können."

Margot sprach mit so viel Begeisterung, dass meine Neugierde weiter wuchs. „Darf ich fragen, wie groß eure Wohnung ist?"

„Wir haben eine Zweizimmerwohnung. Allerdings war es gar nicht so einfach, eine Wohnung in der Größe zu bekommen! Wir standen lange Zeit auf einer Liste, haben die Wartezeit aber nicht bereut. Die meisten Wohnungen haben nur ein Zimmer, und das war uns zu klein.

„Das ist ja blöd", sagte ich.

„Wieso blöd, Doris?"

Wir möchten auch umziehen und haben uns mit dem Gedanken befasst, in ein Seniorenhaus zu gehen. Meinst du, wir hätten eine Chance?"

Aber sicher doch! Am besten, ihr geht zur Wohngesellschaft und erkundigt euch. Wohnungen werden immer mal frei, wenn ein Mieter verstorben ist. Die Gesellschaft befindet sich in der Charlottenstraße, also nicht weit von hier. Und am Donnerstag hat die GSW bis 20 Uhr geöffnet."

„Das ist ja prima!", sagte ich. „Danke für die interessante Information. Das nehmen wir uns am besten für die kommende Woche vor. Heute wäre es sowieso zu spät, und dann ist ja erst mal Wochenende."

Margot und ich schwelgten noch eine Weile in Erinnerungen. Wir hatten uns im OASIS kennengelernt. Ich war sechsundvierzig Jahre alt gewesen, als ich mit dem Bodybuilding anfing und mein Mann mich für verrückt erklärte.

Als ich Margot an meinen Gedanken teilhaben ließ, erwiderte sie lachend: „Entschuldige, aber du warst ja auch die Verrückte unter uns!"

Ich stimmte in ihr Lachen ein. „Du hast ja recht", gab ich zu. „Wie war es dir nur möglich, zwei Stunden am Stück auf dem blöden Laufband zu verbringen? Für uns war das unvorstellbar, dass du so lange gelaufen bist. Und dann die schweren Geräte, auf denen du dich abgequält hast. Mir reichte es, im großen Becken zu schwimmen. Das war einfach fantastisch und Entspannung pur für meinen Körper. Nach einiger Zeit schaffte ich es, eine Stunde durchzuschwimmen, ohne eine Pause einzulegen. Ach ja, lange ist es her ... Ich denke oft und gerne an die Zeit zurück." Ich vernahm eine Spur von Bedauern in Margots Stimme.
„Ja", pflichtete ich ihr bei, „so hat sich jeder auf seine Weise ausgetobt. Ich bin so manches Mal an meine Grenzen gegangen und fand es große Klasse, mir selbst beweisen zu können, was möglich war, und das dreimal in der Woche. Und glaub mir, auch ich musste oft meinen Schweinehund bekämpfen. Nachdem ich den Sport an den Nagel gehängt hatte, legte ich mir ein anderes Hobby zu. Genau genommen habe ich mit dem Malen begonnen, was mir großen Spaß macht. Ich liebe die Natur, und wenn ich beispielsweise eine Waldlandschaft male, sehe ich mich darin spazieren gehen. Außerdem habe ich meine Autobiografie geschrieben. Inzwischen bin ich süchtig nach dem Schreiben."
Aus Margots Miene sprach Verblüffung. „Das sind ja tolle Neuigkeiten!", meinte sie. „Damit, dass du unter die Autoren gegangen bist, hätte ich nun wirklich nicht gerechnet."
„Ach, Margot, nun übertreibst du aber! Nur weil man ein Buch geschrieben hat, ist man doch nicht gleich eine Autorin."

Sie lächelte und ließ meinen Einwand unkommentiert.
„Und? Kann man dein Buch schon kaufen?"
„Ja, natürlich! Es ist seit Anfang 2007 im Buchhandel."
„Und wie lautet der Titel?"
„Das Buch heißt ‚zeitwaise: SCHICKSAL EINER FRAU'."
„Jetzt bin ich aber neugierig. Ich werde es garantiert lesen. Du weißt ja, ich bin eine Leseratte."
Ja, das wusste ich noch von damals. Und schon waren wir gedanklich wieder in der Vergangenheit. „War es nicht eine schöne Zeit, die wir zusammen beim Sport erlebt haben?", fragte ich versonnen. „Wir hatten so viel Spaß! Und jetzt sind wir alt und müssen aus den Jahren, die uns noch bleiben, das Beste machen."
Margot nickte. „So ist das wohl. Langeweile kennen Walter und ich übrigens auch nicht. Wir lesen sehr gerne und unsere Kinder kommen oft zu Besuch."
Ich freute mich für sie, weil sie als Familie offenbar einen guten Zusammenhalt hatten, und sagte ihr das auch. „So etwas ist ja nicht selbstverständlich", fügte ich an. „Wir haben leider keine Kinder." Ich hielt kurz inne und fuhr dann fort: „Rudolf ist mein großes Kind. Wer weiß, was Gott noch mit uns vorhat."
„Du glaubst an Gott?", fragte Margot erstaunt.
„Na ja, manchmal kommen mir Zweifel auf, bei so viel Leid auf der Welt. Ich sehe Gott eher in der Natur."
Margot erkundigte sich nach unserem Garten. „Habt ihr den noch?"
„Aber klar! Der Garten ist schließlich unser zweites Zuhause. Wir fühlen uns dort pudelwohl, und jetzt im Rentenalter

umso mehr. Wir haben ja genügend Zeit, alles ruhiger angehen zu lassen. Und wenn wir Lust haben, fahren wir mit dem Auto nach Perleberg, wo ein Verwandter von mir lebt. Mein Opa Max ist ja inzwischen verstorben und meine anderen Verwandten haben den Osten verlassen, bevor am 13. August 1961 über Nacht die Mauer errichtet wurde. Jetzt im Alter zieht es mich immer mehr zu meinen Wurzeln zurück. Dort finde ich meine innere Ruhe, vor allem wenn ich mit der Bahn hinfahre und unterwegs die Natur bewundern kann. Außerdem ist es herrlich, für einige Stunden dem Großstadtlärm zu entfliehen." Ich geriet regelrecht ins Schwärmen. „Rudolf hat meistens keine Lust, mit der Bahn zu fahren, und bleibt deshalb lieber zu Hause. Ihm fällt seit seinen Bandscheiben-OPs das Laufen auch immer schwerer." Von seinem Blasenkrebs erzählte ich Margot nichts.

Als wir uns voneinander verabschiedeten, wünschte uns Margot viel Erfolg bei unserer Suche nach einer neuen Wohnung. „Vielleicht konnte ich dir ja mit meinem Hinweis helfen", sagte sie. „Ruth wohnt übrigens auch bei uns."

„Ach, das ist ja eine Überraschung! Aber wieso? Sie hatte doch auch eine große Wohnung, warum hat sie diese aufgegeben?"

„Die war ihr jetzt im Alter zu groß. Ihr Mann ist inzwischen verstorben und sie lebt allein."

„Ach, das tut mir leid! Bestell ihr liebe Grüße von mir."

„Das mache ich."

Bevor wir auseinandergingen, hielt ich Margot noch kurz zurück und fragte: „Hat Ruth auch eine Zweizimmerwohnung?"

„Nein, sie wohnt in einer Einzimmerwohnung mit Bad, Küche, Diele und einem großen Balkon mit Blick auf unsere schöne Gartenanlage. Die Einzimmerwohnungen sind jeweils 42 Quadratmeter groß. Ruth fühlt sich in ihrer sehr wohl."
Margot entschuldigte sich, sie müsse jetzt aber wirklich los. „Walter wartet auf sein Abendbrot", erklärte sie mir mit einem Augenzwinkern.

Ich lächelte, während ich die Einkäufe nach Hause trug, und überlegte, wie schön es wäre, wenn sich für uns die Frage nach einer neuen Wohnung auch endlich klären würde. Beim Abendessen erzählte ich Rudolf von meiner heutigen Begegnung. Ich schwärmte regelrecht und malte mir unser gemeinsames Leben im Seniorenhaus in bunten Farben aus, in der Hoffnung, meinen Mann ebenfalls davon zu begeistern.
„Was sagst du dazu?", fragte ich ihn schließlich.
„Hört sich gut an, aber ist dir auch klar, was da alles auf uns zukommen würde?"
Ich wusste nicht, worauf er hinauswollte. „Wieso, was meinst du?", frage ich deshalb.
„Schau dir unsere Wohnung an! Für eine Zweizimmerwohnung haben wir zu viele Möbel."
„Ja, und? Was wir nicht mitnehmen können, wird verkauft."
Für mich war die Sache klar.
Wir beschlossen, erst einmal abzuwarten, ob wir überhaupt bei der von Margot genannten Adresse Erfolg hatten, und freuten uns auf ein langes Wochenende in unserer grünen Oase, in der es nicht schöner sein konnte. Gut gelaunt kamen wir dort an.

Im Anschluss an unser gemeinsames Frühstück beschäftigte sich jeder mit seiner Arbeit. Ich musste Rudolf ermahnen, dass er zwischendurch eine Pause einlegte. Sein Arzt hatte ihm nahegelegt, sich zu schonen. Ich fühlte mich wohl, wenn ich im Erdreich wühlen konnte, und war mal wieder nicht zu bremsen. Jetzt, im Herbst, waren Arbeiten fällig, die den Garten auf den bevorstehenden Frühling vorbereiteten. Es machte mir nichts aus, dass ich Rudolf fast alles abnahm, was ihn hätte belasten können. So sagte ich meistens: „Lass mal, ich mach das schon!" Beispielsweise mähte ich den Rasen, während er gemütlich vor dem Fernseher saß. Ein Dankeschön hörte ich nicht. Ich entschuldigte sein Verhalten mit seiner Krankheit und der Tatsache, dass er in Gegenwart unserer Gartennachbarn nicht über seinen Gesundheitszustand sprechen wollte. Aus diesem Grund lachte er viel, egal wie es ihm ging. Nur zu Hause fiel er in sich zusammen.

Wie so oft gönnte ich mir auch an diesem Wochenende keine Ruhe. Nur zu den Mahlzeiten saßen Rudolf und ich unter unserem Kastanienbaum, der inzwischen schon seine Blätter fallen ließ, was wieder für neue Arbeit sorgte. Nach dem Essen stellte ich Rudolfs Gartenliege in den Schatten, damit er sein Mittagsschläfchen halten konnte. Ich, die Wühlmaus, befasste mich wieder mit der Gartenarbeit. Nach einiger Zeit bemerkte ich, dass etwas mit mir nicht stimmte. Schweiß lief mir vom Kopf über das Gesicht, obwohl das Thermometer kaum 20 Grad anzeigte. Außerdem tat mir der linke Arm weh. Ich tat es als altersbedingte Begleiterscheinungen ab und schenkte den Signalen, die mir mein Körper sandte, keine weitere Beachtung. Auch Rudolf erzählte ich nichts, um ihn nicht zu beunruhigen. Außerdem ahnte ich, was er darauf erwidern würde: „Warum musst du auch mit allem übertreiben?" Wie recht er doch damit gehabt hätte, aber ich war eine Frau, die am liebsten mehrere Dinge gleichzeitig erledigte. Außerdem war ich Perfektionistin, was nicht bei allem und jedem gut ankam.

Mein lieber Mann schlief währenddessen selig auf seiner Liege. Wie er so dalag, tat er mir unendlich leid. Ich liebte Rudolf, aber mit den Jahren hatte ich begonnen, seine Zärtlichkeiten zu vermissen, von denen ich nie genug bekommen konnte. Während ich ihn betrachtete, hörte ich ihn meinen Namen sagen. „Doris, gibt es heute keinen Kaffee?"

„Oh, doch, natürlich!", antwortete ich und versuchte, mich auf das Hier und Jetzt zu konzentrieren. „Kannst du schon mal den Tisch decken? Ich gehe nur kurz ins Bad und mache mich etwas frisch." Unterwegs fühlte ich mich wie eine alte Frau, dabei war ich doch erst sechzig. Nachdem ich mich erfrischt hatte, betrat ich die Küche, in der Rudolf schon alles vorbereitet hatte. Nur der Kaffee lief noch in die Glaskanne. Ich nahm Rudolfs Jacke aus dem Kleiderschrank, denn vom Wasser her war heute der Wind deutlich zu spüren. In froher Erwartung auf eine kleine Pause holte ich den Apfelkuchen und die Sahne aus dem Kühlschrank. „So, mein Lieber", sagte ich, „zieh dir bitte die Jacke an, du läufst ja immer noch kurzärmelig herum."

„Mir ist aber nicht kalt!", protestierte er. Die Jacke zog er sich dann doch an und gab zu, dass ich recht hatte, es sei tatsächlich angenehmer.

„Ich wünsche dir einen guten Appetit", sagte ich. „Bedienen kannst du dich heute mal selbst. Und sei so nett und lege mir auch ein Stück auf den Teller."
Rudolf sah mich fragend an. Was so viel heißen sollte wie: Was ist denn heute mit dir los?
Ich ignorierte seinen Blick. Bei Musik aus dem Kofferradio und einem Freilichtkonzert, dargeboten von der Vogelwelt, gönnte ich mir heute eine längere Pause als sonst und spürte, wie gut es mir tat. Danach setzte ich meine Arbeit bis 19 Uhr fort. Anschließend machte ich noch einen Rundgang und war mit dem Ergebnis meines heutigen Schaffens sehr zufrieden. Zuletzt stellte ich den Rasensprenger auf, für die nächsten Tage war nämlich kein Regen vorausgesagt worden. Rudolf hatte es sich längst vor dem Fernseher gemütlich gemacht.
Nach dem Abendessen klappte ich unsere Schlaffliege auf. Ich war so erschöpft, dass ich mich auf der Stelle hinlegen wollte. Das Letzte, was ich zu Rudolf sagte, bevor ich einschlief, war: „Du müsstest den Rasensprenger noch ausschalten." Dann schloss ich die Augen und hatte das Gefühl, als würde sich mein Bett in Bewegung setzen und mit mir in eine unendliche Weite abdriften.
In der Nacht wachte ich schweißgebadet auf und merkte, dass mir das Atmen schwerfiel. Ich fragte mich, wie spät es war, knipste die kleine Lampe an und schaute auf den Wecker. Es war 3 Uhr. Ich weckte Rudolf, der mich schlaftrunken ansah und fragte: „Warum soll ich aufstehen? Wie spät haben wir es?" Als er auf den Wecker sah und feststellte, dass es mitten in der Nacht war, polterte er los: „Doris, was soll das?"

„Wir müssen nach Hause fahren. Irgendetwas passiert mit mir. Ich habe mich gestern schon nicht wohlgefühlt. Komm, beeile dich!"
Soll ich dich nicht lieber ins Krankenhaus fahren? In fünf Minuten wären wir in der DRK-Klinik am Spandauer Damm."
Ich winkte ab. „Nein, ich will einfach nur nach Hause."
„Mensch, Doris, warum bist du bloß so stur?" Rudolf wartete meine Reaktion nicht ab, sondern sprach gleich weiter. „Na gut, das ist deine Entscheidung, aber mach mir später keinen Vorwurf!"
Inzwischen hatte ich unsere Sachen zusammengepackt. Rudolf beschloss, für Rodger einen Zettel zu schreiben und diesen auf die Säule zu legen und mit einem Stein zu beschweren, damit er sich keine Sorgen machte, weil unsere Jalousien nicht hochgezogen wurden. Draußen war es still und kühl, nur der Sternenhimmel begleitete uns zu unserem Wagen. Die Straßen waren jetzt in der Nacht fast leer, sodass wir kurz vor 4 Uhr zu Hause ankamen. Wir hatten Glück, dass sich vor dem Haus ein freier Parkplatz befand. Mir war entsetzlich kalt und ich zitterte trotz meiner warmen Jacke. In der Wohnung angekommen, ließ ich mir ein heißes Bad ein und Rudolf kümmerte sich um alles andere. Eine halbe Stunde blieb ich in der Wanne liegen und schwitzte, als hätte ich hohes Fieber. Danach zog ich mir meinen Bademantel an und ging damit ins Bett. Rudolf legte sich zu mir, um den fehlenden Schlaf nachzuholen.
Als ich viele Stunden später wach wurde, war mein Bademantel völlig durchgeschwitzt und das Bett neben mir leer. Ein Blick auf den Wecker verriet mir, dass es bereits 13 Uhr

war. So lange hatte ich geschlafen? Aus der Küche vernahm ich Geräusche. Rudolf hantierte mit irgendetwas herum. Ich stand auf, ging zu ihm in die Küche und begrüßte ihn.
„Guten Morgen!", sagte er. „Wie fühlst du dich? Hast du gut geschlafen?"
Ich nickte. „Ja, heute Morgen fühle ich mich besser. Das Bad hat mir gutgetan. Das waren wohl gestern Anzeichen für eine Grippe. Am besten, ich gehe am Montag zu Doktor Prasse und lasse das abklären. Mal hören, was er dazu sagt.
„Tu das, das klingt vernünftig." Rudolf zeigte auf den Tisch. „Ich habe schon gedeckt, wir können dann jetzt frühstücken. Oder möchtest du lieber gleich Mittag essen?"
„Nein, es ist alles gut so, wie du es gemacht hast. Ich gehe mich bloß schnell abduschen. Mein Bademantel ist durchgeschwitzt."
Nachdem ich geduscht hatte, zog ich mir einen neuen Schlafanzug an, weil ich die Absicht hatte, auch den Rest des Tages im Bett zu verbringen. Schlafen und viel Flüssigkeit zu sich zu nehmen, galt schließlich als die beste Medizin, um sich auszukurieren.

Als ich am Montag um 8 Uhr aufstand und ins Badezimmer ging, um meine Morgentoilette zu erledigen. Anschließend zog ich mich ausgehfertig an, damit Rudolf mich gleich um 9 Uhr zu unserem Hausarzt bringen konnte. Während er im Bad war, begann ich, unser Frühstück vorzubereiten. Plötzlich zitterten mir die Hände. Ich rief nach meinem Mann, der gerade dabei war, sich zu rasieren. Er kam in die Küche, sein Gesicht noch voller Rasierschaum. „Doris, was ist los?"

„Ich weiß nicht, mir geht es schlecht. Ich fühle mich, als ob ein Felsen auf mich zukommen würde."
Komm, leg dich auf die Couch. Ich ziehe mich nur kurz an, dann gehen wir sofort zum Arzt."
Gott sei Dank befand sich die Praxis nur eine Querstraße von unserer Wohnung entfernt. Als wir dort angekommen waren, ging Rudolf an den Empfang zu Schwester Sabine, die wir schon seit zwanzig Jahren kannten. Mit besorgtem Blick brachte sie mich in das Arztzimmer, wo ich Doktor Prasse berichtete, wie ich mich seit zwei Tagen fühlte. Sofort wurde ein EKG gemacht, das er sich sehr gründlich ansah. „Entweder du bekommst einen Herzinfarkt oder du hattest schon einen", sagte er und sah mich ernst an. Ich begann zu weinen. Doktor Prasse holte Rudolf aus dem Wartezimmer und erklärte ihm, dass man mich in die Klinik bringen würde, der Rettungswagen sei schon unterwegs.
Dann ging alles sehr schnell. Begleitet vom Geheul des Martinshorns erreichte der Rettungswagen innerhalb kürzester Zeit das Urban-Krankenhaus. Mit der fahrbaren Liege wurde ich auf die Rettungsstation gebracht. Dort kümmerten sich Schwestern und Pfleger um mich. Der Notarzt übergab dem Klinikpersonal den Bericht von Doktor Prasse. Als Erstes wurde mir Blut abgenommen, dann legten sie mir eine OP-Nadel. Ich schrie, weil es sich anfühlte, als wollte man mich ermorden. Schließlich wurde ich in ein Überwachungszimmer gebracht und eine OP-Schwester überreichte mir ein OP-Nachthemd. „Ziehen Sie sich bitte aus und legen Sie sich ins Bett. Sie kommen heute noch dran." Meine Sachen stopfte sie in einen blauen Plastiksack.

Ich folgte der Aufforderung und legte mich ins Bett. Sofort wurde ich an verschiedene Überwachungsmonitore angeschlossen. Weil ich mich so verloren fühlte, verlangte ich nach meinem Mann.
„Frau Reinhart, Ihr Mann kann im Moment nichts für Sie tun. Er kommt später, wenn Sie alles überstanden haben."
Ich musste schon wieder weinen und ärgerte mich darüber, dass ich so nah am Wasser gebaut hatte.
Gegen Mittag kam ein Pfleger zu mir und sagte: „Es ist so weit. Ich bringe Sie in den OP."
Ohne etwas zu erwidern, dachte ich darüber nach, dass ich Rudolf alleine lassen würde, wenn ich all dies hier nicht überlebte.
Mit dem Fahrstuhl fuhren wir ein paar Stockwerke nach unten und der Pfleger stellte mich und mein Bett vor einem Zimmer ab. Ich heulte immer noch. Wie viel Zeit vergangen war, wusste ich nicht, als ich in den OP geschoben wurde. Aus eigener Kraft musste ich mich auf den Tisch legen. Um mich herum sah ich nur grüne Männchen, die den Versuch machten, mir etwas zu erklären. Worum es ging, registrierte ich allerdings nicht. Mein einziger Gedanke war es, dass sie das, was sie zu tun hatten, so schnell wie möglich über die Bühne brachten. Dann schwanden mir die Sinne.
Als ich aus der Narkose erwachte, fand ich mich in einem anderen Zimmer wieder und musste erst einmal nachvollziehen, was mit mir geschehen war. Ich fragte mich, warum Rudolf nicht bei mir war. Ich war doch auch immer da gewesen, wenn er aus einer Narkose erwacht war. Wieder fühlte ich mich allein gelassen und ließ meinen Tränen freien Lauf.

Ich bemerkte, dass die Zimmertür offen stand. Fast im selben Moment betrat ein Arzt das Zimmer und stellte sich mir vor. Dann sagte er: „Frau Reinhart, Sie hatten den zweiten Herzinfarkt. Den Hinterwandinfarkt haben wir während der Untersuchung entdeckt. Wir mussten Ihnen drei Stents legen. Warum sind Sie so spät gekommen?"

„Ich dachte, ich hätte eine Erkältung", erwiderte ich kleinlaut.

Ohne meine Antwort zu kommentieren, sagte er: „Ruhen Sie sich aus, wir sehen uns." Mit diesen Worten verließ er das Zimmer.

Offenbar hatte auch dieses Mal jemand seine schützende Hand über mich gehalten. Ich lebte und hatte nicht vor, so bald von dieser Welt zu gehen. Allerdings musste ich feststellen, dass nach siebenundvierzig Jahren Ehe auch die Träume alterten. Was bedeutete schon alles Geld und Gold der Welt, wenn man sein ganzes Leben vergeblich auf Liebe und Zärtlichkeiten gehofft hatte?

Nach zehn Tagen konnte ich die Klinik verlassen. So rückte unser gemeinsamer Umzug erst einmal in weite Ferne. Aufgrund meiner Krankheit war ich zudem zu der Einsicht gelangt, dass ich in unserer Ehe stets der gebende Teil gewesen war. Jetzt war es an der Zeit, dass ich den ersten Platz in meinem Leben einnahm, und mir kam der Gedanke, dass eine räumliche Trennung von Rudolf die Lösung sein könnte. Trotz meiner negativen Erfahrungen befasste ich mich ab sofort nur noch mit Menschen, denen ich etwas Gutes tun konnte. Diese Menschen wiederum öffneten ihr Herz für mich.

Er schaute schon durch mein Fenster!

Ich sah die schönen Rosen blühen.
Die Blätter werden schon welk.
Sie machen jetzt einen tiefen Schlaf
und werden sich erholen.

Ich liege in meinem Zimmer.
Mein Herz wollte mich verlassen.
Da kam die Hand und schützte mich.
Es ist noch nicht so weit.

Du willst doch noch die Rosen sehen.
Sie blühen im nächsten Jahr so schön.
Ich hole dich, du hast noch Zeit,
genieße jetzt dein Leben!
Dann wirst du auch die Rosen sehen.

Susanne Bechstein

„Wir leben auf der Straße,
aber Charakter haben wir trotzdem."

Zitat aus dem Fotobuch „Obdachlose in Berlin"
von der Autorin Susanne Bechstein

Das Thema Obdachlosigkeit wurde schon von vielen bekannten Fotografen wie Miron Zwonir, Lee Jeffries und anderen behandelt. Es wurde sich oft bemüht, die Dargestellten in Szene zu setzen. Das Subjekt allein ist nicht ausschlaggebend, sondern es im richtigen Moment zu erwischen. Jeffries hat eine Schwarz-Weiß-Portrait-Serie über Obdachlose gemacht, in der er eindrucksvoll mittels Technik und Licht die tiefen Kerben und Falten in Szene setzt. Ob das viel mit deren Realität zu tun hat oder Echtheit widerspiegelt, sei dahingestellt. Auf der Webseite fotocommunity.com gibt es eine große Anzahl von Fotos von Menschen auf der Straße, denen man ansieht, dass diese meistens im Ungewissen der Fotografen entstanden sind. Das ist in der Street Photographie so üblich. Es ist kaum möglich, ein spontanes Foto zu machen, wenn man denjenigen vorher fragen muss. Es würde den Moment „zerstören", wie der Fotograf sagen würde. So erschreckend ästhetisch die Fotografien von Lee und Zwonir auch wirken, man sieht ihnen die physische als auch mentale Distanz, die zwischen Fotografen und Obdachlosen besteht, an. Eine Berliner Autorin, die sich mit dem Thema Obdachlosigkeit beschäftigt hat, zeigt einen anderen Aspekt dieser Thematik. Schaut man durch ihren Bildband, erhält man einen tiefen und nahen Einblick in die Welt der Obdachlosen in Berlin. Susanne Bechstein hat es geschafft, sich nicht nur fotografisch, sondern auch mental den Obdachlosen zu nähern, was sich in den Fotos widerspiegelt. Sie weiß von den Geschichten und Leben derjenigen, die sie fotografiert. Viele trifft sie über Jahre hinweg immer wieder. Frau Bechstein sagt von sich selber, dass sie eines Tages ein Schlüsselerlebnis am S-Bahnhof Friedrichstraße hatte. Sie bemerkte dort früh morgens zwei Menschen in Schlafsäcken, die unter einer Brücke hausten, und einer spontanen Eingebung folgend, trat sie zu ihnen und fing ein Gespräch mit ihnen an. Das war der Anfang eines neuen Lebens für sie, in dem sie sich mehr und mehr mit Menschen auf der Straße beschäftigte. Sie brachte ihnen Essen oder gab Spenden, unterhielt sich mit ihnen. Und sie machte Fotos. Ihre lockere und lustige Art half ihr, Vertrauen bei den Obdachlosen zu wecken. „Meine Freunde wundert es manchmal, dass ich gar keine Berührungsängste habe, den Menschen, die auf der Straße leben und tagelang nicht duschen, so nahe zu kommen. Aber das ist für mich gar kein Problem, wir alle brauchen irgendwie Nähe, und das geht nicht ohne." Frau Bechstein erzählt mir in ihrer Wohnung in Mitte von Erlebnissen mit Obdachlosen. Es gibt einen Herrn, der möchte partout nicht sprechen. Ich habe ihn oft getroffen, ihn fotografiert und ihm Essen mitgebracht, er sagte niemals auch nur ein Wort. Bis ich ihn einmal standhaft aufforderte, endlich zu reden. Er sagte: „Danke." Frau Bechstein kennt viele intime Geschichten der Obdachlosen, die sie trifft, aber sie behält sie für sich. „Diese Geschichten sind privat, außerdem weiß man nicht, was davon wahr ist und was nicht." Damit will sie den Obdachlosen keine Unwahrheit unterstellen. Aber oft, berichtet sie, „sprechen sie im Alkoholkonsum". Ihr Fotobuch erzählt auch ohne Worte eine interessante Geschichte. Die Fotos zeigen Menschen in ihren Behausungen, auf der Straße, im Park und unter Brücken. Man sieht den Menschen an, dass sie kein Problem mit den Fotos haben, sich sogar teilweise sehr wohl fühlen. Es sind lachende und ernste Gesichter. Man erkennt eine Authentizität, die nichts mit gestellten Portraits zu tun hat. Die scheinbare Repetition der Motive und ihre Einfachheit spiegeln die Einseitigkeit des Lebens der Menschen auf der Straße wider. Die Stadt Berlin ist groß und bunt, aber für diejenigen, die in ihr leben, kann es eine immer wiederkehrende Erfahrung sein. Die immer gleichen Brücken oder Bänke, auf denen sie oft tagelang verbringen. Menschen sind Gewohnheitstiere, auch Menschen auf der Straße wollen nicht ständig den Ort wechseln. Frau Bechstein ging es bei den Fotos nicht darum, fotografisch oder ästhetisch perfekte Fotos zu schaffen. Sie kümmert sich wenig um die Kamera, die sie benutzt. Die Interaktion mit den Menschen und die Dokumentation ist für sie das Wichtigste. Frau Bechstein hat gerade ihr drittes Fotobuch aus der Serie veröffentlicht. Ein prominentes Beispiel aus ihrem letzten Band ist der Schauspieler „Birol Ünel", der in dem Film „Gegen die Wand" zu sehen war. Sein Zitat steht unter seinem Foto: „Es ist das Geld, das uns Leiden macht, und der, der es besitzt." Am Ende jedes der Bände gibt es eine Art Auflösung oder Lichtblick. Einer oder Eine ist auf dem guten Weg in ein neues Leben. „Das gibt Hoffnung. Die Bände „Obdachlose in Berlin" gibt es auf Susanne Bechsteins Internetseite zu bestellen. Auf ihrer Seite kann man auch von anderen Büchern und Projekten erfahren. Bechstein schreibt Bücher über Freundschaft, Familie, Liebe und Tod. Sie selbst hat ein bewegtes Leben und verarbeitet mit dem Schreiben viele ihrer Erlebnisse. In einem Buch („Wenn Freundschaften zerbrechen") behandelt sie das Thema Freundschaft anhand kleiner Erzählungen, die sich fast wie ein intimes Tagebuch lesen. Ob es ihres ist, verrät sie nicht. So wie sie auch die Geheimnisse der Obdachlosen für sich behält.

Text: Mona Lüders, freie Journalistin